De WIJ economie

WILLEM VERMEEND

De WIJ Economie

De opkomst van de WIJ Economie
en de ondergang van de IK Economie

Met medewerking van

Jan Willem Timmer

Lebowski, Amsterdam 2009

Eerste druk, september 2009
Tweede druk, september 2009

© Willem Vermeend, 2009
© Lebowski, Amsterdam 2009
Omslagontwerp: DPS Design en Prepress Services, Amsterdam
Foto achterzijde: © Kees Hummel
Foto's binnenwerk: © ANP
Opmaak binnenwerk: ZetSpiegel, Best

ISBN 978 90 488 0229 6
NUR 793

www.lebowskipublishers.nl

Lebowski is een imprint van Dutch Media Uitgevers bv

Inhoud

5. De economische crisis, ondergang van de IK economie

6. Hoe voorkomen we een (krediet)crisis

Voorwoord

In de loop van 2008 wordt de wereld geconfronteerd met de zogenoemde kredietcrisis, die medio 2007 in de Verenigde Staten is ontstaan. Het gaat daarbij om de meest ingrijpende crisis in de financiële wereld ooit. Overal in de wereld dreigen banken om te vallen. Door verkeerde beleggingen die waardeloos blijken te zijn, leiden ze gigantische vermogensverliezen. In een groot aantal landen moeten regeringen de banken met kapitaalsteun overeind houden. Ook worden er banken genationaliseerd, waarbij ze volledig in handen van de staat komen. In alle landen storten de beurzen in en de maand oktober 2008 laat een van de scherpste dalingen van de aandelenkoersen in de geschiedenis zien.

In de tweede helft van dat jaar begint de kredietcrisis de economie van alledag te raken en beginnen we te spreken over een economische crisis. Bedrijven en burgers kunnen steeds moeilijker geld lenen, omdat banken zeer terughoudend zijn geworden en bovendien extra voorwaarden stellen. Bedrijven gaan daardoor minder investeren. Ook het aantal orders bij ondernemers loopt snel terug, waardoor de omzetten afnemen. Onder de consumenten neemt de bezorgdheid over de toekomst toe en zij gaan minder besteden.

Lagere bestedingen, afnemende bedrijfsinvesteringen en lagere omzetten leiden tot een inzakkende wereldeconomie en we zien krimpende economieën in de Verenigde Staten, Japan en Europa. In de opkomende economieën als China en India is er nog wel groei, maar ook daar is er sprake van een neergang van de economische ontwikkeling. In vrijwel alle landen van de wereld loopt de werkloosheid snel op en komen bedrijven in de problemen. Ook in ons land slaat de crisis hard toe. In 2009 wordt een krimp van de economie verwacht van bijna 5%. De krimp van onze economie is in hoofdzaak het gevolg van de ingezakte wereldhandel. Wereldwijd zijn economische deskundigen en regeringen niet alleen verrast door de omvang van de crisis, maar ook over de snelheid en hardheid waarmee de wereldeconomie wordt getroffen.

Internationale denktanks verschillen van mening over de duur van de economische crisis. Sommige zien al een herstel in de tweede helft van 2009. Anderen niet eerder dan 2010 of zelfs later, in de loop van 2011. Bovendien is er sprake van een verschil van inzicht tussen de economische analisten. Zomer 2009 is de heersende opinie dat de val van de wereldeconomie is gestuit, vooral dankzij de honderden miljarden die regeringen overal in de wereld in hun economie hebben gepompt; verschillende landen melden zelfs al een lichte groei. De economie lijkt zich dus wereldwijd te herstellen, maar de algemene verwachting is wel dat het herstel zeer langzaam zal verlopen. Pessimistische analisten menen dat deze groei weer terug kan vallen als de overheidsstimulansen voor de economie zijn uitgewerkt. Er is ook verschil van opvatting over de oorzaken van de crisis, de aanpak en de gevolgen daarvan voor de economische ontwikkelingen na de crisis. Los van deze verschillen staat wel vast dat de economische wereld na de crisis er anders zal uitzien dan daarvoor. Door de crisis worden de meeste landen, ook Nederland, opgescheept met gigantische begrotingstekorten, torenhoge staatsschulden en een hoog opgelopen werkloosheid.

Bovendien zullen de westerse industrielanden op het terrein van de wereldeconomie internationaal aan macht gaan verliezen. De economische machtsverhoudingen zullen zich wijzigen ten gunste van de opkomende economieën. De verwachting is dat bijvoorbeeld China en India het komende decennium hoge groeicijfers zullen laten zien, terwijl de westerse landen rekening moeten houden met een relatief lage economische groei. Daarnaast wordt de wereld geconfronteerd met het snel toenemende probleem van de opwarming van de aarde en het opraken en duurder worden van olie, steenkool en aardgas.

In dit boek wordt betoogd dat doorgaan op de oude voet geen realistische optie meer is. De wereld na de crisis vraagt niet alleen om ingrijpende wijzigingen van het beleid van overheden, maar ook om een mentaliteitsverandering in het economische en maatschappelijke verkeer. Vooral de afgelopen twintig jaar wordt dit 'verkeer' in toenemende mate gekenmerkt door een hoog IK-gehalte: door het eigen, ik-belang, door egoïsme, financiële hebzucht, protserig gedrag, kortetermijndenken en een gebrek aan moreel besef en ethiek. Met deze mentaliteit gaan we het niet redden en kunnen we de maatschappelijke vraagstukken en economische problemen die na de crisis op de wereld afkomen niet oplossen. Oplossingen zijn alleen mogelijk met minder IK en meer WIJ.

Dit boek omvat een verkenning van de wereld van WIJ en de noodzakelijke economische en maatschappelijke koerswijzigingen. Om inzicht te krijgen in de crisis en de wereld na afloop daarvan wordt eerst kort ingegaan op de economische ontwikkelingen in de afgelopen dertig jaar. Daarna wordt bezien hoe de economische crisis is ontstaan en de achtergronden en de oorzaken ervan. Volgens de analyses in het boek zal de crisis in ieder geval het komende decennium wereldwijd ingrijpende gevolgen hebben op het (economische) beleid van regeringen. Ook ondernemingen zullen hun bedrijfsbeleid moeten aanpassen aan de wereld van morgen. Dit geldt ook voor het onderwijs, vooral op het terrein van economische en financiële vraagstukken, management en bedrijfsbeleid.

Het boek geeft een schets van de hoofdlijnen van de te verwachten ontwikkelingen na de crisis, waarbij wordt ingegaan op de verschillende aspecten van de ondergang van de IK economie en de opkomst van de WIJ economie en hoe deze economie eruit zal zien. Een afzonderlijk hoofdstuk is gewijd aan Nederland na de crisis. Het boek is bedoeld voor iedereen die geïnteresseerd is in de achtergronden van de crisis en de toekomstige maatschappelijke en economische gevolgen. Om die reden zijn theoretische beschouwingen zo veel mogelijk vermeden. Dat geldt ook voor verwijzingen naar boeken, rapporten en artikelen. Wel wordt verwezen naar relevante websites. Bij het schrijven van dit boek heb ik een beroep mogen doen op bijdragen van mijn oud student-assistent aan de Universiteit van Maastricht Jan Willem Timmer, die ik daarvoor hartelijk dank.

Den Haag 10 augustus 2009
WILLEM VERMEEND

Jan Willem Timmer studeerde Fiscale economie en Fiscaal recht aan de Universiteit van Maastricht. Hij was student-assistent voor professor dr. Willem Vermeend. In 2007 vertrok hij naar de prestigieuze Harvard Law School om een Master of Laws (LL.M.) te volgen. Hij heeft les gegeven aan de Universiteit van Maastricht en aan Harvard College op het gebied van Openbare financiën en Politieke economie en Micro-economie. In het najaar van 2008 werkte hij tijdelijk als externe bij de ING Bank en maakte de financiële crisis van dichtbij mee. Op dit moment werkt hij als onafhankelijk consultant op het gebied van de publieke sector.

1

Inleiding

Krimp

In de eerste helft van 2009 laten alle westerse economieën, de Verenigde Staten, Europa en Japan, voor het eerst sinds de Tweede Wereldoorlog (1939-1945) een forse krimp zien. Deze krimp leidt overal tot een sterke stijging van de werkloosheid. Hoewel de economische deskundigen van mening verschillen over de oorzaken van de economische malaise, is wel duidelijk dat de internationale financiële sector, waar de crisis is begonnen, te veel vrijheid heeft gehad. Bankiers en andere financiële instellingen konden hun gang gaan. Overheden gingen ervan uit dat de financiële markten 'wijs' genoeg waren om zonder al te veel overheidstoezicht op een verstandige wijze hun werk te doen. De kredietcrisis, die wereldwijd in de loop van 2008 zichtbaar werd en al snel leidde tot een economische crisis, heeft duidelijk gemaakt dat die wijsheid er niet was. Honderden miljarden in geld zijn in rook opgegaan.

In veel landen, waaronder Nederland, leidt de economische crisis tot discussies over de rol van de overheid, de staat, in relatie tot de markt en marktwerking. Tot voor kort werden vooral de voordelen van de vrije markt benadrukt: geen bureaucratie, efficiency en mooie winstcijfers. De overheid moest zich daarmee zo weinig mogelijk bemoeien. Door de crisis komen de nadelen van vrije marktwerking in de economie meer in beeld. Dit heeft invloed op het denken over de rol van de overheid. Zelfs buiten links-politieke kringen, waar de staat favoriet is, wordt er nu op gewezen dat het wenselijk is dat de overheid in de economie een grotere rol krijgt. Zo schreef begin januari 2009 de centrumrechtse Franse krant *Le Figaro* dat de crisis ertoe moet leiden dat in alle ontwikkelde landen de staat moet terugkeren in de economie. De terugkeer van de staat is volgens *Le Figaro* legitiem, want burgers willen dat de staat hen beschermt.

Nu de vrije markt volgens velen heeft gefaald, verwachten burgers en bedrijven dat alleen de overheid nog in staat is om de ernstigste economische crisis in de afgelopen zestig jaar tot een oplossing te brengen.

Overal in de wereld proberen landen met de inzet van omvangrijke stimuleringspakketten van vele miljarden aan financiële middelen de economie aan te jagen. Deze pakketten omvatten naast kapitaalsteun en garanties voor de financiële sector veelal belastingverlagingen voor burgers en bedrijven en extra overheidsinvesteringen in infrastructuur, zoals wegen, railverbindingen en nieuwbouwprojecten. Daarnaast proberen Centrale Banken de economie te stimuleren met renteverlagingen.

Internationale denktanks en andere economische deskundigen gaan ervan uit dat met deze stimulansen de economie kan worden hersteld. Over het tijdstip waarop dit herstel zal plaatsvinden, bestaat verschil van inzicht. De meest optimistische voorspellingen voor de Amerikaanse economie gaan uit van een opleving van de economie in de tweede helft van 2009. Andere 'voorspellers' menen dat een herstel pas in 2010 zal plaatsvinden. Voor de meeste Europese landen is de verwachting eind 2010 of in de loop van 2011. Bij deze voorspellingen moet bedacht moet worden dat de internationale economie zo complex is dat deze 'vergezichten' veel weg hebben van speculatie. Eind augustus 2009 gaan de meeste analisten ervan uit dat wereldwijd de economische crisis het diepste punt heeft bereikt. Economische cijfers van verschillende landen geven aan dat de economie aan het herstellen is.

Wel staat vast dat na afloop van de crisis de meeste landen door hun miljardenuitgaven om de crisis te bestrijden met gigantische begrotingstekorten en torenhoge staatsschulden zitten. Daarnaast worden ze geconfronteerd met een hoog opgelopen werkloosheid. De vraag: 'Welk beleid moeten we dan gaan voeren?' staat in veel landen nu al boven aan de politieke agenda. Daarbij gaat het om vragen hoe de begrotingstekorten kunnen worden weggewerkt en de staatsschuld kan worden verminderd. Zijn er bijvoorbeeld bezuinigingsoperaties en belastingverzwaringen nodig om de staatsfinanciën weer op orde te brengen? Hoe wordt de werkloosheid aangepakt en hoe slagen we erin weer mooie groeicijfers en meer werkgelegenheid te realiseren? Wat doen we met het klimaatbeleid? Al deze vragen zullen met concrete maatregelen beantwoord moeten worden.

Wat kunnen we verwachten? De kans bestaat dat na het herstel van de wereldeconomie de (financiële) markt weer snel een absolute hoofdrol zal krijgen en dat de economische crisis als een ongelukkig incident zal worden beschouwd. Signalen voor deze gedachte zien we medio 2009 vooral in kringen van bankiers van grootbanken en zakenbanken in de VS en Engeland. Ook de zogenoemde conservatieve, rechtse politieke partijen zitten op deze lijn. Aan de andere kant is het toch waarschijnlijk dat in de meeste westerse landen de invloed van de overheid op de markt in meer of mindere mate zal toenemen. De wereld is niet alleen getroffen door een zware economische crisis, maar wordt ook geconfronteerd met twee andere gigantische vraagstukken die alleen met behulp van de staat kunnen worden opgelost. Daarbij gaat het om de opwarming van de aarde (klimaatcrisis) en het energievraagstuk (het opraken en duurder worden van fossiele brandstoffen). Daarnaast kunnen delen van de wereld, vooral arme landen, geconfronteerd worden met een voedselcrisis. In dit boek wordt dit laatste niet nader uitgediept.

Crisis kost bijna 12.000.000.000.000 dollar!
Ook om andere redenen is het onwaarschijnlijk dat de vrije markt weer in al zijn glorie van voorheen zal terugkeren. De crisis heeft de politiek, de burgers en het bedrijfsleven aan het denken gezet over de hebzucht, het grote graaien, het ik-denken en de protserige uitwassen van het ego-kapitalisme. Het gebrek aan normen en waarden en de 'afwezigheid' van ethiek in de economie hebben tot ernstige ontsporingen geleid, met diep ingrijpende maatschappelijke gevolgen. Vele miljoenen mensen hebben niet alleen hun baan verloren, maar zijn ook hun spaargeld kwijt. Daarnaast zijn er talloze bedrijven failliet gegaan.

Volgens berekeningen van het Internationaal Monetair Fonds (IMF) heeft de (krediet)crisis sinds de aanvang tot medio 2009 overheden wereldwijd nu al circa 11.900 miljard dollar (circa 8.400 miljard euro) gekost meer dan 20% van de totale jaarlijkse productie van de wereldeconomie. Deze kosten bestaan uit de wereldwijde miljarden aan kapitaalsteun en garanties aan de financiële sector en andere sectoren, de verliezen op risicovolle beleggingen, kredietgaranties en de financiële acties van Centrale Banken.

De gevolgen van de crisis zullen van invloed zijn op het beleid van en de cultuur binnen bedrijven. Daar komt nog bij dat zowel in de politiek als in het bedrijfsleven een nieuwe generatie bestuurders en managers het voor het zeggen krijgt. Deze generatie heeft andere opvattingen dan de 'oude garde' die het beleid in de IK economie hebben bepaald.

Ook de wereldeconomie zal veranderen. Door de toenemende economische invloed van de opkomende economieën, zoals China en India, zullen de nu nog dominante westerse industrielanden aan macht gaan inboeten. Door deze ontwikkelingen zal de vrije markt niet meer als een Zonnekoning op de troon terugkeren. De meest waarschijnlijk uitkomst is een beter evenwicht tussen de markt en de overheid. Maar dan moet de overheid ook zelf veranderen. In veel westerse landen wordt de overheid door burgers en bedrijven vooral gezien als een logge en trage bureaucratische instelling waarmee je zo weinig mogelijk te maken wilt hebben. Bij een sterke markt, zo leert de crisis, hoort een sterke overheid, maar dan wel een overheid die gekenmerkt wordt door doelmatigheid en doeltreffendheid. Daar ligt een belangrijke opdracht voor regeringen, die snel ter hand moet worden genomen.

Van belang is ook dat nu al wordt nagedacht over de toekomst van economische groei en het 'oude' streven naar zo hoog mogelijke groeicijfers. Niet alleen om lering te trekken uit de economische crisis, maar zeker ook om zo effectief mogelijk de opwarming van de aarde tegen te gaan. Dit vraagt wereldwijd om een economisch beleid waarbij meer nadruk komt te liggen op de kwaliteit van de economische groei en minder op zo hoog mogelijke groeicijfers waarbij onvoldoende rekening wordt gehouden met nadelige maatschappelijke effecten en de aantasting van het klimaat en de leefomgeving. Hiermee ontstaat een evenwichtiger balans tussen 'rauwe' groei en welvaart. Of en de mate waarin er een nieuw, beter evenwicht zal worden gerealiseerd, wordt sterk bepaald door de politieke machthebbers in landen.

In de wereldeconomie spelen internationale organisaties, instellingen en politieke en economische samenwerkingsverbanden een belangrijke rol. Deze komen ook in dit boek veelvuldig voor. Daarom worden deze hier kort toegelicht.

De Verenigde Naties (VN)

De VN is een internationale organisatie die na de Tweede Wereldoorlog in 1945 is opgericht (www.un.org). Het is een zogenoemde intergouvernementele organisatie waarin de aangesloten landen samenwerken op het gebied van het internationale recht, mondiale veiligheid, behoud van mensenrechten, ontwikkeling van de wereldeconomie en het onderzoek naar maatschappelijke en culturele ontwikkelingen. De VN telt 192 lidstaten. Het hoofdkantoor staat in New York. Bekende organen en organisaties van de VN zijn bijvoorbeeld de Algemene Vergadering van de VN (het dagelijkse parlement), de Veiligheidsraad, het Internationaal Gerechtshof, maar ook UNICEF (het wereldkinderfonds).

De Organisatie voor Economische Samenwerking en Ontwikkeling (OESO)
De OESO, in het Engels OECD, is een samenwerkingsverband van 30 landen om sociaal en economisch beleid te bespreken en te coördineren (www.oecd.org). De aangesloten leden, overwegend landen met een hoog inkomen, ook wel aangeduid als de rijkere westerse landen, proberen gezamenlijke problemen op te lossen en internationaal beleid af te stemmen. Het hoofdkantoor van deze internationale denktank zetelt in Parijs. Belangrijke OESO-landen zijn bijvoorbeeld de VS, Japan en groot aantal EU-lidstaten als Duitsland, Engeland, Frankrijk, Italië en ook Nederland.

Het Internationaal Monetair Fonds (IMF).
Het IMF werd samen met de Wereldbank opgericht in 1944 (www.imf.org). Het IMF heeft 186 lidstaten en richt zich op het promoten van monetaire samenwerking, het bewaken van economische groei, werkgelegenheid en het geven van tijdelijke financiële hulp aan landen met tekorten op de betalingsbalans. Het hoofdkantoor van het IMF is gevestigd in Washington D.C. In 2008 had het IMF 107 miljard dollar aan leningen uitstaan bij 87 landen.

De Centrale Banken
De meeste landen hebben een zogenoemde Centrale Bank, die veelal min of meer onafhankelijk van de regering haar taken uitvoert. In hoofdzaak gaat het om het toezicht houden op banken en andere financiële instellingen in het betreffende land, het uitvoeren van monetair beleid, het beheersen van de inflatie, het bevorderen van het betalingsverkeer en het in circulatie brengen van bankbiljetten. In Nederland is de Nederlandsche Bank (www.dnb.nl) de Centrale Bank. De Centrale Banken van de Euro-landen (16 lidstaten van de EU met de euro als munt, ofwel de Eurozone) hebben hun taken voor een groot deel overgedragen aan de Europese Centrale Bank (ECB), die in Duitsland te Frankfurt is gevestigd (www.ecb.int). De ECB is verantwoordelijk voor het monetaire beleid binnen de Eurozone. De bekendste Centrale Bank in de wereld is die van de VS. Deze Centrale Bank wordt aangeduid als Federal Reserve System en wordt afgekort ook wel de FED genoemd (www.federalreserve.gov).

De Europese Unie (EU)
De EU is een intergouvernementele en supranationale organisatie die momenteel bestaat uit 27 Europese landen (lidstaten), vaak aangeduid als EU-

27 (www.europa.eu; www.europaparl.europa.eu). Binnen de EU wordt door de lidstaten onder andere op politiek, economisch en juridisch vlak samengewerkt. De EU telt ongeveer 500 miljoen inwoners en is als één handelsblok beschouwd de grootste economie van de wereld en tevens de grootste mondiale exporteur. De totale waarde van de EU-27-economie (het gezamenlijke Bruto Binnenlands Product (BBP) van alle lidstaten) bedraagt bijna 17.000 miljard dollar. Dat is ongeveer 31% van economische waarde van de wereldeconomie.

2

Het politiek-economische landschap

Democratie en economie

De wereld telt anno 2009 bijna 200 onafhankelijke, soevereine staten. Al deze landen worden gekenmerkt door een eigen staatsinrichting, bestuursvorm, heersende politieke ideologieën en bijbehorende economische stelsels. Vaak wordt de grondslag en werking van het politieke stelsel formeel vastgelegd in een grondwet. De Verenigde Staten is een goed voorbeeld, met de oudst werkende constitutie ter wereld, daterend uit 1787. Maar er zijn ook landen die al eeuwen zonder grondwet bestuurd worden, zoals het Verenigd Koninkrijk. Een mix van formele statuten en rechtspraak functioneert dan feitelijk als grondwet. De grondwet is een soort kapstok waaraan allerlei lagere wetten, beleidsregels en voorschriften op hun beurt weer legitimiteit ontlenen.

Hoewel de meeste landen op basis van een stelsel van wettelijke regels worden bestuurd, zijn er grote verschillen tussen de bestuursvormen. Een gangbaar onderscheid wordt gemaakt tussen landen met een democratisch gekozen regering en landen die in meer of mindere mate autoritair bestuurd worden. Maar ook tussen de westerse democratieën bestaat veel verschil. Zo kent de VS meer dan 500.000 verkiesbare publieke functies, ofwel één op de ruim 500 Amerikanen. Deze functies variëren van de president, de senatoren en afgevaardigden in het Capitool, tot burgemeesters, rechters en zelfs de locale sheriff. De VS is dan ook een directe democratie. Dit wil niet zeggen dat de Verenigde Staten daarmee 'democratischer' is dan andere landen.

Volgens de zogenoemde 'Democracy Index 2008' van het gerenommeerde Britse weekblad *The Economist* is Zweden het meest democratische land ter wereld. Het wordt op de voet gevolgd door Noorwegen op twee, IJsland op drie en Nederland op vier. Op plaats vijf tot en met tien staan respectievelijk Denemarken, Finland, Nieuw Zeeland, Zwitserland, Luxemburg en Australië. Box 1 geeft een overzicht waarin een aantal interessante landen zijn opgenomen. Landen als de Verenigde Staten en het

Verenigd Koninkrijk komen pas voor op plaats 18 en 21. Frankrijk en Italië scoren ook laag in de 'volwaardige democratie'-categorie.

Box 1 Landen per type democratie of regime (167 landen in totaal)			
Volwaardige democratie (30)	Onvolkomen democratie (50)	Hybride regime (36)	Autoritair regime (51)
Score 10–			– 0
1. Zweden (9,88)	31. Zuid Afrika (7,91)	84. Hong Kong (5,85)	119. Egypte (3,89)
4. Nederland (9,53)	35. India (7,80)	87. Turkije (5,69)	120. Marokko (3,88)
5. Denemarken (9,52)	41. Brazilië (7,38)	95. Venezuela (5,34)	124. Nigeria (3,53)
11. Canada (9,07)	55. Mexico (6,78)	107. Rusland (4,48)	125. Cuba (3,52)
13. Duitsland (8,82)	69. Indonesië (6,34)	116. Irak (4,00)	131. China (3,04)
15. Spanje (8,45)	77. Filippijnen (6,12)		145. Iran (2,83)
17. Japan (8,25)			161. Saudi Arabië (1,90)
18. Verenigde Staten (8,22)			167. Noord Korea (0,86)
21. Groot Brittannië (8,15)			
24. Frankrijk (8,07)			
29. Italië (7,98)			

Bron: The Economist Intelligence Unit

De index wordt samengesteld op basis van vijf variabelen. Die meten bijvoorbeeld in hoeverre een verkiezingsstelsel open en eerlijk is en de overheid efficiënt en transparant functioneert. Maar ook of de bevolking voldoende participeert in het politieke proces, er een ondersteunde politieke cultuur bestaat en de burgervrijheden gerespecteerd worden. Een score van nul tot tien geeft aan hoe democratisch een land is. Een tien staat voor de 'perfecte' democratie. Hieruit blijkt dat maar 30 van de 167 onderzochte landen daadwerkelijk democratisch bestuurd worden; 51 regimes zijn autoritair en 86 regimes zijn onvolledig democratisch of behelzen een tussenvorm. Uit het onderzoek blijkt dat Nederland op vier van de vijf punten heel goed scoort, maar minder op het functioneren van de overheid.

Economische stelsels, economische modellen

De wereldeconomie, de optelsom van de economieën van alle landen, kent verschillende economische stelsels, ook wel aangeduid als economische modellen. Deze worden in sterke mate bepaald door de staatsinrichting, bestuursvorm en de dominerende politieke (economische) opvattingen binnen een land. Zo kunnen politieke partijen die erin slagen in de loop der jaren regelmatig regeringsverantwoordelijkheid te dragen een belangrijke stempel drukken op het economische model, het economisch stelsel, dat in hun land wordt toegepast.

Met een economisch stelsel wordt de wijze bedoeld waarop in een economie over de productie wordt besloten. Daarbij gaat het om welke goederen en diensten er worden geproduceerd, waar, hoeveel en tegen welke prijs. Economische beslissingen kunnen worden genomen door producenten, consumenten en de overheid of combinaties van dit drietal. Overigens bestaat ruim 80% van de wereldeconomie uit de economische productie van landen met een volwaardige democratie. Landen met onvolwaardige democratieën en hybride regimes hebben een gezamenlijke productie van circa 13%. De autoritaire regimes nemen bijna 7% voor hun rekening. Dit percentage wordt voor een groot deel bepaald door de productie van China.

Globaal weergegeven gaat het om een onderscheid tussen drie typen economische stelsels:

(1) Vrije markteconomieën, ook wel aangeduid als kapitalistische stelsels in hun pure vorm;

(2) Centraal geleide economieën, ook wel planeconomie of communisme genoemd; en

(3) gemengde economieën, ook wel aangeduid als staats- of neokapitalisme.

Aan het begin van de industriële revolutie, eind 18^e eeuw, is er in een aantal westerse landen kort sprake geweest van een vrije markteconomie, ofwel het pure kapitalisme, waar de overheid geen of nauwelijks een rol speelde en producenten en consumenten in alle vrijheid alle economische beslissingen namen. In de 21ste eeuw komt dit stelsel niet meer voor. Naar mate de invloed van de overheid op de werking van de economie in de loop van de 19^e en 20ste eeuw toenam, werden economieën minder vrij en begon men te spreken van een gemengd economisch stelsel of neokapitalistisch stelsel, zoals dat tegenwoordig in alle westerse industrielanden van toepassing is.

In dit type economie zijn de productiefactoren hoofdzakelijk eigendom van het private bedrijfsleven. Mensen investeren zelf, starten bedrijven en nemen risico's. Als het goed gaat, incasseren zij de winst; gaat het slecht dan moeten zij daarvoor zelf opdraaien. In dit economische stelsel is er sprake van competitie op de markt. Bedrijven concurreren met elkaar en de rol van de overheid beperkt zich tot een aantal essentiële taken, zoals de zorg voor infrastructuur, veiligheid, onderwijs, defensie enzovoort. De markt bepaalt welke goederen en diensten er geproduceerd worden, hoeveel en tegen welke prijs. Neokapitalistische stelsels kennen zo een grote mate van economische vrijheid. Toch is er wel degelijk sprake van overheidsbemoeienis, bijvoorbeeld via regelgeving, belastingen en/of subsidies, hoewel de mate waarin dit gebeurt aanzienlijk kan verschillen per land. Zie box 2. De staat zorgt veelal voor een sociaal vangnet voor burgers dat een bepaald welvaartspeil moet garanderen. Landen met deze stelsels zijn in beginsel voorstanders van een vrije handel met het buitenland.

In de centraal geleide economie is dit radicaal anders. Al het kapitaal is in handen van de staat. Om productie en distributie in goede banen te leiden, wordt de economie op een planmatige wijze gestuurd en gecontroleerd door volksvertegenwoordigers en overheidsfunctionarissen. Zij bepalen welke goederen en diensten er geproduceerd worden, hoeveel en op welke wijze het onder de bevolking wordt gedistribueerd. Sociaaleconomische klassen zijn in principe uitgebannen. In ruil daarvoor wordt van de burgers verwacht dat iedereen, naar gelang capaciteit, een bijdrage levert aan de te verrichten arbeid. Dit stelsel was van toepassing onder het communistische regime in de oude Sovjet-Unie. Op dit moment zien we vormen van centraal geleide economieën in bijvoorbeeld China en Cuba.

Box 2 Neokapitalistische stelsels

Adam Smith (1723-1790), geboren in Schotland, studeerde moraalfilosofie aan de Universiteit van Glasgow en wordt gezien als de grondlegger van het klassieke neoliberale kapitalistische model. Smith ging ervan uit dat de mens van nature het eigen individuele belang nastreeft. Het opkomen voor het ik-belang zou volgens deze filosoof ook voor de maatschappij als geheel het meeste opleveren. Daarom moet in de economie de staat het individu zijn eigen gang laten gaan. Regeringen moeten zo weinig mogelijk regels stellen; de markt moet zo veel mogelijk vrij zijn. In dat geval zorgt een 'Onzichtbare Hand' van de markt voor het beste (economische) resultaat. Het belangrijkste werk van Adam Smith is *An Inquiry into the Nature and Causes of the Wealth of Nations* (1776), waarin de basis wordt gelegd voor het economisch liberalisme van de westerse industrielanden.

Hoewel de kern gelijk is, laat de praktijk zien dat deze landen aan hun kapitalistische stelsel een verschillende uitwerking geven. Deze uitwerking kan worden weergegeven in globale economische modellen die elkaar in de praktijk kunnen overlappen. De bekendste zijn: het Angelsaksische model en het Rijnlandmodel. Bij het Angelsaksische model, sterk gebaseerd op de filosofie van Adam Smith, staat de vrije marktwerking centraal; de markt is 'wijs' en kan zichzelf het beste corrigeren. De overheid moet zich zodoende zo min mogelijk met de economie bemoeien. Uitgangspunt van de neoliberale economische politiek is een kleine overheid, lage belastingen, weinig regelgeving en een beperkte sociale zekerheid. De burgers moeten vooral voor zichzelf zorgen en het bedrijfsleven moet alle ruimte krijgen. Het mag niet gehinderd worden door overheidsvoorschriften en moet vooral aan zelfregulering doen. Door mensen en bedrijven zo veel mogelijk vrij te laten is volgens dit model de welvaart het beste gediend. In het bedrijfsleven ligt de nadruk vooral op de winst op de korte termijn en staat de aandeelhouder centraal. De vlaggendragers van het Angelsaksische model zijn de VS, Engeland en Ierland.

Tegenstanders van het Angelsaksische model wijzen erop dat het gebrek aan voldoende overheidsbemoeienis kan leiden tot sociale ongelijkheid (zoals grote inkomensverschillen), onvoldoende aandacht voor het milieu en risico's voor een gezonde ontwikkeling van de economie. Door de kredietcrisis en de daaropvolgende zware economische crisis heeft de geloofwaardigheid van dit model zware schade opgelopen. Zelfs in de Verenigde Staten, waar het neoliberalisme tot de crisis hoogtij heeft gevierd, zien we dat er overheidsmaatregelen worden genomen die het model min of meer moeten beteugelen. Richard Posner, rechter en economisch expert, verbonden aan de Universiteit van Chicago (het bolwerk van het neoklassieke denken op het terrein van economie en rechtspraak) concludeert in zijn recent verschenen boek *A failure of Capitalism: The crisis of '08 and the Descent into Depression* dat de idee van de markt die zichzelf corrigeert door de crisis is gelogenstraft. Hij is van mening dat het Amerikaanse economische systeem vanwege de inherente instabiliteit een actieve slimme overheid als hoeder nodig heeft. Dat moet geen grote en bevoogdende overheid zijn, maar wel een overheid die scherp toezicht houdt en adequaat kan ingrijpen als het systeem onverwachts zwaar in de problemen komt.

De aanduiding 'Rijnlands model' is afkomstig uit de studie 'Capitalisme contre le capitalisme (1991)' van de Franse econoom Michel Albert. Het Rijnlandse model is vernoemd naar het kapitalisme met een menselijk gezicht zoals dat in de jaren zeventig en tachtig van de vorige eeuw door de West-Duitse politieke partij SPD (sociaal-democraten) werd gepropageerd. De toenmalige hoofdstad van Duitsland en tevens het regeringscentrum was Bonn, gelegen in het Rijnland. Het model gaat uit van een overheid die zich actief bezighoudt met zaken als onderwijs, sociale vraagstukken (de sociale verzorgingsstaat), het milieu en de economische ontwikkeling. Daarnaast is de overheid bereid op de verschillende beleidsterreinen samen te werken met organisaties van werkgevers en werknemers. Bij het Rijnlandse ondernemingsmodel wordt de nadruk gelegd op het middellange- en langetermijndenken. De continuïteit van een bedrijf is belangrijker dan het realiseren van snelle winsten. Representanten van het Rijnlandse model zijn Duitsland, Oostenrijk, Frankrijk en België.

Tegenstanders van dit model die we vooral vinden bij de aanhangers van het Angelsaksische model zien als nadelen van dit stelsel de relatief grote overheidssector, de bureaucratische regelgeving, langlopende procedures, de relatief hoge belastingdruk en te weinig ruimte voor ondernemerschap. In Europa kennen we daarnaast nog het Scandinavische model (Denemarken, Finland, Zweden) en het Mediterrane model (Griekenland, Italië, Portugal, Spanje). Het Scandinavische model wordt gekenmerkt door een grote overheidssector, een breed sociaal systeem met stevige prikkels om te werken, kleine inkomensverschillen en een relatief hoge belastingdruk, maar tegelijk ook een sterk internationaal concurrentievermogen. Denemarken, Zweden en Finland hebben de afgelopen tien jaar regelmatig in de top tien gestaan van de 'best' presterende economieën van de wereld, zoals die periodiek worden opgesteld door bijvoorbeeld het World Economic Forum (www.weforum.org) en het International Institute for Management Development (www.imd.ch). Nederland heeft zowel kenmerken van het Rijnlandse als het Scandinavische model.

Welke economische stelsels 'regeren' de wereldeconomie?
De wereldeconomie bestaat uit de optelsom van de waarde van de economieën van alle landen in de wereld. Het economisch belangrijkste stelsel in de wereldeconomie is het zogenoemde Angelsaksische stelsel; zo veel mogelijk vrije markt, kleine overheid, lage belastingen, weinig (toezicht)-regels voor bedrijven en beperkte collectieve sociale regelingen voor burgers. Op de tweede plaats staat het zogenoemde Rijnlandse model; relatief grote overheid met een sociale markteconomie. Landen die min of meer het Angelsaksische economische stelsel toepassen hebben een geza-

menlijk aandeel van ruim 40% in de wereldeconomie. De belangrijkste representant van dit stelsel is de VS. Onder aanvoering van Duitsland hebben de gezamenlijke landen die het economische stelsel van het Rijnlandmodel toepassen een aandeel van ongeveer 13%. China heeft in 2009 met zijn communistische systeem een aandeel van 6% in de wereldeconomie.

De komende decennia zullen de machtsverhoudingen in de wereldeconomie gaan veranderen. Volgens een studie van Goldman Sachs zal rond 2040 China de grootste economie van de wereld hebben. De VS staat dan op de tweede plaats en India op drie. Wel zal het inkomen per inwoner in de VS nog steeds veel hoger liggen dan in China. De studie geeft ook aan dat de economieën van Rusland en Brazilië de komende decennia fors zullen groeien en groter worden dan die van bijvoorbeeld Duitsland en Engeland.

Met een aandeel van ongeveer 40% heeft het Angelsaksische stelsel relatief veel invloed op de wereldeconomie. Door de crisis is dit bevestigd. Volgens de Duitse premier, bondskanselier Angela Merkel, is de economische crisis in de wereld een uitvloeisel van de toepassing van het Angelsaksische stelsel; dit stelsel heeft de financiële sector veel te veel vrijheid gegeven. Volgens haar zou de crisis niet zijn ontstaan als in de VS de sociale markteconomie van het Rijnlandmodel van toepassing zou zijn geweest (www.bundeskanzlerin.de).

Een inventarisatie van politieke ideologieën

De aanpak van de crisis en de te voeren koers erna zal sterk afhangen van de keuzes die politici nu en in de toekomst maken. In democratieën worden ze daarbij vooral beïnvloed door kiezers, maar ook door de opvattingen van deskundigen op de verschillende beleidsterreinen. Onder deze deskundigen hebben in het bijzonder de zogenoemde 'vrijemarkteconomen', die met hun wiskundige modellen de economische ontwikkelingen meenden te kunnen voorspellen, aan gezag ingeboet. Verschillende websites publiceren inmiddels speciale economengrappen, zoals: 'Er zijn twee typen economen: economen die groeicijfers niet kunnen voorspellen en economen die niet weten dat ze groeicijfers niet kunnen voorspellen' en 'Economen leven pas op als de economie dat niet doet'.

De werking van de economische stelsels van landen worden op die manier sterk beïnvloed door de dominerende politieke ideologieën en de heersende sentimenten in de maatschappij. Daarbij staan beginselen, idealen en doctrines centraal waarbij het vooral gaat om:

(1) het doel dat men met een samenleving voor ogen heeft, en
(2) de methoden om dat doel te bereiken.

In dat kader zijn vragen aan de orde over het functioneren van de samenleving. Hoe moet de maatschappij eruitzien? Welke normen en waarden zijn belangrijk? Wat is de optimale bestuursvorm? Hoe kunnen we een hoge economische groei realiseren? Moet de overheid actief ingrijpen in de economie of haar handen er zo veel mogelijk vanaf houden? Willen we een open of gesloten houding ten opzichte van het buitenland? Hoe gaan we om met het milieu? En heel belangrijk, hoe zien we elkaar? Gaan we uit van het individu of zijn we een collectief?

Het behoeft geen uitleg dat iedereen daarover verschillende opvattingen heeft. Het maakt de politiek tot een veelzijdige aangelegenheid, waarbij een groot aantal kwesties aan de orde komen, zoals economie, onderwijs, gezondheidszorg, veiligheid, sociale zekerheid, arbeid, innovatie, globalisering, handel, criminaliteit, immigratie, ruimtelijke ordening, het milieu, energievoorziening, cultuur, religie, defensie enzovoort. Een korte zoekactie op Google leert dan ook dat de diversiteit aan politieke stromingen groot is. De populaire online encyclopedie Wikipedia alleen al somt ruim 200 politieke ideologieën op. Er wordt daarbij opgemerkt dat de lijst vermoedelijk incompleet is. Om toch een idee te vormen, geeft box 3 een opsomming van de belangrijkste stromingen die in de economische wereldgeschiedenis min of meer een (prominente) rol hebben gespeeld, of die dat nog steeds spelen.

Box 3 Politieke ideologieën en stromingen

Christendemocratie Leer die een samenleving voorstaat op basis van de christelijke normen en waarden en de Bijbel. Veelal gematigd-rechts.

Communisme Door Karl Marx bedacht als stadium dat volgt op socialisme. Sociale klassen zijn afgeschaft en de productiemiddelen zijn in handen van het volk. Aangeduid als extreem-links. Nu nog in China, Cuba, Laos en Noord-Korea.

Conservatisme Heeft verschillende interpretaties, maar gaat doorgaans om het streven naar het behoud van gevestigde normen en waarden. Veelal voorstanders van een kleine over-

	heid en tegenstanders van het afstaan van te veel nationale macht aan overkoepelende internationale instellingen, zoals de EU. Aangeduid als rechts.
Islamisme	Streeft de maatschappij te organiseren volgens de regels en gebruiken van de Islam zoals neergelegd in de Koran. Ook wel 'Politieke islam'.
Kapitalisme	Systeem waarin productiefactoren privaatbezit zijn. Er kan winst gemaakt worden met het investeren in kapitaal of inzetten van arbeid. Inkomen, productie en prijzen worden bepaald door vrijwillige transacties in de markt.
Liberalisme	Ideologie die streeft naar persoonlijke vrijheid. Benadrukt hierbij individuele rechten en gelijkheid van kansen. Ruimdenkendheid en tolerantie worden als belangrijke kenmerken gezien. Veelal gematigd-rechts.
Nationalisme	Ideologie die het eigen volk, cultuur en land tracht te bevorderen en accentueren. Berucht vanwege Nazi-Duitsland (1933-45) onder Adolf Hitler.
Socialisme	Wijze van samenleving waarin privaat kapitaalbezit is afgeschaft en in collectief eigendom is opgenomen. Mensen zijn in theorie gelijk en er bestaat een gemeenschappelijke voorziening in de behoeften. Aangeduid als extreem-links.
Sociaaldemocratie	Leer die binnen een democratisch bestel gelooft in de noodzaak van een sterke maatschappelijke en economische rol van de overheid. In de sociale politiek wordt gestreefd naar een zo open mogelijke samenleving waarbij internationaal wordt samengewerkt. Aangeduid als gematigd-links.

Links en rechts

Met al deze variëteit lijkt het populaire gebruik om in termen van links en rechts te praten ontoereikend. De meest voor de hand liggende reden is dat het politieke spectrum van links naar rechts, dat oorspronkelijk stoelt op de zetelverdeling in de linker- en rechtervleugel van het 18e-eeuwse Franse *Assemblée Nationale* (het Lagerhuis), tekort doet aan de complexiteit van de verscheidenheid aan kwesties. In box 3 zagen we al dat de assen waarop het politieke spel zich afspeelt onder andere lopen van progressief naar conservatief, van seculier naar religieus, van libertair naar autoritair, van individueel naar collectief en van privaat naar publiek eigendom van de productiemiddelen.

Het maakt een uniforme indeling op zijn minst problematisch, zo niet onmogelijk. Toch is dit precies wat politieke wetenschappers in het verleden hebben geprobeerd. Om een politiek model werkbaar te maken, is het noodzakelijk om één of meer dimensies toe te voegen om zo meer speelruimte te creëren voor het indelen van politieke ideeën. Tegelijkertijd is het de bedoeling om het zo simpel mogelijk te houden, zodat het inzichtelijk en praktisch blijft. Een bekend voorbeeld van een politiek diagram waarin deze afweging naar voren komt, is de Nolan Chart in box 4.

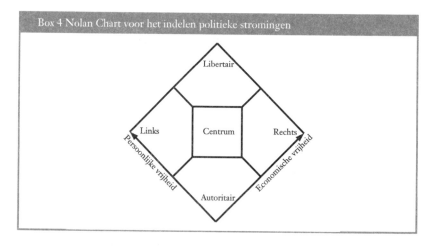

Box 4 Nolan Chart voor het indelen politieke stromingen

Het model heeft twee assen: van links naar rechts en van autoritair naar libertair. De figuur is vernoemd naar de Amerikaan en bedenker David Nolan. Daarbij ging Nolan ervan uit dat links in de politiek meestal gekenmerkt wordt door een grote overheidssector en een beleid waarbij hoge belastingen een belangrijke rol spelen. Links heeft deze belastingen nodig om collectieve regelingen te financieren voor sociale zekerheid, onderwijs en gezondheidszorg. Bij links wordt de economie sterk gereguleerd zodat er voor de vrije markt minder economische ruimte is. Persoonlijke vrijheden zijn echter groot, wat zich uit in een liberale houding ten opzichte van kwesties als softdrugs, abortus, prostitutie en het homohuwelijk. Aan de andere kant van het politieke spectrum staat rechts. Het beleid van rechts wordt vooral gekenmerkt door een kleine overheid, lage belastingen, een beperkte collectieve sociale zekerheid, individualisme en een minimale regulering van de markt zodat er veel economische vrijheid bestaat. Persoonlijke vrijheden worden daarentegen 'beperkt' door een striktere houding als het gaat om abortus, het homohuwelijk, religie, immigratie enzovoort.

Links en rechts in de economie
Over de hele wereld hebben economen hetzelfde analytisch raamwerk omarmd voor het analyseren van economisch beleid. Ze praten in termen van vraag en aanbod, efficiëntie, winst en verlies en de voordelen van vrije handel. Hoewel ze wat het theoretisch kader betreft veelal op één lijn zitten, verschillen de beleidsinzichten daarbinnen beduidend. Hoe dit zich in de praktijk manifesteert, wordt aan de hand van vijf economische concepten in box 5 uitgewerkt. Het is gebaseerd op een artikel dat Harvardprofessor Gregory Mankiw voor zijn economieblog schreef (www.gregmankiw.blogspot.com). Mankiw was economisch adviseur van de Amerikaanse oud-president George W. Bush.

Box 5 Links en rechts in 'economentaal'
Elasticiteiten: een elasticiteit is een economische maatstaf voor respons. Het meet de ratio tussen de procentuele verandering in één variabele en de procentuele verandering in een andere variabele. Als de overheid bijvoorbeeld het inkomstenbelastingtarief verhoogt, dan meet een elasticiteit de mate waarin iemand meer gaat werken (omdat er na belasting minder inkomen overblijft) of juist minder gaat werken (omdat men na belasting per uur minder verdient). Algemeen wordt aangenomen dat het tweede effect dominant is. Links denkt echter dat elasticiteiten van vraag en aanbod relatief klein zijn en daardoor ook het verstorende effect van belastingen (in dit geval de mate waarin mensen minder gaan werken). Rechts gelooft dat de elasticiteiten groter zijn en daarmee de economische verstoringen, en ziet daarom liever wat lagere tarieven.
Externaliteiten: een externaliteit is een effect van een transactie tussen twee partijen op de welvaart van een derde partij die niet direct bij deze transactie is betrokken. De handelende partijen zullen zodoende geen rekening houden met dit externe effect. Externaliteiten zijn er zowel in positieve als

negatieve vorm. Een bekend voorbeeld is het lozen van afvalstoffen door de industrie. Een individueel bedrijf zal veelal geen rekening houden met de schade die dit veroorzaakt voor milieu en andere mensen. Stel nu dat het bedrijf voor de schade moet betalen door overheidsingrijpen. Dan zal het er alles aan doen om efficiënter te produceren en minder te vervuilen, of in ieder geval de derde partijen schadeloos moeten stellen. Links gelooft dat externaliteiten veelvuldig voorkomen en de markt niet per definitie efficiënt alloceert. De overheid dient het falen van de markt dan te corrigeren. Rechts denkt dat deze externe effecten uitzondering op de regel zijn. Over het algemeen is de markt efficiënt.

Concurrentie: met concurrentie wordt bedoeld competitie tussen aanbieders van goederen en diensten. Rechts ziet concurrentie als een alomtegenwoordig fenomeen. Monopolies kunnen maar voor korte tijd bestaan, waarna marktwerking ingrijpt en voor meer aanbieders zorgt. Links ziet gevaar in grote ondernemingen met veel macht in de markt en gelooft in de noodzaak van sterke regulering zoals mededingingswetgeving.

Herverdeling: met herverdeling wordt bedoeld het herschikken van middelen van rijk naar arm. Dit roept interessante vragen op. Zo beargumenteert de beroemde filosoof Robert Nozick dat mensen recht hebben op de vruchten (het inkomen) van eigen arbeid. Iedere verdeling van middelen die dat oplevert is rechtvaardig, ook al ontstaat hierdoor in de samenleving grote ongelijkheid. De eveneens beroemde filosoof John Rawls is het daarmee niet eens. Voor een 'leefbare' samenleving acht hij het noodzakelijk dat er een herverdeling plaatsvindt van rijk naar arm. Dit betekent in de praktijk streven naar een zo klein mogelijke ongelijkheid in de samenleving. Het zal geen verrassing zijn dat rechts meer voelt voor het eerste argument, terwijl links meer met het tweede heeft.

Overheid en paternalisme: hierbij gaat het om de invloed van de overheid. Volgens links is een grote en machtige overheid nodig om de zwakkeren in de samenleving te beschermen en de excessen van de markt te corrigeren. Rechts ziet de overheid veelal als een inefficiënte kolos met een onstilbare honger naar macht en hogere uitgaven. Rechts wijst erop dat de overheid vaak minder kennis van zaken heeft dan de markt; de politiek en het ambtelijk apparaat zijn niet geschikt om de juiste economische beslissingen te nemen. Daarnaast is de overheid vatbaar voor invloeden van lobbygroepen of neemt 'verkeerde' beslissingen op basis van politieke compromissen.

3

Economische groei, onze totempaal

Een totempaal

Voor regeringen en andere beleidsmakers is de economische groei in hun land een van de belangrijkste politieke onderwerpen. Een hoge economische groei kan ertoe bijdragen dat de politieke partijen die de regering vormen meer kiezers trekken. Een hoge groei levert voor een regering meer financiële ruimte op om extra uitgaven te doen voor onderwijs, veiligheid, sociale zekerheid enzovoort, maar ook om 'leuke dingen' voor de mensen te doen, zoals belastingverlaging. Landen met een hoge economische groei winnen internationaal aan gezag en zijn populair bij het internationale bedrijfsleven. Ze staan ook hoog in de jaarlijkse internationale economische ranglijsten die wereldwijd veel aandacht trekken. Alle media berichten daarover. Een hoge of lage internationale groeiscore van een land zal in de nationale pers vaak de voorpagina halen.

Een goed draaiende economie met een hoog groeicijfer kan voor een politieke partij of president die aan de macht is bij nieuwe verkiezingen bijdragen aan de overwinning. Een economische malaise kan tot een verkiezingsnederlaag leiden. De toenmalige Amerikaanse president George H.W. Bush, senior verloor mede als gevolg van een economische neergang in 1992 zijn herverkiezing. Beroemd is de slogan van de winnaar van deze presidentsverkiezing, Bill Clinton: '*It's The Economy, Stupid!*' Kortom: in de wereld van de politiek is groei in veel opzichten een totempaal. Dit geldt ook voor het bedrijfsleven. Vooral de afgelopen twintig jaar werden in westerse industrielanden de zogenoemde 'captains of industry' die leiding gaven aan bedrijven met groeiende omzetten en hoge winstcijfers als helden bejubeld, alsof zij die winst persoonlijk hadden behaald. Het feit dat de omzetgroei en winst niet door de 'captains' waren gerealiseerd, maar door de onderneming met de inzet van de gezamenlijke inspanning van alle werknemers bleef buiten beeld.

Als gevolg van de economische recessie zien we dat in de meeste landen de economie niet meer groeit, maar krimpt. Maar wat wordt daarmee bedoeld? Waar gaat het over als we over economische groei praten? Hoe meten we het? En wat is welvaart? Welke factoren spelen daarin een rol? Is rijkdom van invloed op het geluk van mensen? Het antwoord op deze vragen heeft consequenties voor het sociaaleconomisch beleid in een land. Om hiervan een beeld te krijgen, bespreken we eerst kort het Bruto Binnenlands Product (BBP). Daarna bespreken we bovenstaande vragen.

Het Bruto Binnenlands Product (BBP)

Het Bruto Binnenlands Product (BBP) is een bekend begrip in de economie. Het wordt vaak gebruikt op tv, in de kranten en andere media, zodat velen een idee zullen hebben wat het inhoudt. Voor de volledigheid geven we hier toch een korte beschrijving. Voor allerlei doeleinden, bijvoorbeeld het maken van economische prognoses, maar ook beleidskeuzes en internationale vergelijkingen tussen landen, is het nodig om een maatstaf van economische activiteiten te hebben. Het BBP is in de loop der tijd de algemeen aanvaarde maatstaf geworden voor de waarde van de economische prestaties van een land. De omvang van het BBP kan op drie manieren worden berekend:

(1) De optelling van alle in een land gerealiseerde toegevoegde waarden; de waarde van alle goederen en diensten die jaarlijks in een economie geproduceerd worden;

(2) De optelling van alle in een land verdiende primaire inkomens: arbeidsinkomen, winsten, renten, huren;

(3) De som van alle bestedingen van gezinnen, bedrijven en de overheid bij binnenlandse ondernemingen.

Voor de berekening gaan we uit van de marktprijzen, omdat dit weerspiegelt wat mensen bereid zijn voor goederen en diensten te betalen. Omdat het BBP op basis van marktprijzen wordt berekend, wordt het ook wel het nominaal BBP genoemd.

Wat is de omvang van de hoogste BBP's?

Om een indruk te geven om welke bedragen het gaat, geeft box 6 een overzicht van de top twintig van landen met het hoogste nominaal BBP in miljarden dollars. Daarbij gaat het om de laatste cijfers voordat wereldwijd de (krediet)crisis uitbrak en de neergang van de economie begon. Het totale wereld-BBP was in 2007 circa 54.000 miljard dollar. Nederland had met een BBP van ongeveer 760 miljard dollar een aandeel van 1,4% in het wereld-BBP. Met een BBP van bijna 14.000 miljard dollar had de VS het hoogste BBP en daarmee een aandeel van ongeveer 25% in het mondiale BBP. Met grote achterstand staan op de tweede plaats Japan met 4.400 miljard dollar en op drie Duitsland met 3.300 miljard dollar. China staat met een BBP van 3.200 miljard dollar op de vierde plaats. Vergelijken we de VS met de Europese Unie (EU) dan heeft de EU in 2007 met bijna 17.000 miljard dollar het hoogste BBP; een aandeel van circa 31% in het wereld-BBP. De zogenoemde opkomende economieën, de BRIC-landen (Brazilië, Rusland, India en China) hadden gezamenlijk een BBP van in totaal 6.900 miljard dollar, een aandeel van ongeveer 12% in de wereldeconomie.

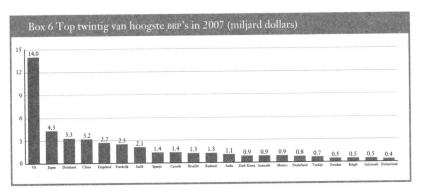

Box 6 Top twintig van hoogste BBP's in 2007 (miljard dollars)

Bronnen: www.imf.org en www.europa.eu

Box 6 laat zien dat de economie van de VS in de wereldeconomie een dominante positie inneemt. Daardoor heeft een zware economische crisis in de VS gevolgen voor de wereldeconomie. De komende decennia zullen de economische machtsverhoudingen in de wereld drastisch gaan veranderen. Het IMF verwacht dat in 2030 India (10%) en China (ruim 20%) samen in dat jaar een aandeel hebben van 30% in het mondiale BBP. Het aandeel van de VS zakt tot onder de 20% (in 2008 was het ongeveer 25%) Ook het aandeel van de EU zal naar verwachting in 2030 afnemen tot rond de 23% (in 2008 circa 31%).

Het BBP van een land en de groei geven geen inzicht in het gemiddelde inkomen per inwoner. Om een ruwe vergelijking van levensstandaarden in de wereld te maken wordt het BBP van landen gedeeld door de bevolkingsaantallen. Dit levert het BBP per hoofd van de bevolking op, wat ook wel het BBP per capita wordt genoemd. Zie box 7. Daaruit blijkt dat de BRIC-landen die economisch steeds belangrijker worden nu nog relatief 'arme' landen zijn; per hoofd van de bevolking gaat het om een gemiddeld jaarinkomen van 5.416 dollar (PPP). Ter vergelijking, in Nederland is dit gemiddelde 40.431 dollar (PPP).

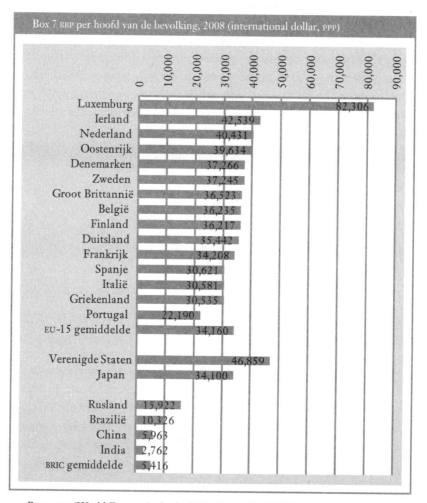

Box 7 BBP per hoofd van de bevolking, 2008 (international dollar, PPP)

Luxemburg	82,306
Ierland	42,539
Nederland	40,431
Oostenrijk	39,634
Denemarken	37,266
Zweden	37,245
Groot Brittannië	36,523
België	36,235
Finland	36,217
Duitsland	35,442
Frankrijk	34,208
Spanje	30,621
Italië	30,581
Griekenland	30,535
Portugal	22,190
EU-15 gemiddelde	34,160
Verenigde Staten	46,859
Japan	34,100
Rusland	15,922
Brazilië	10,326
China	5,963
India	2,762
BRIC gemiddelde	5,416

Bron: IMF, 'World Economic Outlook Database', April 2009

In box 7 gaat het om cijfers die gebaseerd zijn op een fictieve internationale dollar. De 'gewone' BBP dollarbedragen van de landen zijn dan gecorrigeerd voor 'purchasing power parity' (PPP). Dit is een techniek die wordt gebruikt door economen om valutaschommelingen en koopkrachtverschillen te corrigeren, om zo een preciezere vergelijking van de levensstandaarden tussen landen mogelijk te maken.

Box 7 laat zien dat Luxemburg, met iets meer dan 400.000 mensen, op dit moment in de wereld het hoogste gemiddelde inkomen per hoofd van de bevolking heeft. De VS staat op de tweede plaats en Ierland en Nederland respectievelijk derde en vierde; in werkelijkheid zitten landen als Noorwegen en Zwitserland hier nog tussenin, maar omdat we de groep beperkt hebben tot de EU, de VS, Japan en de BRIC, komen deze landen niet voor in deze box. Het valt op dat het EU-15 gemiddelde (34.160 dollar) beduidend lager is dan het BBP per inwoner in de VS; Japan en de EU-15 zitten ongeveer op hetzelfde inkomen.

Economische groei
De economische groei van een land wordt berekend op basis van de ontwikkeling van het BBP. Het BBP kan in beginsel (jaarlijks) op twee manieren toenemen:

(1) Er worden meer goederen en diensten geproduceerd (volume-effect).
(2) De marktprijzen van de bestaande hoeveelheid goederen en diensten zijn gestegen (prijseffect).

Bij internationale vergelijkingen van de groeicijfers van landen kijkt men alleen naar de daadwerkelijke toename van de productie in een economie. Economische groei wordt daarbij uitgedrukt in een procentuele stijging van het volume van het Bruto Binnenlands Product (BBP). Is er sprake van een toename ten opzicht van het jaar daarvoor dan is er groei. Bij een daling spreken we van economische krimp. Stel bijvoorbeeld dat het nominale BBP van een land in 2009 1000 is en in 2010 1030 en dat het prijspeil van het BBP gedurende dat jaar met 3% is gestegen. In dit geval is er dan geen sprake van een reële economische groei: het volume van het BBP is gelijk gebleven en de toename komt volledig voor rekening van de gestegen prijzen van de goederen en diensten. Stel dat het nominale BBP in 2009 1000 is en dat het BBP in 2010 ten opzichte van 2009 met 5% is gestegen tot 1050 en dat tegelijkertijd er sprake is geweest van toename van het prijspeil met 3%. In dat geval is er sprake van een reële groei (= volumegroei) met 2%.

Waardoor groeit de economie?
Simpel weergegeven wordt de groei van de economie bepaald door het aantal mensen dat werkt, de werkende beroepsbevolking, maal de productie die zij leveren. Daarbij gaat het veelal om een jaarlijkse vergelijking. Bij een gelijkblijvend aantal werkende mensen en geen toename van

de arbeidsproductiviteit is er geen sprake van groei. De economie van een land kan dus groeien door een toename van het aantal mensen dat werkt en door een stijging van de (gemiddelde) arbeidsproductiviteit. Deze laatste stijging wordt vooral gerealiseerd door technologische vooruitgang, zoals slimmere en snellere machines (bijvoorbeeld robottechnologie).

Een vereenvoudigd voorbeeld: stel dat de werkende beroepsbevolking in een land met 1% per jaar toeneemt en de arbeidsproductiviteit met 2%, dan is de groei van de economie 3%. De stijging van de productiviteit is een belangrijk groeimiddel van de economie. Nieuwe geavanceerde machines, een moderne infrastructuur, goed geschoolde werknemers en efficiëntere werkwijzen zorgen ervoor dat een land met hetzelfde aantal werkende mensen meer en ook betere producten en diensten kan maken. Wanneer de beroepsbevolking van een land niet meer groeit of daalt dan kan de economie uitsluitend nog groeien door een toename van de arbeidsproductiviteit. In de praktijk gaat het daarbij om groei door technologische vooruitgang, door innovaties. Dat is de motor van de economie.

Er zijn methoden ontwikkeld waarmee het (jaarlijkse) tempo van de stijging van de productiviteit kan worden gemeten; veelal wordt de groei uitgedrukt in de (gemiddelde) uurproductie per werknemer. Vooral ten tijde van de opkomst van de stoommachine en de invoering van elektriciteit zagen we een productiviteitsgolf, vooral in de industrie, maar ook in de landbouw. Daarna hebben informatie- en communicatietechnologieën (ICT) en de internetsector de productiviteit bevorderd. Verwacht wordt dat in de westerse industrielanden de productiviteit in de toekomst minder snel zal toenemen dan in het verleden. Die verwachting is gebaseerd op het feit dat de economieën van deze landen steeds meer afhankelijk worden van de dienstensector. De praktijk wijst uit dat het moeilijk is om in deze sector (jaarlijks) de productiviteit te verhogen. Ook in Nederland met zijn grote dienstensector worden we met dit probleem geconfronteerd. Volgens het advies, 'Europa 2020: de nieuwe Lissabon-strategie' (www.ser.nl) van de Sociaal-Economische Raad (SER) moet daarom in het sociaaleconomische beleid tussen 2010 en 2020 niet alleen bevorderd worden dat er meer mensen aan het werk gaan, maar ook de nadruk worden gelegd op een stijging van de productiviteit. Dit vraagt om meer investeringen in kennis en een versterking van het innovatievermogen in ons land.

Box 8 Groei, democratie, het rechtssysteem en inkomen

Hoe belangrijk is economische ontwikkeling (groei) voor democra[...] vraag houdt economen en politieke wetenschappers al een tijd be[...] standaardtheorie is dat economische ontwikkeling een voorwaarde of eerste vereiste is voor democratie (zie bijvoorbeeld het invloedrijke boek *Capitalism and Freedom* uit 1962 van de Amerikaanse topeconoom Milton Friedman). Dit wordt gestaafd met de traditioneel sterke correlatie tussen het inkomen per hoofd van de bevolking en de mate van democratie in een land. Zo zijn de meeste OESO-economieën democratisch, terwijl veel arme landen in Afrika, Zuidoost-Azië en Zuid-Amerika dat niet zijn. Het idee is dat 'rijke' landen de middelen hebben om de politieke en economische instituties te creëren die nodig zijn voor een succesvolle democratie. Als er dus ontwikkeling plaatsvindt en de mensen voldoende worden opgeleid om verstandig te participeren in de politiek, leidt dat tot democratisering.

Recent onderzoek laat echter zien dat het wel eens andersom zou kunnen zijn. Dat wil zeggen dat een grotere mate van democratie tot een hoger inkomen per hoofd van de bevolking leidt. Dit blijkt onder meer uit geavanceerde statistische analyses van de Harvard-econoom Dani Rodrik. Een nog groter effect gaat overigens uit van het rechtssysteem, ofwel de *'rule of law'* zoals de Engelsen dat zo mooi zeggen. In landen waar het reilen en zeilen door wetten wordt gedicteerd en, heel belangrijk, waar deze wetten effectief worden gehandhaafd, blijkt het inkomen per hoofd hoger. Een sterke democratie en betrouwbaar rechtssysteem zijn dus goed voor de economische ontwikkeling.

Het tegendeel blijkt uit de ontmaskering van de socialistische heilstaat. Met de val van de Berlijnse Muur in 1989 werden de gevolgen van een langdurige periode van socialisme op ongenadige wijze blootgelegd. Al snel bleek dat het welvaartspeil in de socialistische landen ver achter dat van de westerse landen lag. De ervaringen in de Sovjet-Unie en vergelijkingen tussen West- en Oost-Duitsland waren het bewijs dat een almachtige socialistische overheid de prikkels wegnam om te werken, ondernemerschap ontmoedigde en mensen stimuleerde te teren op de inspanningen van anderen (het zogenaamde 'free rider'-probleem). Daarbij bleek ook dat de gepretendeerde 'klasseloze' samenleving in werkelijkheid diepe ongelijkheden te zien gaf tussen een kleine, bevoorrechte groep machthebbers en een veel grotere groep met een lage levensstandaard die er niet of nauwelijks op vooruit was gegaan.

Economische vrijheid in de wereld; goed voor de groei

Economische vrijheid speelt een belangrijke rol bij het kunnen realiseren van economische groei. Om te bezien waar landen zich in de praktijk bevinden, wordt ook wel naar een index van economische vrijheid gekeken. Box 9 is gebaseerd op een bekende index van de rechtse Amerikaanse denktank Heritage Foundation en de *Wall Street Journal*. De index combineert meerdere indicatoren om de mate van vrijheid in het economisch handelen van particulieren en bedrijven in een land te meten. Er wordt bijvoorbeeld gekeken naar het aantal procedures dat nodig is om een onderneming te starten, naar het investeringsklimaat, de regulering van het financiële stelsel en de mate waarin het eigendomsrecht wordt beschermd. Maar ook het arbeidsrecht en de macht van vakbonden spelen een rol, net als het handelsklimaat en het functioneren van de overheid. Van oudsher wordt aangenomen dat een te grote overheid verstikkend werkt op de economie.

De typische laissez faire benadering (letterlijk 'handen ervanaf') in de Angelsaksische landen zorgt dat deze economieën eruit springen als de meest vrije. In deze landen heerst een economisch klimaat dat het meest bevorderlijk is voor economische vrijheid. Duitsland, België en Nederland en de Scandinavische landen zijn grotendeels vrij, terwijl Frankrijk of Italië met een traditioneel zeer dominant industrieel beleid maar als gematigd vrij worden gezien. Het valt op dat de opkomende economieën als Brazilië, Rusland, India en China (de BRIC) grotendeels nog niet vrij zijn, maar desondanks laten deze landen al jaren hoge groeicijfers zien. De verwachting bestaat dat de komende decennia de groei van de wereldeconomie vooral afkomstig zal zijn van de BRIC.

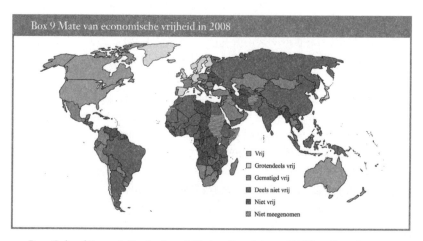

Box 9 Mate van economische vrijheid in 2008

- Vrij
- Grotendeels vrij
- Gematigd vrij
- Deels niet vrij
- Niet vrij
- Niet meegenomen

Bron: 'Index of Economic Freedom' van de Heritage Foundation en *Wall Street Journal*

Golven in de economie, de Kondratieff

Sinds eind 1700 zijn er in de wereldeconomie verschillende perioden van versnelling en vertraging van economische groei te onderkennen. Historisch gezien hebben deze perioden een lengte die ruw gezegd varieert tussen 45 en 65 jaar. Ze worden aangeduid als lange golven in de economie of Kondratieff-cycli. De Russische econoom Nikolai Kondratieff (1892-1938) wordt beschouwd als de 'ontdekker' van deze golfbeweging in de economie. De zogenaamde groeigolven worden opgewekt door twee soorten ontwikkelingen. In de eerste plaats door technologische innovaties die in de wereldeconomie nieuwe groeisectoren doen ontstaan. Daarnaast door omvangrijke investeringen in de infrastructuur, bijvoorbeeld in railverbindingen, bedrijfsterreinen, havens en vliegvelden, die de opkomst en groei van deze innovaties kunnen bevorderen.

In de economische literatuur worden er vijf Kondratieff-golven onderscheiden die de groei van de wereldeconomie de afgelopen ruim tweehonderd jaar extra hebben gestimuleerd. In de periode 1780-1900 zien we twee innovatiegolven. De eerste is de introductie van de stoommachine waardoor onder meer de textielindustrie en de ijzer- en staalindustrie zich sterk zijn gaan ontwikkelen. De tweede wordt veroorzaakt door de aanleg en het gebruik van spoorwegen, het gebruik van de telegraaf en de opkomst van fotografie. De derde en vierde Kondratieff ontwikkelen zich in de periode 1900-1990. De derde innovatiegolf vloeit voort uit de toepassing van elektriciteit (lampen, radio, telefoon enzovoort) en de 'start' van de automobielindustrie en de luchtvaart. De vierde golf wordt opgewekt door de uitvinding van kunststoffen (polyethyleen, siliconen, nylon, kunstzijde). Daarnaast door de ontwikkeling van de transistor en de televisie. De vijfde stimulans voor de wereldeconomie (1990-heden) is afkomstig van de digitalisering (internet, pc's, software, mobiele telefoons, informatietechnologie enzovoort) en de biotechnologie.

Zesde innovatiegolf?

Omdat innovatiegolven geleidelijk aan hun stimulerende werking verliezen, speculeren economische beleidsmakers nu al over een zesde Kondratieff. Daarbij wordt ondermeer gedacht aan zogenoemde nanotechnologie, robotisering en medische technologie. De vraag is of deze ontwikkelingen, die zich vooral afspelen in de westerse landen, voldoende krachtig zijn om een vloedgolf aan groei te kunnen opwekken. Ik verwacht meer van een wereldwijde 'groene' golf. Deze zou opgewekt kunnen worden door een wereldwijde vergroening van de economie. Daarmee wordt gedoeld op een snelle ombouw en vervanging van de bestaande economieën die aangedreven worden door olie, gas en steenkool door economieën met als motor duurzame energievoorziening (windstroom, zonne-energie en waterkracht) en de modernste kerncentrales. Onderdeel van deze vergroening is ook de bevordering van elektrisch vervoer en de investeringen in de noodzakelijke infrastructuur, zoals voldoende oplaadpunten. Zie hoofdstuk 8 hierover.

Voordelen van groei

Economen en politici zien vooral de materiële voordelen van groei. Daarbij gaat het om een hoger BBP, meer inkomen voor huishoudens, meer en betere banen voor werknemers en meer geld voor de overheid om publieke taken uit te voeren. Bedrijven en consumenten zien als voordelen een hogere productiviteit, een gevarieerder pakket aan producten, kwalitatief betere producten, lagere prijzen en betere arbeidsomstandigheden. Naast deze tastbare voordelen beargumenteert Harvard-econoom Benjamin Friedman in zijn boek *What's So Good About Growth* dat er nog andere voordelen zijn. Zo is groei waardevol vanwege de positieve effecten op de maatschappij en de kwaliteit van politieke instituties. Groei promoot onder andere sociale mobiliteit, tolerantie in een samenleving en schept ruimte voor het creëren van eerlijke kansen voor iedereen en inzet voor de democratie. Friedman stelt dat zonder groei of een langdurige krimp deze voordelen verdwijnen en er in de maatschappij allerlei negatieve ontwikkelingen kunnen optreden, zoals massawerkloosheid, armoede en de opkomst van desastreuze regimes, zoals het Nazi-regime in Duitsland in de jaren dertig van de vorige eeuw. Friedman illustreert daarmee dat economische groei naast de materiële voordelen die het oplevert ook een belangrijke rol speelt bij de ontwikkeling van de samenleving.

In een studie van De Wereldbank (2006) wordt er bovendien op gewezen dat het alleen met hoge groeicijfers mogelijk is de extreme armoede in sommige landen in de wereld te bestrijden. In 1990 waren er in de wereld 1,2 miljard mensen die moesten leven van 1 dollar of minder per dag. Als gevolg van de gerealiseerde economische groei en nog te verwachten groei zal deze groep allerarmsten in 2015 ongeveer gehalveerd zijn. Op zich is groei goed en ook nodig om werk en inkomen te bieden aan een nog steeds groeiende wereldbevolking. Zonder groei gaat een toenemend aantal mensen er netto op achteruit en neemt de armoede toe.

Toch worden er vooral vanuit de kant van internationale milieubewegingen kanttekeningen geplaatst bij het streven naar een zo hoog mogelijk groeicijfer. Ze wijzen onder meer op de negatieve gevolgen voor het milieu en het klimaat. Zie bijvoorbeeld www.greenpeace.org. Deze bewegingen vragen terecht aandacht voor de schaduwkanten en de soms desastreuze gevolgen van een ongebreidelde groei. In hoofdstuk 9 wordt aangetoond dat het zeker mogelijk is mooie groeicijfers te realiseren met maatregelen en investeringen die tegelijk gunstig zijn voor het leefmilieu en de opwarming van de aarde tegengaan: groei waarbij de kwaliteit voorop staat.

Geen onderscheid tussen 'goede' groei en 'slechte' groei
Bij de berekening van het BBP wordt geen rekening gehouden met 'goede' en 'slechte' groei. Als grootste bezwaar tegen de bestaande meting van economische groei worden beschouwd de schadelijke effecten van economische groei. Bedrijven en burgers verrichten talloze activiteiten die weliswaar leiden tot toegevoegde waarden die tot een hoger BBP leiden, maar tegelijk grote schade toebrengen aan het leefmilieu. De productie van veel bedrijven leidt bijvoorbeeld tot de uitstoot van broeikasgassen en luchtverontreiniging. Jaarlijks moeten regeringen miljarden aan kosten maken om de schade daarvan op te vangen zoals extra kosten aan gezondheidszorg en maatregelen om klimaatverandering tegen te gaan die het gevolg is van de uitstoot van broeikasgassen. Daarnaast brengt bijvoorbeeld ook het auto- en vliegverkeer grote schade toe aan het milieu en leefklimaat.

Voor de meting van een 'gezonde' groei van het BBP zouden deze kosten moeten worden afgetrokken van de toegevoegde waarden waarmee het BBP is opgebouwd. In landen die volgens de traditionele meting hoge economische groeicijfers scoren zien we tegelijkertijd dat deze groei gepaard gaat met ernstige schade voor de leefomgeving (bijvoorbeeld water- en bodemvervuiling) en de aantasting van het klimaat. Zou rekening worden gehouden met de kosten van deze schade dan zou de meting van het BBP bij landen waarbij de groei gepaard gaat met een sterke vervuiling van de leefomgeving en de aantasting van het klimaat wellicht geen groei laten zien, of zelfs een krimp. Bedacht moet ook worden dat deze vervuiling een negatieve uitwerking heeft op de welvaart in een land. Als we dit welvaartsverlies ook als 'kosten' zien, zou het BBP theoretisch bezien verder gecorrigeerd moeten worden.

Een ander BBP, een andere groei

Het BBP is slechts een beperkte graadmeter voor de welvaart van een land. Welvaart is een subjectief begrip. Voor mensen wordt welvaart niet alleen bepaald door het eigen inkomen maar door een veelheid van andere zaken, zoals de leefomgeving, beschikbaarheid van een goede gezondheidszorg, onderwijs, sociale voorzieningen, veiligheid, culturele voorzieningen, vrije tijd, geluksgevoel enzovoort. Volgens Nobelprijswinnaar in de economie Amartya Sen kan de economische ontwikkeling bovendien niet worden gescheiden van ecologische en milieu-aspecten. Sterker nog, aldus de econoom: 'Belangrijke componenten van de menselijke vrijheden – en cruciale ingrediënten van onze kwaliteit van leven – zijn geheel en al afhankelijk van de integriteit van het milieu.'

Met dit in het achterhoofd, zijn er in de afgelopen decennia door economen pogingen gedaan om alternatieve maatstaven te ontwikkelen voor economische groei. Zo is er een 'Index of Sustainable Econmic Welfare' ontwikkeld, die de klassieke (BBP) groei corrigeert voor sociale en milieukosten. In het rapport *Economic Policy Reforms; Going for Growth* berekent de OESO (2006) voor de OESO-landen naast het klassiek BBP per hoofd (zoals in box 7) ook een alternatief BBP waarbij rekening wordt gehouden met de verschillen in vrije tijd die mensen in de verschillende landen hebben en de verschillen in inkomensongelijkheid. Als landen worden vergeleken op basis van hun BBP per gewerkt uur dan verliest de VS de tweede plaats op de ranglijst van landen met het hoogste BBP per hoofd en zakt naar de zesde plaats.

Tot op heden hebben deze alternatieve BBP-berekeningen weinig tot geen weerklank gevonden. Ze spelen internationaal dan ook geen rol van betekenis. Dit heeft niet alleen te maken met de ijzersterke positie van de klassieke vaststelling van het BBP, gebaseerd op internationale afspraken, maar ook met de complexiteit van de alternatieven. Het valt niet te verwachten dat het komende decennium op internationaal niveau afspraken gemaakt zullen worden over een BBP en groei waarin rekening wordt gehouden met de negatieve gevolgen van die groei op het leefmilieu en op andere maatschappelijke aspecten. Het lijkt mij niet vruchtbaar om deze weg opnieuw te verkennen. Ik ben voorstander van een meer praktische aanpak, waarbij gebruik wordt gemaakt van bestaande (internationale) cijfers en uitkomsten op basis waarvan landen worden vergeleken, bijvoorbeeld met behulp van een internationale scorekaart die om de vijf jaar wordt vastgesteld. De kaart omvat naast de gemiddelde groei van het BBP en het gemiddelde BBP per hoofd van de bevolking over de afgelopen vijf jaar ook andere relevante cijfers, zoals inkomensongelijkheid en klimaatresultaten, die een beeld geven van landenprestaties. In hoofdstuk 8 heb ik een voorbeeld uitgewerkt. Daarbij is ook een poging gedaan om een simpel voorstel te ontwikkelen voor de berekening van een 'gezondere' economische groei.

Maakt groei gelukkig?
De afgelopen zestig jaar is er wereldwijd onderzoek gedaan naar de relatie tussen de groei van het BBP en de geluksbeleving van de bevolking. Daarbij was de veronderstelling dat een toename van het inkomen per hoofd van de bevolking (het BBP gedeeld door het inwonertal van het land) tot een hoger geluksgevoel zou leiden. In de westerse industrielanden is het BBP in de periode 1950-2009 per hoofd van de bevolking aanzienlijk gestegen, veelal meer dan verdubbeld. Onderzoeken geven aan dat het geluksgevoel van de bevolking in die landen globaal gelijk gebleven is. Een hoger inkomen leidt veelal niet tot meer geluksgevoel, omdat mensen hun eigen positie voortdurend vergelijken met die van anderen. Ze gaan daarbij uit van het eigen inkomen. Als het eigen inkomen stijgt, maar tegelijk ook het inkomen van anderen, dan blijft het geluksgevoel ongeveer gelijk. Ingeval het eigen inkomen meer toeneemt dan het gemiddelde, neemt het geluk toe. Zie box 10 voor een leuk experiment hierover.

Bij een 'geluksvergelijking' tussen landen valt op dat de bevolkingen van landen met een groot verschil tussen arm en rijk minder gelukkig zijn. De verschillende 'geluksonderzoeken' wijzen ook uit dat bij de laagste inkomensniveaus, onder de 10.000 dollar per jaar, er wel sprake is van een directe relatie tussen het inkomen en het geluk. Mensen met een dergelijk laag inkomen hebben onvoldoende geld om 'gewone' uitgaven te kunnen doen voor eten, drinken, ontspanning enzovoort. Bij deze groep leidt een stijging van het inkomen wel tot meer geluk.

Box 10 Geluk is relatief
Mensen meten zich meer aan elkaars rijkdom dan aan absolute rijkdom. Om dit te testen, is er een interessant onderzoek gedaan onder een groep studenten aan de Harvard Universiteit. Ze kregen hierbij de vraag voorgelegd of ze liever 50.000 dollar zouden verdienen als anderen de helft zouden ver-

dienen, of 100.000 dollar als anderen het dubbele zouden verdienen. Tot ieders verrassing gaf veruit de meerderheid van de studenten aan de eerste optie te prefereren, ondanks het feit dat ze hiermee in absolute termen minder rijk zouden zijn. Blijkbaar zijn de prestaties van een referentiegroep belangrijk. Individuen zijn gelukkiger als ze beter presteren dan degenen om hen heen. Zo bestaat er ook statistisch bewijs dat acteurs die een Oscar winnen gemiddeld vier jaar langer leven dan acteurs die genomineerd worden maar niet winnen. Zie voor een studie over de relatie tussen geluk en inkomen ook de *Macro Economische Verkenning* (MEV) 2008 van het CPB.
Bron: Richard Layard (2003)

4

De economische wereld vóór de crisis

Economische groei

Dit hoofdstuk beschrijft een aantal belangrijke economische ontwikkelingen in de wereld. Er wordt een (cijfermatig) beeld geschetst van de economische prestaties en andere belangrijke beleidsresultaten van landen en samenwerkingsverbanden van landen, zoals de EU. Deze schets biedt een achtergrond voor de analyse van de economische crisis en toekomstige economische ontwikkelingen. Box 11 geeft een overzicht van de gerealiseerde economische groei van landen in de periode 1980-2008. Voor deze periode is gekozen omdat vooral eind jaren zeventig en begin van de jaren tachtig er sprake was van toenemende debatten over het 'beste' economische groeistelsel en in Amerika in 1981 door de toenmalige Amerikaanse president Ronald Reagan (1981-1989) een nieuwe economische koers werd ingezet. Na zijn aantreden begon de republikein Reagan het bestaande gematigde neoliberale economische beleid in de Verenigde Staten sterk te intensiveren; '*the magic of the market place*', de magie van de vrije markt die alles regelt. Dit beleid, algauw aangeduid als 'Reaganomics' met als slogan '*Big government is over*', werd gekenmerkt door het streven naar een kleinere overheid, lagere belastingen, minder regelgeving voor het bedrijfsleven, volop ruimte voor de financiële sector en lage rentes. In Engeland werd een soortgelijk beleid ingezet door de toenmalige conservatieve regering onder leiding van Margaret Thatcher (1979-1990).

Box 11 BBP-groei in de verschillende landen, 1980-2008 en voorspelling 2009-2014

	5-jarige gemiddelden									Voorspelling	
	1980-84	1985-89	1990-99	1995-04	2000	2005	2006	2007	2008	2009	2010-2014
Wereld	2,5	3,8	2,4	3,4	3,7	4,5	5,1	5,2	3,2	-1,3	4,1
Verenigde Staten	2,4	3,7	2,4	3,9	2,4	2,9	2,8	2,0	1,1	-2,8	2,6
Japan	2,7	4,8	2,2	0,8	1,5	1,9	2,0	2,4	-0,6	-6,2	2,2
Eurozone	-	-	1,0	2,5	1,9	1,7	2,9	2,7	0,9	-4,2	1,4
Duitsland	1,0	2,8	3,0	1,7	1,1	0,8	3,0	2,5	1,3	-5,6	1,3
Frankrijk	1,6	3,1	1,2	2,5	2,1	1,9	2,4	2,1	0,7	-3,0	1,7
Italië	0,8	3,3	1,1	1,7	1,5	0,7	2,0	1,6	-1,0	-4,5	1,0
Spanje	1,1	4,4	1,7	3,9	3,6	3,6	3,9	3,7	1,2	-3,0	1,0
Nederland	0,6	3,1	2,3	3,9	1,7	2,0	3,4	3,5	2,0	-4,8	1,6
Groot Brittannië	1,0	3,9	1,2	3,3	2,8	2,1	2,8	3,0	0,7	-4,1	2,1
BRIC											
Brazilië	1,5	4,5	1,4	2,0	3,0	3,1	4,0	5,7	5,1	-1,3	3,4
Rusland	-	-	-	-1,0	6,7	6,4	7,7	8,1	5,6	-6,0	3,7
India	5,1	6,1	4,8	6,5	5,8	9,2	9,8	9,3	7,3	4,5	7,2
China	9,7	9,9	10,9	9,1	9,2	10,4	11,6	13,0	9,0	6,5	9,8

Bron: IMF, 'World Economic Outlook Database', April 2009

Box 11 laat zien dat de wereldeconomie de afgelopen bijna dertig jaar sterk is gegroeid, vooral in de periode 1996-2007. In 2008 is er sprake van een afzwakking van de groei. Voor 2009 voorspelt het IMF een krimp van 1,3%. Dit beeld zien we ook in de afzonderlijke landen. Volgens de IMF prognose voor 2009 zijn China (+6,5%) en India (+4,5%) de enige landen die geen economische krimp vertonen. In de periode 1980-2008 hadden ze bovendien de hoogste economische groei. Deze hoge groeipercentages moeten wel gezien moeten worden in het licht van de relatief kleine omvang van de BBP's van deze landen. Dit geldt ook voor de cijfers van Brazilië en Rusland.

Van de westerse industrielanden heeft de Amerikaanse economie in de periode 1980-2008 de hoogste groeicijfers geproduceerd. De economie is met gemiddeld 2,9% per jaar gegroeid. De sterkste groei vond plaats in de periode van de presidenten Ronald Reagan (1981-1989) en Bill Clinton (1993-1999). In de Eurozone lag de groei gemiddeld 1 procentpunt lager voor de periode 1992-2008, waarvoor cijfers beschikbaar zijn. Kijken we naar de periode 2000-2008 dan is het verschil minder groot: de VS heeft dan een gemiddelde groei van 2,3% tegenover de Eurozone 2%.

Het valt op dat de hoogste groeicijfers van Japan (4,8%) dateren uit de periode 1985-1989. Daarna ging het bergafwaarts. De Japanse zeepbeleconomie, gebouwd op een sterk overgewaardeerde onroerendgoedsector en te hoge beurswaarderingen, barstte in 1991. De aandelenkoersen begonnen aan een diepe val en de banksector klapte in elkaar. Daardoor kon het Japanse bedrijfsleven jarenlang niet beschikken over voldoende kredieten. Bovendien waren in de vergrijzende Japanse samenleving de burgers in deze periode onzeker over de toekomst en vooral spaarzaam. Daardoor gaven ze te weinig uit om de economie aan te jagen. Volgens Nobelprijswinnaar Paul Krugman (2008) werd de langjarige trage groei (groeirecessie) van de Japanse economie verergerd omdat het monetaire beleid geen grip meer had vanwege een liquiditeitsval.

Van de vier grootste economieën in Europa, Duitsland, Engeland, Frankrijk en Italië had Engeland over de periode 1980-2008 het hoogste gemiddelde groeicijfer, gemiddeld 2,4% over de periode 1980-2008. Frankrijk volgt met een gemiddelde van 2,0%. Nederland levert met een gemiddelde van 2,5% groei een betere prestatie; de hoogste groei werd gerealiseerd in de periode 1995-1999 (kabinet-Kok). Spanje deed het met een gemiddelde groei van 2,9% nog beter.

De in box 11 opgenomen landen hanteren verschillende economische stelsels. In de westerse industrielanden zijn de belangrijkste het Angelsaksische model (neoliberaal) en het Rijnlandmodel (sociale markteconomie) die in hoofdstuk 1 kort besproken werden. Het valt op dat de in box 11 gepresenteerde gemiddelde groeicijfers tussen de verschillende westerse landen, de VS en de Eurozone niet spectaculair van elkaar verschillen. Vooral sinds 2000 liggen ze dicht bij elkaar. Ook bij de groei per hoofd is dit het geval (box 12). Dit nuanceert de wel gehoorde stelling van de aanhangers van het Angelsaksische stelsel dat dit model veel hogere groeicijfers produceert dan andere stelsels.

De vraag is waarom het ene land harder groeit dan het andere land. De afgelopen vijftig jaar is daarover een groot aantal studies verschenen met wisselende uitkomsten. Een mooie studie waarin een goed overzicht wordt gegeven is: *Big Bills Left on the Sidewalk: Why Some Nations are Rich, and Others Poor*, van Mancur Olsen (1996). Uit zijn analyse komt duidelijk naar voren dat een goede, efficiënte en betrouwbare overheid een belangrijke bijdrage levert aan economische groei. In hoofdstuk 8 en bijlage 1 van dit boek wordt bovendien aangegeven dat in deze eeuw vooral kennis (onderwijs) en innovaties de motoren voor de groei zijn. De overheid speelt een speciale rol in het stimuleren ervan.

Daarbij gaat het bij de huidige internationale vergelijkingen tussen landen uitsluitend om een vergelijking tussen de procentuele groeicijfers. En dat is veel te beperkt. Naast het groeicijfer kleven aan de economische stelsels verschillende andere belangrijke aspecten, zoals het gemiddelde inkomen per inwoner, inkomensongelijkheid, sociale zekerheid, klimaatprestaties enzovoort. Bij het uitsluitend kijken naar het groeicijfer blijven die buiten beeld. In hoofdstuk 8 zijn naast groei ook andere prestaties in beeld gebracht. Ook daarbij speelt de overheid een belangrijke rol. We zien dat op dit vlak wereldwijd grote verschillen bestaan die vooral door de politiek worden bepaald.

Groei per hoofd
Hierboven is de ontwikkeling van de (gemiddelde) economische groei van landen in beeld gebracht. Deze ontwikkeling laat niet zien of deze groei ook heeft geleid tot een hoger gemiddeld inkomen per hoofd van de bevolking (= gemiddelde groei van het BBP per inwoner) en hogere levensstandaarden. Uit box 12 blijkt dat er in de periode 1997-2007 op dit punt sprake is geweest van een wisselend beeld tussen de VS, de EU en Japan. In de jaren 1997 tot en met 2001 had de EU de hoogste gemiddelde BBP-stijging per hoofd van de bevolking (2,7%). De VS scoorde 2,4% en Japan bleef ver achter met 0,3%. In de jaren 2003, 2004 en 2005 doet de VS het beter dan de EU en in de jaren 2006 en 2007 weer slechter. Bij Japan zien we vanaf 2003 de groei per hoofd van de bevolking toenemen.

Box 12 Groei van het BBP per hoofd (in percentages ten opzichte van het voorgaande jaar)

	5-jaarsgemiddelde 1997-2001	2002	2003	2004	2005	2006	2007
Verenigde Staten	2,4	0,6	1,5	2,9	2,2	2,3	1,2
EU	2,7	0,9	0,9	2,0	1,3	2,7	2,6
Japan	0,3	0,0	1,2	2,7	1,9	2,3	2,4

Bron: www.ec.europa.eu

Het grote belang van de wereldhandel
De wereldhandel in goederen en commerciële diensten is de motor van de wereldeconomie en heeft een sterke invloed op de economische groei. In de periode 1998-2008 is het volume van de wereldhandel gemiddeld met 5,7% per jaar gestegen. In 2008 viel de groei van het volume terug tot rond de 2% en voor 2009 voorspelt de World Trade Organization (WTO) een mondiale krimp van 10%. De daling heeft meerdere oorzaken. Het vertrouwen van consumenten in de economie beweegt zich rond het historische dieptepunt. Mede vanwege de onzekerheid over de toekomst houden consumenten wereldwijd de hand op de knip; ze kopen bijvoorbeeld minder auto's, minder elektrische apparatuur, minder computers enzovoort. Veel bedrijven kunnen of durven niet meer te investeren. Bovendien is het zeer moeilijk internationale transacties te financieren. Dit gebrek aan financiering heeft een verlammende uitwerking op de internationale handel.

Bij eerdere economische crisissen was de terugval van de wereldhandel minder sterk. Er waren altijd wel werelddelen (handelsblokken) die minder last van de economische malaise hadden en die voor een stuk compensatie zorgden. Bij de huidige economische crisis is dit niet het geval. De gehele wereld is getroffen door een diepe, ingrijpende economische recessie.

Overal in de wereld neemt de industriële productie in de eerste helft van 2009 sterk af. In de VS zakt de industriële bedrijvigheid tot het laagste niveau sinds 1980. De afname van de orders heeft geleid tot het sluiten van fabrieken en het verminderen van de productie in een groot aantal bedrijfssectoren van de economie, zoals de bouw en de staal- en auto-industrie. De verwachting is dat door deze ontwikkeling de werkloosheid in de

VS dit jaar zou kunnen oplopen tot meer dan 10% van de beroepsbevolking. In de zogenoemde Eurozone (landen met de euro als munt) liggen in de lente van 2009 de industriële activiteiten op het laagste niveau sinds zijn bestaan. In Europa krimpt de economie in 2009 naar verwachting met 4% en loopt de werkloosheid op tot bijna 11%. De Europese Commissie gaat ervan uit dat Europa in 2010 ruim 26 miljoen werklozen telt. Ook de opkomende economieën worden getroffen door de neergang van de wereldeconomie. Door een gebrek aan orders moesten in China en India in verschillende industriële bedrijfssectoren fabrieken worden gesloten. De werkloosheid nam in deze landen daardoor sterk toe. Olielanden als Rusland, Venezuela en Iran kwamen in de problemen door de sterk gedaalde olieprijs, waardoor hun staatsinkomsten fors zijn afgenomen.

In de zomer van 2009 is de heersende opinie dat mede dankzij de vele honderden miljarden die wereldwijd door overheden in de economie zijn gepompt de vrije val van de economie is gestopt. Vooral in de VS maar ook in verschillende Europese landen tekent zich een licht herstel van de economie af.

In 2008 waren de belangrijkste handelsblokken in de wereld de EU met een aandeel in het wereldhandelsvolume van rond de 37%, Azië met ongeveer 28% en Noord-Amerika met 13%. De komende decennia zal het aandeel van Azië, in hoofdzaak dankzij China, sterk gaan toenemen vooral ten koste van het aandeel van de EU. Tot op heden is het EU-beleid onvoldoende effectief geweest om de afkalving van de handelspositie tegen te gaan. Het grote probleem van Europa is dat er te weinig innovaties, nieuwe producten, nieuwe diensten en nieuwe productieprocessen worden gerealiseerd. Zonder voldoende innovaties zal de handelspositie van de EU verder verzwakken.

Toch zijn er EU-lidstaten, zoals Denemarken en Finland, die een koppositie innemen op de wereldranglijst van de meest innovatieve landen. De beleidsmakers van de EU kunnen in eigen huis dus leren hoe het wel kan. Ze moeten daarmee snel beginnen. Ook van de Duitsers valt wat te leren. In 2008 stond Duitsland met een aandeel van 9,1% op de eerste plaats van de ranglijst van grootste exporteurs in de wereld. China stond op plaats 2 (8,9%), de VS op 3 (8,1%), Japan op 4 (4,9%) en Nederland op 5 (3,9%). Nederland dankt zijn vijfde plaats vooral aan de doorvoer via de zee- en luchthavens (Rotterdam en Schiphol) naar de Europese markt. Bijna de helft van de Nederlandse export bestaat uit wederuitvoer.

Wat zijn de verwachtingen over de toekomstige wereldhandel?
Optimistische deskundigen gaan ervan uit dat de handel zich de komende jaren geleidelijk weer zal herstellen tot het 'oude' groeitempo. Het is de vraag of dit optimisme wel gerechtvaardigd is. Wel staat vast dat China in toenemende mate de wereldhandel zal gaan domineren en de lakens gaat uitdelen. Westerse landen doen er verstandig aan daarmee nu alvast rekening te houden. De toekomstige wereldhandel wordt ook geraakt door de gevolgen van de economische crisis op de economieën van landen. Door de nasleep van de crisis zal de economische productiviteit van de meeste landen in de wereld negatief beïnvloed worden. Bovendien zien we in veel landen de opkomst van een beleidstrend waarbij de nadruk wordt gelegd op steun en bescherming van het eigen bedrijfsleven. Als deze ontwikkeling (protectionisme) doorzet dan wordt de groei van de wereldhandel afgeremd. De WTO heeft al verschillende keren voor dit risico gewaarschuwd. Ook heeft dit protectionisme al op de politieke agenda van de wereldleiders gestaan tijdens de zogenoemde G8- en G20-bijeenkomsten. Deze besprekingen hebben nog geen zichtbaar resultaat opgeleverd. De kans op een langdurige trage groei van de wereldeconomie is dan ook toegenomen.

In onderstaande box worden de negatieve gevolgen in beeld gebracht van protectionisme. De grafiek laat zien dat voorgenomen en gerealiseerde protectionistische maatregelen (AD staat voor antidumping) door landen leiden tot een lagere groei van de wereldeconomie (is zwarte dalende en stijgende lijn).

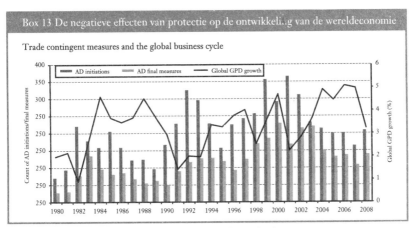

Box 13 De negatieve effecten van protectie op de ontwikkeling van de wereldeconomie

Note: Global GPD growth is from the IMF World Economic Outlook Database (April 2009)
Source: WTO Secretatiat.

Bron: www.wto.org

53

De rol van de overheid

Hoewel het exacte takenpakket van de overheid per land nogal verschilt, onderscheiden we in hoofdlijnen een drietal functies van de overheid. Deze driedeling is terug te voeren op het baanbrekende werk van de Amerikaanse econoom Richard Musgrave (*Public Finance in Theory and Practice*, 1989).

De drie hoofdfuncties zijn:

(1) *Allocatiefunctie*, waarmee de overheid het totaal aan middelen in een economie opdeelt tussen de private en publieke sector, en in dat laatste geval de mix van goederen en diensten die door de publieke sector wordt geleverd;

(2) *Herverdelingsfunctie*, waarmee de overheid de verdeling van inkomens en vermogens beïnvloedt naar gelang datgene wat als eerlijk of rechtvaardig wordt gezien;

(3) *Stabilisatiefunctie*, waarmee de overheid tracht conjunctuurcycli te dempen door de economie te stimuleren in laagconjunctuur of af te remmen in hoogconjunctuur.

Deze laatste functie is tijdens de economische crisis weer zeer actueel. Overheden over de hele wereld proberen als onderdeel van het macro-economisch beleid economieën uit het slop te trekken met extra uitgaven en belastingverlagingen. De aanpak is niet zonder kritiek. Begrotingstekorten en staatsschulden nemen hierdoor gigantisch toe, terwijl de effectiviteit van bepaalde uitgaven in twijfel kan worden getrokken. Hierop kom ik later in het boek nog terug.

Overheidsbegroting, inkomsten en uitgaven

De hier genoemde functies raken zowel de inkomsten- als de uitgavenkant van de overheidsbegroting. Dat wil zeggen dat de overheid zowel via uitgavenprogramma's als via het belastingbeleid haar taken uitvoert. Daarnaast gebruikt de overheid buiten de begroting (wettelijke) regels om het beleid uit te voeren; bijvoorbeeld op het terrein van het milieubeleid en voorschriften voor ondernemers. Ook deze regels kunnen effecten hebben op de ontwikkeling van de economie. Zo laat de praktijk zien dat in landen met zware administratieve overheidsprocedures voor het oprichten van bedrijven het aantal startende ondernemers lager ligt dan in landen met soepele en snelle procedures.

Het inkomsten- en uitgavenpatroon geeft een eerste indruk van de reikwijdte van de staat. Regeringen publiceren elk jaar een begroting waarin de inkomsten en uitgaven voor de komende periode worden opgesomd. De begroting dient als uitgangspunt voor de (geraamde) inkomsten voor de schatkist en de overheidsbestedingen. In Nederland wordt de Rijksbegroting traditioneel elke derde dinsdag van september op Prinsjesdag gepresenteerd.

Ofschoon individuele landen verschillende classificaties hanteren, worden overheidsuitgaven op internationaal niveau ingedeeld in tien standaard categorieën. Dit gebeurt volgens een classificatie van de Verenigde Naties: de Classification of the Functions of Government (COFOG). Box 14 geeft per land een overzicht van het totaal aan overheidsuitgaven en de uitgaven per COFOG-categorie. Ook zijn de totale belastinginkomsten en de inkomsten per hoofdtype belasting opgenomen. Zo krijgen we een goed beeld van de openbare financiën van landen voordat de crisis losbarstte.

Box 14 Overheidsuitgaven en belastinginkomsten als percentage BBP, 2007

	Overheidsuitgaven											Belastinginkomsten				
	Totaal	Algemeen Overheidsbestuur	Defensie	Openbare orde en veiligheid	Economische zaken	Milieubescherming	Huisvestingen voorzieningen	Gezondheid	Recreatie, cultuur en godsdienst	Onderwijs	Sociale bescherming	Totaal	Inkomstenbelasting	Consumptiebelasting	Vermogensbelasting	Overige
EU-15	46,1	6,2	1,5	1,7	3,7	0,8	1,0	6,7	1,1	5,1	18,3	39,8	25,4	11,8	2,2	0,4
België	48,4	8,5	1,0	1,6	5,1	0,6	0,4	7,0	1,2	5,8	17,1	44,4	30,4	11,2	2,2	0,6
Denemarken	51,0	6,0	1,6	1,0	3,4	0,6	0,6	7,3	1,6	7,4	21,7	48,9	30,5	16,3	1,9	0,2
Duitsland	44,2	5,5	1,0	1,6	3,5	0,6	0,8	6,3	0,7	3,9	20,4	36,2	24,5	10,6	0,9	0,2
Finland	47,1	6,2	1,4	1,2	4,4	0,3	0,4	6,6	1,1	5,8	19,9	43,0	28,8	12,9	1,1	0,2
Frankrijk	52,4	7,0	1,8	1,3	2,8	0,9	1,9	7,2	1,5	5,9	22,2	43,6	27,8	10,8	3,5	1,5
Griekenland	43,7	8,0	2,3	1,2	4,4	0,5	0,4	4,9	0,4	3,0	18,6	31,3	18,6	11,3	1,4	0,0
Ierland	35,4	3,7	0,5	1,5	4,8	0,7	2,0	7,0	0,7	4,5	10,0	32,2	17,6	11,7	2,8	0,1
Italië	47,9	8,6	1,3	1,9	4,0	0,8	0,7	6,8	0,8	4,7	18,2	43,3	27,9	10,6	2,1	2,7
Luxemburg	37,7	4,1	0,2	0,9	4,0	1,0	0,6	4,5	1,9	4,5	15,8	36,9	23,1	10,1	3,6	0,1
Nederland	45,3	7,3	1,4	1,8	4,7	0,8	0,9	5,7	1,3	5,1	16,3	38,0	24,9	11,4	1,2	0,5
Oostenrijk	48,4	6,9	0,9	1,4	4,6	0,5	0,6	7,5	1,0	5,2	19,9	41,9	29,4	11,5	0,6	0,4
Portugal	45,8	7,1	1,1	1,6	3,8	0,5	0,5	6,8	1,1	5,8	17,5	36,6	21,2	14,0	1,2	0,2
Spanje	38,8	4,5	1,0	1,9	4,9	0,9	0,9	5,7	1,6	4,4	13,0	37,2	24,4	9,6	3,0	0,2
Zweden	52,5	7,5	1,6	1,3	4,7	0,4	0,7	6,8	1,1	6,9	21,6	48,2	34,0	12,8	1,2	0,2
Engeland	44,4	4,4	2,4	2,5	2,9	1,0	1,1	7,5	1,1	6,2	15,3	36,6	21,1	10,7	4,6	0,1
Verenigde Staten	37,3	5,0	4,3	2,1	3,7	0.0	0,7	7,9	0,3	6,3	6,9	28,3	20,6	4,6	3,1	0,0
Japan	36,3	4,7	0,9	1,4	3,8	1,2	0,6	7,2	0,1	3,9	12,4	27,9	20,1	5,2	2,5	0,1

Bron: **Organisatie voor Economische Samenwerking en Ontwikkeling (OESO)**

De totale overheidsuitgaven (als % BBP) van de EU-15 landen, de Verenigde Staten en Japan variëren tussen de 35,4% in Ierland en 52,5% in Zweden. Dit betekent dat de omvang van overheden in landen sterk verschilt. Van de Scandinavische landen is traditioneel bekend dat ze een grote publieke sector hebben: Finland 47,1%, Denemarken 51% en Zweden 52,5%. Maar het is opvallend dat deze sector in Frankrijk ongeveer dezelfde omvang heeft: de staatsuitgaven bedragen meer dan de helft van het Franse BBP. Ook België, Italië en Oostenrijk zitten aan de hoge kant. Nederland zit met 45,3% globaal gesproken rond het EU-gemiddelde. Afgezet tegen het BBP van 590 miljard euro, ging het in 2007 in ons land in totaal om zo'n 270 miljard euro. Daarmee had de Nederlandse overheid een aanzienlijk invloed op het reilen en zeilen van de economie.

Box 14 laat zien dat er niet alleen grote verschillen zijn tussen de grootte van de totale overheidsuitgaven van landen, maar ook op het punt van de bestedingen. De EU besteedt een relatief groot deel van de uitgaven aan algemeen bestuur. Dit vloeit onder andere voort uit de kosten die samenhangen met de omvangrijke overheidsbureaucratie in verschillende EU-lidstaten. Nederland zit met een aandeel van 7,3% ruim boven het EU-gemiddelde van 6,2%. Voor (toekomstige) regeringen ligt hier een mooie uitdaging deze bureaucratie terug te dringen en geld vrij te spelen voor uitgaven die nuttiger zijn voor de Nederlandse economie. Het 'beste' zijn extra uitgaven in de sfeer van onderzoek en onderwijs. Box 14 maakt duidelijk dat ons land op dit vlak met 5,1% een middenmoter is, terwijl voor het waarborgen van onze welvaart een koppositie noodzakelijk is.

Als gevolg van de toenemende globalisering en de internationale concurrentie op de wereldmarkt is het kwaliteitsniveau van het onderwijs in een land van essentieel belang voor de nationale groei van de economie en de werkgelegenheid. Een hoogopgeleide beroepsbevolking is 'goud waard'. Overheden kunnen het scholingsniveau in hun land verhogen door de inzet van extra overheidsuitgaven. Uit box 14 blijkt dat Denemarken (7,4%), Zweden (6,9%) en de VS (6,3%) op dit terrein de koplopers zijn. Mede dankzij deze inzet op onderwijs staan deze landen al jarenlang hoog in de wereldranglijst van landen met de sterkste internationale concurrentiepositie. Zie box 15. We zien ook dat de onderwijsbestedingen in de EU (5,1%) achterblijven bij de VS (6,3%).

Aanhangers van een zo hoog mogelijke groei merken tevens op dat de 'vrijetijdscultuur' in de EU remmend werkt op het groeicijfer. De directe uitgaven op dit terrein liggen in de EU (1,1%) hoger dan in de VS (0,3%) en Japan (0,1%). In het algemeen wordt aangenomen dat meer vrije tijd bijdraagt aan het welvaartsgevoel. Daarom wordt wel gezegd dat Europeanen in vergelijking met Japanners en Amerikanen, liever wat meer 'welvaart' willen hebben dan een zo hoog mogelijk groeicijfer. In de VS wordt in vergelijking met de EU bijna drie keer zoveel aan defensie uitgegeven. Gezondheidszorg is relatief goedkoop in de EU en duur in de VS en Japan (aangenomen dat de kwaliteit gemiddeld dezelfde is).

Verreweg de grootste verschillen zitten echter in de uitgaven voor sociale bescherming. In Europa slokt dit bijna een vijfde van het totale BBP op. Japan en de VS geven hier respectievelijk twee en drie keer minder aan uit, maar nog steeds een aanzienlijk bedrag. Als gevolg van de economische crisis neemt de werkloosheid wereldwijd sterk toe. Doordat de landen van de EU een beter sociaalzekerheidsstelsel hebben dan de VS worden Amerikaanse werknemers die hun baan verliezen zwaarder getroffen dan Europese. Volgens de internationale economische denktanks staat daar tegenover dat Amerika sneller uit de recessie zal komen dan Europa. De Amerikaanse economie kent in vergelijking met de 'bureaucratische' Europese economie meer flexibiliteit en veerkracht.

Bovendien heeft Amerika als voordeel dat met één centraal stimuleringspakket de economie wordt aangejaagd. In Europa hebben landen hun eigen nationale economische stimuleringsprogramma's samengesteld die niet alleen sterk verschillen, maar ook nog eens contraproductief kunnen werken. Zo zien we dat verschillende landen met de inzet van staatssubsidies het eigen bedrijfsleven (bijvoorbeeld de auto-industrie in Duitsland en Frankrijk) steunen en beschermen. Ook in de VS en Japan zien we dit soort maatregelen.

Vanuit de nationale politiek gezien zijn deze maatregelen zeker begrijpelijk, maar ze dragen niet bij aan het herstel van de wereldeconomie. De economische geschiedenis leert dat de groei van de internationale economie vooral wordt bevorderd door vrijhandel. Protectionistische maatregelen van landen gericht op het beschermen van de eigen industrie remmen deze groei af en leiden op termijn wereldwijd tot een aantasting van de welvaart.

Belastingheffing

Het leeuwendeel van de bestedingen van de overheid wordt via belastingen gefinancierd. Gemiddeld genomen wordt in de EU een kleine 40% van het BBP via belastingheffing naar de schatkist van de staat gesluisd. Box 14 laat zien dat belastingen op inkomen (inkomstenbelasting, premies volksverzekeringen en vennootschapsbelasting op bedrijven) in alle landen een groter aandeel vertegenwoordigen dan de consumptiebelastingen (vooral BTW en accijnzen). De laatste jaren vindt wel een verschuiving plaats van de inkomsten- naar de consumptiebelastingen. De vennootschapsbelasting op bedrijven wordt ook minder belangrijk in de belastingmix. Deze trends komen in de bovenstaande tabel niet naar voren, maar zijn wel belangrijk omdat aangenomen wordt dat door de verschuiving van de belastingdruk naar consumptie de groei van de economie wordt bevorderd. Zo heeft een consumptiebelasting tot effect dat sparen niet wordt belast en is een lage vennootschapsbelasting goed voor het ondernemingsklimaat en investeringen in een land. Verder speelt de vermogensbelasting een relatief kleine rol, net als alle andere belastingen in de categorie 'overige'. Uit box 14 blijkt ook dat Japan en de VS de laagste belastingdruk hebben. Deze relatief lage druk is een uitvloeisel van het neoliberale beleid van opeenvolgende regeringen

Het valt verder op dat sommige landen een groot verschil laten zien tussen de totale bestedingen en belastinginkomsten. In veel gevallen komt dat doordat de staat nog andere inkomstenbronnen heeft. Zo hebben overheden ontvangsten uit staatsinvesteringen, de verkoop van goederen en diensten en allerlei boetes die aan burgers worden opgelegd. Ook hebben sommige landen olie- en gasbaten die direct dan wel indirect aan de staat ten goede komen. Het restant van het verschil vormt het begrotingstekort en wordt gefinancierd op kapitaalmarkten via de uitgifte van staatsobligaties met verschillende looptijden.

Het belang van internationale concurrentiekracht
De economische prestaties van een land worden in belangrijke mate bepaald door de internationale concurrentiekracht van de eigen economie. De concurrentiekracht wordt bepaald door een groot aantal factoren (sterke en zwakke punten van de economie), die onder meer betrekking hebben op de omvang van de overheid, het ondernemingsklimaat, de arbeidsproductiviteit, de belastingdruk, het onderwijspeil, het niveau van innovatie, het rechtssysteem, het stelsel van sociale zekerheid enzovoort.

Bekende ranglijsten over concurrentiekracht, waarin een groot aantal van dit soort factoren verwerkt zijn, worden gepubliceerd door World Economic Forum (www.weforum.org) en IMD (www.imd.ch). Volgens het *IMD Competitiveness Yearbook 2009* is de top tien als volgt: VS (1), Hong Kong (2), Singapore (3), Zwitserland (4), Denemarken (5), Zweden (6), Australië (7), Canada (8), Finland (9) en Nederland (10). In box 15 is een overzicht opgenomen dat is samengesteld uit ranglijsten van World Economic Forum. Het gaat om scores over de periode 1998 tot en met 2008. De ranglijst 2008-2009 is oktober 2008 gepubliceerd. Daarin zijn de gevolgen die de crisis heeft op de concurrentiekracht van landen nog niet verwerkt.

Box 15 Ranglijsten concurrentiekracht (top tien) volgens het World Economic Forum

Plaats	1998-99	2000-01	2002-03	2004-05	2006-07	2007-08	2008-09
1	Singapore	VS	VS	Finland	Zwitserland	VS	VS
2	Hong Kong	Singapore	Finland	VS	Finland	Zwitserland	Zwitserland
3	VS	Luxemburg	Taiwan	Zweden	Zweden	Denemarken	Denemarken
4	Engeland	Nederland	Singapore	Taiwan	Denemarken	Zweden	Zweden
5	Canada	Ierland	Zweden	Denemarken	Singapore	Duitsland	Singapore
6.	Taiwan	Finland	Zwitserland	Noorwegen	VS	Finland	Finland
7.	Nederland	Canada	Australië	Singapore	Japan	Singapore	Duitsland
8.	Zwitserland	Hong Kong	Canada	Zwitserland	Duitsland	Japan	Nederland
9	Noorwegen	Engeland	Noorwegen	Japan	Nederland	Engeland	Japan
10	Luxemburg	Zwitserland	Denemarken	IJsland	Engeland	Nederland	Canada

Bron: www.weforum.org

Uit deze ranglijsten blijkt dat de VS met een relatief kleine overheid, lage belastingdruk en lage rentes in de periode 1998-2008 de beste scores heeft behaald. Tegelijk zien we echter dat landen met een relatief grote overheid en een hoge belastingdruk ook in de kopgroep zitten. Volgens economische studies waarbij de (theoretische) werking van de vrije markt centraal staat zouden deze landen juist slecht moeten scoren op het punt van internationale concurrentiekracht. Ook bij veel politici en beleidsmakers leeft deze gedachte. De praktijk wijst anders uit. Landen als Zweden, Denemarken en Finland met een grote overheid en een zware belastingdruk maken al geruime tijd deel uit van de top tien van landen met de grootste internationale concurrentiekracht. Ze behoren bovendien tot de welvarendste landen van de wereld. Ook op andere internationale ranglijsten van de afgelopen tien jaar, zoals op het terrein van innovatie, milieuprestaties en gezonde overheidsfinanciën, maken deze landen deel uit van de kopgroep. Hun succes heeft veel te maken met de nadruk op onderwijs van hoge kwaliteit, een adequate samenwerking tussen bedrijfsleven en onderwijs, met name de universiteiten, een activerend arbeidsmarktbeleid (werkloosheid voorkomen) en het voorop lopen in het internettijdperk.

Beurs als graadmeter economie?

Voor de crisis werden de waarde van beursgenoteerde bedrijven en de beurs in kringen van het bedrijfsleven, van beleidsmakers en van economische wetenschappers in het algemeen beschouwd als een goede graadmeter van de economie. Deze opvatting wordt niet door iedereen gedeeld. Critici wijzen erop dat veel koersontwikkelingen geen enkele relatie hebben met de 'echte' economie. Ze worden beïnvloed en gestuurd door dominante spelers op de beurs en steeds vaker ook door computerprogramma's. Op veel beurzen vindt meer dan de helft van de beurshandel pijlsnel automatisch plaats met behulp van wiskundige computermodellen (high-frequency trading). Deze geautomatiseerde handelssystemen bepalen de beursbelegging: kopen, verkopen of houden. Bovendien gaat het veelal om zo veel mogelijk winst op de korte termijn. Mede door de economische crisis neemt de kritiek op de werking van beurzen toe.

De gedachte dat de beurs een goede graadmeter van de economie zou zijn is vooral gebaseerd op de veronderstelling dat de beursdeelnemers (beleggers) goed geïnformeerd zijn, een uitstekende kennis van zaken hebben en allemaal rationeel handelen als homo economicus. Dit rationele handelen zou leiden tot de 'juiste' economische waarden en waarderingen. Op basis van dit idee zijn er wiskundige economische modellen en specifieke beursmodellen ontwikkeld waarmee gepoogd wordt economische en beursontwikkelingen te voorspellen. Deze modellen spelen in de wereld van economie en beurzen een belangrijke rol.

Om ten minste twee reden is dit opmerkelijk. In de eerste plaats omdat de theoretische veronderstelling dat de mens (belegger) steeds rationeel zal handelen als een homo economicus door critici, ook uit economenland, al decennia lang hard is weggezet als een bespottelijk idee; het gedrag van mensen wordt door een veelheid van factoren (sentimenten) beïnvloed en de uitkomst kan even goed 'rationeel' als 'irrationeel' zijn. Wie de beurzen volgt, ziet dit bevestigd. Bovendien worden beursontwikkelingen ook beïnvloed door de eigen financiële belangen van vele duizenden analisten, tussenpersonen, beleggingsadviseurs van banken, kredietbeoordelaars en de hebzucht bij 'spelers' op de beurs. 'De beurs gaat uitsluitend over hebzucht: hoeveel geld kan ik creëren, hoeveel rijkdom levert de handel mij op? Niemand in de City vindt hebzucht iets verwijtbaars, of een slechte eigenschap. Het is de motor van het hele systeem,' aldus Seth Freedman in het *Financieele Dagblad* (FD) van 6 juni 2009, auteur van *The Real Inside Story of Cash, Cocaine and Corruption in the City*, waarin hij verslag doet van zijn jaren als beurshandelaar in de City, het financiële centrum van Londen.

Beleggers hollen veelal als kuddedieren achter elkaar aan, bang als ze zijn om een vermeende gouden kans te missen. Koersen van bedrijven kunnen door dit gedrag tot absurde bedragen oplopen die niets meer met de echte economische waarden van doen hebben. Een mooi voorbeeld was de zogenoemde internethype (1999-2000) waarbij voor aandelen in zogenoemde Dot.combedrijven, die nota bene nog geen winst maakten, maar verlieslijdend waren, gigantische bedragen werden neergeteld. Beleggers leefden in de veronderstelling dat deze internetbedrijven in de toekomst torenhoge winsten zouden behalen. Deze irrationele verwachting is terug te zien in box 16. We zien bij de Nasdaq begin 2000 een steile koerspiek en daarna een diepe koersval; op deze Amerikaanse beurs worden vooral aandelen van technologiebedrijven verhandeld. Als bij beleggers de verwachting leeft dat door allerlei ontwikkelingen de beurs zal gaan dalen, zien we hetzelfde kuddegedrag. Dit kan leiden tot het massaal dumpen van aandelen waardoor koersen in elkaar klappen. Daardoor worden bepaalde beursgenoteerde ondernemingen zwaar ondergewaardeerd. Deze ontwikkeling heeft zich bijvoorbeeld voorgedaan bij de val van de beurzen als gevolg van de kredietcrisis in 2008.

Gezien de ontwikkelingen rondom de crisis valt steeds moeilijker vol te houden dat de beurs een goede graadmeter is van de economie. Maar we kunnen er niet omheen dat de gang van zaken op beurzen wereldwijd gevolgen kan hebben op het economisch klimaat in landen. Dalende en stijgende koersen zijn van invloed op het vertrouwen van consumenten en producenten in de economie. Dalende koersen kunnen tot gevolg hebben dat bedrijven die niet beursgenoteerd zijn (en dat is de grote meerderheid) nadelige gevolgen ondervinden doordat consumenten minder vertrouwen in de economie krijgen en minder gaan besteden. Sterk dalende koersen, zoals in 2008, hebben er zelfs toe geleid dat beursgenoteerde banken door regeringen met belastinggeld van de belastingbetalers moesten worden gered.

Als gevolg van de crisis zien we in de politieke wereld een discussie ontstaan over de vraag of de irrationele ontwikkelingen bij beurzen, hun gebrek aan integriteit en het beperkt aantal ondernemingen dat beursgenoteerd is er niet toe moeten leiden dat de betekenis van het beurswezen voor het economisch reilen en zeilen van een land verminderd moet worden. Bovendien laat de crisis ook zien dat de in de beurswereld gehanteerde wetenschappelijke economische theorieën en de wiskundige modellen waarin deze zijn samengevat ingrijpend gerestaureerd moeten worden. Deze theorieën en modellen zijn gebaseerd op de veronderstelling dat er bij een beurs sprake is van een 'efficiënte markt'. Financiële markten, zo luidt de theorie, zijn altijd rationeel en de deelnemers zijn rationele, calculerende mensen. Daardoor zouden beurzen en financiële markten objectieve marktwaarden 'produceren'.

De aanhangers van deze theorie hebben deze gedachten decennia lang verdedigd tegen critici die erop wezen dat deze boekenwijsheid in de praktijk niet werkte. Daarbij verwezen ze naar de talloze irrationele koersontwikkelingen, zoals bijvoorbeeld bij de internethype in 2000. De (krediet)crisis maakt nog eens pijnlijk duidelijk dat de critici gelijk hebben. Vooral de afgelopen tien jaar hebben de beurzen zich ontwikkeld tot casino's. Ze zijn los komen te staan van de echte economie, los van de realiteit. Door gebruik te maken van gekunstelde financiële producten, zoals complexe derivaten, was het mogelijk met relatief weinig eigen vermogen op de beurs een groot (zeepbel)vermogen op te bouwen.

Daarbij had de beurswaarde weinig tot niets meer te maken met de economie van alledag. Dit wordt weerspiegeld in de gigantische groei van de aandelenmarkten in de periode 2002-2008; de waarde nam toe van rond de 30.000 miljard dollar tot meer dan 100.000 miljard dollar, terwijl de echte wereldeconomie in die periode met ongeveer 30% groeide. In box 16 is een overzicht opgenomen van de koersontwikkeling op drie toonaangevende Amerikaanse beurzen, Dow Jones, Nasdaq en S&P 500. Begin 2000 zien we bij de Nasdaq de piek van de internetzeepbel die vlak daarna barst. Dit leidt tot een diepe koersval die doorloopt tot in de tweede helft van 2001.

Alle bezwaren tegen beurzen poetsen niet weg dat ze een belangrijke functie vervullen op het terrein van het internationale kapitaalverkeer. Een politieke discussie over de positie van beurzen in de internationale economie zou zich daarom niet moeten richten op een beperktere rol, maar op een beurssector die dichter bij de echte economie komt te staan en zo snel mogelijk het casino-imago kwijtraakt. In het verleden zijn daarvoor al verschillende oplossingen bedacht in de vorm van wettelijke regelingen of zelfregulering die leiden tot strengere toetredingscriteria bij een beursnotering, meer transparantie, effectievere aanpak van misbruik en oneigenlijk gebruik, zoals voorwetenschap, en meer nadruk op langere-termijnresultaten.

In de periode voor de economische crisis, die gekenmerkt wordt door de tijdgeest van deregulering, het snelle geld verdienen en het ik-belang, waren dit soort regelingen kansloos. Het toonaangevende bedrijfsleven en de meerderheid in de politiek wilden geen inbreuken op de hoog bejubelde marktwerking. De huidige crisis is een goed moment om deze ideeën weer uit de ijskast te halen. Of deze aanpak ook voldoende is om de dreigende afkalving van beursnoteringen tegen te gaan zal nog moeten blijken. In veel landen zien we een toenemend aantal bedrijven dat de voorkeur geeft aan het ondernemen zonder gehinderd te worden door (irrationele) koersontwikkelingen, meekijkende analisten en een dure bureaucratische rompslomp aan verplichtingen die een beursnotering met zich meebrengt. Dit zien we niet alleen bij kleinere

Bron: Google Finance, gedownload op 25 augustus 2009

en middelgrote bedrijven, maar ook steeds vaker bij grote ondernemingen.

Bovendien komen steeds meer grote ondernemingen erachter dat ze 'te groot' zijn geworden. Ze gaan gebukt onder een verstikkende, dure bureaucratie, stroperige managementlagen en tijdrovende overlegprocedures. Dit gaat ten koste van de slagkracht en winstgevendheid. In veel westerse industrielanden zien we bij grote bedrijven een trend ontstaan van forse afslankoperaties. Daarbij vinden discussies plaats over de nuttigheid van beursnoteringen. In NRC *Handelsblad* van 10 juni zegt oud-topbankier

Cees Maas: 'Als ING niet beursgenoteerd was geweest, had de bank de steun van de staat niet nodig gehad' en ook: 'Het niet-beursgenoteerd zijn heeft veel voordelen. Geen druk van aandeelhouders, geen last van (irrationele) koersbewegingen, minder kosten die met een notering samenhangen, meer ruimte en aandacht voor klanten.'

Het economische en maatschappelijke beeld zal veranderen
Als gevolg van de economische crisis zal het (economisch) cijferbeeld dat in de boxen 11, 12, 14 en 15 is gepresenteerd het komende decennium sterk gaan veranderen. In de eerste plaats zal er naar verwachting in veel westerse industrielanden sprake zijn van (gemiddeld) lagere economische groeicijfers. Die verwachting is gebaseerd op twee ontwikkelingen. In de eerste plaats op het gegeven dat in veel westerse industrielanden de economie gedomineerd zal worden door de arbeidsintensieve dienstensector. In deze sector is een (extra) groei van de productiviteit minder gemakkelijk te realiseren dan in kapitaalintensieve industriële sectoren. In de tweede plaats staat vast dat de economische groei van verschillende landen in de jaren voor de crisis, vooral in de VS, extra is gestimuleerd door uitbundige kredietverleningen en het leven op de pof. Een deel van de groei is gekocht op krediet. Wijs geworden door de crisis zullen overheden, bedrijven en consumenten minder gaan lenen. Ook het bankwezen zal terughoudender zijn met het verstrekken van kredieten. Deze ontwikkeling heeft een remmende werking op de economische groei.

Daarnaast worden veel landen na afloop van de crisis geconfronteerd met hoge begrotingstekorten, torenhoge staatsschulden, een hoge werkloosheid en een lege schatkist. Dit zal leiden tot omvangrijke bezuinigingsprogramma's en in een aantal landen ook tot belastingverzwaringen. Deze ontwikkeling zal gevolgen hebben voor de economische groei en de internationale concurrentiekracht van landen en hun plaats op de wereldranglijst. Ook staat vast dat de zogenoemde BRIC-landen, die al ruim voor de crisis met een economische opmars bezig waren, versneld een grotere rol gaan spelen in de wereldeconomie en hun internationale concurrentiepositie zullen versterken (zie ook box 17). Tot slot zal de wereld veranderen door de klimaatcrisis (de opwarming van de aarde) en het energievraagstuk (fossiele brandstoffen worden duurder en raken op). In hoofdstuk 9 wordt op deze ontwikkelingen nader ingegaan.

Box 17 Boeiende boeken over (nieuwe) machtsverhoudingen in de wereld
De gevolgen van de mondialisering en de nieuwe economische machtsverhoudingen in de wereld worden 'mooi' uit de doeken gedaan door Amy
Chua, hoogleraar op Yale in haar boeken *World on fire* en *Day of Empire: How
Hyperpowers Rise to Global Dominance – and Why They Fall*. Parag Khana trok
vorig jaar veel aandacht met zijn boek *The Second World Empires and influen-
ce in the New Global Order*. Daarin geeft hij een analyse van de ontwikkeling
van de toekomstige geopolitieke machtsverhoudingen in de wereld.

5

De economische crisis, ondergang van de IK economie

De kredietcrisis: crisis in de financiële sector

De wereldwijde economische neergang is een gevolg van de zogenoemde kredietcrisis. In de kern gaat het daarbij om een financiële crisis in het internationale bankwezen, die medio 2007 zichtbaar werd en in de loop van 2008 in alle hevigheid losbarst. Het startpunt van de kredietcrisis ligt in de Verenigde Staten. Wereldwijd kwamen banken in de problemen doordat de waarde van hun eigen vermogen sterk was gedaald. Ze hadden slechte Amerikaanse beleggingen gekocht. Veel banken, vooral Amerikaanse maar ook grotere Europese banken en internationale verzekeringsmaatschappijen, hebben de afgelopen jaren een belangrijk deel van hun vermogen belegd in Amerikaanse hypotheekleningen en daaraan gekoppelde beleggingsproducten. Daarbij gaat het om producten die een relatie hebben met de subprime-hypotheekmarkt in de Verenigde Staten. De internationale financiële wereld dacht, zonder gedegen onderzoek, een lucratief beleggingsproduct te hebben gevonden en overal in de wereld haastten bankiers zich om de producten voor hun bank aan te schaffen. Al snel werd duidelijk dat deze aanschaf een ernstige blunder was: het bleken waardeloze beleggingen die in financiële kringen werden aangeduid als giftige producten.

Box 18 Subprime-markt, derivaten

Een deel van de Amerikaanse hypotheekmarkt bestaat uit zogeheten subprime-hypotheken. Dit zijn hypotheken die worden verstrekt aan huizenkopers met een lage kredietwaardigheid. Deze worden ook wel ninja-hypotheken genoemd – no income, no job, no assets – of aangeduid als rommelhypotheken. Met agressieve verkoopmethoden werden veel arme Amerikanen overgehaald om een huis te kopen. Daarbij streken de verkopers van subprime-hypotheken hoge provisies op. Veel huizenbezitters met een subprime-hypotheek

---

67

kwamen in 2007-2008 in de problemen toen de rente op hun leningen, die bij het afsluiten laag lag, omhoog ging en zij deze lasten niet meer konden opbrengen. De gedwongen verkoop van huizen nam snel toe en de Amerikaanse huizenmarkt klapte in elkaar.

Deze forse waardedaling (in 2006-2008 met gemiddeld 21%) raakte ook de beleggingsmarkt. Bancaire hypotheekverstrekkers hadden deze subprime-hypotheken gebruikt voor een nieuw beleggingsproduct. Hypotheken werden in stukken geknipt en opnieuw verpakt met andere beleggingsproducten. In dit verpakte nieuwe beleggingsproduct waren ook slechte subprime-hypotheken verwerkt. Deze 'financiële innovaties' werden veelal ondergebracht in zogenaamde *structured investment vehicles* (SIV's). Vervolgens werden ze wereldwijd in de vorm van obligaties doorverkocht aan beleggers en banken, die dit beleggingsproduct graag wilden hebben. Gezaghebbende internationale kredietbeoordelaars zoals Standard & Poor's hadden voor deze obligaties de hoogste waardering afgegeven, namelijk triple A. Wereldwijd hebben beleggers en banken deze waardering kritiekloos gevolgd. Ze dachten over een solide, aantrekkelijke belegging te beschikken.

Toen in de loop van 2008 kredietbeoordelaars moesten erkennen dat de waarderingen veel te hoog waren, begon de zeepbel uiteen te spatten. Steeds meer banken kwamen erachter dat ze een kat in de zak hadden gekocht. De waarde van deze beleggingen (obligaties) bleek veel lager te zijn dan de waarde waarop ze als eigen vermogen op de balans waren opgenomen. Deze 'ontdekking' had tot gevolg dat de banken in een klap een deel van hun vermogen verloren. De beleggingen bleken waardeloos te zijn en moesten in veel gevallen richting nul worden afgewaardeerd. De afwaarderingen leidden bij banken wereldwijd tot vermogensverliezen van vele tientallen miljarden aan financiële middelen en hadden tot gevolg dat het vertrouwen in het bankwezen in snel tempo daalde.

In de economische literatuur over de crisis wordt veel aandacht besteed aan de zogenoemde derivaten. Dit zijn financiële contracten waarvan de waarde wordt afgeleid van onderliggende producten, zoals aandelen, obligaties, hypotheken en grondstoffen. Deze ondoorzichtige contracten zouden een rol hebben gespeeld bij het ontstaan van de kredietcrisis. Vooral bij hypotheken is de waarde moeilijk te bepalen. Ingeval bij derivaten de onderliggende hypotheken niet meer (volledig) worden afgelost, daalt de waarde van de derivaten. Doordat in de VS veel Amerikaanse huizenbezitters door stijgende rentes en onvoldoende inkomen en vermogen in 2007-2008 niet meer in staat waren hun rente te betalen en hypotheekaflossingen te voldoen, moesten banken in 2008 hun derivatenportefeuilles met miljarden afwaarderen. De bekende Amerikaanse topbelegger Warren Buffet (eigenaar van de beleggingsmaatschappij Berkshire Hathaway) duidde al in 2003 derivaten aan als tijdbommen en waarschuwde zijn aandeelhouders voor deze producten. Zo schreef hij in zijn 'beleggingsbrief' dat centrale banken en regeringen tot dusver geen effectieve manier hadden gevonden om de risico's van deze contracten te beheersen of te overzien. 'Wij beschouwen derivaten als massavernietigingswapens...'

Verliezen banksector lopen op naar 4000 miljard dollar
Tot begin 2009 heeft de kredietcrisis wereldwijd geleid tot een halvering van de beurswaarden van financiële en niet-financiële bedrijven. Dit betekent een mondiale waardedaling van in totaal 23.000 miljard euro. In Nederland gaat het om een waardeverlies van ongeveer 400 miljard euro. De verwachting is dat deze bedragen nog zullen oplopen. Door de economische neergang lopen banken en andere financiële instellingen nog meer schade op. Overal in de wereld zien we bedrijven die in de problemen komen en daardoor niet meer in staat zijn hun bedrijfsleningen bij de bank af te lossen. Het Internationaal Monetair Fonds (www.imf.org) verwacht dat de totale kosten voor de banksector wereldwijd door de kredietcrisis en de neergang van de economie zullen oplopen tot 4.000 miljard dollar. Dit verlies komt neer op ruim 7% van het wereld-BBP. Van dit bedrag heeft circa 3.100 miljard betrekking op leningen en effecten die zijn uitgegeven door Amerikaanse financiële instellingen en 900 miljard door de financiële sector in de rest van de wereld.

Het beeld van de crisis wordt weerspiegeld in het koersverloop van drie toonaangevende Amerikaanse beurzen, de Dow Jones, Nasdaq en S&P. In de maand oktober 2007 staat de Dow Jones op zijn hoogste punt met een koers van meer dan 14.000 punten. Het laagste punt wordt bereikt in maart 2009 met een koers van rond de 6500 punten.

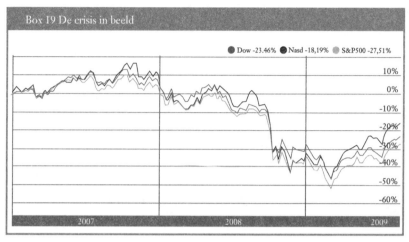

Box 19 De crisis in beeld

Dow -23.46% Nasd -18,19% S&P500 -27,51%

Bron: Google Finance; gedownload op 25 augustus 2009. Op 21 augustus 2009 had Wall Street al weer flinke plussen geboekt en bereikte de AEX het hoogste punt in 2009 dusver.

De oorsprong van de kredietcrisis ligt in de VS

Het begin van de kredietcrisis werd in de dagelijkse economie zichtbaar toen banken problemen gingen rapporteren. Zo meldde de Engelse bank HSBC op 7 februari 2007 dat er financiële problemen waren met hun Amerikaanse hypotheekactiviteiten en op 14 september moest de Centrale Bank van Engeland financiële hulp bieden aan de Northern Rock bank, omdat veel Britse spaarders bij deze bank hun spaargeld opvroegen uit vrees dat het daar niet meer veilig was. In oktober 2007 maakten verschillende banken in de VS, waaronder de bekende Citigroup, melding van een vermogensverlies van vele miljarden. De bank Merrill Lynch meldde een afwaardering van ruim 8 miljard dollar. In maart 2008 kwam de Amerikaanse zakenbank Bear Stearns in ernstige moeilijkheden en moest vervolgens worden overgenomen door een andere bank, JP Morgan Chase.

In de loop van september 2008 zien we steeds meer banken in de problemen komen. Begin september dreigden de Amerikaanse hypotheekinstellingen Fannie Mae en Freddie Mac om te vallen. De toenmalige Amerikaanse minister van Financiën, Henry Paulson, onder oud-president George W. Bush (2001-2009), brengt de instellingen onder staatscontrole en geeft kapitaalsteun om hun aangetaste vermogenspositie te versterken. Half september 2008 sneuvelt de beroemde Amerikaanse zakenbank Lehman Brothers (LB). Minister Paulson weigerde om LB met kapitaalsteun van de ondergang te redden; hij wilde geen geld van de overheid gebruiken, geld van de belastingbetalers, zoals hij zei, om een zakenbank te redden en vindt dat de tucht van de vrije markt zijn werk moet doen.

Deze weigering wordt inmiddels wereldwijd als een kapitale blunder beschouwd. LB had wereldwijd miljarden aan financiële producten uitstaan en een reddingsactie lag dan ook voor de hand. Het omvallen van LB is mede aanleiding voor een scherpe daling van de beurskoersen in de wereld en kost de VS vele malen meer dan het bedrag waarmee Paulson de zakenbank LB had kunnen redden. Tegelijk wordt bekend dat de Amerikaanse verzekeraar AIG, de grootste verzekeraar ter wereld, in ernstige financiële problemen verkeerd. Om een dreigende ineenstorting van de internationale financiële markten te voorkomen, houdt Paulson AIG overeind met een reddingsoperatie van 85 miljard dollar. Daarna werd steeds duidelijker dat er nog veel meer Amerikaanse banken en financiële instellingen met waardeloze beleggingen zitten. Daarom stelde Paulson voor om een staatsnoodfonds van 700 miljard dollar op te richten, waaraan de banken hun slechte leningen kunnen verkopen.

Op 29 september 2008 besluit het Amerikaanse Congres niet akkoord te gaan met het noodfonds van Paulson. Dit leidt tot de ineenstorting van de Amerikaanse beurs, Wall Street. Op 'Zwarte maandag' gaat er meer dan 1200 miljard dollar aan beurswaarde verloren. Op 3 oktober stemt het Amerikaanse Huis van Afgevaardigden alsnog in met een sterk aangepaste versie van het plan-Paulson, waarbij de Europese aanpak wordt gevolgd. De kern van deze aanpak komt neer op staatssteun voor banken, staatsgaranties voor spaarders en staatsgaranties voor zogenoemde interbancaire leningen (leningen tussen banken onderling). Medio november 2008 maakt minister Paulson een aanpassing van het fonds bekend. Voortaan is het fonds bedoeld om de vermogens- en liquiditeitspositie van banken te versterken. Deze versterking moet ertoe leiden dat banken weer kredieten gaan verlenen, zoals ook de doelstelling is van de Europese kapitaalinjecties in banken.

Box 20 Hoe werkt een bank; een simpele weergave

Spaarders brengen hun spaargeld naar een bank. Het geld dat op spaarrekeningen staat wordt door de bank weer uitgeleend aan burgers en bedrijven. De bank verdient geld door over het uitgeleende geld een hogere rente te berekenen dan de rente die betaald wordt over spaarrekeningen. Een bank mag meer uitlenen dan er op de spaarrekeningen staat. Om te voorkomen dat banken te veel risico's nemen, zijn er in veel landen regels ingevoerd waarbij is bepaald dat een bank of ander financiële instelling niet meer dan een bepaald aantal malen het eigen bankvermogen mag uitlenen. Veelal lag dit in de buurt van maximaal twaalfenhalf maal het eigen vermogen (hefboom). Een bank met een eigen vermogen van bijvoorbeeld 100 miljoen mag volgens deze regel 1250 miljoen uitlenen. Dit geld was voor het grootste deel afkomstig van spaartegoeden bij de bank en voor het restant werd dit geleend bij de Centrale Bank.

De Amerikaanse overheid, maar ook overheden en de toezichthouders op de banken (de Centrale Bankiers) in andere landen hebben de banken, ondanks deze regel, hun gang laten gaan. Amerikaanse banken hebben in snel tempo 'hun hefboom' verhoogd. Halverwege de jaren zeventig stond tegenover 100 miljoen aan eigen bankvermogen een gemiddelde schuld van 745 miljoen (hefboom 7,45). In het begin van de jaren negentig was de hefboom opgelopen tot 23 en vlak voor de kredietcrisis werkten sommige banken in de VS, bijvoorbeeld de bekende bank Lehman Brothers, met een hefboom van bijna 40. Dit houdt een gigantisch risico in. Zolang alle klanten hun verplichtingen nakomen (renten en aflossingen) is er niets aan de hand. Maar toen de kredietcrisis uitbrak, stortte dit kaartenhuis in elkaar. Lehman Brothers (LB) ging failliet: het eigen vermogen werd minder waard door de afwaarderingen op rommelhypotheken en giftige beleggingen. Daarnaast kreeg LB te maken met klanten die getroffen werden door de crisis; daardoor konden ze hun rente niet meer betalen en hun leningen niet meer aflossen.

Uit een onderzoek van het tijdschrift *The Banker* blijkt dat in 2008 als gevolg van de kredietcrisis de totale winst van de banken wereldwijd met 85% achteruit ging. Volgens dit onderzoek werd het grootste verlies geleden door de Royal Bank of Schotland (RBS), een verlies in 2008 van bijna 60 miljard dollar. Andere grote verliezers waren de Amerikaanse Citigroup (53 miljard), Wells Fargo (47 miljard), Fortis (28 miljard) en UBS

(19 miljard). Er waren ook banken die winst maakten. In de top tien winstmakers staan vier Chinese staatsbanken. Op de eerste plaats staat de Chinese bank ICBC met 21 miljard dollar. Ook de tweede, vierde en achtste plaats zijn voor Chinese banken. In Europa was de Spaanse bank Santander met een winst van bijna 16 miljard (derde plaats top tien) de 'beste' bank. In Canada boekte de Royal Bank of Canada een winst van 6 miljard dollar. Gebleken is dat de Spaanse en Canadese banksector beter bestand was tegen de kredietcrisis dan het bankwezen in andere landen. Dit heeft te maken met de regelgeving in die landen, zoals eisen met betrekking tot hogere eigen vermogens (buffers), beter risicomanagement en een scherper toezicht. Door veel landen worden de Canadese en Spaanse bancaire regels als een mogelijke oplossing gezien die een kredietcrisis in de toekomst zou kunnen voorkomen. Er zijn al landen die deze regelgeving gaan overnemen.

De Amerikaanse oud-minister van Financiën, Henry Paulson

Over het algemeen wordt het faillissement van Lehman gezien als het beslissende moment waarop het vertrouwen in banken en het vertrouwen tussen banken onderling een zodanige deuk opliep dat de kredietcrisis erdoor werd verscherpt. Medio april 2009 stelde Jannet Yellen, bestuurslid van de Amerikaanse Centrale Bank, de Federal Reserve Board, dat het laten omvallen van de bank Lehman Brothers 'een grote fout' was geweest. Volgens haar had de toenmalige Bush-regering Lehman van de ondergang moeten redden: 'Lehman was in het financiële stelsel een belangrijke bank en "too big to fail".'

Kredietcrisis raakt ook Europa

De kredietcrisis blijft niet beperkt tot de Verenigde Staten. Veel Europese banken, die ook voor miljarden in 'slechte' Amerikaanse hypotheken hadden belegd, komen in de problemen. In de maanden september 2008 en daarna moesten de regeringen van Europese landen zoals Engeland, Frankrijk, Duitsland, België, Zweden, Spanje en Nederland banken met kapitaalsteun van de ondergang redden. Verschillende banken worden daarbij genationaliseerd.

Op initiatief van de Franse president Sarkozy, op dat moment voorzitter van de EU, vond op 12 oktober 2008 in Parijs een extra vergadering plaats van de vijftien eurolanden (de Eurozone) plus Engeland. Daar werd onder leiding van Sarkozy besloten tot een gezamenlijke aanpak van de crisis in de financiële sector. Bij deze aanpak werden banken en verzekeringsmaatschappijen overeind gehouden door kapitaalsteun van nationale overheden. Daarnaast staan deze overheden ook garant voor leningen die banken aan elkaar verstrekken, zogenaamde interbancaire leningen. Met de garantstelling hoopten de landen dat het stilgevallen financiële verkeer tussen banken weer op gang zou komen. Ook werden er staatsgaranties gegeven voor spaartegoeden bij banken. De maxima verschillen per land.

Box 21 Ontboezemingen van een Nederlandse topambtenaar over de crisis en banken; cruciale rol van de Franse president Sarkozy

Bernard te Haar (1955) speelde als topambtenaar op het departement van Financiën in 2008 en 2009 een hoofdrol bij het ontwikkelen van steunpakketten en de nationale reddingsoperaties van banken. In een interview met NRC *Handelsblad* medio 2009 geeft hij een onthullend kijkje in de keuken.
'Ik heb in mijn leven een keuze voor de Rijksdienst gemaakt. Het grote geld interesseert me niet zo. Ik werk voor de lol van het werk en daar verdien ik goed mee. Weliswaar veel minder dan de top in de financiële sector, maar misschien verdient die ook wel te veel... In de financiële sector vond men ambtenaren inderdaad maar sukkels. Dat meten ze af aan het inkomen, maar ze vonden ook dat zij spannende dingen deden en wij het saaie werk. Dat beeld is het afgelopen jaar gekanteld. We hebben laten zien dat we iets kunnen, dat we de ellende die zij veroorzaakt hebben, oplossen. Wie is er nu sukkelig bezig geweest...'
'De financiële wereld was echt in paniek, te meer omdat in oktober de G7

met niets kwam en de jaarvergadering van het IMF niets opleverde. De berichten van de financiële sector die ik kreeg op mijn blackberry waren allemaal smeekbedes: "Doe iets, doe iets, doe iets."'

'Ons pakket kwam op een cruciaal moment naar buiten. Als Sarkozy toen niet een extra top in Parijs had gehouden en geen concreet pakket had neergelegd met de aankondiging "dit gaan we doen", dan weet ik niet wat er gebeurd was... Dat was het signaal dat de financiële wereld op dat moment heel hard nodig had.'

'De G7 en vooral de Verenigde Staten hadden het laten afweten. Die riepen wel, maar leverden niet. Je had het eindeloze gesteggel over het Paulsonpakket in het Congres. En de VS hadden bewezen dat ze het niet konden, ze hadden Lehman Brothers ook al laten vallen... Europa is een enorme stabiliteitsfactor geweest.'

'Het was al moeilijk genoeg om de financiële stabiliteit overeind te houden. Maar als we de Europese Unie niet hadden gehad, dan was het veel en veel moeilijker geweest. Niet alleen voor Nederland, ook voor de andere Europese landen, ook voor de grote landen.'

'Als we Europa als stabiliteitsfactor hadden gemist, dan was het fout gegaan. Dan waren er banken omgevallen of heel moeilijke reddingsoperaties nodig geweest met overheden die daardoor in de knel zouden zijn gekomen.'

Bron: NRC *Handelsblad* 26 juni 2009, interview van Roel Janssen en Jeroen Wester met Bernard ter Haar

De kredietcrisis leidt tot een economische crisis

Ondanks de reddingsoperaties waarmee banken overeind werden gehouden zien we vanaf het laatste kwartaal van 2008 dat de economische groei wereldwijd in snel tempo gaat dalen en dat de economieën van veel landen in een krimp terechtkomen. Dit vloeit vooral voort uit de ernstige problemen in de banksector. Het eigen vermogen van banken is door de kredietcrisis sterk geslonken waardoor ze minder ruimte hebben voor het verlenen van kredieten. Bovendien leidt de economische crisis tot extra risico's bij het uitlenen van geld. Wereldwijd worden banken zeer terughoudend met het verstrekken van (hypothecaire) leningen aan burgers en bedrijven.

Deze inperking van de kredietverlening leidt tot lagere bestedingen van consumenten en een forse daling van bedrijfsinvesteringen. Producenten en consumenten verliezen wereldwijd hun vertrouwen in de economie. Ook de groei in verschillende bedrijfssectoren van de economie daalt in snel tempo. Voorbeelden zien we in de bouw- en staalsector, de elektronica, maar ook bij autofabrikanten. Een groeiend aantal bedrijven wordt door de crisis geraakt. Winsten dalen en er vinden overal massa-ontslagen plaats. Daarnaast klapt de wereldhandel in elkaar; prognose voor 2009: een daling met 16%. Box 22 geeft een indicatie van de inzakkende wereldhandel in 2009 en een prognose voor 2010. Deze verwachting is gebaseerd op de situatie zomer 2009.

Box 22 Inzakkende wereldhandel: grootste daling sinds de jaren dertig vorige eeuw (per jaar in%)						
Wereldhandel						
	Uitvoer			Invoer		
	2008	2009	2010	2008	2009	2010
Wereld	2,6	-16,3	2,5	1,7	-16,0	2,3
Eurogebied	-1,1	-16,5	0,5	-2,0	-15,8	0,0
Verenigde Staten	6,1	-19,8	-2,0	-3,6	-18,3	2,5
Japan	1,6	-33,0	-2,3	0,1	-20,0	1,8
China	9,6	-10,0	10	7,3	-9,0	8,0

Bron: Centraal Plan Bureau

De kiem van de kredietcrisis

De afgelopen dertig jaar is de wereldeconomie gegroeid met gemiddeld 3,7% per jaar. De Amerikaanse groei over die periode was per jaar gemiddeld 2,9%. Europa bleef met een gemiddelde jaarlijkse groei van rond de 2% achter bij de Verenigde Staten. De gemiddelde groei van de Nederlandse economie lag rond de 2,5%. Er zijn verschillende verklaringen voor de mooie groeicijfers van de VS. In de eerste plaats beschikt Amerika over sterke economische fundamenten. De belangrijkste daarvan zijn de aantrekkelijke geografische ligging en de grootte van het land, een relatief grote en hoogopgeleide beroepsbevolking en een gemiddeld hoge arbeidsproductiviteit. Van belang is ook dat Amerika een militaire supermacht is. Militaire orders voor het Amerikaanse bedrijfsleven en onderzoeksuitgaven stimuleren de economie. Daarnaast behoren de VS tot de groep van landen in de wereld die vooroploopt op het terrein van innovaties in het bedrijfsleven. Op de wereldranglijst van meest innovatieve bedrijven staan in de top tien uitsluitend Amerikaanse bedrijven. Op de eerste plaats staat Apple en op de tweede Google. De VS telt ook de meeste grote bedrijven in de wereld. In de top honderd van het zakenblad *Fortune* staan 31 Amerikaanse bedrijven. Duitsland komt met 13 bedrijven op de tweede plaats. Ook Amerikaanse universiteiten als Harvard, Yale, Massachusetts Institute of Technology (MIT) en Princeton behoren tot de beste van de wereld. Hoe kan het gebeuren dat de wereldwijde economische crisis zijn oorsprong vindt in de sterkste economie van de wereld? Dat heeft veel te maken met de opkomst van het zogenoemde marktfundamentalisme in de VS. Het gaat om aanhangers van het neoliberale economische beleid met extreme opvattingen over de werking van de vrije markt. Zij geloven dat hoge economische groeicijfers en meer welvaart alleen kunnen worden gerealiseerd als er sprake is van een kleine overheid, lage belastingen en zo min mogelijk regelgeving: de vrije markt moet het werk doen. Eventuele problemen in de economie zouden door de 'onzichtbare hand' van de markt vanzelf opgelost worden. Zie box 24.

Vooral onder het presidentschap van de republikein Ronald Reagan (1981-1989) is deze filosofie in de praktijk gebracht: 'Big government is over.' Ook de republikeinse presidenten George H. W. Bush, senior (1989-1993) en president George W. Bush, junior (2001-2009) volgden de Reagan-koers. Onder het bewind van de democratische president Bill Clinton (1993-2001) was er overigens ook sprake van het verminderen van regelgeving en toezicht (afschaffing van de zogenoemde Glass-Steagall-wet in 1999). Van Bush junior kreeg de Amerikaanse financiële sector alle ruimte om ongehinderd haar gang te gaan: beperkende wettelijke maatregelen voor deze sector werden afgeschaft en het toezicht werd versoepeld. Dit beleid, ook wel 'laissez faire economics' genoemd leidde tot een sterke groei van de financiële sector, stijgende beurskoersen en huizenprijzen. Vooral door het ruime aanbod van goedkope hypothecaire leningen stegen de huizenprijzen in de VS in de periode 1998 tot 2006 met meer dan 10% per jaar. Toen de rente opliep en duidelijk werd dat de huizenmarkt 'besmet' was met rommelhypotheken begon de daling van de prijzen. Ook de aandelenkoersen (Dow Jones) gingen omlaag.

Box 23 Aanhangers van de vrije markt verstoorden zelf de werking
President Ronald Reagan (1981-1989) en president Bush junior (2001-2009) zijn schoolvoorbeelden van aanhangers van het marktfundamentalisme; ze

bejubelden de werking van de vrije markt ('de markt heeft altijd gelijk') en wilden dan ook zo weinig mogelijk overheidsbemoeienis. Opvallend is echter dat beide presidenten samen met de Centrale Bank voortdurend de werking van de markt met overheidsmaatregelen hebben verstoord. Telkens als de economie maar even haperde, kwamen ze met belastingverlagingen om de economie aan te jagen. De Centrale Bank speelde daarbij ook een rol met oppeppende renteverlagingen. Juist deze staatsinmenging in de vrije markt heeft in de VS geleid tot een gigantisch begrotingstekort, een historisch grote staatsschuld, een tekort op de betalingsbalans en een Amerika dat op de pof is gaan leven. Met meer tucht van de vrije markt zou de VS er ongetwijfeld nu beter voor hebben gestaan.

De groei van de Amerikaanse economie werd mede bevorderd door het rentebeleid van de Amerikaanse Centrale Bank. Alan Greenspan, de toenmalige bestuursvoorzitter (1987-2006), hield de Amerikaanse rente jarenlang zeer laag. Met deze lage rente stimuleerde hij niet alleen de economische groei, maar ook het huizenbezit. Meer Amerikanen konden daardoor een eigen huis kopen. Onder het bewind van de democratische president Bill Clinton (1993-2001) werd het huizenbezit nog eens extra bevorderd door hypotheekinstellingen als Freddie Mac en Fannie Mae. Deze instellingen maakten het mogelijk dat ook mensen met een lage kredietwaardigheid een huis konden kopen. De toenemende vraag naar huizen leidde tegelijkertijd ook tot een forse stijging van de prijzen. George W. Bush (2001-2009) gaf Freddie Mac en Fannie Mae door middel van overheidsgaranties extra ruimte om meer Amerikanen aan een eigen huis te helpen. Toen de rente steeg, konden veel huizenkopers met lage inkomens de extra kosten niet meer opbrengen. Dit leidde tot gedwongen huizenverkopen en de ineenstorting van de Amerikaanse huizenmarkt.

Het falen van de vrije markt

Vanuit economisch oogpunt is de ontsporing van de Amerikaanse economie die in de loop van 2008 zichtbaar werd een spectaculaire gebeurtenis. Als tegenpool van het communisme en pure socialisme, stond het (extreme) vrije marktdenken in de VS sinds jaar en dag synoniem voor een veerkrachtige economie en een hoge groei. Deze economische vrijheid betekende wel een ongecontroleerde aanwas van rijkdom. Er zijn dan ook weinig ontwikkelde landen met een grotere kloof tussen de rijkste en armste lagen van de bevolking, of met een groter aantal mensen dat onder de armoedegrens leeft dan de VS. Zo laat een recent onderzoek onder de dertig OESO-landen zien dat alleen Mexico relatief meer armoede kent (www.oecd.org).

Echte marktfundamentalisten vinden dit van een tweede orde. Ze zijn van mening dat vrije markten en rauwe economische groei er uiteindelijk voor zorgen dat iedereen beter af is. Het centrale idee is dat een optimale allocatie van middelen wordt afgedwongen als je consumenten de vrije keuze laat om te kopen wat ze willen hebben, en producenten vrij spel geeft om bij deze consumentenvraag aan te sluiten. Aanhangers van de vrije markt claimen dat het systeem op die manier min of meer zelfregulerend is. De 'onzichtbare hand' van de markt zorgt er zo voor dat er altijd een optimale uitkomst is.

Meer gematigde aanhangers van het kapitalisme geloven dat dit beeld genuanceerder ligt. Zij zien de markt niet zozeer als een absoluut goed, zoals de echte marktfundamentalisten, maar eerder als een handig middel om een doel te bereiken. Dat doel is weliswaar een efficiënte allocatie van middelen, maar ze erkennen tegelijkertijd dat de markt niet onfeilbaar is.

De veronderstelling dat het marktmechanisme een efficiënte allocatie afdwingt door te produceren waar consumentenvraag naar is en dat op de goedkoopste manier te doen, vereist dat er sprake is van een optimale transparantie en competitie. Consumenten en producenten moeten volledig geïnformeerd zijn en vrije toegang tot de markt hebben. In de praktijk schort het daar nogal eens aan. Het is bijvoorbeeld lang niet vanzelfsprekend dat marktparticipanten goede informatie hebben over de prijzen en kwaliteit van producten. Daarnaast bestaan er een veelvoud aan barrières voor nieuwe bedrijven om tot de markt toe te treden. Volgens de gematigde aanhangers van de vrije markt mag de overheid ingrijpen en deze zogenaamde 'marktimperfecties' met regulering, belastingmaatregelen en/of subsidies corrigeren en zo de condities voor een efficiënte markt verbeteren.

Box 24   De 'onzichtbare hand' van Adam Smith

De 'onzichtbare hand' is een theorie die werd bedacht door de klassieke econoom Adam Smith. Hij gebruikte het om aan te geven dat eigenbelang, volgens hem een natuurlijke eigenschap van mensen, ervoor zorgt dat de markt een uitkomst genereert die voor iedereen beter is. Bijvoorbeeld: om winst te maximaliseren zal een producent alleen producten maken waar vraag naar is en de meest efficiënte productiemethode gebruiken. Investeringen worden gedaan in industrieën waar deze de hoogste opbrengst behalen, en weggehaald uit sectoren waar minder winst kan worden behaald. Tegelijkertijd gaan consumenten op zoek naar de laagste prijs omdat ze dan meer geld overhouden voor andere dingen. Jongeren zouden volgens de theorie de studie kiezen waarmee ze later werk kunnen vinden waarin ze het productiefst zijn en dus een goed salaris verdienen.

Adam Smith (1723-1790)

Iedereen draagt op deze manier zijn steentje bij aan een optimale allocatie van middelen in de economie. En het mooie is dat dit automatisch gebeurt. Adam Smith vat het samen in de beroemde zin: '*It is not from the benevolence of the butcher, the brewer or the baker, that we expect our dinner, but from their regard to their own self interest. We address ourselves, not to their humanity but to their self-love, and never talk to them of our own necessities but of their advantages.*' Zie hoofdstuk II uit *The Wealth of Nations* van Adam Smith (1776). Vertaald luidt de quote als volgt: '*Het is niet van de vrijgevigheid van de slager, bierbrouwer of bakker dat we ons dagelijks eten kunnen verwachten, maar van het bewustzijn voor hun eigenbelang. We spreken hen aan, niet op hun menslievendheid maar op hun zelfingenomenheid, en hebben het niet over onze eigen behoeften maar over hun voordelen.*'

De Amerikaanse schuldeneconomie

Het Amerikaanse economische beleid, dat de afgelopen dertig jaar vooral is gedomineerd door de extreme vrije marktfilosofie van republikeinse presidenten kent belangrijke schaduwkanten. We zien hoge begrotingstekorten, een torenhoge staatsschuld, tekorten op de Amerikaanse handelsbalans en hoge schulden bij de huishoudens.

Aan het einde van het presidentschap van Bill Clinton (2001) vertoonde de federale begroting van de VS nog een overschot van 150 miljard dollar. Voormalig president George W. Bush liet januari 2009 voor zijn opvolger Barack Obama een tekort achter van ongeveer 700 miljard dollar (circa 5% BBP), het hoogste tekort in absolute cijfers uit de geschiedenis van de VS. De verwachting is dat dit bedrag als gevolg van de economische crisis in 2009 zal oplopen tot bijna 1200 miljard dollar (8,3% BBP). Bij dit tekort is nog geen rekening gehouden met de kosten van bijna 800 miljard dollar van het economisch stimuleringspakket van president Barack Obama. Bovendien kampt de VS met een staatsschuld die in de loop van 2009 is gestegen tot een recordhoogte van meer dan 11.000 miljard dollar.

Daarnaast is er in de VS sprake van een groeiende kloof tussen arm en rijk, en heeft een toenemend aantal Amerikanen met hoge schulden te maken, vooral bij de nieuwe groep van huizenbezitters. Ongeveer 1% van de Amerikanen bezit circa 40% van de rijkdom in het land en het gemiddelde verschil tussen hoogste en laagste inkomens is een factor 24. Daarbij is de 'gewone' Amerikaanse burger in toenemende mate op de pof gaan leven om zijn consumptiepatroon in stand te houden. Zo zijn de uitstaande consumentenleningen (vooral autoleningen en creditcards) in de periode 1980-2008 gestegen van 360 miljard dollar (13% van het toenmalige BBP) tot circa 2.600 miljard dollar (18% huidige BBP). Deze stijging vond vooral plaats in de periode 1993-2008: van 886 miljard dollar naar 2600 miljard. In dezelfde periode nam het bedrag van de uitstaande hypothecaire schulden bij Amerikaanse huishoudens toe van 3000 miljard dollar tot ruim 10.000 miljard dollar.

De Amerikaanse overheid is, met name onder het bewind van de republikeinen, altijd aanhanger geweest van het idee dat een markteconomie zichzelf reguleert. Overheidsmaatregelen en toezicht passen daar niet bij. Door de crisis is dit idee door de mand gevallen. Het Amerikaanse overheidsbeleid heeft ertoe bijgedragen dat er in de samenleving van de VS gigantische schulden zijn opgebouwd. Zo is door een gebrek aan overheidstoezicht en het leven op de pof de kiem gelegd voor de kredietcrisis en de daaropvolgende economische crisis.

Box 25 Alan Greenspan neemt afstand van zijn vroegere beleid
Washington, 23 oktober 2008
In een toespraak voor de commissie voor overheidstoezicht van het Amerikaanse Huis van Afgevaardigden heeft de oud-president van de Amerikaanse Centrale Bank (de FED), Alan Greenspan, gepleit voor meer regels voor banken. Hij nam daarmee afstand van zijn eigen vroegere beleid om de financiële markten zo veel mogelijk vrij spel te geven. Greenspan zei ook verrast te zijn over de hebzucht van bankiers. Volgens hem is extra regelgeving in de huidige situatie de enige uitweg.

Alan Greenspan

Volgens velen heeft Greenspan een belangrijke bijdrage geleverd aan het ontstaan van de crisis. In het boek *Greenspan's Bubbles* (2008) wordt Greenspan door de auteur William A. Fleckenstein verantwoordelijk gesteld voor de twee grootste zeepbellen in de Amerikaanse geschiedenis; de zeepbellen van de internethype en de huizenmarkt. Greenspan wordt in het boek aangeduid als de 'cheerleader' van de hype. Ook was Greenspan een warm pleitbezorger van subprime-hypotheken. Volgens Fleckenstein is de vroegere president van de FED met zijn politiek van lage rentes verantwoordelijk voor de gigantische schuldenberg waarmee de VS nu zit opgezadeld. Volgens hem had Greenspan de zeepbellen veel eerder moeten doorprikken door de rente te verhogen. De opvolger van Greenspan, Ben Bernanke, is van oordeel dat de kredietcrisis vooral is veroorzaakt doordat de VS werd overspoeld met dollars die door de zogenoemd spaarlanden, zoals China, Japan, Duitsland, maar ook de olielanden in Amerika werden belegd. Dit overaanbod van geld leidde tot lage rentes en burgers en bedrijven die massaal gingen lenen.

Oorzaken van de crisis

Over de oorzaken van de kredietcrisis en de daaropvolgende economische crisis wordt wereldwijd verschillend gedacht. De meest ver gaande opvatting is dat het kapitalisme, waarbij de vrije markt centraal staat, als economisch stelsel heeft gefaald en daarom ingrijpend moet worden aangepast. Aanpassing houdt in de praktijk in dat de overheid met regelgeving, maar ook via staatsbedrijven meer greep krijgt op de economie. Deze opvatting leeft vooral bij de politieke partijen links van het midden. Voorstanders van de vrije markt menen dat de crisis daartoe geen enkele aanleiding geeft; het kapitalistische stelsel heeft niet gefaald, alleen de regelgeving en het financieel toezicht op de financiële sector moeten worden verbeterd. Ze wijzen er bovendien op dat de kapitalistische stelsels de afgelopen zestig jaar in veel landen een toenemende welvaart hebben gebracht. Zo is het gemiddelde inkomen van mensen sterk toegenomen. Dit geldt ook voor de gezondheid en de levensverwachting. Deze opvatting vinden we vooral aan de rechterkant van het politieke centrum, maar ook wel bij politieke partijen die tot het centrum gerekend worden.

Tegenstanders van ingrijpende aanpassingen merken ook op dat economische crisissen onlosmakelijk zijn verbonden met het kapitalisme. En tot op heden zijn deze altijd weer overwonnen en dat geldt ook voor de huidige crisis. De afgelopen honderd jaar zijn er verschillende economische crisissen geweest en marktdenkers beschouwen dit als de prijs voor de relatief hoge welvaart die met het kapitalistische stelsel wordt gerealiseerd. Recessies horen bij het kapitalistische systeem. In vergelijking met andere economische stelsel is het kapitalistische stelsel het beste stelsel of wel het minst slechte van andere economische modellen.

Box 26 Verschuiving van opvattingen tijdens de crisis

Als gevolg van de crisis zijn de economische opvattingen in het Westen aan het verschuiven. Opiniepeilingen wijzen erop dat vooral in de VS, de bakermat van het moderne kapitalisme, mensen minder vriendelijk tegenover de vrije markt staan. Vertrouwen in de toekomst en onzekerheid spelen hierin ongetwijfeld een sleutelrol. Bovendien zorgt een sober sociaal vangnet ervoor dat een recessie extra hard uitpakt in de VS, nu mensen massaal hun baan, huis en ander vermogen kwijtraken. Het is dan ook niet verwonderlijk dat sinds de malaise in alle hevigheid is losgebarsten, het aantal mensen dat claimt aanhanger van het kapitalisme te zijn, is geslonken. Zo daalde het aantal voorstanders van 70% tot 53%. Het aantal mensen dat socialisme als uitkomst ziet, is 5% gestegen en het aantal twijfelaars 12%.

Respons op de vraag welk economisch systeem het beste is in de VS

	Kapitalisme	Socialisme	Weet het niet
Begin crisis (december2008)	70	15	15
Tijdens de crisis (april 2009)	53	20	27

Bron: Rasmussen Reports

Ook in andere opiniepeilingen verliest het kapitalisme aanhangers. Toch kunnen in het algemeen aan dit soort uitslagen geen toekomstige trends worden afgemeten. Veelal gaat het om een tijdelijk tijdsbeeld dat sterk is bepaald door de crisissituatie. Bij het herstel van de economie zal het kapitalisme weer aan populariteit winnen. Door de crisis is inmiddels een deel van deze (fictieve) rijkdom verdampt. De ironie is nu dat regeringen wereldwijd miljarden moeten lenen om de kapitalistische economie uit het slop te halen. Regeringen moeten wel, zonder stimulansen gaat het verder bergafwaarts. Maar dit is niet kosteloos. Straks als de economie weer voldoende is hersteld, moeten de 'gewone' belastingbetalers de rekening betalen van de torenhoog opgelopen staatsschulden: zij zijn de echte redders van het kapitalisme. Ook Amerikaans consumentenactivist en politicus Ralph Nader verwacht niet dat het kapitalisme zal verdwijnen. Op de vraag waarom het kapitalisme iedere crisis weer te boven is gekomen, zei hij: 'Omdat het socialisme haar altijd komt redden.'
Naast deze verschuiving van politiek-economische opvattingen is het noemenswaardig dat wereldwijd een groeiend aantal mensen zich wendt tot kerkgenootschappen. Ook onder jongeren neemt de belangstelling voor het geloof en levensvragen sterk toe. Deze groep maakt vooral gebruik van websites, blogs en internetgroepen. In ons land zijn bekende websites: reliflex.nl, geloofinjeleven.nl, levensvragen.nl en katholiekleven.nl.

Critici van het 'extreme' neoliberale economische beleid dat de Amerikaanse markt regeerde, menen dat deze extreme variant van het kapitalistische stelsel, het zogenoemde marktfundamentalisme, tot uitwassen heeft geleid. Daarbij wordt gedoeld op het kritiekloos bejubelen van de vrije markt, de doorgeschoten marktwerking, de groeiende economische macht van het internationale bedrijfsleven, de 'afwezigheid' van overheidsbemoeienis, de financiële hebzucht en het sterke ik-denken.

Volgens deze critici, zogenoemde gemeenschapsdenkers met veelal een religieuze achtergrond, heeft deze ontwikkeling geleid tot een samenleving waarbij de klassieke deugden als gematigdheid, wellevendheid, rechtvaardigheid en trouw zijn ondergesneeuwd. Deze deugden zijn 'vervangen' door een ieder-voor-zich-mentaliteit en een gebrek aan moreel besef en ethiek bij burgers, in het bedrijfsleven, maar ook bij overheidsinstanties. In de Verenigde Staten wordt deze visie bijvoorbeeld uitgedragen door Amitai Etzioni in *The new golden rule* (1996) en de politiek filosoof Michael Walzer. Volgens deze gedachtegang is de crisis niet zozeer veroorzaakt door het kapitalistische stelsel, maar vooral door de wijze waarop de mensen met een 'verkeerde' mentaliteit daarvan gebruik hebben gemaakt. Voor de onderbouwing van deze opvatting wordt verwezen naar de afgelopen zestig jaar. In al die jaren hebben de westerse industrielanden globaal gesproken steeds hetzelfde kapitalistische economische model gehad en in al die jaren is er geen sprake geweest van een dergelijk diep ingrijpende economische crisis als nu het geval is.

De schuld bij het kapitalisme leggen, ligt dan ook niet voor de hand. Ik deel die opvatting, maar teken daarbij wel aan dat de politieke invulling en uitwerking in de vorm van marktfundamentalisme wel degelijk van invloed is geweest op het ontstaan van de crisis. Duidelijk is ook dat de mentaliteit in de samenleving vooral de afgelopen twintig jaar sterk is veranderd. Het ik-denken, het eigenbelang, de ieder-voor-zich-mentaliteit, de financiële hebzucht, het snelle geld verdienen en het grote graaien, niet alleen in de banksector maar bij allerlei bedrijven en (semi)overheidsinstellingen, heeft de 'ouderwetse wereld' van meer langetermijndenken, financiële degelijkheid, fatsoen, moraliteit en ethiek weggedrukt.

Deze tijdgeest wordt mooi vertolkt in de film *Wall Street* (1987) waarin bankier Gordon Gekko (schitterend gespeeld door acteur Michael Douglas) keihard stelt: '*Greed is good.*' Ook Philip Augar, oud-zakenbankier in Londen, geeft in zijn boeken, *The Death of Gentlemanly Banking* en *The Greed Merchants* een onthullende kijk op de grootheidswaan en zelfzucht van zakenbanken. Vanaf het begin van de jaren negentig hebben grote Amerikaanse banken met hun geld en mentaliteit van eigenbelang de Europese banksector overvleugeld. Daarvoor werd deze sector vooral gekenmerkt door rust en een zekere saaiheid en de excessieve beloningen die door Amerikaanse bankiers werden geïntroduceerd kwamen toen niet voor. In zijn meest recente boek *Chasing Alpha* laat hij zien dat het (politieke) toezicht op de banken totaal heeft gefaald. In een interview met het *FD* (www.fd.nl) vertelt Augar dat vlak voor het uitbarsten van de kredietcrisis toenmalig minister van Financiën Gordon Brown medio 2007 tijdens het jaarlijkse Londense bankiersdiner de bankiers bedankte voor hun goede prestaties. Volgens Philip Augar zullen aangescherpte toezichtregels onvoldoende zijn om de zakenbanksector, waar het eigenbelang voorop staat, in de hand te houden.

Verandering van mentaliteit

De mentaliteitsverandering in de samenleving is niet vanzelf gegaan, maar is zonder twijfel bevorderd door wijze waarop door de politiek invulling is gegeven aan het kapitalistische model. De politieke koers van minder overheid, minder regels, minder toezicht en zo veel mogelijk markt en marktwerking heeft in veel industrielanden, vooral in de Verenigde Staten, de afgelopen dertig jaar het financieel-economische beleid gedomineerd. Deze ontwikkeling heeft zeker bijgedragen aan de mentaliteitsverandering in de samenleving, aan het ik-denken en het grote graaien.

Zo heeft de politiek het in de VS bijvoorbeeld 'toegelaten' dat de kloof tussen arm en rijk in de periode 1980-2008 zeer sterk is toegenomen. In 1980 hadden de hoogste verdieners, de top-1%, een gemiddeld inkomen dat ongeveer 130 maal zoveel was als het gemiddelde inkomen van de inkomenstrekkers die behoorden tot de onderste groep van 20%. Vlak voor de crisis was deze verhouding opgelopen tot bijna 200 maal. Ook het verschil tussen de gemiddelde beloning van topbestuurders van bedrijven en de beloning van de gemiddelde werknemer nam in de VS gigantisch toe. In 1980 lag deze verhouding gemiddeld rond de 40 keer. Bijna dertig jaar later, in 2008, verdiende een gemiddelde topbestuurder van een beursgenoteerde onderneming in de VS gemiddeld 340 keer zoveel als een gemiddelde werknemer. Binnen de EU waren deze cijfers 25 keer en 210 keer.

Deze extreme ontwikkeling is op geen enkele wijze gebaseerd op de toegenomen economische prestaties van deze bestuurders en heeft ook niets met marktwerking te maken. Voor deze grenzeloze zelfverrijking is geen enkele rechtvaardiging te bedenken. Bij veel bedrijven stond aandeelhouderswaarde voorop en gingen de topbestuurders en de commissarissen samen met de aandeelhouders vooral voor snelle (koers)winsten. In

dat kader kregen de zogenoemde 'captains of industry' gigantische beloningen toegekend waarmee ze konden pronken en meetelden in de absurde wereld van het grote geld. In veel landen werden ze in de media als
winstmakers en grootverdieners bejubeld, ook door politici. Al voor de
crisis werd duidelijk deze 'captains' in veel gevallen luchtkastelen hadden
gebouwd.

Ook in het hoger onderwijs, gericht op het bedrijfsleven, werd en wordt
nog steeds de nadruk gelegd op het snel en veel geld verdienen. Studenten op zogenoemde Business Schools (MBA-opleidingen) 'leren' vooral dat
alles ondergeschikt is aan een zo snel mogelijke winstmaximalisatie. Ook
in veel wiskundige, economische modellen geldt dit als uitgangspunt. In
de samenleving zagen we ook dat de spaarzin van mensen afnam. In de
loop van de afgelopen dertig jaar gingen consumenten minder sparen en
meer lenen. Al deze ontwikkelingen waren gewoon zichtbaar. De politieke machtshebbers in de westerse industrielanden 'stonden erbij en keken
ernaar' en hebben daarmee zeker bijgedragen aan het ontstaan van de kredietcrisis en de daaropvolgende zware recessie.

**Box 27 De 'helden' van de vrije markt en aandeelhouderswaarde vallen
van hun geloof**

De Amerikaan Jack Welch, oud-bestuursvoorzitter (1981-2001) van het con-
cern General Electric (GE), beter bekend als de grondlegger van het aan-
deelhouderskapitalisme, is van zijn geloof gevallen. In de *Financial Times* (FT)
van 14 maart 2009 zegt de grote lieveling van de aandeelhouders dat zijn
streven naar een zo hoog mogelijke aandelenkoers een dom idee was. 'Aandeelhouderswaarde is een resultaat, niet een strategie. Je werknemers, je
klanten en je product zijn het belangrijkst,' zegt Welch nu. Deze stellingname is zeer opmerkelijk. Bijna dertig jaar hebben een groot aantal bestuursvoorzitters van internationale ondernemingen kritiekloos de ideologie van
Welch aangehangen. Binnen zijn onderneming GE was alles erop gericht om
de aandelenkoers omhoog te krijgen. Zo werden jaarlijks de 10% slechts
presterende managers ontslagen. Jack Welch, die door het blad *Fortune* werd
uitgeroepen tot de manager van de eeuw kreeg wereldwijd navolging bij talloze topmanagers die het streven naar de hoogste koers als hun belangrijkste opgave zagen. In managementboeken werd Welch als een 'held' bejubeld.
Hij vond ook dat bestuursvoorzitters extra beloond moesten worden voor

het opkrikken van de waarde van een onderneming. Mede daardoor zijn de beloningen van topmanagers de afgelopen dertig jaar spectaculair gestegen: zoals gezegd, in de Verenigde Staten van ongeveer 40 keer tot circa 340 keer het gemiddelde salaris van een gemiddelde werknemer.

In veel gevallen is achteraf gebleken dat de bestuursvoorzitters beloond zijn voor het bouwen van luchtkastelen. In de eerste plaats blijkt dat de (koers)waardecreatie niet of nauwelijks aan de inzet van bestuurders kan worden toegeschreven. Daarnaast kan worden vastgesteld dat deze waarde veelal een tijdelijke zeepbel was. Het streven naar een zo hoog mogelijke aandeelhouderswaarde heeft ertoe bijgedragen dat banken en bedrijven zodanig zijn uitgehold en verzwakt dat ze bij het eerste zuchtje economische tegenwind omvallen. Daar komt nog bij dat de rol van bestuurders in het algemeen zwaar wordt overschat. Zo zegt de huidige bestuursvoorzitter van GE, Reynolds, in de *FT* dat in het mooie economische klimaat van de jaren negentig van de vorige eeuw iedereen een bedrijf kon leiden: 'Zelfs een hond had het gekund.'

De vroegere 'helden' zijn een goed voorbeeld van de IK economie, zoals een grote mond, grootspraak, opschepperij, protserig gedrag en sterallures. In de WIJ economie zullen we het bedrijfsleven zien veranderen. Bij bedrijven zal kortetermijn(winst)denken vervangen worden door de nadruk op continuïteit en rendement op de langere termijn. De oude 'helden' worden vervangen door inspirerende aanvoerders die vooral informeel een werkgemeenschap creëren, waarin iedereen zich verantwoordelijk voelt voor de onderneming en zich enthousiast inzet om samen (WIJ) de gestelde doelen te realiseren.

Wie en wat speelden een (hoofd)rol bij het ontstaan van de crisis
Eerder is aangegeven dat de kiem van de crisis ligt bij het Amerikaanse financieel-economische beleid, dat vooral onder republikeinse presidenten gekenmerkt werd door een maximale vrijheid voor de financiële sector, zo weinig mogelijk overheidsregels en leven op de pof. De directe aanleiding was echter de onverantwoorde en agressieve hypotheekverstrekking in de VS aan huizenkopers van wie op voorhand duidelijk was dat ze volstrekt onvoldoende inkomen of vermogen hadden om de hypothecaire lasten te kunnen dragen.

Naast onvoldoende (bancair) toezicht en tekortschietende bancaire voorschriften waren er bankbestuurders die met hun financiële hebzucht in belangrijke mate hebben bijgedragen aan het ontstaan van de kredietcrisis en de daaropvolgende economische neergang. Daarbij werden ze soms opgejaagd door activistische aandeelhouders die uit waren op snelle hoge winsten. Bankbestuurders kunnen zich daar overigens niet achter verschuilen; ze dragen de volle verantwoordelijkheid voor het bankbeleid. Dat geldt ook voor het gebruik van ingewikkelde, ondoorzichtige financiele producten waarin hoge risico's verstopt zaten. Deze derivaten worden wel als aanstichters van de kredietcrisis gezien. Tegenstanders van derivaten pleiten dan ook voor een verbod.

Voorstanders van de derivatenhandel, die veelal zelf grote financiële belangen hebben bij deze handel, betogen dat derivaten nodig zijn voor het bedrijfsleven om daarmee financiële risico's, zoals renteschommelingen, af te dekken. Door het rapport van kredietbeoordelaar Fitch wordt dit argument keihard onderuit gehaald. Daaruit blijkt dat in de VS bijna 80% van de derivatenhandel een onderonsje is tussen de vijf grootste banken (www.fitch.com). Ook maakt dit rapport nog eens duidelijk dat de toezichthouders bij financiële instellingen de banken hun gang hebben laten gaan; het toezicht heeft in alle opzichten gefaald. Ook regeringen hebben boter op hun hoofd. Zij kunnen zich niet verschuilen achter bankbestuurders en toezichthouders. Ze zijn politiek verantwoordelijk voor het feit dat ze de financiële sector niet op een adequate wijze hebben gereguleerd. Daarnaast maakt de crisis ook duidelijk dat er sprake is geweest van een gebrek aan moreel besef, aan ethiek, aan integriteit.

Boosdoeners volgens het Amerikaanse publiek
Het blad *Time* heeft op basis van een enquête een top 25 samengesteld van personen en instellingen die door het Amerikaanse publiek verantwoordelijk worden gehouden voor het ontstaan van de crisis: '25 people to blame for the financial crisis' (www.time.com/specials). Op nummer 1 staat de republikeinse senator Phil Gramm. Als voorzitter van de 'Senate Banking Committee' was hij in de periode 1995-2000 een groot voorvechter van het afschaffen van overheidsregelingen, zoals toezicht op de banksector: 'Gramm was Washington's most prominent and outspoken champion of financial deregulation.' Oud-president George W. Bush staat op plaats 15: 'From the start, Bush embraced a governing philosophy of deregulation.'

Alan Greenspan, voormalig voorzitter van de Amerikaanse Centrale bank en Henry Paulson, oud-minister van Financiën (2006 januari 2009), die onder Bush op het financiële terrein een belangrijke rol speelden staan op plaats 17 en 18. Greenspan had in de jaren negentig de status van 'Washington's resident wizzard': 'But the super-low interest rates Greenspan brought in the early 2000s and his long-standing disdain for regulation are now held up as a leading causes of the mortage crisis.' Paulson wordt vooral de val van Lehman Brothers op 15 september 2008 aangerekend. 'The three main gripes against Paulson are that he was late in the party in battling the financial crisis, letting Lehman Brothers fail was a big mistake and the big bailout bill he pushed through Congress has been a wasteful mess'.

Opvallend op de ranglijst van *Time* is plaats 16 waar de Amerikaanse consument wordt aangeklaagd met de volgende krachtige motivering: 'We've been borrowing, borrowing, borrowing – living off and believing in the wealth effect, first in stocks, which ended badly, then in real estate, which has ended even worse. Now we're out of bubbles. We have a lot less wealth – and a lot more effect. Household debt in the US – the money we owe as individuals – zoomed to more than 130% of income in 2007, up from about 60% in 1982. We enjoyed living beyond our means – no wonder we wanted to believe it would never end.'

De Britse regering constateert een collectief falen
Volgens de Engelse regering zijn er veel oorzaken die tot de economische crisis hebben geleid. Ruw gezegd gaat het om een collectief falen van de tucht van de markt, regeringen, bankiers en toezichthouders. In het rapport *Reforming financial markets* van 8 juli 2009 wordt deze conclusie nader onderbouwd. Daarin wordt ondermeer gesteld dat de vrije markt in het bijzonder heeft gefaald op het vlak van *corporate governance*, risicomanagement en het beloningsbeleid in de financiële sector. Het rapport concludeert ook dat de theorie van de efficiënte vrije markt, die door veel economen wordt aangehangen, niet heeft gewerkt. Daarnaast wordt geconstateerd dat de bestaande nationale en internationale regels voor de financiële sector ernstig tekort zijn geschoten: ze waren niet bestand tegen de snelle veranderingen op financiële markten en de ingewikkelde, ondoorzichtige financiële producten met buitensporige risico's. In het rapport worden nationale maatregelen voorgesteld om de banksector te hervormen. In hoofdzaak gaat het daarbij om een aanscherping van het toezicht, regels voor het beloningsbeleid en hogere buffers voor banken (www.hm.treasury.gov.uk).

Zondebokken

In veel parlementen in de wereld en ook in de publieke opinie worden de bankiers als de grote zondebokken aangemerkt. Door hun financiële hebzucht zouden ze de crisis hebben veroorzaakt. Zonder af te dingen op de belangrijke rol die ze bij het ontstaan van de crisis hebben gespeeld, is deze beschuldiging te gemakkelijk. De crisis is vooral de uitkomst, het sluitstuk, van bijna dertig jaar risicovol leven op de pof, vooral in de VS, een gebrek aan adequate regels en toezicht op de financiële sector en een ernstig gebrek aan moreel besef, ethiek en integriteit. De wereld heeft onder leiding van de VS de afgelopen decennia een zeepbeleconomie gecreëerd die wel een keer moest klappen. Wereldwijd hebben landen boven hun stand geleefd en geprofiteerd van economische groei die voor een deel is gerealiseerd met geleend geld, met schulden maken.

De VS heeft als kampioen schuldenmaker een hoofdrol gespeeld. Vooral China en de Europese landen zien de VS dan ook als de boosdoener van de crisis. Bij dit verwijt wordt vergeten dat landen met grote spaaroverschotten, zoals China en verschillende Europese landen met hun spaargeld in de vorm van honderden miljarden aan leningen, beleggingen en investeringen de groei van de Amerikaanse economie zelf hebben gestimuleerd. Het beleggen van spaargeld in de VS leverde deze spaarlanden niet alleen mooie rendementen op, maar tegelijk werd Amerika met zijn relatief hoge economische groeicijfers voor deze landen ook een aantrekkelijk exportland. Europa en vooral China hebben van hun export van goederen en diensten naar de VS veel profijt gehad.

Box 28 Kredietcrisis: het gevolg van een explosief mengsel

Volgens het Centraal Planbureau (CPB) is de kredietcrisis die vooraf ging aan de economische crisis het gevolg van een explosief mengsel van macro-economische onevenwichtigheden (een onbalans in de internationale kapitaalstromen), regels die niet goed werkten en een tekortschietend toezicht. De toezichthouders, bestuurders, commissarissen, centrale bankiers, hadden bovendien onvoldoende inzicht in nieuwe ingewikkelde financiële producten. Kort weergegeven zien we het volgende beeld:

A. De VS heeft een groot tekort op de betalingsbalans. Daartegenover staan spaaroverschotten van met name China, OPEC-landen, Europese landen, waaronder ook Nederland.

B. Deze spaaroverschotten zijn voor een groot deel belegd op de Amerikaanse kapitaalmarkt: daardoor kon krediet daar goedkoop zijn. Dit ruime kapitaalaanbod leidde tot een onderschatting van financiële risico's en een historisch lage rentestand in de VS. De lage rentestand was voor bedrijven de aanleiding om meer goedkoop vreemd vermogen aan te trekken, waardoor ze financieel kwetsbaar werden. Het overvloedige en goedkope krediet leidde in de VS ook tot een sterke stijging van de huizenprijzen en aandelenkoersen.

C. Er kwamen ondoorzichtige nieuwe financiële (beleggings)producten op de markt met aantrekkelijke rendementen. Dit waren producten met hoge kredietrisico's, maar de risico's waren zodanig verstopt en verpakt dat dit kopers niet opviel. Deze producten zijn wereldwijd in het financiële stelsel terechtgekomen en onderdeel geworden van de activa van banken.

D. Regelgeving en toezicht schoten tekort om deze risico's te onderkennen en te voorkomen.

E. Daardoor konden speculatieve zeepbellen ontstaan, met name op de Amerikaanse huizen- en aandelenmarkt, die uiteindelijk uit elkaar zijn gespat.

F. Het leeglopen van deze zeepbellen heeft bij veel banken in de wereld het eigen vermogen weggevaagd. Banken kunnen daardoor veel minder kredieten verstrekken. Door de zogenoemde hefboomwerking, waarbij banken geld van spaarders aantrekken en dit vervolgens weer meerdere malen uitlenen, heeft dit een gigantisch effect op het functioneren van de kapitaalmarkt. Stel dat een bank per 1 euro eigen vermogen 12 euro kan uitlenen, dan betekent een halvering van het eigen bankvermogen dat er nog maar de helft kan worden uitgeleend. Bovendien is het voor deze banken zeer moeilijk nieuw kapitaal aan te trekken: kapitaalverschaffers hebben (nog) weinig vertrouwen in de banksector en willen ook niet de kans lopen dat ze voor verliezen uit het verleden opdraaien.

Zie CEP 2009 (www.cpb.nl)

De economische realiteit laat zien dat zowel de spaarlanden als de leenlanden, zoals de VS maar bijvoorbeeld ook Oost-Europa, allen hebben geprofiteerd van een zeepbeleconomie die ze zelf hebben gecreëerd met behulp van een koopkrachtgolf die door kredieten is opgewekt. Deze realiteit biedt geen ruimte voor landen om elkaar de schuld te geven. Wel om samen maatregelen te treffen die leiden tot een herstel van de wereldeconomie en maatregelen die een kredietcrisis in de toekomst zo veel mogelijk kunnen voorkomen.

In Londen, op 2 april 2009, hebben de 20 belangrijkste economieën in de wereld (de G20) de schuldvraag gelukkig achterwege gelaten. Ze hebben daar een akkoord gesloten over een internationaal pakket aan maatregelen om een kredietcrisis in de toekomst zo veel mogelijk te voorkomen. Daarnaast hebben ze een stimuleringspakket gepresenteerd om de wereldeconomie aan te jagen. Zie hoofdstuk 6. Dit akkoord was niet alleen de historische aanzet tot meer internationale samenwerking op het terrein van economische en maatschappelijke vraagstukken, maar ook de start van het aanjagen van de wereldeconomie. Bovendien laat het akkoord ook zien dat de (politieke) rol van de opkomende economieën, zoals China, op het terrein van de wereldeconomie sterk is toegenomen. Zo is het de bedoeling dat dit land binnen het Internationaal Monetair Fonds (IMF) meer zeggenschap krijgt.

De rol van kredietbeoordelaars (ratingbureaus)
De ratingmarkt wordt gedomineerd door twee Amerikaanse kredietbeoordelaars, Standard&Poor's en Moody's, en een Europese beoordelaar, Fitch Ratings. Deze beoordelaars hebben een grote invloed op internationale financiële markten. Een hoge waardering (rating) voor een bepaald beleggingsproduct draagt ertoe bij dat veel beleggers en banken dit product graag in hun portefeuille willen hebben.

Al vlak na het begin van de kredietcrisis heeft er zowel in Amerika als Europa onderzoek plaatsgevonden naar de rol van de kredietbeoordelaars. Een belangrijke klacht is dat ratingbureaus beleggingsproducten hebben beoordeeld waarover ze eerst zelf banken hadden geadviseerd. Voor dit advies werden ze door de banken betaald. Dit gegeven betekent een aantasting van de geloofwaardigheid van deze bureaus. Daarnaast werden deze producten ook nog eens van een zogenaamd onafhankelijk kwaliteitsstempel voorzien en waren de ratingbureaus nauw betrokken bij de bepaling van de verkoopprijs daarvan. Kortom, er was sprake van belangenverstrengeling.

Bovendien gaven de kredietbeoordelaars geen openheid over hun waarderingsmethoden. Daarnaast bleek uit de praktijk dat ervaren kredietbeoordelaars van deze bureaus overstapten naar banken waarvoor ze eerder producten hadden beoordeeld. Overigens hebben ratingbureaus niet alleen een verkeerde waardering afgegeven met betrekking tot subprime-beleggingsproducten, maar ze hebben ook te laat gereageerd op de neergang van de Amerikaanse huizenmarkt. Ze hadden hun ratings veel eerder moeten verlagen.

Deze gang van zaken maakt duidelijk dat de handelwijze van ratingbureaus een bijdrage heeft geleverd aan de kredietcrisis. Als reactie op deze conclusie worden zowel in de VS als Europa ratingbureaus aan nieuwe (toezicht)regels onderworpen. Volgens EU-regels moeten de bureaus zich voortaan registreren bij een toezichthouder en mogen ze alleen nog maar werkzaam zijn op basis van een licentie. Ze moeten daarbij aan een aantal voorwaarden voldoen, zoals gedragsregels voor medewerkers, eisen aan deskundigheid en onafhankelijkheid van bestuurders. Bovendien moeten ze openheid van zaken geven over hun waarderingsmethoden en mogen ze niet meer optreden als adviseur. Eind april 2009 heeft het Europese Parlement ingestemd met strengere regelgeving voor ratingbureaus.

Naar aanleiding van deze regelgeving heeft het grootste ratingbureau van de wereld, Standard&Poor's, via advertenties in kranten en op de eigen website niet alleen spijt betuigd voor het verleden, maar ook aangegeven dat nieuwe regels nodig waren. 'As the world's leading provider of credit ratings, S&P has experienced a period of intense scrutiny since the credit bubble burst two years ago. While the vast majority of the 32 trillion dollars of securities that S&P rates performed as anticipated, the performance of our ratings in the area of residential mortgage-related securities was a major disappointment. This is something that we at S&P deeply regret. We have learned important lessons from this experience, and we have made changes to our business. Today, S&P is a very different place than it was two years ago... We believe that the new securitization reforms proposed by President Obama, along with regulatory initiatives in Europe and elsewhere, will help further reduce the potential for conflict of interest.' (www.standardandpoors.com).

Nu de banken nog! Het valt op dat de grootbanken en zakenbanken nog steeds geen overtuigende poging hebben gedaan om de samenleving duidelijk te maken dat ze spijt hebben van hun misdragingen en zich verantwoordelijk voelen voor de wereldwijde schade die zij daarmee hebben aangericht.

Box 29 De kwalijke rol van kredietbeoordelaars

Woensdag, 22 oktober 2008. Tijdens de hoorzitting van de commissie van het Amerikaanse Huis van Afgevaardigden die de kredietcrisis onderzocht, werden kredietbeoordelaars als Moody's en Standard&Poor's ervan beschuldigd een sleutelrol te hebben gespeeld bij het ontstaan van de kredietcrisis. Zij gaven onrealistisch hoge waarderingen aan slechte (hypothecaire) leningen. Banken hadden vertrouwen in deze waardering, waardoor deze leningen zonder problemen tussen banken onderling konden worden doorverkocht. In de ogen van banken ging het om een solide beleggingen met een mooi rendement, die het eigen vermogen van de bank kon versterken. Veel van deze leningen waren echter verstrekt aan mensen die geen werk, geen vermogen of slechts een gering inkomen hadden. Bovendien was geen rekening gehouden met de mogelijkheid van een waardedaling van de Amerikaanse huizenmarkt, die al jarenlang een stijgende lijn liet zien. Medio 2008 stagneerde de groei van de huizenmarkt en zette een daling in. Tegelijk bleek ook dat veel huizenbezitters de stijgende rente op hun hypotheken niet meer konden betalen en ook niet konden aflossen. Er ontstond een gedwongen verkoop van huizen.

Door deze ontwikkeling moesten de ratingbureaus hun hoge waarderingen (AAA) fors gaan verlagen. Deze grote afwaarderingen betekenden voor banken met 'slechte leningen' een gigantisch waardeverlies van hun eigen vermogen. De afwaardering heeft bijvoorbeeld bijgedragen aan de ondergang van zakenbanken Bear Stearns en Lehman Brothers. Volgens de toenmalige voorzitter van de Amerikaanse onderzoekscommissie, Henry Waxman, is er sprake geweest van een reusachtig falen van de kredietbeoordelaars. Bovendien wilden ze met gunstige waarderingsrapporten hun eigen winst verhogen. Uit de stukken van de onderzoekscommissie blijkt dat de kredietbeoordelaars zelf ook twijfels hadden. Zo wordt in een berichtje uit 2006 van een werknemer van kredietbeoordelaar Standard&Poor's aan een collega gezegd: 'Laten we hopen dat we allemaal rijk en al met pensioen zijn wanneer dit kaartenhuis in elkaar stort.'

Falende bankiers en toezichthouders

Uit de verkenningen naar de oorzaken van de kredietcrisis komt naar voren dat bankbestuurders en hun raden van commissarissen in veel gevallen niet of onvoldoende op de hoogte waren van de ingewikkelde financiële (beleggings)producten waarmee in de financiële sector wordt ge-werkt. Veelal wisten ze zelfs niet dat hun bank deze producten in haar portefeuille had. Alleen een kleine, selecte groep van deskundigen op het terrein van financiële innovaties had inzicht in de opzet en risico's daar-van. Daarnaast was er bij banken sprake van een ongekend, verbijsterend mismanagement, zoals bij Lehman Brothers: 'Lehman was headed direct-ly for the biggest subprime iceberg ever seen, but unlike the captain of the RMS Titanic, CEO Dick Fuld and his No. 2, Joe Gregory, didn't try to swer-ve,' zo wordt gesteld in *A colossal failure of common sense; The inside story of the collapse of Lehman Brothers* (McDonald en Robinson, 2009).

Wereldwijd hebben bankbestuurders en toezichthouders kritiekloos de handel in zeer risicovolle financiële producten mogelijk gemaakt en een zeepbel gecreëerd die wel moest barsten. Ze dragen dan ook een belang-rijke verantwoordelijkheid voor het ontstaan van de internationale kre-dietcrisis en de daaropvolgende diep ingrijpende economische recessie. Deze verantwoordelijkheid wordt boeiend beschreven door Egbert Kalse en Daan van Lent in hun leerzame boek *Bankroet, hoe bankiers ons in de ergste crisis sinds de Grote Depressie stortten* (2009). In Nederland heeft vol-gens de Vereniging van Effectenbezitters (VEB) de president van de Ne-derlandsche Bank (DNB), Nout Wellink, geen adequaat toezicht gehou-den. 'Wellink is sinds 1997 president van DNB. In die periode zijn de balanstotalen van de banken verdubbeld tot verdrievoudigd, terwijl het eigen vermogen nauwelijks toenam, of zelfs afnam. Hij had die ontwikke-ling moeten onderkennen en ertegen moeten optreden,' aldus de VEB (www.veb.net).

In veel landen is een groot deel van de groei (soms meer dan de helft van de kredietverlening en de risico's) niet zichtbaar geweest op de balan-sen van banken. Bankbestuurders en toezichthouders moeten dit geweten hebben. Banken zijn er de afgelopen tien jaar in toenemende mate toe overgegaan hun kredieten buiten de balans te houden. Veel leningen die normaal zichtbaar op de bankbalans zouden zijn opgenomen, werden via securitisatie buiten de balans ondergebracht in aparte beleggingsmaat-schappijen, in zogeheten special purpose vehicles (SPV's). Het securitise-ren van leningen is het bundelen, herverpakken en doorverkopen van le-ningen aan anderen. Beleggers konden vervolgens obligaties kopen bij de SPV's. Banken kunnen langs de weg van SPV's veel meer krediet verstrek-ken dan is toegestaan op basis van hun eigen vermogen.

Eind 2008 stond op de balansen van SPV's in Nederland 250 miljard euro. Bij de Nederlandse banken is slechts de helft van de groei in de kredietverlening zichtbaar geweest (www.dnb.nl). De grote omvang van via SPV's gesecuritiseerde subprime-hypotheken in de VS was een belangrijke oorzaak van het uitbreken van de kredietcrisis. Toen bleek dat deze slechte hypotheken nauwelijks enige waarde hadden spatte de financiële zeepbel uit elkaar.

Perverse bonussen

Het beloningsbeleid voor topmanagers bij banken heeft ertoe geleid dat ze op jacht naar extra bonussen excessieve risico's hebben genomen. Daarbij zijn onder meer aan bedrijven en particulieren die onvoldoende kredietwaardig zijn grote leningen verstrekt. Veel van die leningen moesten later weer worden afgeboekt omdat ze door de leners niet meer terugbetaald konden worden.

Bij de meeste internationale banken komen niet alleen het topmanagement, maar ook andere managers die een belangrijke rol spelen bij het jaarlijkse resultaat van de bank in aanmerking voor hoge variabele beloningen. De hoogte is veelal afhankelijk van de groei van de omzet, winst en waardeontwikkeling van de bank. Deze beloningen komen boven op het vaste jaarsalaris. Vaak is het halen van een bepaalde omzetdoelstelling voldoende voor een hoge bonus. Deze kortetermijnbonussen kunnen tot een bizar resultaat leiden. Om een zo hoog mogelijke omzet te realiseren werden er ook bedrijfsleningen en hypotheken verstrekt aan mensen en bedrijven die niet kredietwaardig waren. Als deze 'omzet' van de betreffende bankmanager, waarvoor hij extra werd beloond, in latere jaren tot een verlies voor de bank leidt, dan heeft deze manager daarvan geen last. Zijn bonus heeft hij binnen en het verlies komt voor rekening van de bank. Inmiddels staat vast dat deze bonussen hebberige bankmanagers ertoe hebben aangezet onverantwoorde risico's te nemen en dat ze daarmee een rol hebben gespeeld bij het ontstaan van de kredietcrisis.

Box 30 Volkswoede over de crisis richt zich op bankiers

In 2008 en 2009 worden overal in de wereld financiële instellingen door regeringen met miljarden aan staatssteun van de ondergang gered. Deze kosten komen uiteindelijk voor rekening van de belastingbetalers. Ondanks deze steun zijn er banken en verzekeraars die, alsof er niets is gebeurd, ge-

---

woon doorgaan met het uitbetalen van hoge bonussen aan hun (top)managers. Maart 2009 zien we in verschillende westerse landen, waaronder de Verenigde Staten, Frankrijk en Engeland, mensen de straat op gaan om te protesteren tegen deze onbegrijpelijke hebzucht. Vooral in de Verenigde Staten is sprake van een volkswoede als blijkt dat de managers bij verzekeraar AIG miljoenen aan bonussen krijgen, terwijl deze onderneming met miljarden dollars door de staat van een faillissement moet worden gered.

Mede onder druk van de publieke opinie kondigen regeringen en parlementen acties aan om de bonussen terug te vorderen of te voorkomen dat ze worden uitgekeerd. In de VS wordt in snel tempo een wet aangenomen die het mogelijk moet maken dat deze bonussen met 90% worden belast (www. house.gov). In Nederland ontstaat commotie over de bonussen bij bank-verzekeraar ING. Eind maart 2009 sluit minister Bos met de financiële sector een zogenoemd 'Herenakkoord' waarbij de bonussen aan banden worden gelegd (www.minfin.nl). Voorafgaand aan de vergadering van de G20, de bijeenkomst van de leiders van de 20 belangrijkste economieën van de wereld, op 2 april 2009 in Londen, werd in de straten een grote protestmars gehouden waarbij vooral bankiers het moesten ontgelden: ze werden afgeschilderd als hebzuchtige geldwolven die de wereld in de crisis hadden gestort. In verband met deze demonstratie hadden banken hun medewerkers aangeraden niet in de herkenbare 'bankierskleding' (grijze krijtstreep) naar het werk te komen maar in vrijetijdsoutfit, spijkerbroek en gympen.

Volgens het jaarlijkse Europese vertrouwensonderzoek van 2009 van *Reader's Digest* over het vertrouwen van het publiek in beroepsgroepen is het vertrouwen in bankiers tot een absoluut dieptepunt gedaald. Maar ook de politiek moet zich volgens dit onderzoek ernstig zorgen maken: het vertrouwen in deze beroepsgroep is slechts 12% (www.readersdigest.com).

Een voorbeeld van een zeer excessieve bonus was de eindejaarsuitkering die Lloyd Blankfein, topbestuurder van de Amerikaanse zakenbank Goldman Sachs, eind 2007 ontving. Naast zijn vaste salaris van circa 600.000 dollar kreeg hij 67,9 miljoen dollar (26,8 miljoen in contanten en 41,1 miljoen aan opties en aandelen), de hoogste bonus die ooit op Wall Street aan een topman werd uitgekeerd. Deze bonus heeft terecht veel kritiek geoogst met kwalificaties als waanzinnig, idioot en te belachelijk voor woorden.

Bij banken die in het kader van de kredietcrisis door regeringen van de ondergang zijn gered door kapitaalsteun of nationalisatie zijn deze bonussen inmiddels aan banden gelegd of verboden. In de VS heeft president Barack Obama een salarisplafond ingesteld bij bedrijven die financiële steun van de overheid ontvangen. Bestuurders van deze bedrijven mogen maximaal 500.000 dollar per jaar ontvangen en mogen pas een bonus ontvangen als de overheidssteun is terugbetaald. Banken proberen hier zo spoedig mogelijk onderuit te komen door de steun terug te betalen. Zomer 2009 zagen we in veel landen woedende reacties van politieke leiders op het bericht dat de bank Goldman Sachs alweer circa 6 miljard dollar apart had gezet om eind 2009 aan het personeel hoge bonussen te kunnen uitkeren. Naar aanleiding van dit 'bonusfestival' heeft de Amerikaanse regering een onderzoek aangekondigd naar de gang van zaken bij deze bank. Ook andere banken, zoals Morgan Stanley, hebben bekendgemaakt dat bonussen nodig zijn om bancaire talenten te kunnen aantrekken (de zogenoemde 'war on talent').

De ontmaskering van de bonuscultuur
In de VS werd de perverse bonuscultuur van het bankwezen een zware klap toegebracht door het bonusrapport van de procureur-generaal van de staat New York, Andrew Cuomo. Uit zijn rapport dat op 31 juli 2009 werd gepresenteerd blijkt dat de Amerikaanse banken in totaal 80 miljard dollar verlies leden, 175 miljard aan staatssteun kregen en dat ze niettemin bijna 30 miljard aan bonussen aan hun bestuurders en personeel uitdeelden. Deze verbijsterende cijfers werpen ook een ander licht op de 'zomershow 2009' waarbij Amerikaanse banken, zoals Goldman Sachs, triomfantelijk melding maakten van de mooie winstcijfers die ze in het eerste halfjaar van 2009 hadden behaald. Deze bankwinsten zijn feitelijk betaald door de belastingbetalers. De banken profiteerden van de steunoperaties van overheden en lage rentes en zijn daardoor in staat weer geld te verdienen. Zonder de hulp van de staat was het over en sluiten geweest.

In het FD van 13 juni 2009 zegt Aaron Brown, auteur van de Amerikaanse bestseller *The pokerface of Wallstreet* en tegenstander van de steun aan banken: 'Het is volgens mij verstandiger gewoon een aantal van die instituten te laten omvallen. De bankiers moeten op een harde en pijnlijke manier leren dat ze niet ongestraft fouten kunnen maken. Nu merken ze keer op keer dat ze toch wel worden geholpen als het misgaat. Door de banken te ondersteunen met miljarden dollars of euro's worden economisch gezien de foute signalen uitgezonden.' Brown is ook van mening dat de huidige crisis het gevolg is van de jacht op rendement en falend toezicht: 'Dat stond toe dat het verband tussen de financiële producten en de werkelijkheid steeds verder uit zicht raakte. Obligatieportefeuilles werden opgeknipt, verkocht en vervolgens opnieuw in een andere vorm in de markt gezet. Op het laatst wist niemand meer wie welke bezittingen had. Niet zo vreemd dat in een dergelijk klimaat het wantrouwen snel kan groeien.'

De Franse minister van Financiën Christine Lagardere betitelde de terugkeer van de bonuscultuur in een interview met de *Financial Times* (22 juli 2009) als 'een absolute schande'. De Amerikaanse president Barack Obama zei eerder in interviews voor Amerikaanse televisiezenders dat hij bij banken 'een gebrek aan nederigheid' constateerde. De Duitse premier, bondskanselier Angela Merkel, vindt dat de G20 die in september 2009 in de VS in Pittsburgh bijeenkomt internationale maatregelen moet nemen tegen bankbonussen. De kans dat een dergelijke regeling tot stand komt is klein. Regelgeving op dit vlak, zo leert de praktijk, kan nooit waterdicht zijn en wordt ontlopen. Bovendien zijn er landen die vanwege de internationale concurrentiepositie van hun eigen financiële sector geen wetgeving willen.

Niettemin nam vrijdag 31 juli 2009 het Amerikaanse Huis van Afgevaardigden een wet aan die een verbod mogelijk maakt op het uitkeren van bonussen in de financiële sector, indien die aanzetten tot het nemen van onverantwoorde risico's (www.house.gov). De wet heeft al tot felle protesten geleid vanuit het Amerikaanse bedrijfsleven. Volgens de Amerikaanse Kamer van Koophandel, een belangrijke spreekbuis van de Amerikaanse ondernemerswereld, leidt deze wet ertoe dat 'de meest succesvolle vrije markteconomie in de wereldgeschiedenis' wordt vervangen door een door de staat gestuurde economie. Daarbij vergeet deze Kamer gemakshalve dat deze 'succesvolle markteconomie' de wereld in de zwaarste recessie van de afgelopen zestig jaar heeft gestort. Kanttekeningen bij dit vermeende succes staan in hoofdstuk 8 van dit boek.

Een moderne schandpaal; de zwarte lijst
Regelgeving die het beheersen van beloningen beoogt, werkt vaak niet of onvoldoende, omdat belanghebbenden zich in alle bochten zullen wringen om daaronderuit te komen. De vraag rijst: wat is dan wel effectief? De snelste, meest eenvoudige en effectiefste aanpak is een internationale

zwarte lijst waarop banken en bankiers worden vermeld die zich schuldig maken aan onmaatschappelijk gedrag in de vorm van extreem hoge salarissen en exorbitante bonussen. Daarvoor moet een internationale norm, een gedragscode, gaan gelden.

Op verzoek van de G20 zouden deskundigen, bijvoorbeeld het IMF, een maatschappelijk verantwoord beloningspakket kunnen aanstellen. Dit pakket wordt vervolgens door de G20 vastgelegd in een internationale gedragscode. Banken en bankiers die zich niet aan de code houden, komen op de zwarte lijst en worden maatschappelijk in de ban gedaan: overheden doen geen zaken meer met deze bankiers en ook maatschappelijk worden ze gemeden; ze krijgen bijvoorbeeld geen uitnodigingen meer voor overheidsevenementen. Deze moderne publieke schandpaal, wereldwijd zichtbaar op het internet, is zeer effectief. Klanten lopen weg: ook bedrijven zullen met banken en bankiers die op de zwarte lijst staan geen zaken meer willen doen. Deze banken en bankiers zullen zich dan ook haasten om hun salarissen en bonussen in overeenstemming te brengen met de gedragscode.

Dat de hier voorgestelde aanpak succesvol zal zijn, is door de G20 zelf al bewezen door de internationale aanpak van belastingparadijzen. Bijna alle landen die op de internationale schandpaallijst (zwarte lijst) van belastingparadijzen dreigden te komen, hebben inmiddels hun belastingtrucs 'ingeleverd'.

Box 31 Wat zeggen bankbestuurders over de (krediet)crisis?

Uit een internationaal onderzoek van KPMG onder 500 bankbestuurders blijkt dat deze bestuurders het belonings- en bonussenbeleid en het gebrek aan fatsoenlijk bestuur op het terrein van risicomanagement, als de belangrijkste oorzaak zien van de crisis. Ruim 60% van de bankbestuurders vindt dat risicomanagement een plaats aan de bestuurstafel moet innemen en dat de risicofunctie meer invloed moet hebben op de strategie van de bank. Daarnaast zijn er bankiers die met een beschuldigende vinger naar de risicomodellen wijzen die in het bankwezen worden gebruikt om de kredietrisico's in te schatten. Het gaat om risicoberekeningen met computermodellen, waarbij onder meer de kans op niet-betalende klanten, fraude of de risico's van financiële producten worden berekend. Deze modellen hebben gefaald en kwamen met veel te lage risicoscores. Het probleem van deze modellen is dat het onmogelijk is de grilligheid van menselijk gedrag in te bouwen: de formules en data in deze modellen gaan veelal uit van rationeel menselijk gedrag en in de werkelijkheid van alledag is dat niet altijd het geval. De les die uit het falen van de modellen kan worden getrokken, ligt voor de hand: de inzet van meer gezond verstand en minder blindvaren op modeluitkomsten.

In een interview met NRC *Handelsblad* van 10 juni 2009 doet oud-ING-bankier Cees Maas onder meer het volgende: 'We hebben de gevaarlijke wisselwerking tussen de aandelenbeurs en de spaarder niet goed beoordeeld... Internationaal toezicht is absoluut een illusie. Amerika draagt zijn autonomie op toezichtgebied nooit over, dat kun je wel vergeten... Het rendement van banken zal in de toekomst lager liggen dan in de afgelopen decennia toen veel banken met veel geleend geld werkten en dankzij dat geld soms rendementen boven de 20% behaalden, terwijl begin jaren negentig een rendement op het eigen vermogen van 10%-12% 'normaal' was... Banken moeten lering trekken uit de crisis, ze moeten hogere eigen financiële buffers gaan aanhouden en minder ruimte krijgen om te werken met geleend geld. Rendementen komen daardoor lager te liggen.'

Rol van boekhoudregels (IFRS)

Volgens verschillende bankdeskundigen hebben de internationale boekhoudregels voor banken en bedrijven de onrust in de financiële wereld vergroot. Voor banken en bedrijven die jaarlijks een verslag moeten publiceren over de financiële gang van zaken en hun vermogenspositie gelden vereisten die zijn neergelegd in de zogenoemde International Financial Reporting Standards (IFRS). Kern van IFRS is dat bezittingen tegen marktwaarden moeten worden gewaardeerd. Bij het traditionele boekhouden wordt in beginsel uitgegaan van de historische kostprijs.

Een groot nadeel van IFRS is dat marktprijzen niet altijd de juiste waarde aangeven en voortdurend kunnen fluctueren. Bij een beurscrisis is de onrust en paniek soms zo groot, dat er nauwelijks een relatie bestaat tussen de beurswaarde en de echte economische waarde van beleggingen (effecten en andere financiële producten). In die situaties kunnen de 'beursmarktprijzen' een stuk lager liggen dan de werkelijke economische waarde. De toepassing van IFRS heeft volgens de critici vooral bij banken geleid tot zeer forse afwaarderingen die de onrust in de financiële wereld hebben versterkt. Achteraf moet overigens nog blijken in hoeverre en in welke mate deze afwaarderingen te hoog zijn uitgevallen.

In het kader van de onderzoeken naar de kredietcrisis die in veel landen in de herfst van 2008 al zijn gestart, is ook de werking van het IFRS-systeem nog eens goed onder de loep genomen. In de VS en Europa heeft dit al geleid tot aanpassingen, waarbij de banksector meer eigen ruimte heeft gekregen bij het (af)waarderen. De internationale organisatie voor boekhoudregels, IASB, heeft de boekhoudregels zodanig versoepeld dat banken alleen echte verliezen op financiële beleggingen hoeven te boeken (www.iasb.org). Deze aanpassing heeft weer tot de kritiek geleid dat banken daardoor kunnen 'manipuleren' met waarderingen.

Tijdens de kredietcrisis moesten banken volgens de toen geldende regels, ongeacht of er een daadwerkelijk verlies was geleden, deze beleggingen afwaarderen naar de marktwaarde (veelal de zeer lage beurswaarde). Door deze afwaarderingen zijn veel banken voor extra problemen geplaatst. Volgens het eind juli 2009 gepubliceerde rapport van een internationale commissie, de Financial Crisis Advisory Group (FCAG), hebben deze regels echter geen doorslaggevende invloed op de kredietcrisis gehad. Deze commissie vindt ook dat de IFRS-regels zo veel mogelijk gehandhaafd moeten blijven. IFRS kent fervente voorstanders die vooral benadrukken dat het systeem leidt tot transparantie en een actuele (bedrijfs)waardebepaling. De afgelopen jaren neemt het aantal tegenstanders evenwel gestaag toe en worden er bressen in het systeem geslagen; er worden uitzonderingen toegelaten op de centrale regel van het waarderen op basis van marktwaarde. Tegenstanders van IFRS benadrukken de administratieve rompslomp die bovendien veel geld kost (juristen, accountants enzovoort) en wijzen erop dat de IFRS-waardebepaling niet alleen tot voortdurende waardefluctuaties leidt, maar vaak zelfs ook niet tot een juiste economische waarde, omdat die in de praktijk veelal moeilijk valt te bepalen.

Bij de invoering van IFRS werden vooral de (commerciële) voordelen van actuele marktwaarden benadrukt ten opzichte van het 'ouderwetse' boekhouden, waarbij de kostprijs centraal staat. Daartegenover zien we dat belastingdiensten wereldwijd in beginsel hebben vastgehouden aan het degelijke ouderwetse boekhouden met als basis historische kostprijzen. De fiscale aangiften van bedrijven zijn daar nog steeds op gebaseerd. Als de commerciële wereld van verslaglegging de verstandige keuze van belastingdiensten zou gaan volgen, dan zou dit voor bedrijven niet alleen

een gigantische kostenbesparing opleveren, ze krijgen ook meer tijd voor ondernemerschap, en daar gaat het echt om.

Mentaliteit speelt een belangrijke rol

Het is een illusie dat alleen met strengere regels voorkomen kan worden dat bankiers onverantwoorde risico's nemen. Het is ook een kwestie van mentaliteit, een kwestie van ethiek en van maatschappelijk verantwoord ondernemerschap. In het verleden, in het begin van de jaren negentig van de vorige eeuw werden de top en de subtop van het bankwezen vooral 'bevolkt' door juristen, veelal gekenmerkt door degelijkheid en saaiheid. In de academische wereld wordt de juridische studie niet als zwaar beschouwd en juridische studenten worden niet gerekend tot de slimste. Na hun afstuderen behoren ze ook niet tot de beste verdieners. Juristen hebben toen bijgedragen aan een degelijke en 'saaie' banksector, waarin op dat moment geen sprake was van spectaculair hoge salarissen en exorbitante bonussen. In veel gevallen bestond de beloning alleen uit een vast salaris.

Dit veranderde door de opkomst van de zogenoemde zakenbanken in de VS. Deze banken, ook wel investeringsbanken genoemd, houden zich met het bedrijfsleven bezig; vooral met het plaatsen van aandelen en obligaties op effectenbeurzen en met fusies, overnames en het opsplitsen van bedrijven. Het gaat om banken met een ander type bestuurder, vaak bedrijfskundigen, met een andere mentaliteit. Deze zogenoemde *'haute finance'* van de financiële sector, die gekenmerkt wordt door financiële toverformules, ondoorzichtige computermodellen, exotische financiële producten, hoge salarissen en exorbitante bonussen heeft vooral de afgelopen vijftien jaar internationaal sterk aan invloed gewonnen. Door velen worden deze 'snelle' bankiers met hun wiskundige formules en werkzaam bij vooral Amerikaanse zakenbanken beschouwd als veroorzakers van de crisis: ze zouden gebakken lucht hebben verkocht. De crisis maakt duidelijk dat dit laatste in veel gevallen klopt, maar de crisis kent meerdere oorzaken en hoofdrolspelers. Zie box 32.

Veel van deze bankiers hebben een MBA-titel en waren vooral uit op snel veel geld verdienen. In veel modellen en methoden die op de MBA-opleidingen aan de orde komen, staat snelle winstgevendheid centraal en is er weinig aandacht voor ethiek en maatschappelijke normen en waarden. Doordat Europese banken zijn gaan samenwerken met Amerikaanse banken, zakenbanken overnamen of zelf werden overgenomen, heeft deze Amerikaanse mentaliteit zich als een virus over het Europese bankwezen verspreid. Verschillende internationale MBA-opleidingen in de VS en Europa hebben inmiddels aangekondigd meer aandacht te gaan besteden aan ethiek en integriteit.

Daarnaast ontkomen ze er ook niet aan hun (wiskundige) modellen en methoden op het terrein van management kritisch door te lichten. Deze modellen en methoden zijn veelal gebaseerd op de veronderstelling dat bedrijven en consumenten louter rationeel (economisch) handelen; door de praktijk wordt deze ongefundeerde theoretische veronderstelling van de mens als *homo economicus* gelogenstraft. Daarnaast wordt in veel modellen en methoden kritiekloos aangenomen dat alles gericht moet zijn op (snelle) winstmaximalisatie. De crisis maakt duidelijk dat veel van deze modellen en methoden die economische rationaliteit en (snelle) winstmaximalisatie tot totempaal hebben verheven, zowel bij opleidingen als in de dagelijkse praktijk van het bedrijfsleven rijp voor de prullenbak zijn. Dit geldt ook voor managementliteratuur, waarbij het maken van zoveel mogelijk winst en het ik-belang voorop staat, en waaraan alle andere 'waarden' ondergeschikt zijn.

Economen hebben de afgelopen decennia geprobeerd de economie van alledag en het economisch gedrag van mensen weer te geven in wiskundige modellen. Deze modellen zijn gebouwd op het fundament van de fictie dat de mens een homo economicus is en altijd rationeel zal handelen. Hoewel er veel kritiek was op deze onzin, hebben veel politieke beleidsmakers, wellicht ten onrechte geïmponeerd door de vermeende wetenschappelijkheid, de modeluitkomsten en voorspellingen kritiekloos voor waar aangenomen. Ook in het onderwijs op het financieel-economische vlak is dit het geval geweest. Met de bespottelijke gedachte van de steeds rationeel handelende mens was in de economische literatuur door sommigen al afgerekend, en de crisis heeft dit nog eens keihard bevestigd. Een mooi overzicht van falende economische (model) voorspellingen geven George Akerlof en Robert Shiller in hun boek *Animal Spirits*.

Box 32 Overzicht van oorzaken van de (krediet)crisis en de (hoofdrol)spelers

• Het Amerikaanse beleid van maximale vrijheid voor de financiële sector, zonder een adequaat overheidstoezicht en het leven op de pof. De veronderstelde werking van 'de onzichtbare hand' van de vrije markt heeft daarbij gefaald.

- De internationale onbalans in kapitaalstromen, waardoor de VS werd overspoeld met goedkoop internationaal kapitaal.
- De onverantwoorde hypotheekverstrekking door Amerikaanse banken aan weinig kredietwaardige huizenkopers.
- De kwalijke rol van de kredietbeoordelaars (ratingbureaus), die veelal doelbewust veel te hoge waarderingen hebben afgegeven met betrekking tot subprime-beleggingsproducten.
- De ondeskundigheid van bankbestuurders, hun financiële hebzucht en de perverse bonussen, waardoor zij zich in belangrijke mate hebben laten sturen.
- Ingewikkelde ondoorzichtige financiële producten waarin hoge risico's waren verstopt. In veel gevallen waren deze producten en risico's niet zichtbaar op bankbalansen. Ze waren ondergebracht in speciale investeringsbedrijven. Deze handelwijze wordt aangeduid als 'schaduwbankieren'.
- Falende computermodellen (risicomodellen) van banken die 'groen licht' gaven in plaats van 'rood'.
- Het tekortschietende toezicht van de raden van commissarissen van financiële instellingen.
- Het tekortschietende toezicht van nationale toezichthouders, zoals de Centrale Banken.
- Gebrekkige internationale regelgeving voor de bancaire sector en boekhoudregels die niet voldoen.
- Activistische aandeelhouders die bankbestuurders hebben opgejut tot het realiseren van maximale snelle winsten.
- Het niet adequaat ingrijpen van de Amerikaanse overheid bij het begin van de crisis: de blunder van de Amerikaanse oud-minister van Financiën Paulson.
- Financiële hebzucht en een gebrek aan moreel besef en ethiek in de samenleving hebben eveneens een belangrijke rol gespeeld.
- Regeringen in veel landen hebben deze ontwikkelingen laten gebeuren; ze kunnen zich dan ook niet ontrekken aan hun medeverantwoordelijkheid voor de crisis.

6

Hoe voorkomen we een (krediet)crisis

Al snel na het ontstaan van de kredietcrisis zijn er internationaal ideeën geopperd, plannen uitgewerkt en maatregelen getroffen om een krediet-crisis in de toekomst te voorkomen. Deze hebben vooral betrekking op de financiële sector. Dit hoofdstuk geeft een overzicht en bespreekt de aanpak.

Een nieuw Bretton Woods?

In 1944 kwamen 44 landen in Bretton Woods in New Hampshire in de VS bijeen om een akkoord te sluiten over een wereldwijd systeem voor de internationale financiële sector. Dit akkoord leidde tot de oprichting van de Wereldbank en het Internationaal Monetair Fonds (IMF). Het Bretton-Woodsstelsel hield ook in dat de waarde van de nationale valuta van de participerende landen gekoppeld was aan de dollar. Zelf was de dollar gekoppeld aan een zogenoemde vaste pariteit van 35 dollar per *ounce* goud. In 1973 kwam er een einde aan dit systeem en gingen landen over op valutakoersen die los van elkaar konden fluctueren.

Het Bretton-Woodsstelsel heeft in eerste instantie goed gewerkt, maar daarna is het geleidelijk aan afgebouwd doordat het vertrouwen in de dollar afnam. Eind jaren zestig van de vorige eeuw begonnen de VS mede vanwege de Vietnamoorlog grote hoeveelheden extra dollars te drukken. Een toenemend aantal landen begon toen af te haken. In 1973 besloot de VS de koppeling van de dollar aan het goud los te laten, en kwam er een einde aan het stelsel van Bretton Woods.

Een van bekendste economen die betrokken was bij het Akkoord van Bretton Woods was John Maynard Keynes. Deze beroemde Britse econoom (1883-1946) was een voorstander van een actieve overheid, die in tijden van een economische crisis met behulp van onder meer overheids-investeringen in infrastructuur (wegen, bruggen, dijken, havens enzovoort), de economie zou moeten oppeppen. In de jaren vijftig en zestig van de vorige eeuw was zijn recept bij veel regeringen populair. In de jaren zeventig was het gedaan met de populariteit. De snel oplopende begrotingstekorten en tekorten op de betalingsbalans in veel landen werden geweten aan de Keynesiaanse politiek van overheidsbestedingen. Dit verwijt heeft overigens minder te maken met de theorie van Keynes, maar meer met het beleid van de toenmalige regeringen. Deze dachten met behulp van overheidsregels en gigantische overheidsuitgaven de economie en de maatschappij in een richting te sturen die paste bij hun politieke denkbeelden. Op tekorten werd daarbij nauwelijks gelet.

Nu er wereldwijd sprake is van een neergang van de economie is Keynes terug van weggeweest en wordt weer overal gesproken over een Keynesiaanse aanpak van de economische crisis: een actieve overheid die de economische neergang aanpakt met overheidsbestedingen, zoals investeringen in infrastructuur.

John Maynard Keynes, auteur van *The General Theory of Employment, Interest and Money*, 1935, Harcourt, Brace and Company, en zijn vrouw.

Een Brits-Frans initiatief

In de loop van oktober 2008, toen steeds duidelijker werd dat er sprake was van een gigantische crisis in de financiële sector, kwamen de Britse minister-president Gordon Brown en de Franse president Nicolas Sarkozy met het idee om een wereldwijd akkoord te sluiten over een nieuw financieel stelsel dat solide genoeg zou zijn om in de toekomst de kans op crisissen in de financiële sector te verkleinen. Dit idee wordt wel Bretton-

Woods-II genoemd. Deze gedachte werd op de agenda gezet van de zo-genoemde G20-top op 15 november 2008 in Washington DC waar de we-reldleiders van de twintig belangrijkste economieën vergaderden over de aanpak van de kredietcrisis. Het Brits-Franse voorstel werd niet overge-nomen, het kreeg onvoldoende steun van andere landen. Veel landen vreesden eindeloze onderhandelingen met slechte compromissen en een omvangrijke bureaucratie.

Betere regels en een scherper toezicht op de financiële sector
Tijdens verschillende internationale crisisvergaderingen, zoals de G20-top, zijn maatregelen besproken die moeten leiden tot een hervorming van de financiële sector in de wereld. Tegelijk zien we in vrijwel alle landen dat politici, bankiers, toezichthouders, hoogleraren en andere deskundigen ideeën en plannen lanceren om een nieuwe crisis in de financiële sector tegen te gaan.

De meest vergaande maatregel zien we in Duitsland. Begin 2009 is in Duitsland een speciale wet (crisiswet) ingevoerd die het de regering mo-gelijk maakt noodlijdende banken te onteigenen. De Duitse regering heeft begin augustus 2009 aangekondigd deze wet te willen vervangen door een wet waarbij zwakke banken onder curatele kunnen worden ge-steld. Bij ondercuratelestelling blijven de eigendomsverhoudingen onge-wijzigd, maar komt het bankbestuur onder curatele te staan van de Duit-se banktoezichthouder die het bestuur vervolgens dwingende opdrachten kan geven.

De plannen, oplossingen en maatregelen die genoemd worden, kunnen kort in vijf punten worden samengevat. Een verhoging van de buffers bij banken, minder ruimte voor risicovolle beleggingsproducten, een aan-scherping van het toezicht, een onderscheid tussen 'durf'-banken en 'brave' banken, extra eisen aan de kwaliteiten van bankbestuurders en commissarissen en het aan banden leggen van bonussen. Hierna worden deze gedachten kort toegelicht.

Een verhoging van de kapitaaleisen voor banken
Banken zouden hogere buffers moeten aanhouden om risico's te kunnen opvangen. Versimpeld weergegeven gaat het om het volgende. Een bank met bijvoorbeeld een eigen vermogen van €100 miljoen mocht voor het uitbreken van de kredietcrisis ten opzicht van dit bedrag maximaal 1,25 miljard uitlenen aan burgers en bedrijven (12,5 maal het eigen bankver-

mogen). Anders gezegd: tegenover elke euro die de bank uitleent, moet 8 eurocent eigen bankvermogen staan.

Velen vinden tegenwoordig dat deze zogenoemde 8%-norm omhoog moet, zodat banken financieel sterker komen te staan. Over de hoogte van de nieuwe norm verschillen de opvattingen, ze variëren van 10%-20%. Een verhoging heeft ingrijpende gevolgen voor de ruimte voor krediet-verlening door banken. Stel dat de nieuwe norm 10% wordt, dan mag in bovenstaand voorbeeld de bank geen €1,25 miljard uitlenen, maar €1 miljard. Naarmate de norm hoger wordt mag de bank in ons voorbeeld minder uitlenen, bij een 20%-norm nog slechts €0,5 miljard (5 maal het eigen vermogen). Het ligt voor de hand dat er nog geen internationale over-eenstemming bestaat over een uniforme norm. Daarbij speelt ook een rol dat banken anno 2009 in het algemeen te kampen hebben met sterk aan-getaste eigen vermogens. Een verhoging van de norm zal ertoe leiden dat de kredietverlening op een nog lager peil komt te liggen, terwijl overhe-den juist met alle macht de recessie proberen te bestrijden door bij ban-ken aan te dringen op een ruimere kredietverlening.

Ondanks dit nadeel is het onvermijdelijk dat de kapitaaleisen omhoog gaan. Banken moeten zelf voldoende buffer aanhouden om te voorkomen dat ze in crisissituaties weer bij de overheid moeten aankloppen om gered te worden. Het is daarom waarschijnlijk dat de norm boven de 10% komt te liggen. Er is ook een voorstel geopperd om aan grotere banken een ho-gere buffer (hogere kapitaaleis) op te leggen, omdat deze meer risico's zouden lopen. Tegenstanders menen dat er daardoor concurrentievevval-sing ontstaat tussen kleinere en grotere banken.

Kansrijker is een voorstel dat banken verplicht moeten worden om in goede tijden meer eigen kapitaal op te bouwen, zodat ze beter een reces-sie of crisis kunnen opvangen. Dit idee is ontleend aan de Spaanse bank-regeling en heeft daar goed gewerkt; Spaanse banken konden zonder ka-pitaalinjecties van de regering de kredietcrisis overleven. Denkbaar is dat banken daarnaast in goede tijden nog iets extra's doen, zoals een deel van de winst gaan oppotten in een zogenoemde stroppenpot. Voor de invoe-ring van een stroppenpot moeten wel de internationale boekhoudregels worden aangepast.

Minder ruimte voor ingewikkelde risicovolle financiële producten
Om te voorkomen dat banken weer in de fout gaan met het nemen van onverantwoorde risico's zijn er tevens voorstellen gelanceerd om de ruim-

te voor risicovolle financiële producten, zoals derivaten, in te perken. Dit geldt ook voor de financiële producten die banken aan elkaar verkopen en waarmee ze risico's overdragen.

Het afgelopen decennium zijn er vooral in de wereld van de snelle zakenbankiers ingewikkelde en exotische financiële (beleggings)producten gecreëerd, veelal door de financiële tovenaars van Wall Street in New York en in de City van Londen, met een natuurkundige of wiskundige opleiding. Bankiers en toezichthouders hadden meestal geen verstand van deze creaties en waren onvoldoende op de hoogte van de gigantische financiële risico's die in deze (wiskundige) producten waren verpakt.

De omvang van de handel in dit soort producten is wereldwijd sterk toegenomen. Zo is de markt voor kredietderivaten, of *credit default swaps* (CDS), waarop het faillissementsrisico van bedrijven en landen wordt verhandeld, uitgegroeid tot een miljardenmarkt. Derivaten zijn omstreden geworden door hun rol in de kredietcrisis; ze zijn op grote schaal gebruikt in financiële producten die hebben geleid tot miljardenverliezen bij banken.

Als reactie daarop zijn er in verschillende (politieke) kringen voorstellen geopperd om dit soort producten te verbieden dan wel vooraf te testen op risico's. Vanwege de forse winstmarges die hiermee gerealiseerd worden is er veel verzet vanuit de financiële sector tegen deze voorstellen. De Europese Commissie heeft voor de EU het toezicht op derivaten in ieder geval aangescherpt. Vanaf 3 augustus 2009 moeten alle kredietderivaten centraal worden afgehandeld. Daarmee is tegelijk een einde gekomen aan de onderlinge handel tussen banken. Via de verplichte centraal geregistreerde derivatenhandel moeten de risico's die hebben bijgedragen aan de kredietcrisis worden verminderd.

Aanscherping van toezicht op financiële instellingen
De hele wereld is van mening dat het (overheids)toezicht op banken en andere financiële instellingen moet worden aangescherpt. Over de wijze waarop bestaat geen overeenstemming. Omdat veel banken wereldwijd grensoverschrijdend werken is de beste oplossing de oprichting van een internationale toezichthouder met wereldwijde bevoegdheden om banken bij de les te houden. Een dergelijke supranationale bovenbaas heeft ook als voordeel dat elke bank in de wereld onder uniform toezicht komt te vallen.

De meeste landen voelen hier echter niets voor. Ze willen baas in eigen huis blijven. Op dit moment is er wereldwijd sprake van nationale toe-zichtregimes die aanzienlijk verschillen. Daarbij zien we dat financiële in-stellingen 'verhuizen' naar landen met de lichtste regimes, zodat ze meer hun eigen gang kunnen gaan. Sommige landen met grote financiële cen-tra zijn om die reden voorzichtig met het aanscherpen van hun toezicht-regels. Zo doet Engeland er alles aan om de City, het financiële centrum van Londen, zo veel mogelijk uit de wind te houden.

Nationale toezichthouders hebben nu onvoldoende mogelijkheden om adequaat toezicht te houden op grensoverschrijdende internationale ban-caire transacties. Volgens de OESO is het noodzakelijk dat er een Europese toezichthouder op de financiële markt komt. Europees toezicht moet ook de verschillen in regelgeving tussen landen opheffen. De OESO denkt op die manier het vertrouwen in de financiële markten te kunnen herstellen. Ik deel deze conclusie. Maar binnen de Europese Unie zijn de lidstaten ver-deeld over de vraag of er een Europese toezichthouder moet worden inge-steld die grensoverschrijdende bevoegdheden heeft. Verschillende landen, waaronder bijvoorbeeld Engeland en Duitsland, vinden een dergelijke Eu-ropese bevoegdheid niet nodig en veel te ver gaan.

Inmiddels proberen de lidstaten het eens te worden over de oprichting van een Europese toezichthouder met minder vergaande bevoegdheden. Zowel in Europa als in de VS wordt ook aangedrongen op regelgeving voor zogenoemde hedgefondsen. Deze fondsen zouden volgens critici tijdens de financiële crisis door hun activiteiten een negatieve invloed hebben gehad op de prijsvorming op aandelenmarkten. De fondsbestuurders ont-kennen dit en maken bezwaar tegen regelgeving die in Europa al op stapel staat, maar waarover de lidstaten het nog niet eens zijn geworden. De stand van zaken en ontwikkelingen op het terrein van Europese regelgeving en toezicht op de financiële sector kan gevolgd worden op de website www.ec.europa.eu. Half juni 2009 presenteerde president Barack Obama en minister van Financiën Timothy Geithner een nieuw toezichtsmodel voor de VS, waarbij de Centrale Bank, de Fed, een zwaardere rol krijgt in het toezicht op de gehele financiële sector in de VS (www.usa.gov).

Box 33 Europees toezicht op banken

Om een kredietcrisis in de toekomst te voorkomen, is van veel kanten aan-gedrongen op een instelling van een Europese Bank-toezichthouder met grensoverschrijdende bevoegdheden binnen de EU. In oktober 2008 werd door de Europese Commissie een werkgroep ingesteld, onder voorzitterschap van voormalig IMF-topman Jacques de Larosiere met als opdracht de crisis te analyseren en met oplossingen te komen.

De belangrijkste aanbevelingen van de Larosiere-commissie zijn:

a. De oprichting van een nieuw instituut dat onder de vlag van de Europese Bank toezicht houdt op de stabiliteit van het financiële stelsel. Dit instituut, de European Systemic Risk Council, krijgt als taak om nationale toezichthouders op tijd te waarschuwen.

b. Er moet een Europees Systeem van Financieel Toezicht (ESF) komen dat zorgt voor een sterkere coördinatie tussen de nationale toezichthouders (de centrale banken).

Hoewel er binnen de werkgroep voorstanders waren van de oprichting van een Europese toezichthouder met vergaande grensoverschrijdende bevoegdheden binnen de EU, is dit voorstel niet in het rapport opgenomen: voor een dergelijk voorstel zou binnen de EU geen meerderheid te vinden zijn. Hoewel de meerderheid van de lidstaten heeft aangegeven de aanbevelingen van de Larosière-commissie uit te willen voeren, verzet vooral Engeland zich daartegen. De Engelsen zien de aanbevelingen als een vorm van 'Europese betutteling', maar lijken in toenemende mate toch bereid te zijn 'mee te doen', als ze in eigen land maar kunnen volhouden dat Brussel niet de baas wordt over het Engelse bankwezen (zie www.ec.europa.eu).

Regelgeving die onderscheid maakt tussen zogenoemde durfbanken (risicovol) en brave banken (minder risico's) en een beperking van de omvang

Sinds de jaren negentig van de vorige eeuw zijn er veel banken, ook in ons land, niet alleen groot geworden, met vele honderden miljarden aan activa, maar ook zeer complex geworden. Voor een belangrijk deel had dit te maken met het versterken van de internationale slagkracht. De omvang van sommige banken is zodanig dat ze te groot zijn geworden om bij een crisis door de overheid te worden gered. Een reddingsoperatie kost de staat te veel geld en dat moet uiteindelijk door de belastingbetalers worden opgebracht. Te grote banken, met balansen die in omvang soms staatsbalansen overtreffen, kunnen een gevaar opleveren voor de stabiliteit van het financiële stelsel.

Van verschillende kanten is als oplossing aangedragen om banken te splitsen in een systeem van brave banken (spaarbanken) en durfbanken (www.minfin.nl). Bij spaarbanken (ook wel aangeduid als consumenten-banken) gaat het om instellingen die spaargelden aantrekken en weer uit-lenen, waarbij risicomijding en -spreiding voorop staat. Deze banken staan onder scherp staatstoezicht en komen in aanmerking voor een ga-rantie voor de spaartegoeden. Durfbanken (ook wel aangeduid als zaken-banken) krijgen die garantie niet, en richten zich meer op de financiële dienstverlening aan het bedrijfsleven met meer risico's. Bij een opdeling in spaar- en durfbanken vermindert de complexiteit, bestaat er meer zicht op risico's en kan een effectiever toezicht worden toegepast.

Op zich is dit een voordeel, maar er is wel een belangrijk probleem. Ge-zien de overlappingen in bancaire activiteiten is het niet zo gemakkelijk tot een adequate splitsing te komen. Bovendien bestaat er internationaal ge-zien onvoldoende draagvlak voor een systeem van durf- en consumenten-banken. Zo is door een succesvolle lobby van de Amerikaanse grootbanken voorkomen dat er in de VS een opdeling zou ontstaan tussen risicovolle za-kenbanken en brave consumentenbanken. Een dergelijke opdeling zou in beginsel in alle landen moeten plaatsvinden zodat er internationaal een ge-lijk speelveld is. Landen die op eigen houtje een dergelijke splitsing door-voeren, creëren een banksector die moeilijk kan concurreren met de ban-ken van andere landen die gewoon hun oude bancaire regimes handhaven met alle vrijheid voor de banken.

In verschillende andere landen, waaronder Zwitserland, worden moge-lijkheden bezien om te voorkomen dat een bank zo groot wordt dat bij een faillissement de nationale economie zo zwaar wordt getroffen dat de over-heid genoodzaakt is om de bank te redden. De balansomvang in euro's van de Zwitserse banksector bedroeg in 2008 in totaal bijna 3.000 miljard; on-geveer acht maal het BBP van Zwitserland. Tweederde van dit bedrag komt voor rekening van Credit Suisse en UBS. Om die reden vinden in Zwitser-land gedachtewisselingen plaats over de vraag of er geen wettelijke maatre-gelen getroffen moeten worden om de omvang van banken te beperken.

Ook verschillende andere landen hebben een banksector waarvan de waarde van de bezittingen vele malen het BBP zijn. In Engeland was dit in 2008 vier maal en in Nederland vijf maal. De kans op nationale wettelij-ke beperking met betrekking tot de omvang is klein. Landen die dergelij-ke nationale regels zouden gaan toepassen lopen het risico dat hun bank-sector wordt overvleugeld door bankgiganten uit andere landen waar geen beperkingen gelden.

Aandeelhouders zouden minder invloed moeten krijgen. Financiële instellingen hebben een nutsfunctie en moeten zich in de eerste plaats richten op spaarders en bedrijfsklanten

Dit idee leeft vooral in Nederland en is als aanbeveling opgenomen in het rapport van de zogenoemde commissie-Maas van 7 april 2009. Daarin wordt gesteld dat bij een bank spaarders en andere klanten centraal moeten staan en niet de aandeelhouders. De commissie is ook van mening dat de bonussen die bankiers opjagen tot onverantwoorde risico's gekortwiekt moeten worden; ze mogen nooit hoger zijn dan het vaste jaarsalaris. Bovendien moet tweederde van de bonus pas na drie of vier jaar worden uitgekeerd, als blijkt dat er op de langere termijn winst is behaald.

Bij banken moet meer de nadruk worden gelegd op risicomanagement. Binnen de raad van bestuur moet een zogenoemde *chief risk officer* worden benoemd. Bovendien zouden trouwe aandeelhouders die vier jaar of langer aandeelhouder zijn volgens de commissie beloond moeten worden met een extra stemrecht of meer dividend. Deze maatregel poogt te voorkomen dat de bank onder druk van activistische aandeelhouders die uit zijn op snelle kortetermijnwinsten risicovolle besluiten neemt. In Nederland heeft deze kwestie gespeeld bij het oude ABN AMRO (2007).

Tegenstanders van dit idee wijzen er op dat bij dit voorstel de (internationaal) gebruikelijke rechten van aandeelhouders worden ingeperkt. Bovendien zou een eenzijdige Nederlandse regel op dit terrein de internationale positie als aantrekkelijk vestigings- en investeringsland kunnen schaden. De vraag rijst of een dergelijke maatregel veel zoden aan de dijk zet. Bij een goed bestuurde bank met een sterk bestuur en uitstekende commissarissen is een inperking van aandeelhoudersrechten niet nodig. Bij het oude ABN AMRO dat door een kleine groep aandeelhouders werd opgejut om meer (snelle) winst te maken, was er onder leiding van bestuursvoorzitter Rijkman Groenink sprake van een verbijsterend mismanagement, schitterend beschreven door Jeroen Smit in zijn boek *De Prooi*.

Eind juli heeft minister van Financiën Wouter Bos een wetsvoorstel naar de Tweede Kamer gestuurd met voorstellen die de macht van aandeelhouders moeten inperken (www.minfin.nl).

Bestuurders en toezichthouders moeten aan extra kwaliteitseisen voldoen en binnen banken moet het risicomanagement versterkt worden. Bovendien moet de risicovolle bonuscultuur worden aangepakt

Door de crisis is duidelijk geworden dat bankbestuurders en hun directe toezichthouders in de raad van commissarissen in veel gevallen onvoldoende op de hoogte waren van het reilen en zeilen van hun bank. Bovendien is ook gebleken dat ze op onderdelen van het bankvak onvoldoende deskundig waren. Een van de belangrijkste tekortkomingen ligt op het terrein van het risicomanagement. In veel landen worden maatregelen voorgesteld waarbij extra zware eisen worden gesteld aan het risicomanagement binnen banken en andere financiële instellingen. Daarbij is het de verwachting dat banken regelmatig aan zogenoemde stresstesten onderworpen zullen worden. Op basis van de uitkomsten daarvan kan worden bepaald of een bank voldoende gezond is om een zware crisis te doorstaan. Ook de eisen waaraan bestuurders en toezichthouders moeten voldoen, worden in verschillende landen aangescherpt. In Nederland is voor bankbestuurders een speciaal bankexamen voorgesteld.

Box 34 De banksector is in de jaren voor de kredietcrisis moreel volledig ontspoord en gaat gewoon door
Een duidelijk voorbeeld daarvan is de zogenoemde Madoff-fraude. De Amerikaan Bernard Madoff was voor zijn ontmaskering in december 2008 als de grootste beleggingsfraudeur in de geschiedenis een zeer gerespecteerde effectenmakelaar (broker) op Wall Street. Met dit 'respect' begint hij eind jaren negentig een beleggingsbedrijf. In de jaren daarna slaagt hij er in bij duizenden beleggers vele miljarden op te halen. Ongeveer tien jaar later blijkt dat hij een gigantische fraude op touw heeft gezet. Hij heeft de miljarden niet belegd, maar daarmee een zogenoemde piramidezwendel opgezet. De grootste in de geschiedenis. Duizenden particuliere beleggers, vermogensbeheerders en banken in en buiten de VS verliezen door deze zwendel hun geld. Volgens schattingen gaat het in totaal om een bedrag van ongeveer 65 miljard dollar. Naar aanleiding van het strafrechtelijk onderzoek tegen Madoff kwam naar buiten dat verschillende banken al langere tijd verdenkingen hadden tegen deze fraudeur. Toch bleven deze banken voor hun beleggers zaken doen met Madoff. Deze zwijgzaamheid, die beleggers miljarden heeft gekost, duidt volgens de gedupeerden op een moreel en maatschappelijk falen van de banksector. Madoff zit nu in de gevangenis en is veroordeeld tot 150 jaar.
In de VS is begin juni 2009 een eerste stap gezet met het aanklagen en vervolgen van 'veroorzakers' van de kredietcrisis. De Amerikaanse beurswaakhond SEC heeft aangekondigd de voormalige bestuursvoorzitter van de Ame-

rikaanse hypotheekbank Angelo Mozilo te gaan vervolgen. Mozilo zou aandeelhouders bewust in het ongewisse hebben gelaten over de grote risico's van de subprime-hypotheken. Het weekblad *Time* (www.time.com) heeft een top-25 gepubliceerd van personen die als hoofdverantwoordelijke worden beschouwd voor het ontstaan van de kredietcrisis. Mozilo op de derde plaats en Madoff op acht.

In de VS doen kleinere banken er alles aan om duidelijk te maken dat zij niets te maken hebben met de Amerikaanse grootbanken die door veel Amerikanen verantwoordelijk worden gehouden voor de crisis. Hun meest opvallende actie is een sticker voor op de bumpers van auto's met de tekst: 'Don't blame me.... I bank locally'.

In verschillende landen zoals de VS, Engeland en Zwitserland zien we al in de loop van 2009 banken weer strooien met hoge bonussen. Medio juli 2009 werd er vanuit het Engelse parlement een campagne gestart voor de invoering van een superheffing van 90% op de bonussen van bankiers. Deze actie was een reactie op de terugkeer van de bonuscultuur in de Londense City. Banken, waaronder bijvoorbeeld Goldman Sachs, hadden aangekondigd weer vele miljoenen aan forse bonussen te gaan uitkeren. Eerder had de Britse minister van Financiën, Alistair Darling de banken al opgeroepen 'terug te keren op aarde'. In de VS nam het Huis van Afgevaardigden in juli 2009 een wet aan die mogelijk maakt dat de centrale toezichthouder het bankwezen bonussen kan verbieden die tot risicovol gedrag leiden.

Bankiersbonussen

De exorbitante bonussen voor (top)managers bij banken en andere financiële instellingen hebben ertoe bijgedragen dat er onverantwoorde risico's zijn genomen. De jacht op zo hoog mogelijke bonussen is een van de oorzaken van de kredietcrisis. Dit soort bonussen zijn een Amerikaanse uitvinding. De huidige beloningspakketten voor Europese bankiers, veelal bestaande uit een vast salaris en een variabel deel met bonussen, optie- en aandelenregelingen, is in de jaren negentig van de vorige eeuw komen overwaaien vanuit de Verenigde Staten. Deze pakketten waarin bonussen een prominente rol spelen zijn afkomstig van de zakenbanken (investment banks). Voordat deze Amerikaanse pakketten in Europa mode werden, bestond het salaris van veel Europese bankiers, ook de Nederlandse, meestal uitsluitend uit een vast salaris.

Het Europese bankwezen heeft internationaal altijd goed kunnen functioneren zonder complexe beloningspakketten en excessieve variabele beloningen. Dit werd anders toen de Europese bankensector zaken ging doen met Amerikaanse zakenbanken en een aantal van deze banken overnam. Al snel daarna werden de Europese bankiers door het Amerikaanse bonusvirus getroffen. Het virus leidde tot een mentaliteitsverandering waarbij hebzucht een hoofdrol ging spelen en risico's voor lief werden genomen. De bonuscultuur in de financiële sector heeft ook als bezwaar dat de kans groot is dat het de 'verkeerde' mensen aantrekt. Het verleden laat zien dat het vaak gaat om de 'snelle' jongens waarvoor geld de belangrijkste drijfveer is. Biedt een andere bank een hogere beloning dan zijn ze al snel weer vertrokken.

Sommige bankiers verdedigen hoge beloningen en bonussen met het argument dat deze noodzakelijk zijn om talenten aan te trekken. Deze opvatting, waarvoor elk overtuigend bewijs ontbreekt, is vooral een vorm van elkaar napraten. Bij talenten die louter op geld afkomen, zou je ten minste de vraag moeten stellen of ze wel passen binnen de bancaire sector waar de nutsfunctie voorop dient te staan. Met bonusjagers loopt de bank, zo leert de crisis, bovendien grote risico's. Er zijn voldoende (bancaire) talenten te werven die tot de toppers in hun vakgebied behoren die zich niet door hoge bonussen laten lokken, maar wel door creatieve uitdagingen binnen een bedrijf met waarden en normen. Banken die toekomst gericht zijn, moeten juist in deze groep gaan investeren. Ook buiten de bankwereld wordt in toenemende mate getwijfeld aan het nut en de noodzaak van hoge bonussen.

Box 35 De rol van salarisadviesbureaus

Salarisadviesbureau Hay Group speelt wereldwijd een belangrijke rol bij de advisering over beloningspakketten, niet alleen in het bedrijfsleven, maar ook in de semipublieke sector. In een interview met het FD (25-05-2009) zegt de bestuursvoorzitter van de Hay Group in Nederland, Hans Hemels, dat er in het bedrijfsleven meer zelfdiscipline moet komen op het vlak van het beloningsbeleid. 'Bestuurders moeten zich drie keer bedenken of de uitgangspunten voor beloningen uitlegbaar zijn, naar eigen geweten, naar eigen personeel, maar ook naar buiten toe.' Hemels gaat er ook van uit dat er bij bedrijven altijd behoefte zal blijven bestaan aan bonussen: 'hoewel een bonus ook een potentieel levensgevaarlijk instrument is als er perverse prikkels zijn ingebouwd.' Volgens de Hay Group-voorzitter zijn bonussen de afgelopen jaren verkeerd gebruikt: 'De bonussen werden een smeermiddel van de arbeidsmarkt, iets waar het volstrekt niet voor bedoeld is... Er was een wereldwijd piramidespel aan de gang, waar u en ik ook aan meegedaan hebben. Iedereen wilde hogere rendementen, waardoor grote risico's werden genomen. Dat is niet goed afgelopen, zoals we hebben kunnen zien aan de kredietcrisis.'

Bonussystemen voor de top kunnen het werkklimaat binnen bedrijven negatief beïnvloeden. Bovendien is voor de werkvloer en de buitenwereld vaak niet duidelijk welke buitengewone prestaties door de top zijn geleverd. Want ook in verliessituaties werden er bonussen uitbetaald. Bovendien wijst de praktijk uit dat de daadwerkelijke bijdrage van topbestuurders aan het bedrijfsresultaat niet te meten zijn; dit resultaat is het gevolg van de inzet van alle werknemers, en ook andere, externe factoren, zoals een bloeiende wereldhandel spelen een rol.

Bij de bankiers was de hebzucht zelfs zo groot dat er altijd wel een argument werd bedacht om bonussen uit te keren, zelfs in verliessituaties. Dit wordt treffende geïllustreerd in het bonusrapport van 31 juli 2009 van de procureur-generaal van de staat New York, Andrew Cuomo, waarin verbijsterende cijfers zijn opgenomen over de bonuscultuur in het Amerikaanse bankwezen. Vooral de banken Citigroup en Merrill Lynch (overgenomen door de Bank of America) maakten het erg bont. Samen leden ze een verlies van 54 miljard dollar, betaalde toch bijna 9 miljard aan bonussen aan hun (top)-managers en moesten vervolgens door de Amerikaanse overheid gered worden met 55 miljard dollar aan staatssteun. Ook de bank Goldman Sachs wordt door Cuomo ontmaskerd. Deze bank deelde per werknemer een bonusbedrag uit dat twee keer zo hoog lag als de gemiddelde winst per werknemer. In zijn onderzoeksrapport schrijft de procureur-generaal: 'Toen het goed ging met de banken werden de werknemers goed betaald. Toen de banken het slecht deden, werden ze ook goed betaald. En toen ze het heel slecht deden en door de belastingbetalers gered moesten worden, werden de werknemers nog steeds goed betaald.'

Hoe kunnen we exorbitante bonussen aanpakken?
Vooral de afgelopen jaren is in veel landen vanuit de politiek, de vakbon-

den en de publieke opinie geageerd tegen de excessieve beloningen van sommige topmanagers. Zo is in de Verenigde Staten de gemiddelde beloning van een bestuursvoorzitter van een beursgenoteerde onderneming in de periode 1980-2008 gigantisch gestegen: in 1980 was deze beloning circa 40 keer zoveel als een doorsnee werknemer en in 2008 ongeveer 340 keer. Vooral de bonussen in geld en aandelen(opties) zijn explosief gestegen.

Inmiddels zijn in verschillende landen (overheids)maatregelen getroffen om excessieve beloningen tegen te gaan en wordt ook duidelijk wat wel en niet werkt. Ik begin met maatregelen die niet effectief zijn:

- Het openbaar maken van bestuursbeloningen inclusief de bonussen. De openbare publicatie van deze beloningen blijkt ertoe te leiden dat ze niet afnemen, maar toenemen. Elke topmanager kan zien wat zijn concurrent verdient en eist, als dit hoger ligt, vervolgens van zijn onderneming een meer marktconforme beloning. In de praktijk betekent dit een (forse) verhoging van zijn beloning.
- Meer macht van aandeelhouders op het terrein van bestuursbeloningen. De praktijk laat zien dat aandeelhouders bij goedlopende ondernemingen vrijwel altijd akkoord gaan met forse salarisstijgingen en riante bonussen.
- Een speciale belasting over topbeloningen. Een dergelijke belastingheffing leidt ertoe dat de topmanager voor deze belasting wordt gecompenseerd. De bruto-beloning van de manager wordt zodanig verhoogd dat er netto – na aftrek van de (extra) belasting – hetzelfde inkomen overblijft.
- Een wettelijk salarisplafond voor het bedrijfsleven. Dit komt eigenlijk neer op een vorm van nationalisatie van de particuliere sector met grote nadelige gevolgen voor het ondernemingsklimaat. In de westerse landen is deze optie dan ook nog niet toegepast. Voor de publieke sector (de overheid) is een wettelijke norm, zoals in Nederland de zogenoemde Balkenendenorm (een jaarlijks maximum van €181.000), wel mogelijk.

Wat werkt wel?
Een beperking van de belastingaftrek bij de onderneming kan remmend werken. Volgens de meeste belastingstelsels in de wereld zijn in beginsel alle kosten die een onderneming maakt voor arbeidsbeloningen fiscaal aftrekbaar in de vennootschapsbelasting. Exorbitante beloningen, die veel-

al het gevolg zijn van het variabele deel, zouden kunnen worden afgeremd door de invoering van een aftrekbeperking in de vennootschapsbelasting. Hierdoor zal de belastingdruk van de onderneming omhoog gaan, wat over het algemeen meer in het oog springt bij aandeelhouders.

Het is mogelijk de fiscale aftrek te beperken tot het vaste salaris en geen aftrek te geven voor het variabele deel, dan wel daaraan een maximum te stellen. Deze aftrekbeperking zet een rem op hoge variabele beloningen, zoals bonussen. Om te voorkomen dat deze beperking wordt omzeild door variabel loon om te zetten in vast loon kan ook deze omzetting geheel of gedeeltelijk van aftrek worden uitgesloten. Deze aftrekbeperking leidt tot een vermindering van de nettobedrijfswinst van het betreffende bedrijf: dit kan een prikkel zijn voor het bestuur, de commissarissen en de aandeelhouders om het beloningspakket te matigen.

De rol van commissarissen
In het bedrijfsleven speelt de raad van commissarissen bij het vaststellen van beloningspakketten een essentiële rol. Vooral naar aanleiding van de crisis liggen ook deze raden onder vuur. Ze waren te vaak 'vriendjes' van het bestuur waarop ze toezicht moesten houden en hadden veel kritischer moeten kijken naar de inhoud en hoogte van deze pakketten. Ze hadden ook meer oog moeten hebben voor het maatschappelijk draagvlak van de hoogte van de beloningen. In veel landen wordt gepleit voor commissarissen die meer afstand houden tot het bestuur van de onderneming, en die ook meer oog hebben voor maatschappelijke normen en waarden.

In veel gevallen werd een hoge bestuursbeloning verdedigd met een verwijzing naar de concurrerende internationale arbeidsmarkt en de belangrijke rol die het topmanagement zou spelen bij de ontwikkeling van de winst en de aandelenkoers van de onderneming. Bij elke verhoging werd dit 'napraatargument', waarvoor hard bewijs ontbrak, van stal gehaald. Het is onwaarschijnlijk dat er nog raden van commissarissen zijn die dit argument na de crisis nog ter tafel durven brengen, tenzij dat is om de beloningspakketten fors te verlagen. In goede tijden hebben topmanagers in hun beloningspakket veel profijt gehad van mooie koersontwikkelingen die veelal nicts met hun werkprestaties te maken hadden. Bij dalende koersen hoefden ze bovendien niets terug te betalen.

Mooie voorbeelden van zwaar overbetaalde topbestuurders zijn te vinden op de website www.forbes.com onder *overpaid bosses*. Het is inmiddels overduidelijk dat aandelenkoersen door een groot aantal (externe) factoren worden beïnvloed, maar dat zijn dan wel factoren die weinig tot niets met excellent topmanagement te maken hebben. Naar mijn oordeel is er dan ook geen enkel overtuigend argument aan te voeren om de ontwikkeling van de beurswaarde van de onderneming op te nemen in het variabele deel van het beloningspakket van topmanagers. Integendeel, de koppeling aan de koers kan het management prikkelen tot een gedrag dat niet in het belang is van de continuïteit van de onderneming.

Ook bij de verwijzing naar de internationale arbeidsmarkt kunnen vraagtekens worden gezet. In de praktijk spelen de zogenoemde belonings(advies)bureaus, die veelal aan de raad van commissarissen een advies uitbrengen, hierbij een hoofdrol. Uit Amerikaans onderzoek blijkt dat de adviezen van deze bureaus in de meeste gevallen resulteren in een hogere beloning voor topmanagers. Dit vloeit voort uit de internationale vergelijking die deze bureaus zelf kiezen. Daarbij wordt het beloningspakket van de opdrachtgever die het advies vraagt, door het beloningsbureau vergeleken met ondernemingen die hun topmanagement meer betalen. De uitkomst van het advies ligt dan voor de hand: de topmanager van de opdrachtgever moet een hogere beloning krijgen.

Van verschillende kanten worden in toenemende mate twijfels geuit over de kwaliteit, objectiviteit en vergelijkingsmethoden van de beloningsbureaus. Deze bureaus zijn veelal niet bereid daarover de noodzakelijke informatie te verschaffen. Aandeelhouders en ondernemingsraden zouden kunnen eisen dat de uitgebrachte beloningsadviezen ook aan hen ter beschikking worden gesteld. Daarmee worden ze in de gelegenheid gesteld over de deugdelijkheid van het advies een oordeel te geven. Dit zou de kwaliteit van deze adviezen ten goede kunnen komen. Inmiddels zien we dat deze bureaus minder worden ingeschakeld.

De afgelopen jaren is bij topmanagers van bedrijven vooral het variabele deel van de beloning fors toegenomen. Bij verschillende internationale bedrijven kan het voorkomen dat in een bepaald jaar de totale beloning van het topmanagement voor 50% of meer bestaat uit een variabel deel. Het variabele deel wordt veelal bepaald door de ontwikkeling van de beurswaarde van de onderneming, winst, omzet, ontwikkeling van de kosten en andere (persoonlijke) prestaties. De praktijk leert dat hoge variabele beloningen die gebaseerd zijn op een kortetermijnprestatie bij bedrijven ertoe kunnen leiden dat het eigen financieel belang van het topmanagement voorrang krijgt boven het bedrijfsbelang. Ook de kans op oneigenlijk gebruik en fraude neemt toe. Bovendien wordt in het algemeen de invloed van het topmanagement op de financiële prestaties van de eigen onderneming zwaar overschat. Er is dan ook veelal geen dringende noodzaak om ze daarvoor extra te belonen.

Bedacht moet worden dat ook bij de vaststelling van de hoogte van het vaste salaris het uitgangspunt is dat er goed gepresteerd wordt. Goede prestaties zijn daarin verdisconteerd. Voor aantoonbare persoonlijke bijzondere of extra prestaties waarmee het belang van de onderneming wordt gediend, zou een variabele bonus over een langere termijn denkbaar kunnen zijn, waarbij de prestatie wordt gemeten over een periode van bijvoorbeeld vier tot vijf jaar. Van belang is dan wel dat vooraf de betekenis van 'extra' en 'bijzonder' adequaat wordt vastgelegd, er een maximum wordt vastgesteld en als vereiste geldt dat de onderneming winst maakt.

Met het oog op de negatieve aspecten van hoge variabele beloningen is het wenselijk daaraan een maximum te stellen en ze aan een langere termijn te verbinden. In de financiële wereld is het mogelijk dat nationale toezichthouders, zoals Centrale Banken, bonussen verbieden of daaraan maxima verbinden. Buiten de financiële wereld ontbreekt een dergelijke toezichthouder. De oplossing moet hier komen van een vrijwillige internationale gedragscode naar het voorbeeld van de Nederlandse code-Tabaksblat. Hier is een rol weggelegd voor de overkoepelende internationale ondernemingsorganisaties. Denkbaar zou een afspraak zijn waarbij in alle werksituaties (zowel voor topmanagement als voor andere werknemers) het variabele deel niet groter mag zijn dan de helft van het vaste jaarlijkse salaris.

Box 36 De zienswijze van Huub Willems

Aan het interview van Huub Willems, voorzitter van de Ondernemingskamer (1996-2009), met *de Volkskrant* van 23 juni 2009 wordt de volgende tekst ontleend: 'Het was de bedoeling van het stelsel dat de commissarissen met een zekere afstandelijkheid kritisch zouden kijken naar het bestuur, maar dat kritische oog is komen te ontbreken omdat bestuur en commissarissen elkaar steeds meer in de armen sloten,' zegt rechter Huub Willems. 'Neem de beloningen waarvoor nu allerlei regels zijn opgesteld. Dan krijg je een uitgebreid stelsel, maar de logica blijft hetzelfde. Bedrijven blijven zeggen: we moeten hoge salarissen betalen om de goede mensen te krijgen. Dat vind ik onzin en dat heb ik altijd onzin gevonden... Zijn er uitsluitend slechte rechters, omdat wij matig gehonoreerd worden? Ik denk niet dat je dat kunt zeggen... De markt is niet anders dan dat de een over de ander heen buitelt en de salarissen steeds verder omhooggaan, net als bij de voetballers. Maar dat kun je toch niet verkopen? ... Ik heb een klein zeilbootje. Dan komt er in de haven weleens zo'n poenerige motorboot binnenvaren, zo een die aan de Costa Brava thuishoort, maar niet in Middelharnis. Dat mot gewoon niet. Het komt allemaal voort uit het pikordegevoel. Kijk mij eens.'

Volgens Willems heeft de poenerigheid en het etaleren van rijkdom te maken 'met de globalisering, met het overnemen van gewoontes uit Amerika, waar ze alleen kunnen praten over geld. Het is het individualisme ook, het loskomen van maatschappelijke verbanden. Vroeger was iedereen onderdeel van het geheel en de salarissen ook. We moeten iets daarvan terughalen door de maatschappelijke samenhang te vergroten. Het klinkt misschien CDA-achtig, maar het solidariteitsgevoel moet terugkeren.' Volgens Willems is moreel besef belangrijker dan regels. 'Als je het moet hebben van regels blijf je altijd modderen. Een directeur mag best een factor X meer verdienen dan het minimum. Die factor mag wel vijf zijn, maar geen twintig. Als je het elastiek te ver uitrekt, verliest de samenleving zijn structuur. En dan kun je raden wat er gebeurt. De samenleving komt ertegen in opstand. Er moet cohesie zijn. Nu worden er allerlei dingen bedacht en wordt er ingewikkeld gedaan, maar het is beter als iedereen zich de vraag stelt: wat is fatsoenlijk?'

Hoe gaat het na de crisis, welke uitkomst is waarschijnlijk?
Door wisselende (internationale) belangen is het onwaarschijnlijk dat er een uniforme internationale regelgeving voor de financiële sector tot stand zal komen. Wel zal als gevolg van de crisis vooral het nationale toezicht op de sector versterkt worden. Internationaal zal er meer overleg plaatsvinden om ontwikkelingen die tot risico's voor de financiële sector in de wereld leiden te voorkomen. Op Europees niveau komt er een meer geïntegreerd toezicht. Daarnaast worden de kapitaaleisen voor banken verhoogd. Aan bankbestuurders en bankcommissarissen zullen hogere kwaliteitseisen worden gesteld. Binnen de bank zal de kwaliteit van het risicomanagement sterk worden verbeterd. Ook binnen het bestuur en de raad van commissarissen moet op dit terrein voldoende deskundigheid

aanwezig zijn, bijvoorbeeld door de aanstelling van een chief risk officer. Bovendien zal risico een vast punt op de wekelijkse agenda worden.

Ondanks alle nationale en internationale pogingen om de risicovolle beloningen en bonussen in de financiële sector aan banden te leggen, valt niet te verwachten dat iedereen in deze sector maat zal weten te houden. Daarvoor is een mentaliteitsverandering noodzakelijk die bij het huidige 'oude' topmanagement, dat in veel gevallen nog steeds is blijven zitten, alleen maar met harde hand kan worden afgedwongen door een publieke zwarte lijst van banken en bankiers die maatschappelijk uit de band springen. Overheden, bedrijven en burgers moeten met deze poenige en hebzuchtige banken en bankiers geen zaken meer doen en dat publiekelijk via alle media breed kenbaar maken. Succes is verzekerd; binnen de kortste keren lopen deze banken en bankiers in de pas.

Daarnaast moet bij de selectie van nieuwe bankbestuurders en commissarissen meer gelet worden op het feit dat bij banken sprake is van een nutsfunctie. Geldbeluste bestuurders moeten daar geweerd worden. Bovendien is het van groot belang dat het bancaire mannenbolwerk, dat een belangrijke medeverantwoordelijkheid draagt voor de crisis, snel wordt geslecht. Voor de kwaliteit van het bankwezen is het noodzakelijk dat het aantal vrouwen met spoed gaat toenemen. De kwaliteitseisen voor bankiers en commissarissen moeten omhoog. Commissarissen moeten beter toezicht houden en meer tijd besteden aan hun functie.

Maar vanwege de verschillende economische belangen, zoals de internationale strijd om de vestigingsplaatsen van financiële centra, zal er tussen landen op het terrein van toezicht concurrentie blijven. Deze toezichtconcurrentie wordt in kringen van de financiële sector toegejuicht, maar kan, zoals de crisis heeft geleerd, dramatische gevolgen hebben voor de economie als geheel. De Amerikaanse minister van Financiën, Timothy Geithner heeft bij de EU aangedrongen op regelgeving die tussen de VS en de EU is afgestemd, zodat er binnen de financiële sector geen verhuizingen plaatsvinden naar landen met het lichtste regime. Gezien de belangentegenstellingen is de kans klein dat deze afstemming gerealiseerd zal worden; binnen de EU varen landen, zoals Engeland, maar ook Frankrijk en Duitsland een eigen koers.

7

Maatregelen om de economie te herstellen

Crisissen

Wereldwijd nemen landen maatregelen om hun economie aan te jagen om zo snel mogelijk uit de crisis te komen. Daarbij wordt ook gebruik gemaakt van de ervaringen met eerdere crisissen in de economie. Dit hoofdstuk geeft een overzicht en verslag van deze aanpak en de effecten daarvan. We beginnen met een korte terugblik op eerdere zware economische crisissen.

De afgelopen honderd jaar hebben er in de wereld verschillende zware crisissen plaatsgevonden. Belangrijke jaartallen voor beurscrisissen zijn:

1929: De grote depressie. De economie van de VS stort in en de Amerikaanse beurs daalt in de periode oktober 1929 van 381 naar 41 punten.

1987: Zwarte Maandag. Europese en Amerikaanse beurzen raken in paniek. Op Wall Street, het centrum van het Amerikaanse beurswezen, verdampt 600 miljard dollar. De Nederlandse beurs, de AEX, verliest 14 miljard gulden.

1991: De zeepbel van de Japanse vastgoedmarkt klapt. Renteverhogingen leiden ertoe dat de torenhoge prijzen voor onroerend goed scherp dalen. De Japanse aandelenbeurs, de Nikkei, keldert.

2000: De internetcrisis na het barsten van de Dot.com-bubble.

Deze laatste crisis werd veroorzaakt door de internethype. In de periode 1997-2000 was er sprake van snel stijgende beurskoersen van internetbedrijven, ook wel Dot.combedrijven genoemd. Beleggers waren euforisch over de mogelijkheden van het internet en zagen de Dot.combedrijven als de voorbode van een nieuwe economie. Het overgrote deel van deze bedrijven probeerde op het web zo veel mogelijk marktaandeel te realiseren. Beleggers sprak dat aan en ze negeerden het feit dat deze bedrijven tegelijk zeer forse verliezen leden. Ze gingen ervan uit dat deze verliezen in de toekomst ingehaald zouden worden door hoge winsten.

Begin 2000 werd duidelijk dat de verliezen bleven oplopen en dat er nog steeds geen vooruitzichten waren op mooie winstcijfers. Bovendien moesten veel internetbedrijven stoppen omdat hun startkapitaal op was en er niet voldoende inkomsten waren. In april 2000 begon de duikeling van de beurskoersen van de Dot.coms en spatte de internetzeepbel met een klap uiteen. Deze klap veroorzaakte in de wereld een lichte economische recessie.

Beurscrisis 1929
De meest bekende en beruchte beurscrisis is die van 1929. In de jaren twintig van de vorige eeuw was er in de VS sprake van een hoogconjunctuur. Investeerders en beleggers verkeerden in euforie en er werd veel geleend. De koersen van aandelen en andere effecten stegen tot grote hoogte. Daarbij kwam de hoogste koers uit op 381 punten. Deze stijging had weinig meer te maken met de echte economie en de werkelijke waarde van bedrijven. De waarde was juist geleidelijk aan gedaald en ook de economie presteerde minder. De beurskoersen waren veel te hoog in vergelijking met de onderliggende waarde en de stand van de economie.

In zomer 1929 begon de economie te stagneren en raakten er bedrijven in de problemen. De beurskoersen gingen omlaag. Op donderdag 24 oktober 1929 was er op de beurs van New York sprake van een extreme daling van de beurskoersen. Er ontstond paniek bij beleggers en iedereen probeerde zijn aandelen te verkopen. Dit leidde tot een volledige ineenstorting van de beurs, die de geschiedenis zou ingaan als 'Zwarte Donderdag'. Na een kleine opleving van de koersen trad er tot 1932 een verdere daling op en werd op 8 juli 1932 het dieptepunt bereikt van 41 punten. Het zou tot 1954 duren eer de koersen weer terug waren op het hoogste punt van 1929: 381 punten. Deze crisis heeft geleid tot een groot aantal faillissementen van banken en bedrijven en uiteindelijk tot een wereldeconomie die in een laagconjunctuur terechtkwam met een hoge werkloosheid. In veel landen was sprake van een economische depressie (langjarige neergaande groei) met bittere armoede.

De crisis van 1987
In 1986 was er wereldwijd sprake van zowel een sterke stijging van de renten op de kapitaalmarkten, als sterk oplopende beurskoersen. De hoge koersen bleven aanhouden tot half oktober 1987, en in de financiële wereld begon er in toenemende mate twijfel te ontstaan over de beurs. De koersen waren volgens veel deskundigen zwaar overgewaardeerd. Ook in de media werd deze twijfel tot uitdrukking gebracht.

Op maandag 19 oktober 1987 leidde deze twijfel ertoe dat de beurzen wereldwijd fors onderuit gingen. De Amerikaanse Dow Jones sloot de dag af met een recordverlies van ruim 22% en de Nederlandse AEX zakte die dag met 12%, de grootste dagdaling in de geschiedenis van de AEX. De val van de beurzen werd versterkt door computergestuurde koop- en verkoopprogramma's, die bij een bepaalde koers automatisch aandelen in de verkoop doen. Daardoor werd de daling van de beurskoersen nog eens verscherpt. In november 1987 was de AEX ruim 46% gezakt. Het ging bij deze diepe koersval om een harde correctie van te hoog opgelopen koersen, die niet meer in overeenstemming waren met de lagere onderliggende waarde van bedrijven en de stand van de economie. Deze correctie heeft weinig tot geen effect gehad op de economische groei in de wereld.

Lessen van crisissen

Naar aanleiding van de kredietcrisis zijn er artikelen verschenen waarin de vrees wordt uitgesproken dat de wereld de kans loopt op een langdurige periode met een zeer lage economische groei, net als in 1929. Wij achten deze kans minimaal. De economische situatie van 1929 is volstrekt onvergelijkbaar met de huidige internationale wereldeconomie. In 1929 was er nog geen sprake van een internationale economische globalisering, waarbij de economieën van landen sterk aan elkaar gekoppeld zijn en elkaar beïnvloeden. Bovendien zagen we bij de beurscrisis van 1929 een regering die weinig tot niets deed en vooral bleef afwachten tot de bui zou overwaaien. De federale overheid van de VS had in die tijd grote financiële tekorten en daardoor onvoldoende mogelijkheden om de economie te stimuleren.

De ervaring heeft geleerd dat regeringen niet stil moeten zitten, maar actief moeten proberen de afzwakkende economie weer op te peppen. Bij een wereldcrisis is de beste oplossing een gezamenlijk actiepakket, waarbij zo veel mogelijk landen stimulerende maatregelen treffen, zoals renteverlagingen, belastingverlagingen en hogere overheidsinvesteringen in de infrastructuur. Een gezamenlijke aanpak voorkomt dat landen elkaar onderling gaan beconcurreren.

Bij de huidige crisis zien we naast nationale steunmaatregelen ook initiatieven waarbij de belangrijkste economieën in de wereld gezamenlijk overleggen over de beste aanpak. Ook het Internationaal Monetair Fonds (IMF) speelt daarbij een rol. De topeconomen van het IMF zijn in veel gevallen nauw betrokken bij de advisering over de inzet van mogelijke maatregelen die de vaart in de economie moeten terugbrengen. Daarnaast verstrekt het IMF noodleningen aan landen die door de crisis in de problemen komen.

In een aantal beschouwingen over de economische crisis wordt verwezen naar het uiteenspatten van de Japanse zeepbeleconomie in de jaren negentig van de vorige eeuw. Deze zou overeenkomsten vertonen met de huidige crisis. De start van de crisis in Japan begon in 1989, toen beurzen in Azië forse koersdalingen lieten zien. Daarna klapte ook de zwaar overgewaardeerde Japanse vastgoedmarkt in elkaar. De oorzaak van de crisis lag bij de Japanse banken, die volop leningen gaven aan bedrijven, investeerders en burgers die onvoldoende kredietwaardig waren. In Japan werd er in die tijd veel geld geleend waarbij onroerend goed dat sterk in waarde was gestegen als garantie diende. Toen de Japanse vastgoedmarkt in elkaar stortte, trad er een sterke waardedaling van kantoorgebouwen en huizen op. Veel leningen konden niet worden terugbetaald. Banken kwamen in de problemen, leden zware verliezen en verleenden bijna geen kredieten meer. Mede daardoor zakten de bestedingen van consumenten in en daalden de bedrijfsinvesteringen. De economische neergang zette in.

De Japanse Centrale Bank ging de crisis te lijf met renteverlagingen tot zelfs nul procent. Deze verlagingen hadden niet het beoogde effect, want de Japanse banken bleven terughoudend met het verstrekken van kredieten aan burgers en bedrijven. Bovendien werd de groei van de economie ook nog afgeremd door Japanse burgers die uit bezorgdheid over de toekomst meer gingen sparen en minder besteden. Vervolgens probeerde de Japanse regering met behulp van overheidsinvesteringen in de infrastructuur de economie op te peppen. Dit leidde niet alleen tot overbodige projecten, maar ook tot een gigantische staatsschuld van 180% van het Japanse BBP. Japan heeft na het barsten van de vastgoedbubbel tot 2003 te kampen gehad met een lage groei.

Toch is er een belangrijk verschil tussen de Japancrisis en de huidige economische crisis. De Amerikaanse en Europese landen hebben onmiddellijk na het uitbreken van de kredietcrisis een groot aantal maatregelen genomen. Ook China kwam met een omvangrijk stimuleringspakket. Bovendien zat de Japanse overheid in de jaren negentig in het begin te veel stil en is pas later met maatregelen gekomen. De Japanse regering heeft bij het begin van de crisis banken gewoon laten omvallen. Ook werden er veel te laat maatregelen genomen om de kredietverlening aan bedrijven en burgers weer op peil te krijgen. Pas in 2003 trad er een herstel van de Japanse economie op. Ook de zogenoemde Japancrisis in de jaren negentig laat zien dat overheden niet stil moeten zitten, maar actief moeten ingrijpen.

Hoe ontstaat een crisis?

De economische onderzoekers Carmen Reinhart en Kenneth Rogoff hebben in 2008 en 2009 twee studies gepresenteerd over de wereldwijde geschiedenis van financiële, bank- en valutacrisissen. Uit de financiële crisissen in het verleden is globaal een bepaald patroon af te leiden. Het begint veelal met versoepelingen van (toezicht)regels en de introductie van risicovolle nieuwe financiële (beleggings)producten. Vervolgens wordt aan burgers en bedrijven meer krediet verstrekt; ook aan mensen en bedrijven die onvoldoende kredietwaardig zijn. Deze kredietverruiming leidt tot een forse stijging van prijzen van aandelen en huizen. Op een bepaald moment zijn de prijzen zodanig hoog gestegen dat ze geen relatie meer hebben met de werkelijke waarde.

Op het moment dat in de markt het besef doordringt dat er sprake is van een overwaardering dalen de prijzen snel. Banken en andere financiële instellingen raken in de problemen doordat een toenemend aantal burgers en bedrijven hun aflossingen en rentes niet meer kunnen betalen en leiden daardoor grote verliezen. Nationale regeringen moeten vervolgens met steunmaatregelen of nationalisaties voorkomen dat banken omvallen.

Uit een onderzoek van het IMF naar financiële crisissen die zich na 1980 hebben voorgedaan in westerse industrielanden blijkt dat een financiële crisis veelal wordt gevolgd door een neergang van de economie, waarvan de omvang en duur sterk afhankelijk zijn van de economische omstandigheden van dat moment en ook van de wijze waarop regeringen stimuleringsmaatregelen treffen (www.imf.org). Ook als de economie zich heeft hersteld zullen veel landen het komende decennium nog last houden van de gevolgen van de crisis. Volgens de IMF-studie lopen landen na de crisis de kans op een groeivertraging van hun BBP die kan oplopen tot 10% van hun BBP.

De ontwikkeling van beurskoersen

Beurskoersen worden niet alleen door de dagelijkse gang van zaken in de economie beïnvloedt, maar ook door een groot aantal andere (internationale) factoren. De psychologie van beleggers speelt een belangrijke rol. Daardoor zijn koersen veelal onvoorspelbaar. Allerlei gebeurtenissen in de wereld, zoals aanslagen, rampen, oorlogen, renteverlagingen of -verhogingen, winst- en verliescijfers van bedrijven, overheidsmaatregelen (bijvoorbeeld belastingverhogingen) en verwachtingen over de groei van de economie kunnen van invloed zijn op het gedrag van beleggers.

Een voorbeeld van ingrijpende gebeurtenissen die de wereld schokten en effect hadden op beurzen waren de terroristische aanslagen in de VS op 11 september 2001. In New York werden de Twin Towers door twee vliegtuigen getroffen en stortten daarna in. De 09-11-aanslag leidde wereldwijd tot een scherpe koersval op de beurzen. Ook in de maanden daarna was er nog sprake van dalende koersen, maar al binnen een jaar hadden de beurzen zich weer grotendeels hersteld.

Zijn beleggers positief gestemd, dan kan dit tot een stijging van de koers leiden. Bij een negatieve stemming kan er een daling optreden. Daarbij zien we ook paniekgedrag. Beleggers lopen als in een kudde achter elkaar aan, en proberen zo snel mogelijk van hun aandelen af te komen. Dit leidt ertoe dat beurzen over de gehele linie een scherpe daling laten zien. Ook de beurskoers van gezonde bedrijven, waarmee niets aan de hand is, gaat daardoor omlaag. Beurzen geven op dat moment geen weerspiegeling van de werkelijke economische waarde van veel bedrijven weer. De rationaliteit van veel koersontwikkelingen is vaak moeilijk te ontdekken. Beursvoorspellingen hebben dan ook een hoog gokgehalte.

De geschiedenis leert dat beurskoersen invloed kunnen hebben op de ontwikkeling van de 'echte economie', maar de effecten zijn in het algemeen beperkt en bovendien tijdelijk. In de historische groeicijfers van de wereldeconomie zijn ze soms zichtbaar als een dip of vertraging van de economische groei.

Voorspellingen
Vooral in perioden van economische malaise worden beursontwikkelingen vooral door beursanalisten maar ook door politieke beleidsmakers dagelijks gevolgd om te bezien of er signalen zijn die op een beursherstel wijzen (aangeduid als 'groene scheuten'). Een dergelijk herstel zou dan een voorbode kunnen zijn van een opleving van de economie. Hoewel deskundigen die zich bezig houden met de beurs en de bouwers van wiskundige voorspelmodellen hier anders over denken, leert de geschiedenis dat beursvoorspellingen het meest weg hebben van koffiedik kijken, en

dat er sprake is van een hoog gokgehalte. Bovendien laat de (krediet)crisis zien dat de theoretische economische modellen waarop de werking van beurzen en kapitaalmarkten zijn gebaseerd, hebben gefaald. De hypothese van de 'efficiënte markt' en de theorie dat markten rationele uitkomsten geven omdat op markten en beurzen er altijd sprake is van rationeel berekenende deelnemers zijn voor de zoveelste keer door de mand gevallen. De internethype die in 2000 op beurzen een zeepbel creëerde maakte dit al eerder duidelijk.

In de loop van 2009 zien we steeds meer beursgoeroes die van mening zijn dat de beurzen in de eerste helft van 2009 de bodem hebben bereikt en dat een geleidelijk herstel waarschijnlijk is. Ze bevelen beleggers aan nu in te stappen. Andere beursdeskundigen menen dat er sprake is van een tijdelijke opleving van de koersen en dat het risico groot is dat de koersen weer diep zullen kelderen als blijkt dat een spoedig herstel van de economie uit blijft. Ze wijzen erop dat de opleving van de beurzen vooral is gebaseerd op optimistische beleggers. Dat optimisme wordt gevoed doordat er in verschillende landen zomer 2009 sprake is van een vertraging in de economische krimp en sommige landen zelfs een licht herstel van groei rapporteren.

Aan de andere kant zien we zomer 2009 ook een verslechterend feitelijk beeld van de wereldeconomie; wereldwijd zien we in veel landen snel oplopende begrotingstekorten, stijgende staatsschulden, een sterke toename van de werkloosheid, toenemende faillissementen en meer verlieslijdende bedrijven. Het kan niet anders dan dat deze ontwikkelingen toekomstige beursontwikkelingen gaan beïnvloeden. Ook beursbeleggers zullen met deze feiten geconfronteerd worden. De kans is dan ook groot dat afwisselend, opverende en duikelende koersen het beursbeeld van 2009 zullen bepalen. Naarmate het vertrouwen in het bankwezen gaat toenemen, de kredietverlening weer 'normaal' wordt en het bedrijfsleven weer winsten laat zien, is het waarschijnlijk dat de beurzen de weg naar omhoog zullen inslaan.

Als gevolg van de crisis zien we dat in verschillende landen grote beleggers, zoals pensioenfondsen, hun beleggingsbeleid aanpassen en minder in aandelen gaan. In deze kringen wordt ervan uitgegaan dat door de gevolgen van de crisis aandelenrendementen de komende decennia lager zijn dan de afgelopen honderd jaar. Ze achten het waarschijnlijk dat ten opzichte van het verleden het gemiddelde rendement circa 1% lager zal liggen. Dit heeft grote gevolgen voor de kosten van pensioenstelsels en de

pensioenuitkeringen. De deelnemers aan pensioenfondsen zullen rekening moeten houden met hogere (premie)kosten en lagere pensioenuitkeringen.

Huidige crisis, historisch gezien de zwaarste van de afgelopen zestig jaar
In historisch perspectief is de huidige economisch krimp de zwaarste na
de Tweede Wereldoorlog; een terugval van deze omvang hebben we daarna niet meer meegemaakt. Het risico op een 'Grote Depressie' zoals in de
jaren dertig van de vorige eeuw wordt door de internationale economische denktanks en de meeste economische deskundigen uitgesloten. Recent onderzoek van de Amerikaanse economen Eichengreen en O'Rour-
ke laat evenwel zien dat een aantal belangrijke economische indicatoren
de neerwaartse trend van de wereldeconomie het eerste jaar van de Grote
Depressie vooralsnog met schrikbarende gelijkenis volgt (zie box 33).

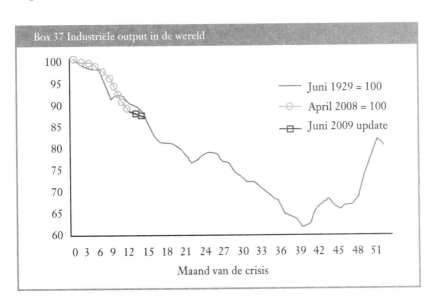

Internationale denktanks, zoals het IMF en de OESO, zien halverwege 2009
lichtpuntjes die erop kunnen wijzen dat de wereldeconomie aan het herstellen is. Groeivoorspellingen zijn als gevolg daarvan naar boven bijgesteld. Van een eerder voorspelde daling van het BBP van de dertig OESO-
landen van 4,3% in 2009 wordt nu verwacht dat dit 4,1% zal zijn. Voor
2010 wordt bovendien weer een lichte groei voorspeld, tegenover een
eerder voorspelde kleine krimp. Bij alle prognoses blijft de vraag hoe en

waar de wereldeconomie weer gaat groeien. Van verschillende kanten wordt erop gewezen dat het 'prille' herstel van de economie dat in cijfers zichtbaar wordt vooral wordt gedragen door de miljarden aan staatssteun die in de economie zijn gepompt. Als deze stimuleringspakketten zijn uitgewerkt moet de marktsector het stokje overnemen en uit zichzelf weer groeien. De onzekerheid daarover is nog groot.

Wel valt inmiddels op dat bij veel politieke beleidsmakers en voorspellers nog onvoldoende het besef is doorgedrongen dat de wereld zal veranderen. De wereld na de crisis is een andere dan ervoor. De economische machtsposities in de wereldeconomie zullen snel wijzigen. De grondslag van de economie verandert. De (fysieke) economische wereld verliest terrein aan de digitale wereld. De verdienmodellen van bedrijven en het bedrijfsbeleid veranderen. De klimaatcrisis en het energievraagstuk gaan hun stempel drukken op de wereldeconomie. Deze ontwikkelingen zijn van invloed op de groei. In hoofdstuk 8 wordt daarop ingegaan.

Aanpak economische crisis wereldwijd

Na het uitbreken van de economische crisis na de zomer van 2008 proberen centrale banken overal in de wereld de economie aan te jagen met renteverlagingen. Ook regeringen nemen maatregelen om de neergang van de economie aan te pakken. In eerste instantie gaat het om reddingsoperaties voor het bankwezen. Daarna worden nationale stimuleringspakketten uitgerold. Bij de inhoud ligt de nadruk op belastingverlagingen voor burgers en bedrijven, overheidsinvesteringen in de infrastructuur en onderwijs, fiscale stimulansen om bedrijfsinvesteringen aan te wakkeren, staatssteunprogramma's voor zwaar getroffen bedrijfssectoren, zoals de bouw en de automobielsector. Ook vinden er extra investeringen plaats in duurzame energievoorzieningen en wordt inkomenssteun gegeven aan de laagste inkomensgroepen. Het valt op dat de meeste landen zich daarbij niet druk maken over de kosten voor de schatkist die met deze stimuleringspakketten gemoeid zijn. Het aanjagen van de economie heeft voorrang boven de snel oplopende begrotingstekorten en stijgende staatsschulden.

De Europese reactie op de crisis wordt in eerste instantie niet gekenmerkt door een gezamenlijke aanpak in EU-verband, maar wel door nationale maatregelen die erop zijn gericht zo spoedig mogelijk het vertrouwen in het bankwezen terug te brengen. Veel lidstaten van de EU hebben snel na het uitbreken van de crisis gereageerd met kapitaalsteun aan banken en andere financiële instellingen. Daarnaast zijn banken (tijdelijk) genationaliseerd. Ook zijn er in alle landen maatregelen getroffen om de tegoeden van spaarders door de staat te garanderen. De omvang van deze garantie is niet in elk land hetzelfde, maar varieert. Door deze aanpak is voorkomen dat er banken zijn omgevallen.

De Amerikaanse reactie was minder adequaat. In de eerste plaats weigerde de toenmalige Amerikaanse minister van Financiën, Henry Paulson, de zakenbank Lehman Brothers (LB) te steunen, waarna de bank omviel. Los van het begrijpelijke argument dat (zaken)banken zichzelf moeten redden en geen hand moeten ophouden bij de overheid, had in dit geval een bredere (internationale) afweging een rol moeten spelen. Paulson had de bank overeind moeten houden. De weigering van steun aan LB was in het instabiele beursklimaat een verkeerd signaal, een echte blunder.

Het gevolg is bekend. Wereldwijd zagen we een verdere forse daling van de beurskoersen. Als Paulson gekozen had voor de Europese aanpak, dat wil zeggen LB met staatssteun overeind houden, dan zou dit tot een minder heftige reactie op de beurzen hebben geleid. Daarnaast is er in de periode 18 september tot en met 3 oktober 2008 in de VS te lang gesleuteld aan het oorspronkelijke noodfonds van €700 miljard dollar van Paulson, dat niet goed doordacht was. Nadat het Amerikaanse Congres dit noodfonds op 29 september 2008 afwees, volgde een ineenstorting van Wall Street. Op 3 oktober 2008 ging het Amerikaanse Congres akkoord met een sterk aangepaste, meer Europees getinte versie van het plan-Paulson.

De internationale top, de G20

De G20 is de groep van twintig ministers van Financiën en Centrale Banken van twintig economieën, waarbij ook de wereldleiders, premiers en presidenten, aanwezig zijn. Daarbij gaat het om negentien landen die behoren tot de grootste economieën van de wereld plus de Europese Unie. De G20 omvat 90% van het wereldwijde bruto nationaal product. Belangrijke G20-landen zijn onder meer de Verenigde Staten, China, India, Duitsland, Frankrijk, Engeland, Rusland en Japan. De G20 is een forum voor samenwerking en overleg over zaken die betrekking hebben op het internationale financiële stelsel.

Naar aanleiding van de kredietcrisis is er op 15 november 2008 in Washington DC een internationale wereldtop van de G20 gehouden om te overleggen over maatregelen om het mondiale financiële stelsel te verbeteren. In dit topberaad is afgesproken dat het (internationale) toezicht op het internationale stelsel versterkt zal worden. Deze afspraken zijn op 2 april 2009 in Londen nader uitgewerkt en vastgelegd.

De G20-tops schrijven ook een stukje geschiedenis, omdat daar zichtbaar is geworden dat de economische machtsverhoudingen in de wereld aan het verschuiven zijn ten gunste van de opkomende economieën zoals China, India en Brazilië. De oude economische grootmachten, de westerse landen onder leiding van de VS en Europa, zullen in toenemende mate met deze landen rekening moeten houden en samenwerken. Tijdens de G20-top in Londen op 2 april 2009 is dit nog eens bevestigd. President Barack Obama heeft daar ook aangegeven dat de VS een deel van de verantwoordelijkheid dragen voor het ontstaan van de crisis

De belangrijkste afspraken van de Londense top zijn hieronder kort weergegeven:
- Er komt een gezamenlijk pakket aan maatregelen voor het aanzwengelen van de wereldeconomie van 1000 miljard dollar. Daarbij krijgt het Internationaal Monetair Fonds (IMF) een centrale rol. Het merendeel van de 1 biljoen dollar, 750 miljard, gaat naar het IMF. Op 29 juli 2009 heeft het IMF een groot pakket aan maatregelen gepresenteerd, waarin onder meer 17 miljard dollar ter beschikking wordt gesteld voor maatregelen om de armste landen te helpen, die veelal extra zwaar door de crisis zijn getroffen (www.imf.org).
- De ingezakte wereldhandel wordt opgepept met 250 miljard dollar aan handelskredieten. De G20 is van mening dat protectionisme het herstel van de wereldeconomie belemmert. Bij protectionisme gaat het om landen die bijvoorbeeld staatssteun geven aan eigen bedrijven of bedrijfssectoren, zoals de autoindustrie. Het gaat om maatregelen die erop gericht zijn het eigen bedrijfsleven te beschermen. Een andere vorm van protectionisme doet zich voor wanneer aan bedrijven staatssteun wordt gegeven onder voorwaarden dat het geld in eigen land moet worden besteed. Landen die zich schuldig maken aan vormen van protectionisme, komen op een zogenoemde '*name and shame*-lijst'. Deze lijst wordt periodiek gepubliceerd en is bedoeld als een publieke 'schandpaal'.
- Het toezicht op wereldwijd opererende financiële instellingen wordt aangescherpt. In de toekomst moeten de toezichthouders van banken die op wereldschaal werkzaam zijn verplicht samenwerken in colleges en informatie uitwisselen om in een vroeg stadium te kunnen reageren

op eventuele problemen. Daarnaast krijgt het mondiale overlegorgaan van nationale toezichthouders (de centrale banken van landen) een zwaardere rol. Deze organisatie die voortaan Financial Stability Board (FSB) gaat heten, moet er samen met het IMF toe bijdragen dat het financiële (bancaire) stelsel in de wereld adequaat functioneert en misstanden worden voorkomen. Voor hedgefondsen en kredietbeoordelaars worden er scherpere internationale toezichtregels uitgevaardigd. Tevens is afgesproken dat de salarissen en bonussen van bankiers aan strenge regels worden onderworpen. De G20 vindt ook dat de ingewikkelde boekhoudrichtlijnen voor financiële producten vereenvoudigd moeten worden. Daarnaast zullen zogenoemde belastingparadijzen, zoals Liechtenstein, maar ook Zwitserland, hard worden aangepakt als ze onvoldoende meewerken aan het tegengaan van belastingfraude. Belastingparadijzen bieden via zeer lage belastingtarieven en hun bankgeheim bedrijven en burgers de mogelijkheid in hun eigen land geen of minder belasting te betalen. Daarbij kan het gaan om belastingontwijking of belastingfraude. De G20 wil belastingparadijzen dwingen alle noodzakelijk informatie aan de nationale belastingdiensten te verstrekken, waardoor ontwijking en fraude kan worden aangepakt. Er komt een zwarte lijst van belastingparadijzen die weigeren de noodzakelijke informatie te verschaffen. Onder druk van de G20 hebben verschillende belastingparadijzen al aangekondigd te zullen meewerken en hun bankgeheim min of meer af te schaffen.

De resultaten van de G20-top in Londen worden in het algemeen als een succes beschouwd. Niet zo zeer vanwege de inhoud van het stimuleringspakket, maar vooral vanwege het feit dat de twintig belangrijkste economieën in de wereld eensgezind de recessie aanpakken en aangeven dat met het afgesproken pakket er zicht bestaat op een herstel van de wereldeconomie. Daarmee schept de G20 wereldwijd vertrouwen bij burgers, beleggers en het bedrijfsleven dat het weer goed zal komen met de economie. En dat vertrouwen is cruciaal voor het effectief bestrijden van de recessie. Bovendien sprak de G20 de optimistische verwachting uit dat het stimuleringspakket ertoe zal bijdragen dat eind 2010 de wereldeconomie weer met 2% zal gaan groeien. Als reactie op deze verwachting en eensgezindheid zagen we wereldwijd een stijging van de beurskoersen.

Voorafgaand aan de G20-vergadering werd niet verwacht dat er een eensgezinde afspraak zou komen. Tussen Europa aan de ene kant en de VS en

Japan aan de ander kant bestond verschil van inzicht over de beste aanpak. Barack Obama en de Japanse premier Taro Aso gaven de voorkeur aan forse belastingverlagingen voor burgers waarmee de consumentenbestedingen (auto's, huishoudelijke apparatuur enzovoort) zouden worden aangewakkerd. Deze extra bestedingen jagen de economie aan. De VS en Japan vonden dat Europa te weinig geld uitgaf om de wereldeconomie te stimuleren. De Europese regeringen gaven de voorkeur aan investeringsprojecten (onder andere infrastructuur) en vonden ook dat ze al genoeg geld in de economie pompten. Daarbij wezen ze er op dat in de Europese begrotingssystemen de staatsuitgaven in een recessie automatisch toenemen, onder andere door hogere sociale uitgaven. Het verschil van inzicht heeft geleid tot een compromis waarbij de bal bij het Internationaal Monetair Fonds is gelegd. Dit instituut krijgt budgetten om de wereldeconomie op te peppen.

De belangrijkste kritiek op de inhoud van het stimuleringspakket is dat er onvoldoende nadruk wordt gelegd op maatregelen die ertoe leiden dat wereldwijd banken weer gewoon op een normale wijze hun dagelijkse werk gaan doen. Zomer 2009 is daarvan nog geen sprake. De kredietverlening aan burgers en bedrijven staat op een laag pitje. Daarbij valt op dat ook financieel gezonde bedrijven worden geconfronteerd met lange procedures, extra voorwaarden, hoge (crisis)opslagpremies en hoge leenrentes. Voor het herstel van de wereldeconomie is het essentieel dat deze belemmeringen zo snel mogelijk worden weggenomen. Zonder een adequaat draaiende bankensector hebben stimuleringspakketten te weinig effect om de economie permanent uit het slop te trekken.

Teleurstellend is eveneens dat in het G20-pakket geen extra maatregelen zijn opgenomen gericht op een vergroening van de economie, een economie waarbij duurzame energievoorzieningen (zon, wind, waterkracht) voorop staat en er alles aan wordt gedaan om de opwarming van de aarde en klimaatverandering tegen te gaan (een zogenoemde 'Green Deal'). In de verklaring van de G20 wordt wel verwezen naar de wereldwijde klimaattop die in december van 2009 in Kopenhagen wordt gehouden en waar concrete afspraken gemaakt moeten worden om de opwarming effectief aan te pakken.

De aanpak in de Verenigde Staten

De economie van de VS is met een aandeel van ongeveer een kwart van het mondiale BBP, zeer belangrijk voor de economische ontwikkeling in de wereld. De afgelopen decennia heeft de groeiende Amerikaanse economie de wereldeconomie veel op sleeptouw genomen en daarmee in veel landen een bijdrage geleverd aan de economische groei. In de VS werd de groei voor en groot deel (circa 70%) gerealiseerd door consumenten die met creditkaarten en geleend geld de bestedingen sterk hebben aangewakkerd. De krimp van de Amerikaanse economie begon in het eerste kwartaal van 2008 en wordt verder zichtbaar in de verwachtingen voor 2009.

Onder leiding van president Barack Obama probeert de Amerikaanse regering met een stimuleringspakket van rond de 800 miljard dollar de economie aan te jagen. Dit pakket is neergelegd in de American Recovery and Reinvestment Act en bestaat uit extra overheidsuitgaven voor infrastructuur (zoals wegen, railverbindingen enzovoort), hogere sociale uitgaven en een belastingverlaging in 2009 en 2010 van maximaal 800 dollar per jaar voor gezinnen en 400 dollar voor alleenstaanden. Volgens indicatieve berekeningen zal het stimuleringspakket er toe leiden dat het Amerikaanse BBP in 2009 circa 1,75% hoger is dan zonder dit pakket en in 2010 opgeteld circa 2,25% hoger. Bovendien wordt de economie ook gestimuleerd door de lage rente die in de VS bijna nul procent bedraagt. Door de krimpende economie en de uitgaven voor het stimuleringspakket loopt het Amerikaanse begrotingstekort in 2010 naar verwachting op tot 12% van het BBP en de werkloosheid tot 10%.

Box 38 Belangrijke economische gegevens Verenigde Staten (mutaties in %, behalve werkeloosheid en begrotingstekort)

	2006	2007	2008	2009	2010
BBP (groei economie)	2,8	2,0	1,1	-2,00	1,00
Particuliere consumptie	3,0	2,8	0,2	- 3,00	1,75
Overheidsconsumptie	1,6	1,9	2,8	2,75	3,25
Brutoinvesteringen	2,0	-2,1	-3,5	-11,25	-0,75
Uitvoer goederen/diensten	9,1	8,4	6,2	-11,75	-1,00
Invoer goederen/diensten	6,0	2,2	-3,4	-9,00	2,25
Werkloosheid (% beroepsbevolking)	4,6	4,6	5,8	9,0	10,00
Begrotingstekort (% BBP)	-2,2	-2,9	-5,5	-10,0	-12,00

Bron: CPB, IMF, OESO

Naast dit pakket heeft de Amerikaanse minister van Financiën Timothy Geithner verschillende publiek-private investeringsfondsen opgericht om banken te verlossen van hun slechte leningen en risicovolle effectenportefeuilles. Het is de bedoeling dat deze fondsen deze leningen en effecten gaan opkopen, waardoor de balansen van banken worden opgeschoond en banken weer een gezond eigen vermogen kunnen realiseren. Met deze 'opkoop' is een bedrag gemoeid van 500 miljard dollar dat kan oplopen tot 1000 miljard dollar.

De fondsen zijn zo opgezet dat overheid en particuliere investeerders, zoals pensioenfondsen en andere investeerders uit de marktsector samen als opkoper optreden. De steun van de private sector als medefinancier van de fondsen wordt gerealiseerd door een forse overheidssubsidie, die er in de meest gevallen op neer komt dat de Amerikaanse overheid 1 dollar bijdraagt voor elke private dollar die aan de opkoop wordt uitgegeven. De winsten of verliezen die met de opgekochte (slechte) financiële producten worden behaald worden tussen overheid en private investeerders gelijkelijk verdeeld. Geithner verwacht dat door deze aanpak banken sneller 'gezond' zullen worden, waardoor ze weer in staat zijn om op een normale wijze met kredietverlening aan de slag te gaan.

Mei 2009 maakt de Amerikaanse regering bekend dat een zogenoemde stresstest onder de negentien grootste Amerikaanse banken uitwijst dat deze banken voldoende gezond zijn om een verdere verslechtering van de economie te overleven. Wel is er 75 miljard dollar extra nodig om hun reserves op peil te brengen. De Amerikaanse regering gaat ervan uit dat de banken dit bedrag zelf kunnen 'ophalen', bijvoorbeeld door nieuwe aandelen uit te geven of bezittingen te verkopen.

Verschillende Amerikaanse economen, waaronder topeconoom en Nobelprijswinnaar Paul Krugman, zijn van mening dat overheid nog veel meer geld in de economie moet pompen om uit de recessie te komen. (www.krugman.blogs.nytimes.com). Dit idee wordt door een grote meerderheid in de Amerikaanse politiek afgewezen. Bij de Amerikaanse politici, zowel democraten als republikeinen, neemt de bezorgdheid toe over het oplopende begrotingstekort en de stijgende staatsschuld. De noodzakelijke maatregelen om dit tekort terug te dringen en de staatsschuld te verlagen, zoals bezuinigingen op overheidsuitgaven en of belastingverzwaringen, kunnen na de crisis de economische groei gaan afremmen. Ook in andere landen, bijvoorbeeld in Duitsland, staat dit gevaar hoog op de politieke agenda.

Voor de Amerikaanse schatkist, met een geraamd begrotingtekort voor 2010 van ongeveer 12% wordt het steeds moeilijker om extra impulsen te financieren. Daar komt nog bij dat de Amerikaanse minister van Financiën, Timothy Geithner als doelstelling heeft het begrotingstekort in 2013 te halveren. Een gigantische opgave die geen positieve bijdrage levert aan de groei van de economie. Met het terugdringen van het tekort kunnen de VS ook voorkomen dat de internationale kredietwaardigheid in gevaar komt en de VS hun AAA-rating verliezen.

Internationaal gezaghebbende kredietbeoordelaars (ratingbureaus) geven de VS tot op heden het hoogste niveau van kredietwaardigheid, de zogenoemde triple-A-status. Door het oplopende tekort en de torenhoge staatsschuld kan er internationaal twijfel ontstaan over de kredietwaardigheid van de VS, waardoor ook de waarde van de dollar steeds meer onder druk komt te staan. De Engels regering is begin mei 2009 door ratingbureau Standard&Poors gewaarschuwd dat Engeland de kans loopt de AAA-kredietstatus te verliezen als er niet voldoende maatregelen worden getroffen tegen het oplopende tekort en de hoge staatsschuld. Landen die een lagere rating hebben, bijvoorbeeld AA, kunnen op de wereldmarkt minder gemakkelijk geld lenen en moeten ook een hogere rente betalen. De internationale ontwikkelingen lijken er anno 2009 niet op te wijzen dat Engeland en de VS zich zorgen hoeven te maken over hun ratings.

Box 39 Belangrijke speerpunten van het Obama-pakket

- Een belastingverlaging van 300 miljard dollar voor 95% van de belastingbetalers.
- Investeringen in duurzame energie (wind, zon, waterkracht).
- De afhankelijkheid van de olielanden moet worden verkleind door omvangrijke investeringen in duurzame energie. Voor deze projecten met een looptijd van tien jaar is in totaal 150 miljard dollar gereserveerd. Op het terrein van klimaatbeleid geldt als doelstelling dat de CO_2-uitstoot in 2050 is teruggebracht met 80% ten opzichte van het niveau van 1990.
- Investeringen in infrastructuur, onder andere wegen en railvervoer.
- Investeringen in de gezondheidszorg.
- Investeringen in het onderwijs, onder meer renovatie van scholen.
- Noodsteun aan Amerikaanse staten en lokale overheden om leraren, politie en andere ambtenaren aan het werk te houden.

Amerikaanse economische denktanks gaan er in het algemeen van uit dat het Obama-pakket een positief effect zal hebben op de economie. Kritische kanttekeningen worden vooral geplaatst bij de omvang van het pakket: volgens sommigen zou een groter bedrag, oplopend tot 1000 miljard dollar, nodig zijn. Daarnaast wordt gewezen op de problemen rond de financiering van het pakket: het reeds bestaande begrotingstekort is al gigantisch en wordt nog groter.

Ook wordt er getwijfeld aan het effect van de belastingverlaging. Zo is berekend dat van de algemene belastingverlaging maar 30 cent per dollar terugvloeit naar de economie, de rest wordt door de burgers gebruikt voor het aflossen van schulden en sparen. Daardoor heeft de belastingverlaging slechts een beperkt positief effect op de economie. Een veel groter effect kan worden bereikt als de belastingverlaging specifiek wordt gericht op de lagere inkomens. In dat geval zal een veel groter deel van de verlaging (door bestedingen) terugvloeien in de economie. De meerderheid van de Amerikaanse politiek is daarvan geen voorstander en acht het van groot belang dat ook de Amerikaanse middenklasse wordt gesteund.

In het algemeen wordt aangenomen dat de investeringen in de infrastructuur effectief zijn. Ze leiden tot (extra) werk voor bedrijven en een verbeterde infrastructuur, die goed is voor de ontwikkeling van de economie. Daarnaast zijn in het crisispakket investeringen opgenomen voor duurzame energie, ook wel aangeduid als hernieuwbare energie. Deze investeringen in zonne-energie, windparken en waterkrachtcentrales hebben twee voordelen. Ze bevorderen niet alleen de economische groei, maar maken tegelijk de VS minder afhankelijk van de olielanden. Minder olie-import betekent ook dat de handelsbalans van Amerika wordt verbeterd. Daarnaast leiden deze investeringen tot de opbouw van een innovatieve bedrijfssector duurzame energie met nieuwe werkgelegenheid.

Eind juni 2009 heeft het Amerikaanse Congres een wetsvoorstel aangenomen dat ertoe moet leiden dat in 2020 de uitstoot van broeikasgassen met 17% is verminderd ten opzichte van 2005. Voordat dit voorstel wet wordt en in werking kan treden, moet ook de meerderheid van de Senaat daarmee instemmen. Hoewel verwacht wordt dat het voorstel in zijn huidige opzet geen meerderheid zal halen, is het aannemelijk dat uiteindelijk een afgezwakt 'compromisvoorstel' de komende jaren ertoe zal bijdragen dat de uitstoot van broeikasgassen in de VS zal verminderen. Dit beleid lokt op allerlei terreinen nieuwe investeringen (groene innovaties) uit, zoals energiezuinige technologie, isolatieprogramma's, elektrische auto's, windparken enzovoort. Deze investeringen geven een impuls aan de Amerikaanse economie.

President Barack Obama

Gezien de (lange) aanlooptijd van dit soort projecten zal het volledige aanjaageffect op de economie pas na één of twee jaar zichtbaar worden. Economische denktanks wijzen erop dat het stimuleringspakket snel moet werken en niet te lang mag doorlopen. Bij een langere doorloop loopt het begrotingstekort verder op, stijgt de staatsschuld en neemt tevens de kans toe op een hoger inflatiecijfer. Bovendien moet er per 100 miljard aan staatsschuld jaarlijks ongeveer 5 miljard aan rente worden betaald, die uiteindelijk moet worden opgebracht door de Amerikaanse belastingbetalers. Sinds het ontstaan van de crisis hebben de Amerikaanse staat en de centrale bank al voor minstens 4.000 miljard dollar in de economie gepompt. Dit bedrag ging deels op aan reddingsoperaties voor banken, steun aan hypotheekeigenaren, belastingverlagingen en staatssteun voor de autoindustrie.

Inmiddels zien we een toenemende samenwerking tussen de VS en China. Deze is vooral gebaseerd op wederzijdse economische belangen. China behoort tot de grootste financiers van de Amerikaanse staatschuld en is uit eigenbelang nog steeds bereid Amerikaanse staatsobligaties te kopen. De VS zijn een belangrijke afnemer van Chinese goederen en China heeft er alle belang bij dat export van China naar de VS op peil blijft. Als gevolg van de crisis is deze afgenomen en dat heeft begin 2009 in China onmiddellijk geleid tot het sluiten van fabrieken. De verwachting is dan ook dat China vooral uit eigenbelang de VS blijft steunen.

Box 40 Financiering Amerikaanse staatsschuld

De staatsschuld van de VS lag medio 2009 rond de 11.000 miljard dollar (circa 78% van het Amerikaanse BBP) en neemt dagelijks met enkele miljarden toe. Circa een kwart van de schuld wordt gefinancierd door buitenlandse financiers, met China als koploper. De top-vijf van belangrijkste financiers van de schuld zijn:

1. Het stelsel van Amerikaanse centrale banken	4800 miljard
2. Algemene beleggingsinstellingen	800 miljard
3. China	750 miljard
4. Japan	600 miljard
5. Amerikaanse (lokale) overheden	550 miljard

Bron: www.treas.gov

Hoe kan de Amerikaanse economie groeien?

Van oudsher leveren de consumentenbestedingen een belangrijke bijdrage aan de groei van de Amerikaanse economie. Deze stimulans is voor een groot deel weggevallen en de inkomensvooruitzichten van het merendeel van de Amerikaanse burgers zijn niet zodanig dat zij de komende jaren als trekpaard van de economie kunnen fungeren. De Obama-belastingverlagingen brengen daarin weinig verandering. Als gevolg van de crisis zien we dat de Amerikaanse burgers meer gaan sparen en minder besteden. De verwachting is dat na de crisis de spaarquote van de bevolking hoger zal liggen dan voor de crisis.

Amerika moet dus op zoek naar een andere motor die de vaart in de economie kan terugbrengen. Dat zou de export kunnen zijn, maar daarvoor zijn ten minste twee ontwikkelingen nodig: een lagere dollarkoers en een hoogwaardig technologisch pakket aan producten dat in de VS zelf wordt ontwikkeld om vervolgens wereldwijd te kunnen worden verkocht. Vooral dit laatste is een zware opgave. Volgens *Harvard Business Review* (www.hbr.org) beschikt de Amerikaanse industrie over onvoldoende kennis en hooggeschoolde vakmensen om innovatieve hightechproducten, zoals consumenten- en bedrijfselektronica, zonneceltechnologie, e-readers, communicatietechnologie enzovoort te ontwikkelen.

Dit is vooral veroorzaakt doordat veel bedrijven de afgelopen twintig jaar een 'verkeerde' bedrijfsstrategie hebben gevolgd die gericht was op het behalen van zoveel mogelijk winst op de korte termijn. Daartoe werd een groot deel van de productie, maar daarna ook de ontwikkeling, vanwege kostenbesparingen, verplaats naar de lage loonlanden in Azië (ook wel outsourcing genoemd). 'Nearly every U.S. brand of laptop and cell phone is not only manufactured but designed in Asia,' aldus de HBR. Bestuurders van beursgenoteerde bedrijven in de VS hebben zich voor deze strategie verdedigd met een verwijzing naar Wall Street. 'We'd love to build capabilities over the long term, but Wall Street, with its relentless pressure to produce ever-higher quarterly earnings, won't let us. We have no choice. We have to outsource.'

Hierdoor zijn Amerikaanse bedrijven een belangrijk deel van hun invloed op het productieproces kwijtgeraakt en onvoldoende in staat om te innoveren. Volgens HBR zou de Amerikaanse regering zich niet eenzijdig op het herstel van de financiële sector en de autoindustrie moeten richten, maar in samenwerking met het bedrijfsleven de internationale concurrentiekracht van de VS op dit vlak versterken: 'Government and business must work together to rebuild the country's industrial commons – the collective R&D, engineering, and manufacturing capabilities that sustain innovation. Both must step up their funding of research and encourage collaborative R&D initiatives to tackle society's big problems. And companies must overhaul the management practices and governance structures that have caused them to make destructive outsourcing decisions.'

Box 41 Larry Summers economisch topadviseur van Barack Obama ziet een andere economie ontstaan

In de *Financial Times* *(FT)* van 12 juli 2009 geeft Larry Summers (director of the US President's National Economic Council) een ruwe schets van de Amerikaanse economie na de crisis. De kern, overgenomen uit het *FT*, is hieronder weergegeven.

'What is different about the Obama team's economic vision is their aspiration that once the crisis is over the US economy will be in different, and better shape than it was before the bust. This new American economy, Summers hopes, will be "more export-oriented and less consumption-oriented and less energy-production-oriented, more bio- and software- and civil-engineering-oriented and less financial-engineering-oriented; and, finally more middle-class-oriented and less oriented to income growth that is disproportionate towards a very small share of the population". Unlike many other economists, Summer does not believe that lower growth is the inevitable price of this economic paradigm shift.'

Politieke tegenstellingen in de Verenigde Staten

In de VS, wordt de politiek al eeuwen gedomineerd door twee grote partijen. Tegenwoordig zijn dat de Democratische partij en Republikeinse partij. 'Links' wordt belichaamd door de Democraten en doelt eerder op een liberale centrumpolitiek, dan de sociaaldemocratische politiek waar het in Nederland voor doorgaat. Rechts wordt vertegenwoordigd door de Republikeinen (in de volksmond ook wel de GOP, of *Grand Old Party*). Deze partij bestaat op dit moment grotendeels uit religieus conservatieven en voorstanders van een kleine, zeer beperkte overheid. Doorsneerechts in de VS is daarmee rechtser dan in Nederland of Europa. Tijdens de verkiezingen in november 2008 verloren de Republikeinen niet alleen het Presidentschap, maar ook een meerderheid in het Huis van Afgevaardigden en de Senaat.

De twee dominante politieke partijen in de Verenigde Staten staan lijnrecht tegenover elkaar. Het betekent dat men star vasthoudt aan politieke standpunten en bestaande tegenstellingen liever versterkt dan uit de weg ruimt. De toenemende polarisatie gaat terug tot de Vietnamoorlog (1959-75), kwam in een stroomversnelling tijdens het presidentschap van Ronald Reagan (1981-89) en ontaarde onder George W. Bush (2001-09). Onder leiding van die laatste President vierde het 'my way or the highway'-devies hoogtij dagen.

Zorgwekkend is dat de extreme polarisatie zijn weerslag vindt op de beleidsvorming, inclusief het economisch beleid. Nagenoeg ieder voorstel is tegenwoordig wel onderworpen aan de grillen van een of andere (en vaak meerdere) belangenorganisatie(s). Deze groepen hebben doorgaans een goed gespekte kas en de juiste connecties en zijn zeer invloedrijk. Polarisering zorgt zo normaliter al voor kostbare vertragingen in het doorvoeren van effectief beleid. In tijden van crisis is dit soort verlamming peperduur.

De wetenschapper Nolan McCarty van de Amerikaanse Princeton Universiteit denkt overigens dat de oorzaak van de polarisatie ligt in de almaar toenemende inkomensongelijkheid in de Amerikaanse samenleving. Samen met twee collega's heeft hij een zogenaamde 'Polarisatie-index' gemaakt. De index meet de mate waarin de Democraten en Republikeinen tegenover elkaar staan door te kijken naar stemgedrag in het Huis van Afgevaardigden. Een hoger indexcijfer betekent een grotere mate van polarisatie.

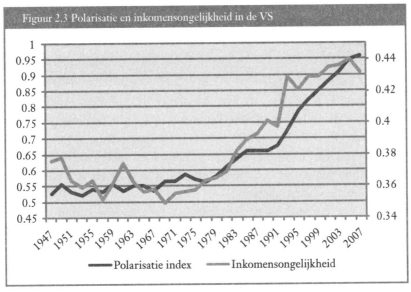

Figuur 2.3 Polarisatie en inkomensongelijkheid in de VS

Bron: http://www.voteview.com en http://www.census.gov/

Een veel gebruikte maatstaf voor inkomensongelijkheid is het zogenaamde Gini-coëfficiënt, vernoemd naar de Italiaanse statisticus Corrado Gini die het concept in 1912 bedacht. Het Gini-coëfficiënt varieert tussen de nul en één. Hierbij geeft een nul aan dat het inkomen in een samenleving perfect gelijk verdeeld is over alle hoofden. Een één betekent dat al het inkomen bij een persoon zit. Naargelang het coëfficiënt toeneemt, is dus de mate van ongelijkheid in een samenleving groter.

Als we het verloop van deze index afzetten tegen het Gini-coëfficiënt, dan levert dat de grafiek op in figuur 2.3. Daarbij valt in de eerste plaats op dat het Gini-coëfficiënt in de VS vanaf 1947 is gestegen van ongeveer 0,35 tot 0,44 in 2007. Ter vergelijking, in Nederland ligt het rond 0,32. De grafiek laat daarnaast zien hoe een toenemende politieke polarisatie bijna één op één opgaat met de stijging van de inkomensongelijkheid (het correlatiecoëfficiënt tussen de twee variabelen is 0,94).

Volgens McCarty en zijn collega's leidt de polarisatie tot een beduidend minder slagvaardige federale overheid, vooral op het financieel-economische vlak en vormen van sociale zekerheid. De praktijk laat zien dat de huidige President Barack Obama pogingen doet om de vicieuze cirkel van polarisatie te doorbreken. Gezien de huidige opstelling van de Republikeinen mag hij van die kant niet op veel medewerking rekenen. Duidelijk is wel dat na ruim dertig jaar van groeiend contrast en de diepste recessie sinds de Tweede Wereldoorlog, de noodzaak groter is dan ooit om de trend om te buigen.

Het beste economische model

In veel landen is de discussie losgebarsten over het 'beste' economische model voor de toekomst. In Amerika, het land waar de kredietcrisis is ontstaan, zien we twee belangrijke stromingen: de aanhangers van het bestaande model en tegenstanders die in het model meer overheidsinvloed willen inbouwen en het een socialer gezicht willen geven, ook wel aangeduid als 'gemeenschapsdenkers'.

Volgens de fervente aanhangers van het Amerikaanse neoliberale economische model, dat vooral 'aanbeden' wordt door Republikeinen, is er geen beter model denkbaar dan het bestaande model. Vasthouden aan dit model zorgt volgens de aanhangers voor een snelle groei van de economie dankzij de vrije markt. De risico's worden voor lief genomen. De vrije markt betekent een dynamische economie waardoor een hogere economische groei mogelijk is en de Verenigde Staten rijker worden. De voorstanders realiseren zich dat het neoliberale beleid tot sociale ongelijkheid leidt, zoals grote inkomensverschillen, maar ze beschouwen deze uitkomst als de prijs voor meer economische mogelijkheden. Gezien de crisis accepteren ze een beter toezicht op de banksector, maar vinden dat banken die hun staatssteun hebben terugbetaald weer volledig vrij moeten zijn om topsalarissen en hoge bonussen uit te betalen. Die vrijheid is een belangrijk element van de vrije markt.

Het valt op dat deze 'pure' neoliberale marktdenkers er zonder meer vanuit gaan dat met het 'oude' beleid weer relatief hoge groeicijfers gerealiseerd kunnen worden. Er zijn verschillende redenen waarom het onwaarschijnlijk is dat met het bestaande Amerikaanse model weer dezelfde hoge groeicijfers behaald kunnen worden als voorheen. De mooie cijfers over de afgelopen dertig jaar zijn voor een deel gerealiseerd met leningen, met schulden maken, met consumenten die op de pof leefden. Na de crisis kampen de Verenigde Staten met een gigantisch begrotingstekort. Daarnaast met een torenhoge staatsschuld en een hoge werkloosheid. De verwachting bestaat dan ook dat de economie van de VS in ieder geval de komende tien jaar gemiddeld een minder sterke groei zal laten zien dan over de afgelopen dertig jaar.

Dat komt bijvoorbeeld omdat de Amerikaanse consumenten, de motor van de Amerikaanse economie, meer gaan sparen en minder uitgeven en dat remt de groei. De consumenten spaarden in de jaren 2005-2008 slechts tussen de 0% en 1% van hun besteedbaar inkomen. Deze groeistimulans zal voorlopig niet meer terugkeren. In het eerste kwartaal van 2009 is deze spaarquote gestegen tot ruim 4%. Er zijn deskundigen die verwachten dat de komende jaren dit percentage zal oplopen tot 6%-10%, gelijk aan de niveaus van twintig jaar terug. Als de Amerikaanse consumenten inderdaad meer gaan sparen dan heeft dat een negatief effect op de groei van de economie op de korte termijn.

Ook de kredietverlening aan het bedrijfsleven zal, in vergelijking met vroeger, minder ruim zijn. Banken moeten hogere buffers aanhouden en zijn voorzichtiger en duurder bij het verlenen van kredieten aan burgers en bedrijven. De Amerikaanse overheid moet na de crisis fors bezuinigen en ontkomt er waarschijnlijk niet aan om de belastingen te verhogen. Ook dit remt de groei. De kans is groot dat de dollar de komende jaren zijn positie als wereldmunt kwijtraakt en de economische machtspositie van de VS internationaal gaat verzwakken. Als de dollar zijn status als belangrijkste (reserve)valuta verliest heeft dat belangrijke economische gevolgen: de financiering van begrotings- en handelstekorten wordt duurder en de dollar daalt in waarde.

Box 42 Dollar raakt uit de gratie
Door het sterk oplopende Amerikaanse begrotingstekort, de torenhoge staatsschuld en de grilligheid van de koersbewegingen van de dollar (dalen en stijgen) raakt de dollar als belangrijkste wereldmunt, ook wel sleutelvaluta genoemd, steeds meer uit de gratie. Vooral de opkomende ontwikkelingslanden ondervinden hinder van de zwalkende dollar en zoeken naar meer zekerheid. We zien ook een toenemend aantal landen dat de euro als 'han-

delsmunt' gaat gebruiken. Landen als China, maar ook Rusland en Brazilië hebben in mei 2009 te kennen geven minder met de dollar te willen 'werken'. Inmiddels heeft Rusland meer financiële reserves in euro's dan in dollars.

Tijdens de conferentie van de Verenigde Naties van 1-3 juni 2009 hebben de 192 VN-landen gesproken over de mogelijkheid van een 'nieuwe' (kunstmatige) sleutelvaluta voor het internationale geldverkeer. Het IMF heeft voorgesteld als kunstmatige wereldmunt de zogenoemde SDR (Special Drawing Rights) te gebruiken. Deze SDR is een rekeneenheid waarvan de waarde dagelijks wordt vastgesteld op basis van een gewogen gemiddelde van dollar, pond, yen en euro. De lidstaten van het IMF hebben op dit moment slechts een klein deel van hun financiële reserves in SDR's zitten. SDR's kunnen bij andere lidstaten onder toezicht van het IMF tegen echt geld worden geruild, maar er is nog geen internationale markt waar SDR's net als echte valuta kunnen worden gewisseld. Zolang een dergelijke markt er niet is, blijven SDR's een zeer bescheiden rol spelen. Op de VN-top zijn geen afspraken gemaakt over de invoering van een nieuwe (kunstmatige) wereldvaluta. De deelnemende landen konden het niet eens worden. Tijdens de conferentie kwam wel naar voren dat de dollar in het internationale kapitaal- en handelsverkeer in toenemende mate een kleinere rol zal gaan spelen.

Ook de gezaghebbende Amerikaanse econoom Nouriel Roubini, alias Doctor Doom, die een aantal jaren terug de kredietcrisis wist te voorspellen, verwacht dat door de economische machtsverschuivingen in de wereld de rol van de dollar als belangrijkste reservemunt in de wereld zal afnemen. Willem Buiter, hoogleraar aan de London School of Economics, voorspelt dat op termijn de euro de leidende positie van de dollar zal overnemen (blogs.ft.com/maverecon). In de loop van 2009 zien we dat de zogenoemde BRIC-landen hun dollarreserves verkleinen door IMF-obligaties te kopen. Bij die aankoop speelt ook een rol dat deze landen meer invloed willen hebben in het bestuur van het IMF en op de financiële markten in de wereld.

Anno 2009 zijn de Verenigde Staten voor de financiering van de staatsschuld sterk afhankelijk van China dat opstoomt naar een economische koppositie in de wereld. De Chinese regering toont zich in toenemende mate bezorgd over het ruime monetaire en begrotingsbeleid van de VS en het grote inflatierisico dat daarmee samenhangt. Tweederde van de buitenlandse bezittingen van China is 'belegd' in de VS. Een oplopende inflatie en een zwakkere dollar holt de Chinese dollarbezittingen uit. China wil meer zekerheden van de VS en heeft al kenbaar gemaakt dat er buiten de VS alternatieve beleggingsmogelijkheden zijn, bijvoorbeeld in grondstoffen of de euro.

Bedacht moet wel worden dat China, vanwege de enorme dollarbezittingen, zelf een zwaar vermogensverlies zal lijden als dat land de dollar laat vallen. Om die reden is het onwaarschijnlijk dat de Chinese machthebbers deze stap zullen zetten. Het zou tegelijkertijd ook betekenen dat hun eigen export naar de VS zwaar wordt getroffen en dat leidt weer tot de sluiting van grote aantallen Chinese bedrijven. Wel is nu al zichtbaar dat China haar omvangrijke deviezenreserves anders gaat besteden, onder meer door het opkopen van buitenlandse bedrijven. Dit betekent dat er minder wordt besteed aan het kopen van Amerikaanse staatsobligaties.

De neoliberale denkers in de VS beseffen onvoldoende dat de (economische) wereld sterk aan het veranderen is en na de crisis niet meer dezelfde is als daarvoor en dat het bejubelde vrije markt model voorheen economische prestaties heeft geleverd die voor een deel zijn gefinancierd met geleend geld. Daarnaast heeft het zeepbellen op bijvoorbeeld de huizenmarkt geproduceerd en 'rijkdom' gecreëerd die voor een deel fictief is gebleken. Door de crisis is bij veel vermogensbezitters een waardeverlies opgetreden tussen 30%-40%. Ook geeft het model geen antwoord op de klimaatcrisis en het energievraagstuk. Zowel de aanpak van de opwarming van de aarde als het opraken en duurder worden van de fossiele brandstoffen olie, gas en steenkool vragen om een actief overheidsbeleid. De vrije markt biedt daarvoor onvoldoende oplossingen.

Kijken we naar het beleid van Barack Obama dan zien we dat het vrije marktmodel gehandhaafd blijft, maar wel met meer overheidsbemoeienis dan voorheen. Deze ontwikkeling startte bij de overheidsteun aan de banksector in 2008 en 2009, en werd juni 2009 gevolgd door de bemoeienis bij het faillissement van de Amerikaanse autoproducent General Motors (GM). Met behulp van een reddingsplan van de Amerikaanse regering wordt GM in afgeslankte vorm doorgestart; 60% van de aandelen is in handen van de overheid. Toch is het uitgesloten dat de VS uiteindelijk in de buurt zullen komen van het Europese Rijnlandse model. Ook onder het bewind van de Democraten zal in het economische beleid – ook na de crisis – de vrije markt en het neoliberalisme een hoofdrol blijven spelen. Het is een essentieel onderdeel van de Amerikaanse cultuur en de structuur van de Amerikaanse economie.

Ook de meerderheid van de Amerikaanse bevolking is geen voorstander van meer overheidsinvloed op de economie. Zo bleek uit opiniepeilingen dat de meeste Amerikanen tegen een reddingsplan voor GM waren, ooit de grootste autofabrikant van de wereld en een symbool van de Amerikaanse economische macht. Bij de discussies over het voorstel van president Barack Obama om de gezondheidszorg in de VS te hervormen laten peilingen zien dat veel kiezers tegen meer overheidsinvloed zijn.

In de VS is na de crisis de meest waarschijnlijke uitkomst continuering van het bestaande neoliberale stelsel, opgetuigd met een verscherpte dijkbewaking van overheidswege rond de financiële sector en een stelsel van sociale zekerheid dat verbeteringen te zien zal geven, maar dat Europees gezien als karig kan worden bestempeld. De grote meerderheid van de Amerikanen is van mening dat hoge uitgaven voor sociale zekerheid 'slecht' zijn voor de economische ontwikkeling en de werkgelegenheid. De Amerikanen vinden ook dat ze in hun model worden bevestigd door de wijze waarop hun economische model op de crisis reageert.

Vlak na het uitbreken van de kredietcrisis maakte Berlijn en Parijs triomfantelijk kenbaar dat het neoliberale economische model van de VS failliet was. De Duitse premier, bondskanselier Angela Merkel en de Franse president Nicolas Sarkozy 'bezongen' vervolgen de voordelen van het Rijnlandmodel. Wie de ontwikkeling van de crisis volgt, vraagt zich af of Europa niet te vroeg heeft gejuicht. Landen met een Angelsaksisch economisch model, zoals Canada en Australië lijken de economische malaise het hoofd te kunnen bieden. Ook de economie van de VS krimpt minder dan verwacht en laat in de loop van 2009 signalen zien van een voorzichtige opleving. In Europa zien we zomer 2009 minder slechte cijfers dan oorspronkelijk voorspeld, maar het lijkt er wel op dat de Europese economie langzamer uit de crisis komt dan die van de VS.

Dit heeft in de eerste plaats te maken met de grotere afhankelijkheid van de wereldhandel. De ingezakte handel treft Europa harder dan Amerika. Bovendien hebben de VS als voordeel dat de Amerikaanse economie van oudsher veerkrachtiger is en opgepept wordt met één omvangrijk stimuleringspakket. In Europa zien we een veelheid aan pakketten, die naar alle waarschijnlijkheid minder effectief zijn. Bij een relatief lage dollarkoers kan het Amerikaanse bedrijfsleven beter concurreren op buitenlandse markten dan het Europese. Wat ook meewerkt in het voordeel van de VS is het optimisme en de aanpak van president Barack Obama, terwijl in Europa de somberheid overheerst.

Deze 'tussenstand' zegt overigens nog niets over het 'beste economische model' dat wetenschappelijk gezien niet bestaat. Wat de ene deskundige op basis van een (subjectieve) weging van voor- en nadelen het beste model vindt, kan bij de andere heel anders uitvallen. In de VS is nog steeds de heersende opvatting dat het neoliberale model het 'beste' economische model is omdat het relatief hoge groeicijfers en werkgelegenheid produceert. Maar al eerder is erop gewezen dat de Amerikaanse groeicijfers de afgelopen decennia deels zijn gerealiseerd met behulp van kredieten en schulden. In de wereld na de crisis valt deze groeistimulans in belangrijke mate weg. Dit zal zeker afbreuk doen aan de prestaties en populariteit van het model. Bovendien zijn er andere belangrijke maatschappelijk aspecten, zoals welvaart, die niet tot uitdrukking komen in kale groeicijfers.

Box 43 Congres-kredietcrisis: nieuwe wereld, nieuw kapitalisme
Op 8 en 9 januari 2009 organiseerde de Franse president Nicolas Sarkozy in Parijs een tweedaags congres over de kredietcrisis met onder meer als gasten de Duitse bondskanselier Angela Merkel en Tony Blair, oud-premier van Engeland. Als belangrijke oorzaak van de crisis werd het neoliberale beleid uit de periode van de Engelse premier Margaret Thatcher (1979-1990) en de Amerikaanse president Ronald Reagan (1981-1989) aangewezen, waarbij het overheidstoezicht werd afgezwakt en alles op winstmaximalisatie werd gezet. De centrale boodschap op het congres was de terugkeer van de staat op het financieel-economisch terrein. Overheden zouden weer een grotere rol moeten gaan spelen in de economie van alledag: de overheidsinvloed, ook op het bedrijfsleven, zou moeten toenemen. Voor banken en bedrijfsleven zou er een soort gedragscode moeten komen waarin wordt opgenomen hoe ze zich in het economisch verkeer zouden moeten gedragen. Tijdens het congres werd ook een lijstje opgesteld van gebieden waarop regeringen hun stimuleringspakketten ter bestrijding van de economische crisis moeten richten: duurzame energie, industriële vernieuwing, onderzoek, onderwijs en scholing.
Volgens de Franse president is het nodig de internationale afstemming van de aanpak van de crisis te versterken en zorg te dragen voor een grensoverschrijdend toezicht op de financiële sector in de wereld. De groep van acht rijke landen die momenteel periodiek bijeenkomt om over economische, internationale onderwerpen van gedachten te wisselen, de zogenoemde G8,

zou volgens Sarkozy een G20 moeten worden: twintig landen met 'grote' economieën zouden een permanente 'club' moeten vormen om economische crisissen te voorkomen en te bestrijden. De Franse president wil ook dat de rol en de invloed van de VS op de internationale economie minder wordt, terwijl de rol van Europa en opkomende economieën als China en India versterkt zou moeten worden.

De Duitse premier, Angela Merkel vindt dat Duitsland en Europa volop moeten inzetten op de sociale markteconomie. Ingeval ze met haar partij de Duitse parlementsverkiezingen eind september 2009 wint en weer terugkeert als bondskanselier zal haar regering maatregelen nemen om de positie van de sociale markteconomie te versterken. In juni 2009 verscheen in Duitsland een interessant boek van de Duitse topeconoom Hans-Werner Sinn, *Kasino Kapitalismus*. Sinn, die als een aanhanger geldt van de sociale markteconomie geeft daarin niet alleen een analyse van de wereldwijde crisis, maar ook beleidsaanbevelingen voor de toekomstige Duitse sociaal-economische politiek. In Frankrijk verscheen in april 2009 de publicatie *Histoire du Capitalisme Financier*, 1986-2009 (www.lexpansion.com), waarin een overzicht en analyse worden gegeven van het ontstaan van de (krediet)crisis en de wereld na de crisis 'Après la crise, l'espoir d'un monde nouveau'.

Door de economische crisis heeft het economische model van de VS in veel landen, vooral in de opkomende economieën, veel van zijn glans verloren. Decennia lang is vanuit de VS zeer luid en duidelijk de leer van de vrije markt gepredikt: deregulering, lage belastingen, lage renten en een kleine overheid. Volgens de heersende opvatting in veel landen heeft dit zogenoemde neoliberale beleid met een gebrek aan moreel besef en ethiek de wereld in een economische crisis gestort. Daardoor heeft het (economische) mondiale gezag van de VS een klap opgelopen die niet meer te repareren valt. De economische machtsverhoudingen in de wereld zullen daardoor versneld verschuiven. De VS zullen deze macht voortaan moeten delen met Europa en de opkomende economieën, met name China.

Daarmee is niet gezegd dat de VS als (economische) wereldmacht moeten worden afgeschreven. Die gedachte is onjuist en wordt door ervaringen uit het verleden en de huidige ontwikkelingen gelogenstraft. De Amerikaanse economie wordt gekenmerkt door flexibiliteit en veerkracht en is in staat zich snel aan te passen, ook aan de wereld na de crisis. Bovendien scoren de Amerikanen hoog op het terrein van ondernemerschap en innovaties. De VS beschikken ook over toonaangevende wereldbedrijven als Google en Apple. Na het aantreden van Barack Obama als president zien we ook dat de VS ernaar streven wereldleider te worden bij het ontwikkelen van een duurzame economie en dat is de echte toekomst. Voor mij staat overigens wel vast dat de VS, ondanks de forse problemen, in ieder geval de komende decennia een hoofdrol zullen blijven spelen in de wereldeconomie.

De Europese aanpak

Volgens de prognose van de Europese Commissie die begin mei 2009 is gepubliceerd zullen zowel de economie van het eurogebied als de gehele EU in 2009 met 4% krimpen. Bovendien loopt de werkloosheid fors op. Naar verwachting telt Europa in 2010 26 miljoen werklozen (ongeveer 11% van de beroepsbevolking). Door de crisis en de miljarden aan stimuleringspakketten waarmee de EU-lidstaten de economie proberen aan te jagen, neemt in de Eurozone het begrotingstekort toe van 2,3% van het BBP in 2008 tot 7,3% van het BBP in 2010. De gemiddelde staatsschuld loopt op van 69,3% naar 83,8%. Verwacht wordt dat in 2010 Italië de grootste staatsschuld zal hebben: 116% van het BBP.

In vergelijking met de VS staan de eurolanden er financieel gezien beter voor. Het gemiddelde begrotingstekort is aanzienlijk lager dan dat van de VS. Het eurogebied heeft in beginsel meer financiële ruimte om de economie aan te jagen. Toch gaan de internationale economische denktanks ervan uit dat de 'veerkrachtige' economie van de VS zich sneller en krachtiger zal herstellen dan de Europese economie, die meer tijd nodig heeft om op stoom te komen. Hoewel binnen de Europese Unie pogingen zijn en worden gedaan het crisisbeleid op elkaar af te stemmen, gaan de lidstaten vooral hun eigen weg en dat doet afbreuk aan de stimulerende werking.

Voor wat betreft de financiële sector in het bijzonder: in alle landen is er sprake van vormen van staatssteun (kapitaalinjecties en garanties) voor het bankwezen en staatsgaranties voor de spaartegoeden van spaarders. Via de staatsgaranties moet ook het interbancaire leningenverkeer weer op gang komen. De omvang van het pakket voor de Europese banksector (kapitaalsteun plus garanties) was medio 2009 opgelopen tot een totaal bedrag van ruim 30% van het BBP van de EU.

Box 44 Top-5 van EU-landen met de grootste staatssteun
(kapitaalinjecties plus garantiestellingen) aan de financiële
sector in miljarden euro, medio 2009

	Kapitaalinjecties		Garantiestellingen	
	Maximum	Uitgegeven	Maximum	Opgenomen
Duitsland	99	38	445	175
Engeland	54	40	337	148
Nederland	46	46	200	33
Frankrijk	24	16	320	59
België	–	19	241	56

Bron: www.eceuropa.eu/comm; www.ebc.int

Deze omvangrijke steunoperaties hebben er nog niet toe geleid dat de
kredietverlening in de EU weer in voldoende mate op gang is gekomen.
Dat blijkt niet alleen uit de juli 2009-rapportage van de Europese Centrale Bank (www.ecb.int), maar ook uit de talloze klachten van het Europese bedrijfsleven. Europese burgers en bedrijven kunnen nog steeds
moeilijk aan kredieten komen. Dit heeft ertoe geleid dat in verschillende
landen, zoals Duitsland en Engeland, de politiek de banksector onder
druk zet om de kredietkraan open te draaien.

Ook worden gedachten geopperd om zelf als staat kredieten te gaan
verstrekken. Dit idee loopt de kans onmiddellijk getroffen te worden door
een veto van de Europese Commissie. Op grond van de zogenoemde Europese staatssteunregels kan de Commissie bepaalde vormen van staatssteun van lidstaten verbieden. Bij het begin van de kredietcrisis zijn deze
regels soepel toegepast onder voorwaarden dat na de reddingsoperaties
voor de banken de banksector zou worden geherstructureerd. Op grond
van de staatssteunregels heeft Brussel juni 2009 geëist dat alle EU-lidsta-

ten zo snel mogelijk, in beginsel binnen vijf jaar, hun banksector moeten saneren. Dit komt erop neer dat banken weer op eigen benen moeten gaan staan en dat de staatssteun moet worden afgebouwd.

Binnen de EU wordt in toenemende mate geklaagd over concurrentievervalsing in de Europese financiële sector. Zo klaagt de Spaanse banksector dat ze wordt geconfronteerd met banken in andere lidstaten die dankzij de staatssteun van hun regering beter kunnen concurreren. Spaanse banken waren voldoende sterk om de kredietcrisis zonder kapitaalinjecties van hun regering te kunnen overleven. Ook vanuit sommige lidstaten wordt bij Brussel aangedrongen om in de EU weer zo snel mogelijk een gelijk speelveld voor financiële instellingen te realiseren. De kans op snelheid is niet groot. De Europese banken beschikken in het algemeen nog steeds over onvoldoende eigen vermogen. Bovendien krijgen ze te maken met nieuwe regelgeving waardoor ze verplicht worden tot een hoger eigen vermogen en ook hogere buffers moeten aanhouden. Deze verliezen tasten het bankvermogen aan. Het is dan ook een realistische veronderstelling dat de meeste Europese banken in ieder geval de komende vijf jaar aan het infuus van de overheden blijven hangen.

Net als in de VS probeert de Europese Centrale Bank met renteverlagingen de Europese economie op te peppen. Deze rente is in de Eurozone stapsgewijs verlaagd tot 1%. De vraag rijst of deze verlagingen veel zullen helpen. De recessie die in de EU heeft toegeslagen, is vooral het gevolg van de beperkte en duurdere kredietverlening. Burgers en bedrijven kunnen moeilijk aan leengeld komen en moeten daarvoor ook meer betalen. Daardoor wordt er minder geconsumeerd en lopen de investeringen van bedrijven terug. Orders worden vertraagd of afgeblazen. Bedrijven komen in de problemen en schrappen banen. Daarnaast zijn er burgers en bedrijven die in het verleden veel bij hun bank hebben geleend en nu laten weten dat ze niet meer in staat zijn de lening af te lossen. Banken en financiële instellingen die toch al door de kredietcrisis zijn getroffen, worden opnieuw met verliezen geconfronteerd. Daardoor worden ze nog voorzichtiger met het uitlenen van geld. Al deze ontwikkelingen versterken de economische neergang.

Voor het herstel van de Europese economie zijn twee ontwikkelingen essentieel. De kredietverlening moet in voldoende mate hersteld worden en het consumenten- en producentenvertrouwen dat historisch gezien laag ligt, moet fors omhoog. Er kan een moment komen dat binnen Europa vastgesteld moet worden dat de EU-economie onvoldoende snel herstelt en dat de oorzaak vooral ligt bij de beperkte en dure kredietverlening. In dat geval moet voorkomen worden dat lidstaten op eigen houtje eigen staatsregelingen gaan treffen. Daarom is het gewenst dat de Europese Commissie in samenwerking met de Europese Centrale Bank nu al een plan uitwerkt voor een (tijdelijke) overkoepelende Europese kredietverlening aan het bedrijfsleven.

Box 45 Hoe komen we weer tot een normale kredietverlening?
De wereldeconomie kan alleen uit het dal klimmen als wereldwijd banken weer op een normale wijze tegen normale voorwaarden kredieten aan burgers en bedrijven gaan verlenen. Zomer 2009 is daarvan nog steeds geen sprake. De kredietverlening is nog niet hersteld, de leningsvoorwaarden zijn aangescherpt en de rentekosten liggen hoog. Burgers en bedrijven komen daardoor moeilijk aan leningen. Banken kampen niet alleen met zwaar aangetaste eigen vermogens, maar ook met een toenemend risico vanwege de economische neergang. Door de economische malaise is het risico toegenomen dat burgers en bedrijven niet meer kunnen voldoen aan hun rente- en aflosverplichtingen. Bovendien zijn er banken waarvan de eigen vermogens nog verder zullen dalen, omdat ze geconfronteerd worden met nieuwe tegenvallers in de vorm van in het verleden verstrekte 'slechte' kredieten; de leners blijken niet meer in staat te zijn de kredieten af te lossen. Daarnaast hebben banken te maken met aangescherpte eisen voor de omvang van het eigen vermogen. Dit moet hoog genoeg zijn om nieuwe kredieten te kunnen verlenen.
Hoe zorgen we ervoor dat de kredietverlening weer vlot wordt getrokken? Tijdens de vergadering van twintig belangrijkste economieën van de wereld (de G20) op 2 april 2009 in Londen zijn daarvoor geen oplossingen gevonden. Landen gaan hun eigen weg en komen met verschillende methoden. We zien daarbij dat de oprichting van zogenoemde 'bad banks' steeds meer aanhangers krijgt. Bij deze opzet is het de bedoeling dat alle slechte leningen (ook wel aangeduid als 'giftig') van banken tegen een bepaalde vergoeding worden overgenomen door een op te richten staatsfonds, de bad bank, dat geld uit de schatkist krijgt. Banken kunnen aan dit fonds hun giftige leningen verkopen en langs die weg weer een gezond eigen vermogen realiseren, waardoor hun kredietverlening weer op gang kan komen. Het staatsfonds moet vervolgens proberen de slechte leningen aan beleggers te verkopen.

Een voorbeeld van deze methode zien we in de VS, waar het staatsfonds niet alleen gefinancierd wordt door de Amerikaanse schatkist, maar voor een deel ook door particuliere beleggers. Eind juli 2009 heeft de Duitse regering van de Europese Commissie toestemming gekregen om in Duitsland het bad-banksysteem in te voeren.

Er kleven verschillende bezwaren aan bad banks. In de eerste plaats moeten er afspraken worden gemaakt over de definitie van slechte leningen. Wat valt onder slechte leningen: zijn dat alleen de vergiftigde subprime-hypotheken of ook risicovolle creditcardschulden, studentenleningen enzovoort? Daarnaast rijst de vraag of slechte andere bezittingen van banken, zoals in de onroerendgoedsector die voor een deel in elkaar is gestort, er ook onder moeten vallen. In de tweede plaats is het zeer moeilijk vast te stellen wat de economische waarde is van de slechte leningen: welke prijs moet het fonds daarvoor gaan betalen. Per bank zal je, afhankelijk van het leningenpakket, met een (subjectieve) waardering moeten komen: er is geen 'normale' marktprijs voor deze financiële producten. Een ander bezwaar is de gigantische kostenpost voor de schatkist die uiteindelijk door de belastingbetalers betaald moet worden. Met de aankoop van slechten leningen kunnen vele tientallen miljarden gemoeid zijn, terwijl het zeer onzeker is of het staatsfonds erin zal slagen een deel van dit geld weer terug te verdienen door de slechte leningen aan beleggers door te verkopen of de leningen aan te houden tot deze vervallen.

Vanwege deze bezwaren zien we ook pleidooien voor volledige tijdelijk nationalisaties van het bankwezen. Regeringen nemen de banken volledig over en zorgen er niet alleen voor dat ze financieel gezond worden, maar ook dat de staatsbanken in snel tempo de kredietverlening op gang brengen tegen normale voorwaarden en tarieven. Ook deze overnames kosten veel geld en komen voor rekening van de belastingbetalers. Daartegenover staan wel voordelen. Regeringen hebben meer mogelijkheden om de kredietverlening te versnellen en te verruimen. Voor het herstel van de economie is dit essentieel. Is de economie voldoende hersteld dan ligt het voor de hand om de banken, indien mogelijk met winst, aan de markt te verkopen. Naast particuliere beleggers kunnen bijvoorbeeld pensioenfondsen kopers zijn.

Indien blijkt dat het met bad banks en andere overheidsregelingen niet lukt om de kredietverlening op een normaal peil te brengen, dan blijft er voor regeringen alleen dat paardenmiddel over: een tijdelijke volledige nationalisatie van het bankwezen. In de loop van 2009 zien we positieve ontwikkelingen in de banksector die de kans daarop doen afnemen. Begin mei 2009 werd daarvoor de basis gelegd door de uitkomst van de Amerikaanse stresstest onder de negentien grootste banken van de VS (www.federalreserve.gov). Uit dit onderzoek naar de 'gezondheid' van deze banken komt naar voren dat ze voldoende kapitaalkrachtig zijn om een verdere verslechtering van de economie te kunnen opvangen. Wel is het nodig dat tien banken extra kapitaal gaan aantrekken. In totaal gaat het daarbij om 75 miljard dollar. De bedoeling is dat de banken dit bedrag zelf financieren door bijvoorbeeld de uitgifte van aandelen of de verkoop van dochterondernemingen. Mocht dit onvoldoende lukken dan is de Amerikaanse overheid bereid aan banken kapitaalsteun te verstrekken. Hoewel de waarde van de Amerikaanse banktest niet moeten worden overschat, de uitkomst is waarschijnlijk beïnvloed door het politieke proces, draagt de uitkomst wel bij tot een verbetering in het vertrouwen in de banksector. En dat helpt bij het herstel van de economie.

Stimuleringspakketten voor de economie
Buiten de miljarden steun waarmee de Europese landen hun banksector overeind hebben gehouden, zijn door veel landen in 2008 en 2009 economische stimuleringspakketten in werking gezet om hun economie aan te jagen. De overheidsbedragen die daarmee gemoeid zijn, variëren van circa 1% tot 5% van het nationale BBP van de landen. Tot de stimuleringskoplopers in de EU behoren Spanje, Frankrijk en Duitsland. Daarnaast wordt de Europese economie met renteverlagingen gestimuleerd door de Europese Centrale Bank: begin mei 2009 is de rente verlaagd tot 1%. Naast de staatssteun en garanties voor het bankwezen omvatten deze pakketten de volgende maatregelen:
- Lastenverlichting voor burgers en bedrijven. Belastingen worden verlaagd en bedrijven krijgen fiscale voordelen, zoals extra aftrek voor bedrijfsinvesteringen. Volgens een onderzoek van belastingadviseur Ernst&Young is met de crisisinzet van fiscale maatregelen in de OESO landen een bedrag gemoeid van gemiddeld 2,3% van het BBP (www.ey. com).
- Reeds geplande investeringsprojecten van de overheid die betrekking hebben op de infrastructuur (wegen, waterwerken, bruggen, tunnels) worden versneld uitgevoerd.

- Burgers en bedrijven die financieel in de problemen komen, kunnen een beroep doen op speciale overheidsfondsen.
- Banken worden gestimuleerd om hypothecaire leningen en bedrijfsleningen aan burgers en bedrijven te verstrekken. De staat stimuleert dit door borg te staan voor een deel van het risico dat de bank met deze leningen loopt.
- Specifieke staatssteun voor bedrijfstakken die extra hard door de crisis worden geraakt. In veel landen zijn dat de bouwsector en de autoindustrie, maar naarmate de crisis zich verder verdiept komen ook andere sectoren zoals de transportsector en de horeca in de problemen.

In onderstaande box wordt een overzicht gegeven van de economische groei in Europa, de VS en Japan voor de crisis, en een prognose voor 2009 en 2010 en de oplopende staatsschulden in de EU. Ik wijs erop dat de ontwikkelingen in de wereldeconomie met zoveel onzekerheden omgeven zijn dat de prognoses voor de economische groei in 2009 en 2010 bijna per kwartaal bijgesteld moeten worden.

Box 46 Overzicht groeipercentages (%BBP) en omvang staatsschulden (%BBP) in Europese landen

Gemiddelde groei		Jaarlijkse groei (tussen haakjes omvang staatsschuld)			
	2002-2006	2007	2008	2009	2010
België	2,1	2,8 (84,0)	1,2 (89,6)	-3,5 (95,7)	-0,2 (100,9)
Denemarken	1,8	1,6 (26,8)	-1,1 (33,3)	-3,3 (32,5)	0,3 (33,7)
Duitsland	0,9	2,5 (65,1)	1,3 (65,9)	-5,4 (73,4)	0,3 (78,7)
Engeland	2,5	3,0 (44,2)	0,7 (52,0)	-3,8 (68,4)	0,1 (81,7)
Finland	2,9	4,2 (35,1)	0,9 (33,4)	-4,7 (39,7)	0,2 (45,7)
Frankrijk	1,7	2,2 (63,8)	0,7 (68,0)	-3,0 (79,7)	-0,2 (86,0)
Griekenland	4,3	4,0 (94,8)	2,9 (97,6)	-0,9 (103,4)	0,1 (108,0)
Ierland	5,5	6,0 (25,0)	-2,3 (43,2)	-9,0 (61,2)	-2,6 (79,7)
Italië	0,9	1,6 (103,5)	-1,0 (105,8)	-4,4 (113,0)	0,1 (116,1)
Luxemburg	4,4	5,2 (6,9)	-0,9 (14,7)	-3,0 (16,0)	0,1 (16,4)

→

Gemiddelde groei	Jaarlijkse groei (tussen haakjes omvang staatsschuld)				
	2002-2006	2007	2008	2009	2010
Nederland	1,6	3,5 (45,6)	2,1 (58,2)	-3,5 (57,0)	- 0,4 (63,1)
Oostenrijk	2,2	3,1 (59,4)	1,8 (62,5)	-4,0 (70,4)	- 0,1 (75,2)
Portugal	0,7	1,9 (63,5)	0,0 (66,4)	-3,7 (75,4)	- 0,8 (81,5)
Spanje	3,3	3,7 (36,2)	1,2 (39,5)	-3,2 (50,8)	- 1,0 (62,3)
Zweden	3,2	2,6 (40,5)	-0,2 (38,0)	-4,0 (44,0)	0,8 (47,2)
Eurogebied	1,7	2,7 (66,0)	0,8 (69,3)	-4,0 (77,7)	-0,1 (83,8)
EU	2,0	2,9 (58,7)	0,9 (61,5)	-4,0 (72,6)	-0,1 (79,4)
VS	2,7	2,0	1,1	-2,9	0,9
Japan	1,7	2,4	-0,7	-5,3	0,1

Bron: cijfers EU (www.ec.europa.eu)

De opkomst van China

China telt meer dan 1,3 miljard inwoners en is de vierde grootste economie van de wereld. Daarnaast is het de tweede handelsnatie. In China zijn de economische hoofdsectoren: landbouw met circa 15%, diensten met 33% en industrie met 52% van het BBP. Het land wordt geregeerd door de communistische partij. Het economische beleid wordt nog steeds bepaald door het zogenoemde politbureau op basis van vijfjaren programma's. De Chinese Staatsbedrijven spelen daarbij de belangrijkste rol. De afgelopen dertig jaar heeft het communistische regime in toenemende mate de opkomst van een nog beperkte particuliere sector mogelijk gemaakt.

Door sommige economen is het idee geopperd dat de opkomende economieën, de BRIC-landen, de wereldeconomie uit het slop kunnen halen. Vooral China zou als trekpaard kunnen fungeren. Die gedachte overschat de kracht van deze economieën. Weliswaar laten deze landen ondanks de crisis nog relatief hoge groeicijfers zien, maar tegelijkertijd hebben ze deze groei ook nodig om in eigen huis orde op zaken te stellen. Zo heeft China ten minste een jaarlijkse economische groei van circa 8% nodig om voldoende banen te creëren voor de snel stijgende beroepsbevolking. Medio 2009 heeft de Chinese regering kenbaar gemaakt dat dit percentage in 2009 gehaald zal worden. Hoewel internationaal twijfels bestaan over de hardheid van de Chinese cijfers is wel duidelijk dat de Chinese economie opvallend goed draait. Ook de IMF-prognoses wijzen daarop. Het IMF gaat ervan uit dat de Chinese economie in 2009 met 7,5% en in 2010 met 8,5% groeit. Ter vergelijking, voor de wereldeconomie voorspelt het IMF voor 2009 en krimp van 1,4% en volgend jaar een lichte groei van 2,5%.

Een belangrijk deel van de Chinese groei wordt bepaald door de export naar westerse economieën, vooral de VS. Daar komt nog bij dat er sprake is van een toenemende verwevenheid tussen de Amerikaanse en Chinese economie. China behoort op dit moment tot de grootste financiers van de Amerikaanse staatsschuld en heeft belang bij een goed draaiende Amerikaanse economie. Daarom blijft het nog steeds Amerikaanse staatsobligaties kopen. Ook eigenbelang speelt hierbij een belangrijke rol. Door zo de koers van de dollar te steunen, kan de Chinese munt, de yuan, laag worden gehouden ten opzichte van de dollar. Met de lage yuan zijn de Chinezen erin geslaagd een omvangrijke export naar de VS op te bouwen. Ook naar de EU is de export fors gestegen. In 2000 bedroeg de export van China naar de EU 75 miljard euro; in 2008 was dat opgelopen tot 248 miljard. Voor de EU lagen de exportcijfers naar China aanzienlijk lager: in 2000 26 miljard en in 2008 78 miljard. China staat in 2009 op tweede plaats op de ranglijst van grootste exporteurs in de wereld.

Volgens een studie van het IMF is de exportstrategie van China op de langere duur onhoudbaar. Deze strategie van het realiseren van een hoge groei door een massale export kan leiden tot een enorme overcapaciteit in de wereldexportindustrie, bijvoorbeeld op de staalmarkt. Dit leidt tot dramatische prijsdalingen die als een boemerang terugkomen bij de Chinese exportbedrijven die hun winsten zien dalen. Volgens de IMF-studie kan China zijn hoge groei alleen volhouden als op volle kracht de binnenlandse consumptie wordt gestimuleerd.

China en de andere opkomende economieën zouden als trekpaard van de wereldeconomie kunnen functioneren als ze massaal goederen en diensten zouden importeren uit de westerse economieën. En daar ziet het niet naar uit. Het past niet in de Chinese economische strategie en bovendien is ook China door de crisis geraakt. De werkloosheid is sterk opgelopen en in China wordt dan ook de nadruk gelegd op het stimuleren van de binnenlandse bestedingen met behulp van belastingvoordelen en het behoud van werk door subsidies te geven aan verlieslijdende bedrijven. Daarbij worden Chinese consumenten geprikkeld om Chinese lokale producten te kopen.

In China zien we signalen van een economisch nationalisme. Dat wordt bevestigd door een toenemend aantal buitenlandse bedrijven dat in China opdrachten wil uitvoeren, maar deze 'verliest' aan Chinese bedrijven. Zo gingen in de loop van 2009 de contracten voor de bouw van zes grote windparken in China niet naar ervaren westerse parkbouwers die meedongen, maar naar Chinese bedrijven die nog nooit een windpark hebben gebouwd. De Chinezen gaan er vanuit dat ze deze technische kennis elders kunnen kopen.

De Chinese regering heeft daarnaast een andere strategie die door de Chinese premier Wen Jiaobao wordt aangeduid als *'going out'*. De Chinese Volksrepubliek beschikt in 2009 met een bedrag van circa 2 100 miljard dollar over de grootste deviezenreserve in de wereld. Met dit bedrag wil de Chinese regering Chinese bedrijven ondersteunen om buitenlandse ondernemingen over te nemen of daarin een aandelenbelang te nemen. Tot voor kort gaf China relatief weinig uit aan buitenlandse aankopen, maar nu veel westerse bedrijven als gevolg van de crisis in waarde zijn gedaald gaat China op koopjesjacht. Daarbij gaat het vooral om bedrijven die actief zijn op terreinen die van belang zijn voor de Chinese economie, zoals grondstoffen en levensmiddelen. Er zijn bijvoorbeeld reeds belangen genomen in de Britse drankenfabrikant Diageo, in BP, Tesco en Blackstone. Voor buitenlandse aankopen maakt China onder meer gebruik van haar staatsfonds China Investment Corp (CIC).

Zomer 2009 heeft het Chinese bedrijf XEMC in Nederland 'geruisloos' het innovatiebedrijf Darwind gekocht. Darwind, gevestigd te Utrecht, is gekocht van de curatoren van Econcern dat in juni failliet ging. Darwind ontwikkelt geavanceerde windturbines die zeer geschikt zijn voor windparken op zee. Het is onbegrijpelijk dat het Nederlandse bedrijfsleven en belanghebbende overheden dit hebben laten gebeuren.

Sommige landen kijken met enige bezorgdheid naar de Chinese kooplust. Zo heeft de Australische regering begin 2009 de poging van het Chinese bedrijf Chinalco geblokkeerd om een groot belang te nemen in het Australische mijnbedrijf Rio Tinto. Australië was bang dat China te veel macht zou krijgen over de grondstoffen industrie. Ook in andere landen beraden regeringen zich over de vraag of ze niet met regelgeving moeten komen om hun nationale bedrijfsleven te beschermen tegen overnames door buitenlandse Staatsfondsen, zoals het Chinese CIC. Verschillende landen, waaronder bijvoorbeeld de VS, beschikken al over regelgeving om overnames in bepaalde sectoren vanwege landsbelang te voorkomen.

De 'going out'-strategie van China kan gevolgen hebben voor de VS. Tot op heden besteedden de Chinezen een groot deel van hun reserves aan het kopen van Amerikaanse staatsleningen. Maar doordat de waarde van de dollar is gaan dalen, mede als gevolg van de grote schuldenlast waarmee de VS te kampen hebben, wil China haar reserves meer renderend gaan inzetten. Voor de VS levert dit problemen op. Naarmate China minder Amerikaanse staatsobligaties koopt moeten de VS elders op de internationale kapitaalmarkt financiering vinden en dat kan ertoe leiden dat er een hogere rente betaald moet worden. De kans bestaat ook dat de Amerikaanse Centrale Bank de inflatie laat oplopen om zo de gigantische Amerikaanse schuldenberg wat te verkleinen. Ook dit kan tot een hogere rente leiden wat het herstel van de economie kan vertragen.

Chinees stimuleringsplan

Op 10 november 2008 presenteerde de Chinese regering een omvangrijk stimuleringsplan van circa 450 miljard euro (ongeveer 15% van het Chinese BBP) om weer vaart te brengen in de afzwakkende economische groei. De groei bedroeg in 2007 nog 13%, maar viel in 2008 terug tot 6,8%. Met dit pakket dat zich richt op het bevorderen van de binnenlandse bestedingen moet in 2009 een groei van ten minste 8% worden gehaald. De Chinese stimulans omvat naast belastingverlagingen, overheidsinvesteringen in wegen, nieuwe spoorwegen, elektriciteitscentrales, ziekenhuizen, steden en scholen. De financiering van de gigantische uitgaven levert geen problemen op. China kan het enorme bedrag gemakkelijk betalen uit zijn grote begrotingsoverschot.

Hoewel niet duidelijk is of dit pakket ook maatregelen omvat waartoe al eerder was besloten, staat wel vast dat het een stevige impuls is voor de economie. Volgens westerse beleggers die actief zijn in China wordt er vooral veel geïnvesteerd in infrastructurele projecten waarbij de kwantiteit boven de kwaliteit gaat, en er ook sprake zou zijn van (nutteloze) projecten die vooral bedoeld zijn als werkverschaffing (www.bloomberg.com). Ditzelfde zagen we in Japan toen de regering begin jaren negentig de toenmalig crisis wilde bestrijden met grote bouwprojecten die, nadat ze gereed waren, geen functie hadden.

Zomer 2009 kampt China, vooral door de terugval van de export, met het probleem van een toenemende aantal werklozen en de gevolgen daarvan. Deze problematiek wordt nog niet weerspiegeld in de Chinese financiële sector. In vergelijking met andere beurzen in de wereld scoren de Chinese effectenbeurzen in het eerste halfjaar van 2009 fors hoger. Medio 2009 stonden ze met een totale waarde van 3200 miljard dollar op de twee plaats van de wereldbeursmarkt. De vs hadden toen met een waarde van ruim 11.000 miljard dollar nog een ruime voorsprong, maar de Chinese beurzen lieten tijdens het eerste half jaar van 2009 een groei zien die circa 20 keer zo groot was als de beursgroei van de vs. Volgens Mark Mobius, voorzitter van Templeton Asset Management, een grote belegger in opkomende landen, kan de beurswaarde van aandelenmarkt van China die van de vs binnen drie jaar passeren als de staatsbedrijven in China nieuwe aandelen gaan uitgeven en de Chinese bevolking meer aandelen gaat kopen (www.bloomberg.com).

Aan de andere kant is niets zo grillig als de beurs. Maandenlang gingen de beurzen in China scherp omhoog totdat op maandag 17 augustus 2009 de beurs van het Chinese Sjanghai op één dag met bijna 6% daalde en dat is één van de grootste dalingen op deze beurs. Beleggers hadden massaal angst voor oververhitting en gingen hun aandelen snel verkopen om de forse waardestijging van de afgelopen maanden binnen te halen. Volgens veel beleggers was de beurs door de snelle koersoploop in de afgelopen maanden zwaar overgewaardeerd. Analisten beschouwen de forse koersdaling als een correctie op een te hoge waardering en gaan ervan uit dat de Chinese beurzen, zeker naarmate de economische groei in China versnelt en de wereldeconomie zich herstelt, zullen blijven groeien.

Het Chinese communistische regime zit stevig in het zadel
Alle ontwikkelingen wijzen er op dat China de komende decennia in toenemende mate zowel politiek als economisch tot de machtigste landen van de wereld zal behoren. Twintig jaar geleden tijdens de grote demonstraties van studenten en arbeiders in Peking dachten veel Chinakenners nog dat het Communistische regime hervormd zou worden en er meer ruimte zou komen voor democratie. Die gedachte is niet uitgekomen. De Chinese Communistische Partij is er de afgelopen twintig jaar in geslaagd met een effectief pakket van maatregelen miljoenen extra banen te scheppen en een hoge economische groei te realiseren van gemiddeld rond de 10% per jaar. Het bestuur van de partij is verjongd en de (internationale)

professionaliteit is versterkt. In China is inmiddels een grote middenklasse ontstaan en alles wijst erop dat de Partij vast in het zadel zit. We kunnen er dan ook vanuit gaan dat het huidige politieke model en het economische groeibeleid gehandhaafd blijven.

In westerse politieke kringen leefde de hoop dat China door de globalisering en meer welvaart in eigen land, meer 'Westers' zou worden. Volgens Martin Jacques auteur van het boek *When China Rules the World: The Rise of the Middle Kingdom and the End of the Western World* is dit een illusie: 'Time will not make China more Western: it will make the West and the world more Chinese.' (www.economist.com). Voor de toekomst kan dit betekenen dat de wereldeconomie in toenemende mate 'geregeerd' zal worden door een land met een autoritair (communistisch) regime met een zogenoemde planeconomie.

Tot voor kort dachten internationale beleidsmakers dat dit geen realistische optie zou kunnen zijn. De Chinese communistische partij zou verzwakken en de groei zou vanzelf afkalven door de gigantische milieuproblematiek (onder andere lucht- en watervervuiling) die met de groei gepaard gaat. Ook door de vergrijzing van de bevolking zou de groei afgeremd worden. Deze vervuiling is inderdaad een groot probleem, maar wordt door het Chinese regime inmiddels onderkend. Dit wordt zichtbaar door de bouw van kerncentrales in plaats van steenkolencentrales en de bouw van grote windparken. China behoort binnenkort tot de koplopers op het terrein van windenergie.

De vergrijzing is en blijft een groot probleem omdat er voor de omvangrijke oudere generatie geen oudedagsvoorzieningen zijn opgebouwd. De armoede onder deze groep die veelal door hun kinderen wordt onderhouden is groot. China telt ongeveer 160 miljoen mensen onder de internationale armoedegrens.

Het huidige Chinese pensioenstelsel is onder andere gebaseerd op een omslagstelsel vergelijkbaar met de Nederlandse AOW. Daarnaast bestaat er ook een individuele pensioenregeling waarbij werknemers bij een pensioenfonds van hun bedrijf een pensioen kunnen opbouwen. Werkgevers en werknemers storten ieder een premie in het fonds dat later het pensioen gaat uitbetalen. Deze regeling werkt slecht; de deelname is beperkt omdat de fondsen niet goed functioneren en minimale rendementen realiseren. De overgrote meerderheid van de Chinezen moet het doen met een staatspensioentje en ondersteuning door kinderen en familie. Wie betaald werk heeft verricht komt in aanmerking voor een klein staatspensioen dat varieert tussen de 30 tot circa 170 euro per maand. Deze pensioenen moeten betaald worden door de werkende beroepsbevolking. Maar doordat het aantal pensioengerechtigde Chinezen razend snel stijgt, moeten de werkenden steeds meer pensioenpremies aan de staat afdragen. In 1990 waren er nog tien werkenden die samen het pensioen financierden voor één gepensioneerde. In 2009 moet dit bedrag opgebracht worden door zes mensen die werken en in 2020 door circa 3 mensen. Bovendien zijn de premies niet toereikend. De staat moet bijna een derde uit de schatkist bijbetalen. Voor een groot deel moet de Chinese pensioenproblematiek opgelost worden door meer banen te scheppen voor jongeren. De Chinese regering heeft al aangekondigd dat gewerkt wordt aan een nationaal pensioenstelsel dat over tien jaar moet worden ingevoerd.

China heeft inderdaad een groot ouderenprobleem dat zeker van invloed zal zijn op de groei van de economie, maar de verwachting is niet dat daardoor de opmars van China naar de economische kopgroep in de wereld zal worden verhinderd, hoogstens vertraagd. Bovendien moet de wereld er rekening mee houden dat China in toenemende mate de wereldhandel zal domineren. Deze machtspositie en concurrentiekracht wordt ook gesignaleerd in *Follies of Power* (2009) door David Calleo, hoogleraar politieke economie aan de Johns Hopkins universiteit in Baltimore, Maryland, in de VS. Hij verwacht dat de wereldhandel daardoor te maken zal krijgen met 'handelsoorlogen'.

De Japanse economie

De Japanse economie, na de VS de grootste economie van de wereld, is door de (krediet)crisis zwaar getroffen. Het land zit in de zwaarste recessie sinds de Tweede Wereldoorlog. De export van Japan die van essentieel belang is voor de groei van de economie is ingestort: op jaarbasis ongeveer gehalveerd. De krimp van de economie loopt op jaarbasis naar verwachting op tot boven de 5%. In een alles-of-niets-offensief presenteerde de Japanse regering medio april 2009 een stimuleringspakket ter waarde van ongeveer 115 miljard dollar: ongeveer 3% van het Japanse BBP. Voor dit land de grootste steunoperatie ooit. Tijdens de zogenoemde Japancrisis in 1991 waarna de Japanse economie jarenlang in een malaise heeft verkeerd ging het om ruim 60 miljard dollar.

Het aprilstimuleringspakket om de economie aan te jagen wordt besteed aan groene technologie, verbeteringen in de zorg- en onderwijssector en aan maatregelen die werkgelegenheid moeten scheppen. Het pakket wordt voor het grootste deel gefinancierd met de uitgifte van nieuwe staatsobligaties. De Japanse staatsschuld die bijna 200% bedraagt van het

BBP (in procenten de grootste schuldenlast van de westerse industrielanden) loopt daardoor nog verder op. Naast een torenhoge schuldenlast kampt Japan ook met een krimpende en vergrijzende bevolking.

Zomer 2009 zien we dat de Japanse economie uit de krimp komt en een lichte groei laat zien. Deze groei wordt toegeschreven aan de miljarden die door de Japanse regering in de economie zijn gepompt. Wordt Japan het komende decennium een economische wereldspeler? Internationale denktanks verwachten van niet. Door de vergrijzing, de krimpende bevolking en de toenemende concurrentie in de wereld voor de Japanse export is de heersende opinie dat de Japanse economie er de komende jaren niet in zal slagen om in de kopgroep te komen van de sterkst groeiende economieën in de wereld.

Hebben de stimuleringspakketten effect?
Overal ter wereld hebben landen in eerste instantie geld uitgetrokken om de financiële sector overeind te houden. Wereldwijd opgeteld komen deze reddingspakketten begin 2009 al uit op het astronomische bedrag van ruim 3000 miljard dollar (ongeveer 2000 miljard euro). Daarna zijn al heel snel wereldwijd maatregelen getroffen om de neergaande economie aan te jagen. Volgens berekeningen van de G20 zal het totale bedrag aan stimuleringspakketten in de wereld eind 2009 opgelopen zijn tot 5.000 miljard dollar (bijna 10% van de waarde van de wereldeconomie).

Het is de vraag of met de wereldwijde stimuleringspakketten de economie uit het slop kan worden gehaald. Zomer 2009 is de overheersende opinie dat de pakketten in ieder geval hebben voorkomen dat de economie verder is weggezakt, de vrije val is gestuit, en dat ze een bijdrage hebben geleverd aan het herstel dat op dat moment zichtbaar is. Wel rijst de vraag wat er gaat gebeuren als de pakketten zijn uitgewerkt. Zo leert de geschiedenis dat belastingverlagingen, die in de pakketten een belangrijke rol spelen, de economie kunnen aanjagen, maar het gaat daarbij wel om een tijdelijk effect. Algemene belastingverlagingen voor alle belastingbetalers kosten de schatkist veel geld en het effect op de economie is niet alleen tijdelijk, maar veelal ook beperkt. Zoals eerder vermeld, komt dit doordat veel belastingbetalers hun belastingvoordeel in onzekere tijden niet gebruiken om bestedingen te doen, maar voor het grootste deel gebruiken voor het aflossen van bestaande schulden en om te sparen. Belastingverlagingen die vooral ten goede komen aan de laagste inkomensgroepen zijn effectiever, ze stimuleren de groei van de economie: een groot deel van het belastingvoordeel zal door deze groepen worden uitgegeven aan consumptieve bestedingen. Belastingverlagingen die voor alle bedrijven gelden, ongeacht of ze investeren, zijn in de regel minder effectief dan belastingvoordelen die uitsluitend betrekking hebben op bedrijven die bedrijfsinvesteringen doen en daarvoor worden 'beloond' met een belastingverlaging. Ook moet worden bedacht dat deze verlagingen al snel leiden tot een groot tekort op de staatsbegroting en een snel oplopende staatsschuld.

De economische geschiedenis leert dat landen er verstandig aan doen tekorten en schulden zo veel mogelijk te voorkomen. Bij een recessie moeten oplopende tekorten en schulden voor lief worden genomen. Maar regeringen moeten al wel een solide werkplan ontwikkelen om als het herstel van de economie is ingetreden de tekorten en schulden zo snel mogelijk weg te werken. Doen ze dit niet of te laat dan heeft dit negatieve effecten op de economische ontwikkeling.

Daarnaast kan het ruime monetaire beleid waarmee de crisis wordt bestreden tot een snelle stijging van de inflatie leiden. In verschillende landen liggen scenario's klaar om deze stijging te voorkomen. In de VS heeft Fed-voorzitter Ben Bernanke in juli 2009 tijdens een hoorzitting in het Amerikaanse Congres gezegd dat de Centrale Bank voldoende instrumenten heeft om een te hoge inflatie te voorkomen. Zo kan de Fed de leningen die aan de financiële sector zijn verstrekt laten aflopen. Dit leidt tot minder geld in de economie. Ook kan de Fed verschillende maatregelen nemen die ertoe leiden dat de rente in de VS gaat stijgen.

In verschillende landen kloppen bedrijfssectoren die in de problemen komen, zoals de autoindustrie en de bouw, bij de overheid aan voor (financiële) steun. De ervaringen uit het verleden met staatssteunregelingen voor specifieke bedrijfssectoren zijn echter niet om over naar huis te schrijven. Verschillende landen hebben in de jaren zeventig van de vorige eeuw miljarden aan belastinggeld in verzwakte bedrijfssectoren gepompt. Dit heeft niet geholpen, de gesteunde bedrijven en sectoren vielen op termijn alsnog om. De werking van de markt laat zich slecht sturen door overheidssubsidies. Overheden hebben in die tijd vele miljarden aan belastinggeld in het water gegooid. Daar moet nu lering uit getrokken worden.

Aan het begin van de kredietcrisis moesten regeringen noodgedwongen de banksector met staatssteun overeind houden. Dat was toen een adequate reactie, maar die steun moet wel tijdelijk zijn. Bij een voldoende herstel van de economie moet de overheid zich weer snel uit het bankwezen terugtrekken en de markt zijn werk laten doen, maar wel een markt die voldoende gereguleerd wordt waardoor een nieuwe kredietcrisis kan worden voorkomen. Regeringen moeten zich nu niet laten verleiden tot het steunen van verouderde bedrijfstakken die zonder de crisis uiteindelijk ook zouden verdwijnen. Zolang de crisis duurt, is het beste beleid geen bezuinigingen en geen lastenverzwaringen voor burgers en bedrijven. Daarnaast moet de nadruk liggen op maatregelen die de kredietverlening weer op gang brengen, zodat de markt zelf het economisch herstel ter hand kan nemen. Dit herstel kan wel bevorderd worden door reeds geplande overheidsinvesteringen in de infrastructuur versneld uit te voeren, zoals we in veel landen zien.

Box 47 Modelberekeningen

Economische denktanks maken voor hun economische voorspellingen gebruik van computermodellen waarin de echte economie op basis van wiskundige formules wordt nagebootst. Uit deze modellen blijkt dat vooral extra overheidsbestedingen en investeringen de economie kunnen aanjagen. Volgens deze modellen zijn (tijdelijke) fiscale investeringssubsidies om bedrijfsinvesteringen aan te wakkeren ook effectief. Extra investeringen van bedrijven stimuleren de economische groei. Belastingverlagingen voor burgers bevorderen weliswaar ook de groei van de economie, maar ze zijn duur. Ze kosten de schatkist veel geld en de belastingverlaging wordt door burgers maar voor een klein deel gebruikt voor extra bestedingen waardoor de economie wordt aangejaagd. Veel burgers gebruiken het geld van de belastingverlaging om te sparen of voor het aflossen van schulden: de economie wordt daarmee niet gestimuleerd.

De modellen laten ook zien dat in het algemeen met tijdelijke belastingverlagingen de economie effectiever kan worden opgepept dan met permanente verlagingen. Op basis van deze modellen is berekend dat door de stimuleringspakketten van de Europese landen de groei in Europa met circa 0,75%-punt wordt aangejaagd. Anders gezegd: door deze impuls zal de Europese economie dus minder krimpen.

Critici van deze modellen zijn van mening dat de nabootsing van de echte economie in formules niet alleen gebrekkig is, maar ook dat ze te mooie uitkomsten geven. De modellen zouden de stimulerende kracht van de crisispakketten overschatten. Bovendien is het effect dat optreedt tijdelijk en moet de economie daarna op eigen kracht weer verder groeien.

Verlaging rente

De economische geschiedenis laat zien dat renteverlagingen van Centrale Banken de economie kunnen oppeppen. Maar het blijkt daarbij veelal
te gaan om een tijdelijke impuls. Bovendien worden de effecten kleiner
naarmate de verlagingen elkaar opvolgen. Hoe lager de rente, hoe minder
de effecten op de economie zijn van volgende verlagingen. Daarom is het
van belang dat Centrale Bankiers niet al hun kruit verschieten, maar een
verlaging achter de hand houden voor als het 'echt' nodig is.

Protectionisme in stimuleringspakketten

Uit Europees onderzoek (www.eu.nl) blijkt dat veel stimuleringsprogramma's om de economie aan te jagen uitlopen op handelsbelemmerin-
gen. Vormen van protectionisme die de vrije handel verstoren zien we
vooral op het vlak van de automobielsector, staal en andere metalen, land-
bouwproducten en voedsel. In de studie worden voorbeelden genoemd
van handelsbeperkende maatregelen van China, de VS en Rusland die de
Europese export afremmen. Deze landen hebben maatregelen getroffen
om het eigen bedrijfsleven te steunen en te beschermen.

Ook binnen de EU zelf zijn er lidstaten die met staatssteun bedrijven en
bedrijfssectoren overeind houden, waardoor concurrentievervalsing ontstaat met andere lidstaten. Vooral de grotere EU-lidstaten vinden dat ze
tijdens deze zware recessie meer eigen beleidsruimte moeten hebben. De
praktijk wijst uit dat de Europese Commissie daartegen onvoldoende kan
optreden. Aan de andere kant neemt de EU zelf ook handelsbelemmeren-
de maatregelen bijvoorbeeld in de vorm van importheffingen op bepaalde goederen die afkomstig zijn uit landen buiten de EU.

De economische geschiedenis leert dat protectionisme een negatieve
invloed heeft op de economische groei en het niveau van de welvaart.
Sinds het ontstaan van de crisis wordt veelvuldig, en van veel kanten daartegen gewaarschuwd. Dat helpt niet echt. De politieke leiders van landen
beloven tijdens internationale bijeenkomsten dat hun land geen handels-
belemmerende maatregelen zullen treffen, maar eenmaal thuis is alles anders. Als een belangrijke nationale bedrijfssector op de stoep staat die
gered wil worden en waarmee duizenden arbeidsplaatsen gemoeid zijn
dan is deze belofte vaak weer snel vergeten. Het valt te vrezen dat de wereld de komende jaren te maken zal krijgen met een toename van protectionisme. Na de crisis worden veel landen geconfronteerd met verzwakte
bedrijfssectoren en een hoog opgelopen werkloosheid. De politieke macht-

hebbers ontkomen er niet aan – en anders worden ze wel door de publieke opinie gemaand – nationale maatregelen te treffen. De kans is dan ook groot dat we door deze ontwikkeling de komende jaren het protectionisme zal toenemen.

Waar moet de toekomstige groei vandaan komen?
Voor de crisis was de Amerikaanse economie, de grootste van de wereld, een belangrijk trekpaard voor de mondiale groei. In de VS wordt de groei voor circa 70% bepaald door kooplustige consumenten. Deze kooplust werd de afgelopen jaren in belangrijke mate bevorderd doordat veel consumenten met geleend geld hun aankopen betaalden. Het valt niet te verwachten dat de Amerikaanse consumenten de komende jaren voldoende zullen gaan uitgeven om de Amerikaanse economie en daarmee ook de wereldeconomie een extra impuls te geven. De werkloosheid in de VS is fors opgelopen, veel Amerikanen zijn platzak en kampen met hoge schulden. We zien dat de Amerikaanse consumenten daardoor meer gaan sparen. Ook van Europese en Japanse consumenten worden geen groei-impulsen verwacht. Globaal gezegd gaat het hier veelal om mensen die eerder willen sparen dan uitbundig geld uitgeven.

Wie gaat dan wel de mondiale economie aanzwengelen? Er zijn economen die naar China verwijzen. Maar dan is het wel nodig dat de Chinese consumenten massaal importgoederen gaan kopen. Los van het feit dat veel Chinezen slechts een gering inkomen hebben, is het Chinese overheidsbeleid zoals eerder in dit boek al aangegeven vooral gericht op export en *'going out'*. En het ziet er niet naar uit dat dit beleid op de korte termijn zal veranderen. We mogen dan ook niet verwachten dat de wereldeconomie zal worden aangezwengeld door groei-impulsen vanuit China. Ook vanuit Europa niet. In Europa kalft de beroepsbevolking af en de vergrijzing neemt toe. Deze ontwikkeling leidt tot een vermindering van het groeipotentieel.

Toekomstige groei zien we ook in opkomende ontwikkelingslanden, zoals India, Brazilië en Mexico. Maar deze impulsen zijn nog te klein om de wereldeconomie weer op stoom te brengen. Zo begint het er op te lijken dat de wereld weer moet wachten op het herstel van de kooplust van Amerikaanse consumenten. Het zou onverstandig zijn daarop te hopen of te wachten. Zelfs de Amerikaanse regering hoopt daar niet op. Washington gaat ervan uit dat de groei van de Amerikaanse economie het komende decennium vooral gerealiseerd moet worden door extra export.

Bij dit slechte nieuws moeten we nog optellen dat de toekomstige groei van de wereldeconomie wordt bedreigd door de financiering van staatsschulden. Door de miljarden aan financiële staatssteun aan banken en andere bedrijven krijgen veel landen te maken met een toenemende staatsschuld. De praktijk laat zien dat het voor overheden steeds moeilijker wordt om deze oplopende schuld te financieren. Beleggers vinden de rente die ze op de staatsobligaties krijgen aan de lage kant, en staan niet meer massaal te springen om de obligaties aan te kopen. Geschat wordt dat in 2009 wereldwijd overheden in totaal 3000 miljard dollar moeten 'ophalen' (in 2008 ging het om circa 1000 miljard). De kans is groot dat dit bedrag alleen kan worden opgehaald door aan beleggers een hogere rente te bieden. Maar een oplopende rente is in beginsel slecht voor de economische ontwikkelingen. In hoofdstuk 8 zal ik betogen dat de wereld een nieuwe innovatie groeigolf moet creëren, de zesde Kondratieff.

8

De wereld na de crisis, de opkomst van WIJ

Waarom zal de wereld veranderen?

Er zijn verschillende redenen waarom de (economische) wereld na afloop van de crisis een andere zal zijn dan vóór de crisis. De belangrijkste worden hieronder opgesomd. Ze hebben betrekking op de publieke sector, waar overheden een ander beleid moeten gaan voeren. Maar ook de marktsector waar bedrijven op zoek moeten gaan naar andere business-modellen en rekening moeten houden met een nieuwe generatie werknemers; de vergrijzing, de opkomst van de digitale economische wereld, het nieuwe belonen, de internationale wereld waar de economische machts-verhoudingen ingrijpend gaan veranderen en Europa, dat economisch de boot dreigt te missen. Daarnaast moeten we gaan wennen aan de aantas-ting van het geloof in de werking van de vrije markt. Er moet een nieuwe agenda worden opgesteld voor de aanpak van het klimaatprobleem en het energievraagstuk; het nieuwe denken over (groene) groei. De opmars van normen en waarden zal zowel bij de overheid als het bedrijfsleven het be-leid beïnvloeden. Als gevolg van de crisis zullen er ingrijpende verande-ringen optreden in de financiële wereld en het onderwijs voor deze sec-tor. Economische (wiskundige) modellen en theorieën die niet bleken te werken, komen op de operatiekamer terecht. En we zien de dreiging van het inflatiespook.

Lagere economische groei

Vrijwel alle landen in de wereld worden na afloop van de crisis geconfron-teerd met hoge begrotingstekorten, torenhoge staatsschulden en een hoge werkloosheid. Dit vraagt een overheidsbeleid waarbij omvangrijke bezui-nigingen en belastingverzwaringen aan de orde zullen komen. Dit beleid heeft gevolgen voor de economische ontwikkeling in eigen land, maar ook op de groei van de wereldhandel. Door de klap van de crisis lopen veel lan-den de kans dat ze te maken krijgen met een economie die het komende decennium een groeivertraging laat zien. Volgens IMF-onderzoek kan dit een land gemiddeld 8%-10% van het BBP kosten. De relatief hoge groei-cijfers van verschillende landen voordat de crisis uitbrak, vooral van de VS, zijn in belangrijke mate gerealiseerd met behulp van leningen en schulden maken; de groei is voor een deel gekocht op krediet.

Het valt niet te verwachten dat deze mooie cijfers de komende jaren weer bereikt worden. Er is namelijk sprake van een vermindering van de groeistimulansen. De overheid, burgers en bedrijven zullen eerst hun schulden gaan verminderen. Wijs geworden door de crisis zullen consumenten minder gaan lenen. Dit geldt ook voor bedrijven. In het algemeen zullen bedrijven ten opzichte van de jaren voor de crisis gaan werken met hogere eigen vermogens en minder leenkapitaal. Banken en andere financiële instellingen worden door nationale regelgeving en internationale afspraken verplicht om hogere buffers aan te houden. Daarnaast zullen ze minder risicovol gaan uitlenen. Ondernemers, investeerders, consumenten en banken zullen als gevolg van de crisis in ieder geval de komende jaren de economie daarom minder hard aanjagen; ze zullen minder risico nemen en minder schulden maken. Ook de OESO gaat ervan uit dat de potentiële economische groei van de meeste westerse landen in de toekomst lager zal uitvallen.

In het merendeel van de westerse industrieën zal de totale koopkracht van burgers in de jaren na de crisis gemiddeld lager liggen dan daarvoor. Dit kan het gevolg zijn van belastingverzwaringen door de overheid die geld nodig heeft om de lege schatkist te vullen, door hogere premies, bijvoorbeeld voor pensioenen, maar ook door lagere gemiddelde opbrengsten uit sparen en beleggen. Een lagere koopkracht kan tot minder consumentenbestedingen leiden; ook dat remt de economische groei.

De staat moet aan de slag
Landen zullen in toenemende mate geconfronteerd worden met de extra kosten van beleid om de opwarming van de aarde tegen te gaan (klimaatbeleid) en de toenemende kosten van energie. De verwachting is dat de fossiele brandstoffen, olie, gas en kolen, bij het aantrekken van de wereldeconomie weer duurder worden. Deze brandstoffen zijn geleidelijk aan het opraken. Landen moeten dan ook meer gaan investeren in alternatieve, niet-fossiele energievoorzieningen opgewekt met zon, wind en waterkracht en kerncentrales. De staat zal op deze terreinen snel meer verantwoordelijkheid moeten nemen.

Box 48 Na de crisis; 15%-20% minder 'vrije' ruimte in de overheids-uitgaven

Volgens een prognose van de OESO zal de economische groei in de OESO-landen in de periode 2011-2017 gemiddeld lager liggen dan voor de crisis: gemiddeld 1,7% per jaar tegenover 2,1% in de jaren 2006-2008. Voor Nederland is deze toekomstige prognose 1,3% ten opzichte van 2% in 2006-2008. Deze voorspelling laat ook zien dat veel landen na de crisis met torenhoge staatsschulden geconfronteerd worden. Koploper is Japan met een verwachte staatsschuld in 2017 van 208% van het BBP. Ierland en Engeland volgen met staatsschulden van 125% BBP in 2017. Voor de VS wordt 103% BBP voorspeld. Nederland doet het met een verwachte staatsschuld van 63% in 2017 in vergelijking met andere EU-landen, zoals Italië (112%) Frankrijk (99% BBP) en Duitsland (71% BBP) relatief goed.

De verwachte lagere economische groei en daarmee lagere groei in overheidsinkomsten en de extra kosten die landen moeten maken voor het gezond maken van hun overheidsfinanciën (terugdringen tekorten, aflossen staatsschuld, extra rentebetalingen over de schuld) en toenemende kosten om de opwarming van de aarde tegen te gaan, hebben gevolgen voor de overheidsbegroting. Landen die hun belastingdruk niet willen verhogen om zo extra inkomsten voor de schatkist te beuren, ontkomen niet aan drastische bezuinigingsoperaties. Voor landen die hun belastingen niet willen verhogen, hun begrotingstekort naar nul willen terugdringen en hun staatsschuld verlagen, betekent dit dat de kosten daarvan gefinancierd moeten worden door op andere overheidsuitgaven (zoals voor defensie, ambtenarenapparaat, onderwijs, gezondheidszorg enzovoort) te bezuinigen. Voor veel regeringen betekent dit dat ze het komende decennium, ruw geraamd, geconfronteerd worden met een inperking van hun 'vrije' beleidsruimte in de sfeer van de overheidsuitgaven met 10%-20%. Dit geldt ook voor Nederland.

Hoewel het waarschijnlijk is dat veel landen hun belastingen moeten verhogen kan niet voorbij worden gegaan aan de negatieve effecten daarvan. Internationale onderzoeken laten zien dat in westerse industrielanden een belastingverhoging, die in hoofdzaak op arbeid drukt, ter grootte van 1% van het BBP, de groei van de economie afremt met 0,2-0,6 procentpunt. Landen kunnen de inkomsten- en uitgavenproblematiek het best oplossen door een radicale hervorming van hun belastingstelsel waarbij het stelsel niet alleen wordt vereenvoudigd, maar ook de belastingdruk op arbeid wordt verlaagd en tegelijk de druk op consumptie en milieuvervuiling en klimaataantasting wordt verhoogd. Zie box 61.

China gaat de lakens uit delen

Als gevolg van de crisis vindt er een versnelling plaats in de verschuiving van economische machtsverhoudingen in de wereld. De zogenoemde BRIC-landen en vooral China winnen aan invloed. China zal in toenemende mate op de wereldmarkt de lakens gaan uitdelen. Dit gaat vooral ten koste van de economische macht van de VS. Deze verschuiving heeft gevolgen voor de wereldhandel en raakt ook Europa. Ik zie nog geen signalen dat de EU deze ontwikkeling voldoende heeft onderkend. Europese bedrijven moeten ervan uitgaan dat het realiseren van groei en winst op de 'verzadigde' Europese markt steeds moeilijker wordt. De opkomende economieën bieden nieuwe afzetmarkten, maar ook daar neemt de concurrentie toe door de opkomst van lokale bedrijven. Europese bedrijven kunnen deze concurrentie alleen aan als ze kwalitatief betere producten leveren en voortdurend innoveren.

Europa dreigt de boot te missen

Uit de ontwikkeling van de crisis blijkt dat de Europese economie in vergelijking met de VS trager herstelt. Naast deze vertraging krijgt de EU te maken met een stagnerende tot dalende beroepsbevolking en een toenemende vergrijzing van de Europeanen. In veel oude lidstaten is bovendien sprake van een relatief lage arbeidsproductiviteit. Ook telt Europa in vergelijking met bijvoorbeeld de VS te weinig mensen die zich bezighouden met ondernemingsactiviteiten. In de jaren negentig van de vorige eeuw gingen de Europese politici en het bedrijfsleven er nog van uit dat Europa zich tot economische grootmacht zou ontwikkelen. In 2000 spraken de toen nog 15 EU-lidstaten af dat Europa in 2010 de meest dynamische en concurrerende kenniseconomie van de wereld moest zijn. Daartoe werd de zogenoemde Lissabon-agenda opgesteld met doelstellingen en maatregelen. Een aantal jaren later werd duidelijk dat Europa de rest van de wereld niet inhaalde maar zelfs achterop raakte. De Europese Unie loopt het risico in de wereldeconomie van morgen nog verder achter te blijven.

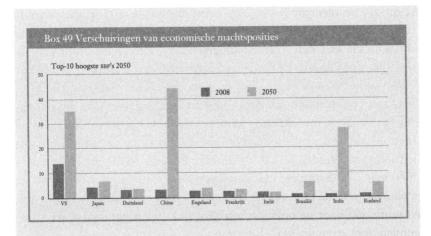

Volgens een studie van Goldman Sachs zal China in 2040 de VS passeren als grootste economie en in 2050 een geraamd BBP hebben van ruim 44.000 miljard dollar. De VS heeft volgens deze raming dan een BBP van 35.000 miljard dollar. India, dat in 2008 nog slechts een BBP had van ongeveer 1000 miljard dollar, zal in 2050 met een BBP van bijna 28.000 miljard op de derde plaats staan van de wereld-BBP-ranglijst. Naast China en India zullen naar verwachting ook Brazilië (1.300 miljard) en Rusland (1.280 miljard) de komende veertig jaar zeer sterk groeien. Volgens de prognose van Goldman Sachs staat Brazilië in 2050 met een BBP van ruim 6.000 miljard dollar op de zesde plaats van de wereldranglijst en Rusland zevende met circa 5.800 miljard. Ontwikkelingen in de economie zijn veelal niet goed voorspelbaar. De economische crisis heeft dit nog eens bevestigd. Daarom moet deze speculatieve prognose voor 2050 vooral als een ruwe indicatie worden gezien van de toekomstige trend. Die trend maakt in ieder geval duidelijk dat de grote Europese landen, zoals Duitsland, Engeland, Frankrijk en Italië, in snel tempo worden ingehaald door de BRIC-landen. De economische groei vindt vooral buiten Europa plaats.

Begin juli 2009 heeft de Europese Commissie een studie gepresenteerd waarin economische prognoses zijn opgenomen voor de langere termijn (www.ec.europa/economy). Deze zijn zeer verontrustend. Volgens de studie kan de huidige economische crisis ertoe leiden dat de potentiële groei van de EU-economie permanent gereduceerd wordt met ongeveer 5% van het BBP. Dit zou grote gevolgen hebben voor inkomens en werkgelegenheid van EU-inwoners. Bovendien wordt de Europese groei de komende vijftig jaar negatief beïnvloed door de vergrijzing. Voor de Eurozone is berekend dat de totale overheidsuitgaven die voortvloeien uit de vergrijzing (pensioenen, extra gezondheidszorg enzovoort) in 2060 gemiddeld 5,2% van het EU-BBP hoger liggen dan in 2007. Voor Nederland becijfert de studie een toename van deze uitgaven met ongeveer 7% van het nationale BBP. Deze ontwikkeling remt de groei. De komende vijftig jaar zal de groei van de arbeidsproductiviteit in de Eurozone gemiddeld rond de 1,7% liggen. Omdat de beroepsbevolking vanaf 2010 gaat dalen en in 2060 met 15% is afgenomen ten opzichte van 2008, is de stijging van de productiviteit nog de enige motor van de Europese economie. Dit wordt weerspiegeld in de afnemende langetermijngroeiprognoses van de Eurozone voor de periode 2007-2060.

Periode	2007-2020	2021-2040	2041-2060
Potentiële groei	2,2%	1,5%	1,3%

Bron: Europese Commissie

De gevolgen van de crisis en de vergrijzing benadrukken de noodzaak van een politieke EU-agenda waarbij een groeiprogramma wordt ontwikkeld voor de langere termijn. Alleen met een radicale beleidswijziging waarbij de bureaucratie wordt ontmanteld, belastingstelsels worden hervormd en alle kaarten worden gezet op kennis en innovaties valt er nog wat te redden. In dit programma moet de nadruk liggen op de ombouw van de bestaande economie die wordt aangedreven door fossiele brandstoffen (olie, gas, steenkool) in een 'groene' economie die als motor heeft duurzame energievoorzieningen (zon, wind, water) en de modernste kerncentrales. Inmiddels zijn op de verontrustende prognoses voor de EU al commentaren verschenen, waarin ook voorstellen voor een mogelijke aanpak zijn opgenomen. Zie bijvoorbeeld www.voxeu.org.

De verering van de vrije markt is voorbij

Als gevolg van de crisis is het afgelopen met de bijna religieuze verering van de vrije markt. In kringen van de politiek, het bedrijfsleven en de wetenschap zal een herbezinning plaatsvinden over de rol van de staat. De staat en dat zijn WIJ, moet zich meer gaan bemoeien met de economische ontwikkelingen. Daarbij moet het niet gaan om de grote, ouderwetse, trage bureaucratische staat die met een overdaad aan regelgeving de dynamiek uit de economie haalt. Nee, integendeel. De staat van de toekomst is slim en moet gekenmerkt worden door een bescheiden omvang, deskundigheid en slagkracht; doelmatigheid en doeltreffendheid zijn de uitgangspunten. Efficiënte vormen van publiek-private samenwerking kunnen daarbij een rol spelen.

In de samenleving zien we een duidelijke hang naar normen en waarden. Mensen willen niet alleen het fatsoen terug in het maatschappelijke verkeer maar ook een samenleving die gekenmerkt wordt door gematigdheid, ethiek, moraliteit, respect voor elkaar, rechtvaardigheid, eerlijkheid, betrouwbaarheid, zorg voor de zwakkeren (solidariteit), wellevendheid en elkaar helpen. Meer WIJ, minder IK! Deze trend wordt weerspiegeld in opiniepeilingen, maar het is wel de vraag of en hoe deze 'omslag' zich in de praktijk van alledag zal manifesteren. Het vraagt om een mentaliteitsverandering die 'thuis' moet beginnen en zichtbaar moet worden in het onderwijs en het beleid van overheden en bedrijven.

Box 50 Een pauselijke boodschap voor de economie
Ook vanuit de katholieke kerk wordt aangedrongen op meer ethiek in de economie. In de op 7 juli 2009 gepubliceerde encycliek *Caritas* pleit paus Benedictus XVI voor een hervorming van de Verenigde Naties en de internationale financiële wereld. Volgens de kerkvorst moet deze hervorming leiden tot minder bureaucratie en meer slagkracht, zodat effectiever gewerkt kan worden aan het herstel van de economie. Ook moet voorkomen worden dat de ongelijkheid in de wereld toeneemt. Volgens de paus heeft de economie een ethische basis nodig om goed te kunnen functioneren. Volgens de encycliek moet de financiële wereld worden gereguleerd om speculaties en snel winstbejag te voorkomen (www.vatican.va). Tijdens de zogenoemde G8-top van wereldleiders op 8-9 juli in Italië was 'de ethische economie' een belangrijk gespreksonderwerp (www.g8italia2009.it/G8)

Maatschappelijk verantwoord ondernemerschap
In het bedrijfsleven wordt de trend maatschappelijk verantwoord ondernemen (MVO). Ondernemingen die toekomstgericht zijn, kijken niet uitsluitend naar aandeelhouderswaarde, maar hebben een bredere, even-

wichtigere doelstelling, waarbij ook de belangen van klanten en de eigen werknemers een rol spelen. Ook in de VS wordt deze trend zichtbaar. 'Why should past labour (capital) receive so much preference over current labor (employees)? In the end, shareholder returns are just an outcome of management practices that respect all constituencies. Maybe this time CEO's will get it. If they don't, we'll be travelling back to the future once more, with yet more rounds of scandal and recession,' aldus Stanford University-professor, Jeffrey Pfeffer in de *Harvard Business Review* (www. hbr.org, july-august 2009).

MVO houdt ook zeer zeker in dat bij het ondernemen niet alleen rekening wordt gehouden met de gevolgen voor het klimaat en het milieu, maar ook met de maatschappelijke normen en waarden. Bedrijven die deze omschakeling nalaten, behoren straks tot de verliezers: verlies aan talentvolle werknemers, verlies aan klanten, verlies aan maatschappelijke waardering en bedrijfsimago.

In de wereld na de crisis is geen plaats meer voor ondernemingen met ouderwets leiderschap en bestuurders die zich een popsterrenallure aanmeten en vooral aan hun ik-belang denken. Bedrijven van de toekomst zijn wij-organisaties die collectief werken aan het beste resultaat op een maatschappelijk verantwoorde wijze. De bestuurders zijn geen strakke, formele managers, maar zijn aanvoerders die door hun inspirerende gedrag een enthousiast werkklimaat creëren waardoor het bedrijf optimaal kan presteren.

Medewerkers krijgen binnen de gestelde beleidskaders zo veel mogelijk eigen verantwoordelijkheid en vrijheid om hun talenten, creativiteit en ondernemerschap in te zetten. Bedrijven van de toekomst investeren permanent in hun personeel (opleidingen, trainingen enzovoort) en staan voor een flexibele werkkring waardoor de werknemers een goede balans kunnen realiseren tussen werk en privé. Ze spelen ook adequaat in op de nieuwe generatie werknemers, ook wel aangeduid als generatie Y, werknemer 2.0 (afgeleid van Web 2.0 social computing) of millennials (geboren na 1980 en na 2000 de arbeidsmarkt op gekomen). De internetgeneratie is 'multitasking' en wordt gekenmerkt door een levens- en werkstijl waarbij de digitale wereld en de nieuwe media op de voorgrond staan: virtueel samenwerken en netwerken, kennis delen, googelen, wiki's en weblogs bijhouden, e-mailen, chatten, sms, skypen, msn enzovoort. Het is geen IK, maar een WIJ-generatie.

Uit onderzoek blijkt dat de nieuwe werknemer aan de werkkring vooral niet-materiële eisen stelt. De internetgeneratie gaat ervan uit dat de beloning die geboden wordt goed is geregeld en hecht in het algemeen weinig waarde aan status en positie. Carrière maken is niet het hoogste doel, plezier in het werk, daar gaat het om. Zeer belangrijk zijn uitdagingen in het werk, vrijheid, afwisseling en ruimte voor een goede balans tussen werk en privé; deeltijdwerk is populair. Werk is niet alleen een middel om geld te verdienen, maar moet voor de nieuwe generatie werknemers ook aansluiten bij hun levensdoelen.

Bij veel bedrijven is de digitale tijdgeest en de opmars van de internetgeneratie nog niet doorgedrongen. Bedrijven die hier niet of te laat op inspelen lopen de kans de boot te missen. Bij deze ontwikkeling moeten we overigens wel bedenken dat het hier gaat om de groep hoger opgeleide jongeren en dat ook in de wereld van morgen de arbeidsmarkt nog lange tijd gedomineerd zal worden door de meer traditionele werknemers, zoals lagergeschoolden, ouderen en middengroepen. Personeelsafdelingen van bedrijven moeten ook daarmee rekening houden.

Werken aan een beter imago
Zogenoemde Business Schools (MBA's) waar veel studenten worden opgeleid voor de financiële sector en hogere managementfuncties in het bedrijfsleven hebben door de crisis een deuk in hun imago opgelopen. MBA's waren gefocust op het snelle geld verdienen, op het ik-belang. In de loop van 2009 wordt in veel landen zichtbaar dat de bestuurders van deze MBA's er alles aan doen om de aangetaste reputatie te herstellen. Zo wordt aangekondigd dat in de opleiding meer aandacht besteed zal worden aan waarden en normen en ethiek. Een duidelijk advies hoe 'B schools' zich moeten gaan aanpassen is opgenomen in box 51.

Box 51 What Must Business Schools Do to Regain Trust
'*Foster greater integration*. Courses must reflect a mix of academic disciplines and link analytics to values.
Appoint teaching teams. Faculty from both 'hard' en 'soft' disciplines must discuss material in the same classroom.
Encourage qualitative research. B schools need to cultivate a more selective approach to research.
Stop competing on rankings. Schools should stop pandering to rankings. They

Verschuiving van fysieke economie naar de digitale
Hierboven zijn een aantal belangrijke ontwikkelingen aangegeven. Voor de economie is waarschijnlijk de meest ingrijpende ontwikkeling de verschuiving van de grondslag, van fysiek naar digitaal. De fysieke economie wordt ingehaald door de digitale economie, door het web, de wereld van het internet, de wereld van het mobieltje. In die wereld gaat het vooral om kennis en kunde. De opmars van breedband en Web 2.0 technologie, steeds krachtiger draadloze apparatuur, software diensten, web-communities enzovoort gaan onverminderd en versneld door.

Voor veel bedrijven betekent deze verschuiving dat ze snel moeten gaan nadenken over een geïntegreerde internetstrategie en nieuwe verdienmodellen. Allerlei economische activiteiten via het internet, zoals de verkoop van goederen en diensten en communicatie (het leggen van contacten, reclame, marketingacties, nieuwsvoorzieningen) via pc's, laptops en mobiele telefoons nemen wereldwijd spectaculair toe. Dit geldt ook voor beeldcommunicatie. De komende vijf jaar zal het aantal internetgebruikers wereldwijd met meer dan 45% groeien tot 2,2 miljard. De snelste en hoogste groei zien we in Azië. Potentiële klanten zullen in toenemende mate te vinden zijn bij de zogenoemde 'online' bedrijven en burgers in China en India. In 2013 zal 43% van de internetgebruikers in de wereld in Azië zitten; China heeft dan een aandeel van 17%. In 2008 telde de VS de meeste internetgebruikers, gevolgd door China, Japan, Brazilië en Duitsland. In 2013 staat China op de eerste plaats, gevolgd door de VS, India, Japan en Brazilië.

Door de toenemende communicatie en handel via het internet wordt de fysieke locatie van ondernemers en werknemers minder belangrijk. Traditioneel zijn de werknemers van een bedrijf veelal woonachtig in de regio waar het bedrijf gevestigd is. In de digitale economie is dat anders. Een bedrijf dat in Nederland gevestigd is en commerciële activiteiten via het internet verricht, is niet aangewezen op werknemers die in de buurt van de vestiging wonen. Dit bedrijf kan wereldwijd personeel werven, waarbij de aangenomen werknemers in hun eigen land blijven wonen en thuis achter de pc hun werk doen. Het valt op dat bij veel Europese ondernemers de interneteconomie nog steeds 'een ver van mijn bed show' is. Zo zien we dat bedrijven tijdens de crisis gaan korten op hun uitgaven voor informatietechnologie. Dat is onverstandig nu steeds meer zaken via het web lopen. In plaats van te bezuinigen zou innovatief investeren in de digitale economie het bedrijf na afloop van de crisis een sterkere marktpositie kunnen opleveren.

Box 52 De groei van de interneteconomie
'While per capita online spending is likely to remain highest in North America, Western Europe, and the developed markets of Asia throughout the next five years, the shifting online population and growing spending power among Asian consumers means that Asian markets will represent a far greater percentage of the total in 2013 than they do today. Multinational organisations must understand the dynamics of the shifting global online population to ensure that they are positioned to take advance of emerging international opportunities,' aldus Forrester Research (www.forrester.com).

Na de crisis: een veranderende ondernemingscultuur
Vooral de afgelopen tien jaar heeft een toenemend aantal beursgenoteerde Nederlandse bedrijven de Amerikaanse bedrijfscultuur overgenomen. Door de oorzaken en gevolgen van de economische crisis worden bij deze Amerikanisering steeds meer vraagtekens gezet. Donald Kalff, investeerder in bedrijven en publicist, deed dat al vier jaar geleden. In zijn boek *Onafhankelijkheid voor Europa – Het einde van het Amerikaanse ondernemingsmodel*, dat vier jaar geleden verscheen, hield Donald Kalff een sterk pleidooi tegen de Amerikaanse wijze van ondernemen. Dit model en bijbehorende bedrijfscultuur is volgens Kalff verziekt, omdat het een obsessie heeft voor kortetermijnaandeelhoudersrendement en de stijging van beurskoersen. Het heeft tegelijk ook de sociale grondslagen voor samenwerking, vertrouwen en betrokkenheid van werknemers bij het bedrijf ernstig aangetast. In zijn nieuwste boek *Modern kapitalisme* (2009) presenteert Kalff voor grotere ondernemingen een alternatief ondernemingsmodel dat zowel de bezwaren van de Amerikaanse wijze als Rijnlandse

wijze van bedrijfsvoering ondervangt en als kern het toevoegen van economische waarde heeft. Daarbij staan samenwerking en betrokkenheid van alle medewerkers centraal en wordt het machtsmonopolie van het bestuur, met name de bestuursvoorzitter, zoals die nu in veel bedrijven van toepassing is, doorbroken.

Niet alleen Kalff bepleit een ander ondernemingsmodel. In veel landen vinden in het bedrijfsleven gedachtewisselingen plaats over businessmodellen waarbij voor het meten van de prestaties de focus niet meer uitsluitend op aandeelhouderswaarde en financiële criteria wordt gelegd. Daarbij moeten ook andere zaken als winst aan de orde komen. Winst is een te beperkte graadmeter, die voorbij gaat aan de wijze waarop en ten koste waarvan deze is gerealiseerd. In die optiek is een hoge winst die gerealiseerd wordt door geen rekening te houden met de schade voor het milieu maatschappelijk niet verantwoord. De crisis biedt een momentum voor het introduceren van businessmodellen waarin maatschappelijk verantwoord ondernemerschap volledig geïntegreerd is.

Toch is de kans groot dat veel bedrijven na de crisis weer doorgaan op de oude voet, omdat ze nu eenmaal gewend zijn om in beurswaarden en winst te denken en te meten. Daarbij moeten deze bedrijven wel bedenken dat in de 21ste eeuw de medewerkers van de onderneming (human capital) de belangrijkste productiefactor zijn en niet meer, zoals van oudsher, het fysieke kapitaal. Bedrijven die erin slagen kennis en creatieve en ondernemende mensen bij elkaar te brengen en optimaal te laten samenwerken behoren tot de winnaars van de toekomst. Deze winnaars hanteren een businessmodel dat daarop adequaat inspeelt. De 'oude' modellen voldoen daaraan niet en zijn mede door de crisis achterhaald. Bovendien hebben deze modellen geen aantrekkingskracht op de nieuwe generatie werknemers. Ook daardoor zullen ze verdwijnen.

In *Harvard Business Review* (juli-augustus 2009) wordt overtuigend duidelijk gemaakt waarom veel ondernemingen snel werk moeten maken van een herziening van hun ondernemingsmodel. De crisis zou nog eens bevestigd hebben dat bedrijven met een hoog ik-gehalte in het algemeen weinig succesvol zijn. Voor de toekomst geldt het devies: 'Rebuilding Companies as Communities: Companies must remake themselves into places of engagement, where people are committed to one another and their enterprise.' (henry.mintzberg@mcgill.ca).

Het zal stil en saai worden in de financiële sector

Door nationale en internationale regelgeving wordt de financiële sector aan de ketting gelegd. De verwachting is dat wereldwijd de sector na de crisis met 15%-20% zal zijn gekrompen ten opzichte van voor de crisis. In het komende decennium zal deze sector door verhoogde eisen op het vlak van eigen kapitaal en buffers en een verbetering van het risicomanagement minder kredietruimte kunnen bieden dan voor de crisis. Het economisch belang van de financiële sector zal afnemen.

Vooral vanaf de jaren negentig is het economische belang van de financiële sector, met name door risicovolle innovatie van financiële producten, toegenomen. Maar kijken we naar de cijfers dan rijst toch de vraag of we hier niet te maken hebben met een sector waarvan het belang door de deelnemers en eigen supporters gigantisch is opgeblazen. Het lawaai en de arrogantie deden bij velen vermoeden dat het hier zou gaan om een sector van groot economisch belang die zetelde in het hoofdgebouw van de wereldeconomie.

Niets is minder waar. Vlak voor de crisis had deze sector in Europa een economische waarde van rond de 6% van het BBP van de EU en in de VS rond de 10%. Hoewel dit historisch hoog is, komt het er toch op neer dat het nog altijd een relatief klein deel van het BBP is. En deze sector heeft wel een economische wereldcrisis veroorzaakt. Dit komt niet alleen door de grote invloed van de Amerikaanse economie op de wereldeconomie, maar vooral doordat deze sector de giftige financiële producten via de VS wereldwijd in het economische systeem heeft gepompt.

Als gevolg van de crisis en de strengere overheidsregelgeving zal de sector niet alleen wereldwijd krimpen, maar ook 'teruggezet worden' naar een bijgebouw van de wereldeconomie, waar de sector gezien de cijfers feitelijk thuis hoort. Overheden moeten hun stimulerend beleid gaan richten op bedrijfssectoren die echte toegevoegde waarden voor hun land kunnen realiseren.

Het einde van bankgiganten?

Hoe ziet de toekomst van het bankwezen eruit? Tijdens nationale en internationale politieke bijeenkomsten over de aanpak van de crisis en het in de toekomst voorkomen daarvan is de aandacht vooral uitgegaan naar de bankgiganten. Daarbij gaat het om banken met een zodanig grote financiële omvang, dat het land waarin ze gevestigd zijn zwaar in de problemen komt als ze failliet dreigen te gaan. Landen met dergelijke giganten, zoals Zwitserland, maar ook de VS zoeken naar maatregelen om dit risico in de toekomst te voorkomen.

Los daarvan rijst de vraag ook of bankgiganten nog wel passen in de wereld na de crisis, die nu al een trend laat zien waarbij vooral nationaal wordt gedacht. Voorstanders zijn van mening dat grote, grensoverschrijdende banken noodzakelijk zijn voor omvangrijke en ingewikkelde financiële transacties. Het valt op dat het hier gaat om een bewering die vooral is gebaseerd op ontwikkelingen voordat de kredietcrisis uitbrak en die bovendien niet wordt onderbouwd. Alle actuele ontwikkelingen wijzen erop dat bankgiganten, vooral een product van het Amerikaanse marktdenken, niet meer passen in de wereld van morgen; ze zijn uit.

De financiële wereld na de crisis zal een andere zijn dan daarvoor. Bij banken van de toekomst zijn de volgende kenmerken essentieel. De klant staat in alle opzichten centraal, de kosten voor de klant zijn laag, de bank levert, onder andere via het internet, 24 uur per dag maatwerk en scoort hoog op het terrein van maatschappelijk verantwoord ondernemerschap. Bankgiganten staan als regel te ver van hun klanten af, ze zijn bureaucratisch en duur en zullen veel moeite hebben in hun complexe organisatie maatschappelijk verantwoord ondernemerschap in te bouwen.

Dat de kans op dit laatste klein is, blijkt nog eens uit het gedrag van de bestuurders van deze grootbanken. Medio 2009, terwijl de economische crisis overal mensen en bedrijven zwaar treft, zien we met name in de VS en Engeland dat bestuurders van dit type banken zich op het standpunt stellen dat de salarissen en bonussen van bankiers omhoog moeten om voldoende talenten te kunnen aantrekken. Het is verbijsterend om te zien dat ze niets van de crisis hebben geleerd. Met hun arrogante houding trekken ze de bovendien de verkeerde medewerkers aan: 'geldbeluste' mensen die de veranderde tijdgeest onvoldoende aanvoelen. Deze bestuurders hebben ook nog niet door dat hun maatschappelijke status wereldwijd een historisch dieptepunt heeft bereikt. Het vertrouwen van bedrijven, beleggers en investeerders in vooral de grootbanken is minimaal.

Ook als (potentiële) werkgevers zijn ze minder in trek. Inmiddels zien we in de loop van 2009 zowel in de VS als in Europa dat er een verandering optreedt bij MBA-studenten als het gaat om de favoriete (toekomstige) werkkring. In vergelijking met 2007 en 2008 daalt de voorkeur voor de banksector en neemt de keuze voor de internetsector en publieke sector toe. De grootbanken hebben ook nog niet door dat ze door hun 'geldbeluste' opstelling in de wereld van morgen klanten zullen gaan verliezen.

Klanten die geen zaken willen doen met poenerige banken en overbetaalde bankiers. Bovendien zijn deze klanten zich ervan bewust dat zij de kosten van deze poenerigheid terugzien op hun afrekening.

Voorstanders van grootbanken menen ten onrechte dat deze giganten nodig zijn om adequaat grensoverschrijdende grote transacties mogelijk te maken. Die noodzaak is een fabeltje en bestaat niet. In de eerste plaats wordt de ingewikkeldheid van dergelijke transacties, in het belang van een hoge rekening, zwaar overdreven. De ingewikkeldheid heeft vaak veel te maken met de bureaucratische en complexe afstemming binnen de bankgigant zelf, de parafencultuur. De praktijk leert dat dergelijke transacties snel en efficiënt ook door kleinere en middelgrote banken uitgevoerd kunnen worden, bijvoorbeeld door een netwerk van 'lokale' banken die internationaal samenwerken. In Nederland geldt de Rabobank als een bank die in staat is alle denkbare grote internationale transacties snel en degelijk te kunnen uitvoeren. Deze bank, een coöperatieve vereniging, laat ook zien dat er geen reden is voor een notering aan de beurs en exorbitante beloningen.

De crisis heeft duidelijk gemaakt dat er bezwaren kleven aan banken die beursgenoteerd zijn. Ze hebben te maken met soms lastige aandeelhouders, complexe beursvoorschriften, hoge kosten en soms heftige en irrationele koersschommelingen. De bank van de toekomst die zich op de klant moet concentreren kan beter niet beursgenoteerd zijn. Ik ga er dan ook van uit dat in de wereld van morgen kleinere en middelgrote banken, niet-beursgenoteerd, flexibel en zeer klantgericht met maatschappelijk verantwoord ondernemerschap de markt zullen domineren. Daarbinnen zullen we specialisaties zien die gericht zijn op de consumentenmarkt, vermogende particulieren, het midden- en kleinbedrijf, het internationale bedrijfsleven en duurzame ontwikkelingen. Allemaal zo dicht mogelijk bij de klant. Bovendien krijgen banken ook te maken met consumenten en ondernemers die meer dan voorheen vragen om een optimale dienstverlening tegen zo laag mogelijke kosten en oog hebben voor maatschappelijk verantwoord ondernemerschap. Daarnaast zullen burgers en bedrijven minder snel zaken willen doen met banken waarvan de top opvalt door overdreven hoge salarissen en bonussen.

De tijd van grote, logge banken met zwaar overbetaalde bankiers is voorbij. De toekomst is aan kleinere en middelgrote banken die dicht bij de klant staan. Daarbij is wel vereist dat deze banken haast maken met een het implementeren van een optimale internetstrategie. De klant van nu en zeker die van morgen wil bij wijze van spreken 24 uur per dag via het internet interactief kunnen beschikken over alle bancaire dienstverlening. Eenvoud en serviceverlening tegen acceptabele kosten dienen daarbij voorop te staan. In de wereld van morgen is voor bankgiganten met poenerige bankiers geen mooie toekomst weggelegd.

Hoe gaan we belonen na de crisis?
In veel landen vinden in kringen van de regering en het bedrijfsleven gedachtewisselingen plaats over de wijze en hoogte van beloningen, zowel bij ondernemingen als in de (semi-)collectieve sector. Voor de publieke sector is de bepaling van een maximum minder problematisch dan voor de marktsector. Regeringen hebben de juridische mogelijkheid voor de (semi-)publieke sector vaste beloningspakketten vast te stellen. In verschillende landen is dat reeds het geval. Voor Nederland is het meest toegepaste maximum de zogenoemde Balkenendenorm (€ 181.000 per jaar).

Vooral naar aanleiding van de excessieve beloningen in sommige delen van het internationale bedrijfsleven en de extreme bonussen bij banken – die volgens verschillende analyses hebben bijgedragen aan de huidige economische malaise – wordt gezocht naar 'betere' beloningssystemen in het bedrijfsleven. Voor een algemeen internationaal wettelijk maximum voor ondernemingen bestaat in Europa en de VS geen (politiek) draagvlak. Bovendien is er ook sprake van tegenstand vanuit het bedrijfsleven. Zou land A bijvoorbeeld een maximum instellen van 1 miljoen euro en andere landen doen dat niet of hanteren een hoger maximum dan kan dit volgens de tegenstanders van een maximum negatieve gevolgen hebben voor het bedrijfsleven van land A. Volgens deze tegenstanders, vooral te vinden bij de Amerikaanse aanhangers van een zo vrij mogelijke markt, zou een maximum de marktwerking frustreren. Het zou ertoe kunnen leiden dat internationale topmanagers in land A hun land verlaten en een werkkring in een ander land gaan zoeken.

Dit bezwaar is gebaseerd op de foute veronderstelling dat goede topmanagers uitsluitend geldbelust zouden zijn. Niet alleen de crisis, maar ook eerdere bedrijfsschandalen, zoals de Enron-affaire in de VS maken duidelijk dat uitsluitend geldbeluste topmanagers juist uit bedrijven geweerd moeten worden. Er zijn in de meeste landen meer dan voldoende excellente topmanagers die voor een maatschappelijk aanvaardbaar beloningspakket hun werk willen doen en niet voor het hoogste bod gaan. Zo zien we in Europa excellente topmanagers in bijvoorbeeld Noorwegen,

Zweden en Denemarken, die gemiddeld veelal een stuk minder dan 1 miljoen euro verdienen. In die landen wordt er binnen de bedrijven voor gewaakt dat de verschillen tussen de top en de werkvloer niet te groot worden. Te grote verschillen zijn niet in het belang van het werkklimaat en de prestaties van een onderneming.

Daarnaast verwachten de tegenstanders van een maximum ook dat beleggers en investeerders minder vertrouwen krijgen in bedrijven die bij de werving van topmanagers gehinderd worden door een maximum. Dit is een 'raar' argument. Beleggers en investeerders gaan primair af op de (verwachte) prestaties van bedrijven en ook het bedrijfsimago kan een rol spelen; een eventueel maximum voor bestuurders speelt geen rol. Een maximum zou zelfs positief kunnen uitwerken. Als gevolg van de crisis zien we een toenemend aantal aandeelhouders en investeerders juist bezwaren maken tegen exorbitante beloningspakketten van topmanagers.

Wel een steekhoudend bezwaar tegen een wettelijk nationaal maximum is het legale gebruik van juridische 'ontgaan' constructies. Bedrijven die onder zo'n maximum uit willen komen, gaan gebruik maken van slimme (internationale) juridische constructies om dit maximum te omzeilen, bijvoorbeeld door het salaris over verschillende landen te verdelen. In de internationale wereld van vandaag is een waterdichte nationale wetgeving op dit vlak onmogelijk. Daarnaast wordt er in landen zeer verschillend gedacht over de rol van bonussen. In de Verenigde Staten zien we fanatieke aanhangers van bonussen die betogen dat de extreem hoge bonussen van banken niets met de crisis te maken hebben. Zij zijn en blijven van oordeel dat bonussen de bedrijfsprestaties van een onderneming verbeteren.

Box 53 Niet de markt bepaalt het beloningspakket van topmanagers maar het 'circuit'

Volgens de fundamentalistische aanhangers van de vrije mark zal vraag en aanbod op de arbeidsmarkt leiden tot het juiste salarisniveau. De onzichtbare hand van de markt zorgt ervoor dat iedereen betaald krijgt wat hij of zij waard is. In het geval van een volledig transparante arbeidsmarkt zonder belemmeringen, zonder machtsconcentraties, zou dit de uitkomst kunnen zijn. Maar een dergelijke arbeidsmarkt bestaat niet en is louter theorie.

De praktijk laat zien dat de beloningspakketten voor (financiële) topmanagers meer bepaald worden door andere zaken dan door de werking van de vrije markt. Het is een afgeschermde markt waarbij een beperkt aantal spelers de dienst uitmaakt en waar 'ons kent ons' een belangrijke rol speelt. Ook de eigen overwaardering valt pijnlijk op. Salarisadviesbureaus die in het algemeen 'hoog' adviseren, te meegaande commissarissen en onderlinge competitie – ik wil meer – bepalen sterk de inhoud en hoogte van het beloningspakket.

Hoge inkomens voor unieke talenten bijvoorbeeld op het terrein van de sport en de kunst worden maatschappelijk in het algemeen geaccepteerd. Daar is het aanwijsbaar dat ze uitzonderlijke prestaties leveren. Maar voor topmanagers is dit niet of zelden hard te maken. Ze worden door de onderneming 'ingehuurd' om bij te dragen aan het realiseren van de doelstellingen van de onderneming. Zonder de prestaties van de organisatie staan ze machteloos. Bedrijfsresultaten worden sterk beïnvloed door (internationale) economische ontwikkelingen waarop de bedrijfstop geen invloed heeft. Bovendien is het resultaat niet de uitkomst van het topmanagement, maar van de organisatie, van alle medewerkers. Daarnaast zou het voor een bedrijf bijzonder risicovol zijn als de bestuursvoorzitter of de raad van bestuur zo uniek en talentvol zou zijn dat zij sterk het bedrijfsresultaat bepalen. Het ondernemerschap en de kwaliteit van de medewerkers en de bedrijfsorganisatie moeten zodanig zijn dat de vervanging van de voorzitter of een of meer leden van de raad van bestuur geen effect heeft op de continuïteit en (langeretermijn) prestaties van het bedrijf.

Daarnaast zijn er de deskundigen die menen dat beloningssystemen met hoge bonussen bedrijfsbestuurders tot onverantwoorde risico's aanzetten waardoor de onderneming in gevaar wordt gebracht. Ze verwijzen naar voorbeelden van omgevallen banken. Voorstanders van bonussen menen dat afschaffing ertoe zal leiden dat veel topmanagers te behoudend gaan worden. Dit behoudende gedrag zou ten koste kunnen gaan van de winst van de onderneming. Daartegenover laat de huidige crisis zien dat bedrijven met 'behoudende' managers minder schulden hebben en daardoor meer ruimte hebben om de crisis te overleven.

De Amerikaanse minister van Financiën Timothy Geithner, die zich ook in deze discussie heeft gemengd, heeft bedrijven opgeroepen de beloningspakketten zodanig op te zetten dat ondoordachte risico's worden ontmoedigd. Het lijkt mij een moeilijke opgave voor de praktijk een goed werkbaar beloningssysteem te ontwikkelen waarbij de bonussen zodanig zijn vormgegeven dat onverantwoorde risico's zo veel mogelijk worden beperkt. Voorstanders van bonussen stellen een beperking voor door de bonus te koppelen aan de succesvolle realisatie van een langeretermijn-doelstelling. Indien bijvoorbeeld na vijf jaar blijkt dat de topmanager deze doelstelling inderdaad heeft gerealiseerd wordt de bonus uitgekeerd. De voorstanders gaan er daarbij van uit dat vastgesteld kan worden dat het gaat om een prestatie die duidelijk aan de bonusontvanger kan worden toegeschreven. Dit zal in de praktijk veelal niet eenduidig hard gemaakt kunnen worden. Bedrijfsresultaten zijn de uitkomst van de inspanningen van de collectieve werkgemeenschap in een onderneming en van externe marktfactoren, zoals een sterke groei van de wereldeconomie.

Aanhangers, tegenstanders en meer neutrale deskundigen zullen het waarschijnlijk nooit eens kunnen worden over 'optimale' beloningssyste-men. Goed gefundeerde, wetenschappelijke onderzoeken die alle kritiek kunnen weerstaan, bestaan niet en zullen er ook niet komen. Subjectieve opvattingen, persoonlijke inschattingen en de eigen mentaliteit van veel-al de raad van bestuur van een onderneming en de commissarissen die de beloningspakketten voor het topmanagement samenstellen, spelen een sterke rol. Dit geldt ook voor de topmanager die over 'zijn' pakket on-derhandelt. De praktijk wijst uit dat topmanagers het aangeboden belo-ningspakket vergelijken met beloningen die elders internationaal worden aangeboden en daarbij veelal uitgaan van het 'beste' pakket elders in de wereld, los van de vraag of dit realistisch is.

Het valt op dat bij de discussie over beloningen voor topmanagers nog steeds sterk wordt uitgegaan van het Amerikaanse leiderschapsmodel. De er-varing in de westerse industrielanden heeft al in voldoende mate uitgewezen – en de crisis heeft dat nog eens extra duidelijk gemaakt – dat de rol en be-tekenis van de bestuurstop voor de waardeontwikkeling van een bedrijf zwaar worden overschat. Het belonen van topmanagers met aandelen van de onderneming was een slecht idee dat alles te maken had met de eenzijdige focus op aandeelhouderswaarde. In de VS laat de praktijk twee ontwikkelin-gen zien. Toen in de loop van 2009 de Amerikaanse beurs begon op te veren zagen we dat veel bestuurders van Amerikaanse bedrijven die aandelen van hun onderneming in privébezit hadden deze gingen verkopen. Ook bij het begin van de crisis waren er bestuurders die met het oog op een verdere waardedaling hun aandelen in de eigen onderneming in de verkoop deden.

Het Amerikaanse leiderschapsmodel past niet bij de moderne bedrijven van de 21ste eeuw en de nieuwe generatie werknemers die daar (gaan) wer-ken. Om die reden moet op een andere manier naar beloningspakketten worden gekeken. Het belang van een gezonde langetermijnontwikkeling van de onderneming moet voorop staan, waarbij maatschappelijk verant-woord ondernemerschap de toekomst heeft. Vanwege alle bezwaren die kleven aan specifieke persoonlijke bonussen voor topmanagers zouden be-drijven daarmee moeten stoppen. De toekomst vraagt om ondernemingen waarin voor het ouderwetse leiderschap geen plaats meer is en bonussys-temen worden vervangen door algemene winstdelingsregelingen.

Box 54 Beloningen voetballers

Ook in de internationale voetbalwereld neemt de kritiek toe op de hoge be-loningen en de exorbitante transferbedragen. Voorzitter Michel Platini van de Europese voetbalbond UEFA wil niet alleen een einde maken aan de gi-gantische geldbedragen die voor spelers worden betaald maar ook aan de ex-cessieve salarissen. Gezien de huidige zware recessie waardoor ook financië-le positie van het voetbal wordt geraakt en ook met het oog op fair play in de competities werkt de UEFA aan nieuwe regels die moeten leiden tot een meer transparant systeem en een 'eerlijkere' competitie.

Gezien het vrije marktmechanisme dat ook voor de voetbalwereld geldt, zal het niet meevallen een goed werkend systeem te bedenken. Zo zal een be-perking van transfersommen kunnen leiden tot nog hogere spelerssalarissen voor topspelers

Top tien transfers in euro's:

94 miljoen:	Ronaldo	van ManUnited naar Real Madrid (2009)
75,8 miljoen:	Zidane	van Juventus naar Real Madrid (2001)
65 miljoen:	Kaka	van AC Milan naar Real Madrid (2009)
61,3 miljoen:	Figo	van FC Barcelona naar Real Madrid (2000)
56,7 miljoen:	Crespo	van Parma naar Lazio (2000)
54 miljoen:	Buffon	van Parma naar Juventus (2001)
47,2 miljoen:	Mendieta	van Valencia naar Lazio (2001)
46,9 miljoen:	Ferdinand	van Leeds United naar ManUnited (2002)
46 miljoen:	Veron	van Lazio naar ManUnited (2001)
45,4 miljoen:	Vieri	van Lazio naar Inter Milaan (1999)

Bron: *AD* Sportwereld 12 juni 2009

Terug naar de 'ouderwetse' algemene winstdelingsregelingen

Structureel goed presterende bedrijven worden in de regel gekenmerkt door een inspirerende werkgemeenschap waar optimaal wordt samengewerkt met weinig hiërarchische verhoudingen, informeel 'leiderschap', veel ruimte voor eigen verantwoordelijkheid, creativiteit en ondernemerschap en voldoende ruimte voor werknemers voor een goede balans tussen werk en privé. Iedereen draagt op zijn/haar beste wijze bij aan de resultaten van de onderneming en deelt naast het vaste salaris mee in het jaarlijkse bedrijfsresultaat. Een onderneming die ik als een WIJ-onderneming zou willen betitelen. Vanuit die gedachte hebben in de jaren tachtig van de vorige eeuw verschillende bedrijven naast het vaste salaris algemene winstdelingsregelingen geïntroduceerd, die zowel op de 'gewone' werknemers als het topmanagement van toepassing zijn. In deze regelingen zijn maxima neergelegd.

Vooral in de periode 1990-2008 zijn voor het Europese topmanagement naast het vaste salaris exclusieve hoge variabele beloningspakketten geïntroduceerd, onder meer gekoppeld aan aandelen en aandelenopties. Deze bonuscultuur, vooral gebaseerd op de Amerikaanse bedrijfsfilosofie, is door het Europese bedrijfsleven veelal kritiekloos gekopieerd van grote bedrijven in de VS. Daarbij is de vraag of en hoe deze exclusieve extra beloningen het belang van de onderneming dienen niet of nauwelijks aan de orde gekomen. Dit geldt eveneens voor mogelijke gedragseffecten, zoals bonusjacht en ongewenste interne competitie binnen het bedrijf. Ook wordt veelal voorbijgegaan aan de mogelijke negatieve uitstralingseffecten naar de werkvloer en aan de maatschappelijke aspecten. In de meeste internationale studies wordt getwijfeld aan het nut van dit soort beloningsvormen voor het bedrijfsbelang. De internationale economische crisis biedt goede aanknopingspunten om de beloningspakketten van (top)managers te heroverwegen en te toetsen aan het belang van de onderneming en het werkklimaat.

Iedereen meedelen is goed voor de economie

Ik ben voorstander van een terugkeer naar de 'ouderwetse' algemene winstdelingsregelingen. Deze regelingen gelden in beginsel voor alle werknemers in de onderneming en zijn gekoppeld aan de jaarlijkse winst van het bedrijf. Wordt er winst gemaakt, dan wordt een deel daarvan, volgens een bepaalde verdeelsleutel, over alle werknemers verdeeld. Is er geen winst of wordt er verlies geleden, dan valt er niets te verdelen en vindt er geen winstuitkering plaats. De winstuitkering komt boven op het vaste salaris van de werknemers en is als het ware een variabele beloning, die fluctueert met de hoogte van de winst. Gaat het goed met de onderneming, dan krijgt iedereen een winstbonus. Gaat het slecht, dan is er geen bonus.

Dit soort algemene winstdelingsregelingen passen goed bij het huidige werkklimaat en het moderne maatschappelijke ondernemerschap. Ze leveren ook een bijdrage aan de groei van de werkgelegenheid en de economie. Dit kan als volgt worden toegelicht: te hoge loonkosten leiden op termijn tot een daling van de economische groei en tot een verlies aan banen. Ingeval bij een grote meerderheid van bedrijven de totale loonkosten bestaan uit een vast deel en een variabel winstaandeel, dan kunnen te hoge loonkosten worden tegengegaan. Gaat het slecht met de bedrijven, dan gaan de totale loonkosten automatisch omlaag. In die situatie bestaan de loonkosten van de bedrijven uitsluitend uit vaste salarissen en wordt er geen variabel deel in de vorm van een winstbonus uitgekeerd.

Deze winstdeling past ook goed bij de afspraken over loonkostenmatiging. Aan de werknemers wordt nu gevraagd om in de moeilijke economische omstandigheden waarin bedrijven verkeren genoegen te nemen met lagere loonstijgingen. Gaat het straks weer beter met de economie en de bedrijven, dan kunnen deze werknemers via winstdeling voor hun loonmatiging worden beloond. Mede om economische redenen worden in verschillende landen algemene winstdelingsregelingen bevorderd door dit soort winstuitkeringen met een laag belastingtarief te belasten of een deel vrij te stellen van belastingheffing.

Welke beloningsverschillen binnen bedrijven zijn redelijk?
Binnen bedrijven bestaan grote salarisverschillen tussen werknemers met de laagste beloning en de hoogste beloningen die worden toegekend aan de topbestuurders. In de afgelopen dertig jaar zijn deze beloningsverschillen fors toegenomen. Vooral in de Verenigde Staten is dat het geval. Voor een belangrijk deel wordt dit toegenomen verschil veroorzaakt doordat het topmanagement naast het vaste loon variabel loon ontvangt, dat in veel gevallen afhankelijk is van de winst van het bedrijf en van de waardeontwikkeling van de beurskoers van de onderneming waarin ze werkzaam zijn.

De koppeling aan de beurskoers is afkomstig uit 'Amerikaanse beloningsboeken' en wordt inmiddels door velen als een onjuiste beloningsvorm gezien. In de eerste plaats is niet concreet vast te stellen wat de daadwerkelijke (individuele) bijdrage is geweest van het management aan de ontwikkeling van de beurskoers. Beurskoersen worden door een groot aantal factoren beïnvloed die vaak niets met de prestaties van het topmanagement van de onderneming van doen hebben. Bovendien is deze beloning veelal zodanig vormgegeven dat de topmanager wel profiteert van (tijdelijke) waardestijgingen van het bedrijfsaandeel, maar geen kortingen krijgt opgelegd als de beurskoers naar beneden gaat.

Door de economische crisis is de beurswaarde van veel bedrijven in de wereld fors gedaald; in veel gevallen onder de waarde van meer dan tien jaar geleden. In verschillende landen wordt er bij topmanagers op aangedrongen daaruit consequenties te trekken en de zogenoemde waardestijgingsbonussen terug te betalen. Al bij eerdere economische crisissen, zoals bij de internetcrisis 2000-2002, is er van verschillende kanten op gewezen dat veel topmanagers miljoenen aan bonussen hadden opgestreken voor waardestijgingen die achteraf een zeepbel bleken te zijn. De grootste beloningsstijging deed zich voor in de periode 1990-2008. Deze stijging is, ook in Europa, vooral voortgevloeid uit de Amerikaanse bedrijfsfilosofie, die gekenmerkt wordt door een zware overschatting van het topmanagement voor het bedrijfsresultaat en beloningscompetitie tussen topmanagers in de verschillende bedrijven en bedrijfssectoren.

Daarnaast speelde ook de toenmalige tijdgeest een rol dat de captains of industry de 'helden' waren van de vrije markt. En over de beloning van 'helden' klaag je niet, daar val je ze niet mee lastig: 'helden' mogen exorbitant veel verdienen. Inmiddels zijn veel 'helden' van hun voetstuk gevallen en wordt het hoog tijd terug te keren naar normale beloningsverhoudingen. Over 'normaal' zal iedereen een eigen opvatting hebben: 10 keer, 20 keer, 40 keer, 50 keer. Verschillende van deze verhoudingsgetallen zijn in landen wel eens genoemd als een normale/redelijk beloningsverhouding tussen laagste en hoogste beloning. Maar er zijn geen gezaghebbende studies of redeneringen waarom het ene verhoudingsgetal beter zou zijn dan het andere. Wel wordt erop gewezen dat naarmate de inkomensverschillen (sterk) toenemen het maatschappelijk draagvlak afneemt. Ook binnen bedrijven kan het werkklimaat negatief worden beïnvloed door zeer grote verschillen tussen de gemiddeld laagste en hoogste beloningen.

Gaan we terug in de geschiedenis dan zien we dat in de VS de start van de snel oplopende verschillen in de loop van de jaren tachtig plaatsvond.

De economische politiek van de toenmalige president Ronald Reagan (Reagonomics) en het bejubelen van de vrije markt en de toenemende heldenstatus van captains of industry heeft daaraan een sterke impuls gegeven. Als we ervan uitgaan dat er voor deze start sprake was van gewone 'normale' maatschappelijk aanvaardbare beloningsverschillen, dan komen we voor de VS uit op maximaal 35 keer en voor Europa rond de 25 keer. In de wereld na de economische crisis zullen wereldwijd de beloningspakketten van bestuurders van bedrijven heroverwogen worden. Voor het draagvlak van deze pakketten – zowel in de maatschappij als binnen het bedrijf – zou het kunnen helpen bij de afwegingen over de totale beloning ook rekening te houden met verhoudingsgetallen die min of meer maatschappelijk aanvaardbaar zijn en waar ook binnen de onderneming voldoende draagvlak voor is.

De macro-economie moet op de operatietafel
Net als bankiers krijgen macro-economen op dit moment veel kritiek te verduren. Niet omdat ze exorbitante bonussen hebben opgestreken, maar omdat ze zich blind hebben gestaard op hun wiskundige (voorspel)modellen die weinig met de economische realiteit te maken hebben. Macro-economie is de studie naar de structuur, het gedrag en de prestaties van de economie als geheel, dus bijvoorbeeld op regionaal, nationaal of Europees niveau. Waar het bijna een eeuw lang de taak was van macro-economen om crisissen te verklaren en bezweren, lijkt de professie nu zelf in een crisis te zijn beland.

Al jaren is economie een populaire studie onder studenten en weten de opleidingen de slimste studenten aan te trekken. Zo scoren promovendi in economie gemiddeld hoog voor de Graduate Record Examination (GRE), een gestandaardiseerde test die focust op academische vaardigheden en abstract denken (http://www.econphd.net/). Ze staan op de vierde plaats, net onder natuurkunde-, wiskunde- en informaticastudenten. Scheikunde, biologie, politieke wetenschappen, medicijnen en bijvoorbeeld managementstudies staan gemiddeld een stuk lager. Hiermee wisten de economie-opleidingen veel talent binnen te halen en kon de beroepsgroep rekenen op een gestage toestroom van knappe koppen.

Hoewel de economische wetenschap breed georiënteerd is, leggen veel economen binnen de wetenschap zich toe op de macro-economische tak van sport. Als we bijvoorbeeld kijken naar de huidige top 15 economen in box 55 dan zien we dat de meerderheid zich richt op het bestuderen van de macro-economie of daaraan sterk gerelateerde beleidsterreinen. Het is tevens opvallend dat op één na alle hoogleraren Amerikaan en/of aan een bekende Amerikaanse universiteit gelieerd zijn.

Box 55 Top 15 economen in de wereld, per juli 2009

Joseph Stiglitz	Columbia
Andrei Shleifer	Harvard
Robert Barro	Harvard
James Heckman	University of Chicago
Robert Lucas Jr.	University of Chicago
Peter Phillips	Yale
Martin Feldstein	Harvard
Daron Acemoglu	MIT
Edward Prescott	Arizona State
Jean Tirole	Toulouse School of Economics
Olivier Blanchard	MIT
Paul Krugman	Princeton
John Campbell	Harvard
Lawrence Summers	Harvard
Mark Gertler	New York University

Bron: http://ideas.repec.org.

De macro-economische wetenschap heeft zo in een relatief korte tijdsspanne van tachtig jaar voor spectaculaire nieuwe inzichten, een veelheid aan theorieën en zeer levendige debatten gezorgd. En hoewel er altijd meningsverschillen bestonden, waren deze nooit zo groot als onder de huidige crisis.

In de eerste plaats zijn de 'slimste' en 'beste' economen het oneens over de meest elementaire zaken. Ze lijken daarbij regelmatig belangrijke bevindingen uit het verleden te negeren. In de tweede plaats bestaat er een groeiende twijfel over de methoden en aannames die standaard werden toegepast en die tot voor de crisis veelal voor 'waar' zijn aangenomen. Door de crisis worden ze nu ontmaskerd. In de media van veel landen wordt daarom steeds vaker gezinspeeld dat de macro-economische wetenschap zich in diepe problemen bevindt.

Paul de Grauwe van de Katholieke Universiteit Leuven vat een aantal kritiekpunten goed samen in een artikel in de *Financial Times*. Neem bijvoorbeeld het stimuleringsbeleid dat op dit moment in de Verenigde Staten wordt doorgevoerd. Zogenaamde 'deficit hawks' zien het begrotingstekort, dat zo'n 13% van het BBP zal bedragen in 2010, als desastreus voor de economie. Ze denken dat het zal leiden tot een hogere rentevoet (meer lenen door de overheid stuwt de rente omhoog). Dit zorgt voor minder investeringen, waardoor de economie juist wordt afgeremd. De andere groep economen zegt dat het stimuleringsbeleid broodnodig is om de economie weer aan de praat te krijgen. Anders riskeren we een deflatiespiraal die de situatie alleen maar verder verslechtert.

Ook over het monetaire beleid van Ben Bernanke bestaat veel onenigheid. Zo zijn sommigen bang dat de grote hoeveelheid geld die in de economie wordt gepompt tot hyperinflatie leidt, terwijl andere economen juist zeggen dat dit nodig is, omdat banken op het geld blijven zitten en toch niet uitlenen. In dat geval leidt het niet tot inflatie. Zodra de economie hersteld is, kan dit geld snel uit de circulatie genomen worden. Weer andere economen begrijpen niet waarom de Europese Centrale Bank (ECB) de Europese economie niet extra stimuleert door de rente verder te verlagen. De officiële rente van de ECB staat in augustus 2009 nog steeds op 1%. In de Verenigde Staten is die al maanden bijna nul, in Groot Brittannië een half procent.

De gemoederen tussen economen lopen daarbij soms hoog op. Paul Krugman, de Nobelprijswinnaar van 2008, ging op zijn *New York Times* blog zo ver om te beweren dat Robert Barro 'stompzinnige argumenten' hanteert. Barro, nummer drie in de rangorde van economen, reageerde door te zeggen dat Krugman zich niet als econoom gedraagt. Brad DeLong, van de Berkeley Universiteit en ook prominent blogger, schrijft dat Robert Lucas Jr., tevens Nobelprijswinnaar, 'oude en elementaire analytische fouten maakt over de hele linie'. Het geeft de tendens aan die vaak meer weg heeft van een politiek-ideologisch moddergevecht, dan academisch discours.

Buiten het vakgebied bestond er altijd al kritiek. In de Angelsaksische landen wordt economie in de volksmond ook wel de 'dismal science' genoemd, waar 'dismal' staat voor zoiets als armzalig of minder goed dan verwacht. Nieuw is dat scherpe kritiek nu ook van binnenuit klinkt. *The Economist* besteedde hier in juli 2009 een reeks interessante artikelen aan. De conclusie is dat de crisis veel in twijfel heeft getrokken waarvan we dachten dat we het wel wisten. De beoefenaren van de macro-economie zijn volgens velen door de mand gevallen.

Dat is voor een deel wel waar, maar we moeten niet doorslaan. Economie is een brede wetenschap en als geheel kunnen we er nog veel aan hebben. Brad DeLong maakt daarom een onderscheid tussen economie als een manier van denken en als een academische wetenschap. Economie als een manier van denken is nog steeds erg waardevol. Het helpt ons problemen zuiver te identificeren, gedachten te structureren en goede beslissingen te nemen. Economie als wetenschap is verre van nuttig gebleken in deze crisis.

Het raakt een fundamenteler probleem dat benoemd moet worden wil economie haar geloofwaardigheid in de toekomst behouden. Sinds de opkomst van macro-economische theorieën zijn economen in hun analyses steeds meer gebruik gaan maken van complexe wiskundige technieken. Waar Keynes zelf in zijn *General Theory* nog nauwelijks wiskunde gebruikte, zijn er tegenwoordig studies met meer formules dan woorden. Enerzijds helpt dit economen rigoureuzer na te denken en nauwkeurig te werken. Anderzijds was het een poging om de wetenschap een serieuzer aanzien te geven ten opzichte van haar grotere en meer gerespecteerde bètabroertjes, zoals natuurkunde en scheikunde.

De wiskundige tovenarij heeft geleid tot algemeen aanvaarde aannames die achteraf bezien weinig hout snijden. De meeste politieke beleidsmakers hebben de uitkomsten veelal klakkeloos gevolgd. Zo werkten (wiskundige) economen stuk voor stuk vanuit het zogenoemde 'complete-marktenparadigma' en gingen ze uit van rationele mensen. Er zou altijd sprake zijn van een bepaalde marktprijs, vandaag, voor ieder product, op elke datum, onder elke omstandigheid en mensen zouden hier altijd goed doordacht, rationeel op weten te reageren. Het vereist weinig inlevingsvermogen om te zien dat dit weinig tot niets met de dagelijkse werkelijkheid te maken heeft. En dat terwijl tachtig jaar geleden Keynes al sprak over 'animal spirits'. Hij doelde daarmee op psychologische factoren en vertrouwen als belangrijke drijfveren achter de uitkomst van de markt.

Willem Buiter van de London School of Economics (LSE) is explicieter. Hij schrijft op zijn *Finanical Times* blog dat de meeste macrotheoretische ontwikkelingen sinds 1970 in het gunstigste geval 'zelfgerichte, naar binnen kijkende distracties zijn geweest'. Onderzoek werd gemotiveerd door 'interne logica' en 'esthetische puzzels van gevestigde onderzoeksprogramma's in plaats van een krachtig verlangen om te begrijpen hoe de economie werkt'.

De basale fout was dat men geloofde dat de economie simpelweg de som was van micro-economische beslissingen die door rationele mensen werden genomen. Het was hoe economen getraind werden en dus waar zij zich comfortabel bij voelden. Geen wonder dat toen de crisis toesloeg veel van de academisch opgeleide, zeer technisch georiënteerde economen met de broek op de enkels stonden en niet wisten hoe te reageren. Immers, wat er gebeurde kwam niet voor in hun denken. Doorgaans werden financiële markten, de sector waarin de huidige crisis is ontstaan, niet eens in de modellen opgenomen.

Paul de Grauwe pleit om die reden terecht voor een nieuwe macro-economische wetenschap. Een wetenschap die accepteert dat mensen een onvolledig en gekleurd beeld van de complexe wereld hebben. Dat markten vaak niet bestaan of imperfect zijn. En dat de economie ook gedreven wordt door massale uitspattingen van euforie waarin risico sterk wordt onderschat, maar ook door perioden van collectieve depressie. Alleen dan zullen we in staat zijn om de dagelijkse economie te begrijpen en om toekomstige crisissen misschien te voorkomen of effectief te bestrijden.

Box 56 Leren van het verleden

Niet alleen volgens politiek links, maar ook daarbuiten bij neoliberale aanhangers van het marktdenken (hier aangeduid als 'rechts') maakt de huidige zware recessie duidelijk dat het Anglo-Amerikaanse model in een aantal opzichten gefaald heeft. Tussen 'links' en 'rechts' bestaat geen consensus over oplossingen. Ruw gezegd wil links de crisis vooral aangrijpen voor meer overheidsinvloed op de markt en het terugdraaien van marktwerking. Het valt mij op dat daarbij geen lessen worden getrokken uit het verleden en dat ook voorbij wordt gegaan aan de positieve effecten van dit model. De gedachten van rechts spitsen zich toe op beperkte aanpassingen, met name adequater toezicht op de financiële sector. De vraag rijst of dit voldoende is.

Voor de 'beste oplossing' moeten we zowel lessen trekken uit de huidige crisis als uit de economische geschiedenis. In de periode 1950-1975 was er in veel westerse landen sprake van een milde vorm van staatssocialisme, gekenmerkt door hoge overheidsuitgaven, een zware belastingdruk (belastingtarieven die opliepen tot boven de 80%) en een sterke overheidsinvloed op de markt en de maatschappij. Staatsbedrijven hadden veel invloed op de economie. Dit systeem heeft uiteindelijk geleid tot de opkomst van stagflatie; een gelijktijdige snelle stijging van de inflatie en een oplopende werkloosheid.

Daarnaast was er sprake van dalende winsten. Het was geen succes.

Toen Margaret Thatcher in 1979 in Engeland aan het bewind kwam, ging het beleid radicaal om. Haar beleid concentreerde zich in hoofdlijnen op vier maatregelen. De financiële sector kreeg een maximale vrijheid; de (toe-zicht)regels werden zo veel mogelijk afgeschaft. In de VS deed Reagan het-zelfde. De meeste Britse staatsbedrijven die als bureaucratisch en inefficiënt golden werden geprivatiseerd; ze kwamen in handen van de marktsector. Daarnaast werd de invloed van de vakbonden, die in Engeland veel macht hadden en die in veel gevallen tegen economische vernieuwingen waren, fors ingeperkt. Het vroegere loon- en prijsbeleid dat in belangrijke mate werd bepaald door centraal overleg tussen regering en de sociale partners werd af-geschaft en aan marktwerking overgelaten. Thatcher deed daarbij een niet geslaagde poging het aandeel van de overheidsuitgaven in het nationaal in-komen te verkleinen.

Als zwaarste minpunt van het Thatcher-beleid geldt vooral het vrijlaten van de financiële markten. Dit heeft geleid tot een vorm van ego-kapitalisme, ge-kenmerkt door onverantwoord financieel gedrag, financiële hebberigheid, protserige rijkdom en het verval van normen en waarden. Een ander bezwaar van het beleid is de sterke toename van het verschil tussen rijk en arm. Zowel in Engeland als de VS zien we de (zeer) rijken nog rijker worden. Terug naar het milde staatssocialisme wat deze twee punten betreft biedt geen wenkend perspectief en kan blijkens opiniepeilingen en verkiezingsuitslagen in de mees-te westerse industrielanden ook niet rekenen op voldoende kiezerssteun.

Ranglijst van 'best' presterende landen voor de crisis

In box 57 is een overzicht samengesteld op basis van macro-economische gegevens en andere cijfers van 16 belangrijke westerse industrielanden over een periode van bijna veertig jaar (1970-2007). Aan de hand van de cijfers van de Verenigde Staten (VS) die dateren van voordat de crisis uit-brak, wordt duidelijk gemaakt hoe het overzicht gelezen moet worden. Dit land heeft de laagste belastingdruk (1), staat op de derde plaats (3) bij economische groei en ook op drie bij de kleinste overheid (Zweden heeft de grootste overheid). De VS scoort slecht bij het klimaatbeleid (16). Dat komt onder andere doordat oud-president George W. Bush geen kli-maatbeleid wilde voeren. De huidige president Barack Obama is inmid-dels bezig met een inhaalslag. Zijn eerste concrete succes is de klimaatwet die in juni door het Huis van Afgevaardigden is aangenomen. Daarnaast scoort de VS slecht op het punt van inkomensongelijkheid (16); het land kent het grootste verschil tussen rijk en arm.

Box 57 laat opvallende uitkomsten zien. Zo blijkt dat landen met een kleine overheid en lage belastingdruk de hoogste gemiddelde economische groei hebben gerealiseerd. Deze mooie groeicijfers leiden overigens niet tot een gelukkige bevolking. De gelukkigste bevolking woont in landen met een relatief hoge belastingdruk. Ook blijkt dat landen met een relatief hoge belastingdruk toch een sterke internationale concurrentiekracht kunnen hebben. Voor de crisis werd ervan uitgegaan dat deze landen door de toenemende internationale concurrentie hun belastingdruk zouden moeten verlagen om hun concurrentiekracht op peil te houden. Na de crisis spelen ook andere afwegingen die hier eerder aan de orde zijn gesteld, zoals de noodzaak zo snel mogelijk begrotingstekorten en staatsschulden weg te werken.

Box 57 laat zien dat Nederland voor de crisis in alle opzichten een middenpositie innam. Kijken we naar de hoogste gemiddelde economische groei dan staat Ierland op de eerste plaats. Dit land heeft ook de kleinste overheid (1). In Europa behoort Ierland tot de landen die het zwaarst door de economische crisis zijn getroffen. Volgens de critici van het Ierse beleid betaalt Ierland nu de tol voor de deregulering van de financiële sector en de omvangrijke belastingverlagingen in het verleden. Opvallend zijn de prestaties van Denemarken. Een land met de op één na zwaarste belastingdruk (15) en toch een sterke internationale concurrentiepositie (3), de gelukkigste bevolking (1), een effectief klimaatbeleid (3) en een klein verschil tussen arm en rijk (1). De ongelukkigste bevolking vinden we in Japan (16), Frankrijk (15), Italië (14) en Engeland (13). Ook Zweden valt op. Ondanks de grootste overheid (16) en de zwaarste belastingdruk (16) heeft het land een sterke internationale concurrentiepositie (2) en het beste klimaatbeleid (1).

In het algemeen zijn economen voorstander van een kleine overheid. De werking van de markt en de economie zou door een grote overheid verstoord worden, zo is de gedachte. Ervaringen uit het verleden bevestigen deze geachte grotendeels. Maar bij een zware economische crisis blijkt dit anders te liggen. Volgens topeconoom Paul Krugman hebben juist 'grote' overheden door hun beleid voorkomen dat de wereld in een langjarige Grote Depressie is beland. Zomer 2009 lijkt het erop dat dankzij de staatssteun voor het bankwezen, het nalaten van overheidsbezuinigingen en de honderden miljarden aan overheidsmiddelen die in de economie zijn gepompt de vrije val van de economie naar de afgrond is gestuit. Volgens Krugman hebben ongeveer 1 miljoen Amerikanen hun baan te danken aan het Amerikaanse stimuleringsplan voor de economie.

Box 57 Een vergelijking tussen prestaties van landen: meer dan groei alleen

Land	BBP per capita (hoog)	Gemiddelde groei (hoog)	Grootte overheid (klein)	Totale belastingdruk (laag)	Concurrentiekracht (hoog)	Inkomensongelijkheid (laag)	Geluk (hoog)	Klimaatverandering index (hoog)
Australia	9	4	2	4	13	13	10	14
Austria	5	8	11	10	11	7	2	13
Belgium	7	11	12	14	14	11	11	6
Canada	10	5	5	5	10	9	5	15
Denmark	6	14	14	15	3	1	1	3
Finland	12	7	13	13	1	5	3	12
France	14	10	15	11	12	10	15	5
Germany	13	15	9	6	6	6	12	4
Ireland	3	1	1	3	15	12	6	11
Italy	16	13	10	9	16	14	14	10
Japan	15	6	4	2	5	2	16	8
Netherlands	4	9	8	8	7	8	7	9
Norway	1	2	6	12	9	4	8	7
Sweden	11	16	16	16	2	3	4	1
UK	8	12	7	7	8	15	13	2
US	2	3	3	1	4	16	9	16

Bron: *Taxes and the Economy*

In box 57 is een poging gedaan om op basis van een aantal criteria de prestaties van een aantal landen met hun 'modellen' in kaart te brengen. De lezer kan op grond daarvan zelf bepalen welk model hem of haar het meeste aanpreekt. Zelf ben ik een bewonderaar van de economische en maatschappelijke prestaties van Denemarken (het zogenoemde Scandinavische model). De economie van dit EU-land behoorde de afgelopen tien jaar tot de sterkste van de wereld. Op het terrein van een duurzame ontwikkeling van de economie en innovaties zit Denemarken in de internationale kopgroep. Bovendien heeft het de gelukkigste bevolking van de wereld.

Kunnen landen het Deense model overnemen? Nee, zo gemakkelijk gaat dat niet. In de eerste plaats is de Deense economie relatief klein van omvang en spelen er historische, maatschappelijke en culturele aspecten een rol die mede hebben bijgedragen aan de vormgeving van de economie. Wel zou lering getrokken kunnen worden uit bijvoorbeeld het activerende arbeidsmarktbeleid van de Denen en hun innovatie-, onderwijs- en klimaatbeleid.

Box 58 Denemarken, een voorbeeld voor Europa na de crisis?

1. Internationaal een sterke economie; staat in de wereldtop-vijf
2. Een gemiddelde economische groei rond het EU-15-gemiddelde
3. Een relatief lage werkloosheid
4. Behoort tot de kopgroep van innovatieve landen in Europa
5. Staat in de EU-15 op de vijfde plaats qua BBP per hoofd van de bevolking
6. Een internationale koppositie op het terrein van duurzame energie (vooral wind)
7. In de top vijf van landen met het beste klimaatbeleid in de wereld
7. Kleinste inkomensongelijkheid in de wereld
8. Gelukkigste bevolking van de wereld

Europa: Op weg naar een sociale markteconomie?

Na het uitbreken van de crisis is binnen de EU in verschillende landen de discussie gestart over de beste wijze waarop binnen een land de economie in de toekomst kan worden ingericht. Daarbij gaat het vooral om de overheidsinvloed op de marktsector en het takenpakket van de (rijks)overheid. Voor de crisis domineerden binnen de EU twee economische modellen:

het zogenoemde Rijnlandse model, met als belangrijkste representant Duitsland en het Angelsaksische model, met Engeland in de voorhoede. Opiniepeilingen en de uitslag van de verkiezingen voor het Europese parlement op 7 juni 2009 wijzen erop dat de komende vijf jaar binnen de EU het economische beleid vooral zal worden bepaald door Duitsland (Angela Merkel) en Frankrijk (Nicolas Sarkozy). Daarnaast zullen ook Italië (Berlusconi) en Engeland (waar de Labourregering in 2010 zeer waarschijnlijk wordt vervangen door de Conservative Party) een rol spelen.

Kijkend naar het politieke landschap in de EU acht ik de kans groot dat de komende vijf jaar onder aanvoering van Angela Merkel (Duitsland) en de christendemocratische partijen in Europa het 'aangepaste' Rijnlandmodel, het zogenoemde 'sociale marktmodel' in de EU het belangrijkste economische model zal worden. Wel is het waarschijnlijk dat binnen het model meer dynamiek en flexibiliteit zal worden aangebracht. Begin juli 2009 heeft Angela Merkel tijdens een persconferentie gezegd dat de wereldwijde economische crisis niet zou hebben plaatsgevonden als de VS en Engeland het sociale marktmodel hadden gehad. Ze gaf ook aan in de toekomst de nadelen van dit model, zoals een relatieve hoge belastingdruk, een onvoldoende flexibele arbeidsmarkt en bureaucratische procedures, te willen wegnemen (www.bundesregierung.de). In het verkiezingsprogramma van haar partij, de CDU, wordt een belastingverlaging voor burgers voorgesteld; de verkiezingen voor het Duitse parlement vinden september 2009 plaats. Op basis van recente opiniepeilingen is het waarschijnlijk dat Angela Merkel haar functie als bondskanselier kan voortzetten.

Het EU-beleid, ook op het terrein van de economie, zal de komende jaren vooral worden bepaald door de christendemocraten. Ze hebben door het verlies van de socialisten en de sociaaldemocraten hun machtsbasis versterkt. Het lijkt erop dat de christendemocraten in de EU-lidstaten bij kiezers vooral scoren met hun pleidooi voor het 'herstel' van normen en waarden, zowel in de samenleving als geheel, maar ook specifiek in de economische wereld en binnen bedrijven. Het bejubelen van de vrije markt, de doorgeschoten marktwerking, de groeiende economische macht van het internationale bedrijfsleven en de afwezigheid van voldoende overheidsinvloed zou volgens deze benadering hebben geleid tot een samenleving waarbij de klassieke deugden als gematigdheid, wellevendheid, solidariteit, betrouwbaarheid, rechtvaardigheid en trouw zijn ondergesneeuwd. Deze deugden zijn 'vervangen' door het ik-denken, door individuele hebzucht, door een ieder-voor-zich-mentaliteit en een gebrek aan moreel besef bij burgers, in het bedrijfsleven en ook bij overheidsinstanties.

Voor het uitbreken van de economische crisis was er in de politiek nauwelijks draagvlak voor deze gedachten te vinden en andere politieke partijen waren vooral kritisch. Ze vonden het 'betuttelend en niet van deze tijd'. Door de crisis, die in belangrijke mate ook is veroorzaakt door een gebrek aan nomen en waarden, een gebrek aan moreel besef, ethiek en een graaimentaliteit, staan normen en waarden in veel landen hoog op de politieke agenda. In Nederland geldt premier Jan Peter Balkenende als de gangmaker van het normen-en-waardendebat. Eind 2004 organiseerde hij over dit onderwerp een Europese conferentie. Uit zijn bijdrage blijkt dat zijn gedachten daarover sterk zijn beïnvloed door de Amerikaanse socioloog Amitai Etzioni.

Box 59 Sociaaldemocraten hebben aan invloed verloren

Bij de Europese verkiezingen, juni 2009, hebben de sociaaldemocraten een zware nederlaag geleden. Niet alleen door de lage opkomst bij de Europese verkiezingen (rond de 36%) maar ook vanwege het feit dat kiezers hun stemgedrag vooral hebben laten bepalen door nationale kwesties, is het moeilijk uit deze uitslag conclusies te trekken. Wel valt op dat de sociaaldemocraten een zeer slechte score hebben behaald. De uitkomst was voor deze partijen een teleurstelling. Ze gingen ervan uit dat de economische crisis in hun voordeel zou werken. Vrij algemeen wordt de crisis toegeschreven aan het falen van de vrije markt. Bij socialistisch links leefde dan ook de gedachte dat politieke partijen (vooral politiek rechts) die jarenlang de markt hadden bejubeld door de kiezers 'gestraft' zouden worden en meer kritisch gezinde partijen (links) jegens de markt 'beloond'. Die verwachting is niet uitgekomen.

Uit kiezersonderzoek komt naar voren dat de slechte score voor een deel kan worden toegeschreven aan nationale kwesties. In verschillende Europese landen, zoals Engeland, Spanje en Nederland, maken sociaaldemocraten deel uit van de regering. Een deel van de kiezers heeft de Europese parlementsverkiezingen aangegrepen om de onvrede kenbaar te maken over het gevoerde beleid en over nationale kwesties. Daarnaast heeft socialistisch links weinig profijt kunnen trekken van de economische crisis. De belangrijkste verklaring is de opstelling van de partijen in het politieke centrum en rechts daarvan. Andere partijen hebben al snel na het ontstaan van de crisis publieke kenbaar gemaakt voorstanders te zijn van ingrijpende hervormingen van de financiële sector en ook van economische overheidsstimulansen om de economie aan te jagen. Zo hebben de Duitse christendemocraten (CDU), de partij van bondskanselier Angela Merkel (www.angela-merkel.de) al snel na het uitbreken van de economische crisis ingrijpende maatregelen voorgesteld om de financiële sector aan banden te leggen. Ook hielden ze een pleidooi voor meer moraliteit en ethiek in het bedrijfsleven (www.cdu.de).

Na de verkiezingen is vastgesteld dat de sociaaldemocraten geen heldere boodschap hebben gehad die bij kiezers is aangeslagen. Met hun politieke visie ten opzicht van de rol van Europa was er geen heldere lijn; ze schipperden tussen meer en minder EU. Klassieke thema's van links zijn sociale rechtvaardigheid en een eerlijke verdeling van de welvaart. Nog steeds zijn dit thema's die in de meeste EU-landen, waaronder Nederland, veel kiezers aanspreken. Maar juist in een economische crisis vinden kiezers het belangrijk dat een partij economische kennis van zaken heeft en dat ook uitstraalt door met aansprekende en overtuigende beleidsvoorstellen te komen die perspectief bieden op een herstel van de economie en op werk en inkomen. De sociaaldemocraten hebben kiezers niet kunnen duidelijk maken dat zij daarvoor de aangewezen partij zijn. Daarnaast zijn er maatschappelijke vraagstukken, bijvoorbeeld op het terrein van integratie, asielbeleid, normen en waarden, milieu en klimaat waarbij sociaaldemocraten een beleid voorstaan dat onvoldoende aansluit bij de opvattingen van een groot deel van het traditionele electoraat.

Een deel van de 'vroegere' kiezers zoekt mede ook daardoor hun toevlucht bij verschillende andere partijen: bij sterk populistische partijen op (ultra)rechts en -links of bij het politieke centrum. Om deze kiezers terug te winnen zullen de sociaaldemocratische partijen moeten komen met aansprekende politieke leiders die overtuigend duidelijk weten te maken dat ze naast eerlijk delen ook in staat zijn om een goed draaiende economie te realiseren en met oplossingen te komen voor grote maatschappelijke vraagstukken die draagvlak hebben bij de traditionele aanhang en nieuwe kiezers trekken. In de EU hebben deze partijen voorlopig aan politieke macht ingeboet en dit geldt ook voor hun invloed op het te voeren economische beleid.

Meer nadruk op de kwaliteit van economische groei, meten van groene groei
Het internationale denken over economische groei en groeicijfers zal gaan veranderen. Ik verwacht dat er meer nadruk gelegd gaat worden op

de kwaliteit van de groei in plaats van op de kwantiteit. Regeringen en internationale denktanks kunnen daaraan bijdragen door naast de klassieke (BBP) groeicijfers ook cijfers te presenteren waarin rekening is gehouden met de schade die door het groeiproces is aangericht; deze cijfers laten daardoor een lagere groei zien.

De afgelopen vijftig jaar zijn er verschillende (internationale) pogingen gedaan om 'groene' groeicijfers te ontwikkelen. Deze pogingen zijn om een aantal redenen niet succesvol geweest. De oorzaak lag vooral bij het ontbreken van voldoende politiek draagvlak en de ingewikkeldheid en bureaucratie van de voorstellen. Ik denk dat het draagvlak voor 'groene' groeicijfers door de crisis is toegenomen, mits het om een relatief eenvoudige berekening gaat. Hieronder heb ik een simpel voorstel uitgewerkt.

In de klassieke (BBP) groeicijfers van landen wordt geen rekening gehouden met de schade die door de groei aan de leefomgeving wordt toegebracht. In het verleden zijn er wel rapporten en studies verschenen waarin deze schade gedetailleerd is berekend. Om het praktisch en werkbaar te houden, stel ik voor om daarvan af te zien en te kiezen voor eenvoud en uniformiteit. Het meest simpele is alle schade die door economische groei wordt veroorzaakt samen te vatten in de CO_2-uitstoot van landen en daaraan een fictief prijskaartje te hangen. Op basis van verschillende internationale studies kan geconcludeerd worden dat een bedrag van 50 dollar per ton uitstoot CO_2 op termijn als een gematigde kostprijs kan worden aangemerkt. Deze prijs zou bijvoorbeeld gehanteerd kunnen worden om op een uniforme en vereenvoudigde wijze de 'groene' economische groei van landen vast te stellen.

In box 60 is dit voorstel uitgewerkt voor de top tien van landen met het hoogste BBP. Het klassieke BBP wordt gecorrigeerd met een kostenpost (de omvang van de jaarlijkse CO2-uitstoot maal 50 dollar). Toegepast op het zogenoemde nominaal wereld-BBP van 2007 dat ruim 54.000 miljard dollar bedroeg zou deze 'groene' correctie leiden tot een groen wereld-BBP van circa 52.000 miljard dollar, ongeveer 3,7% minder dan het klassieke BBP.

Ook voor bedrijven kan de 'groene' groei worden gemeten
De meest gangbare methode om de bedrijfsprestatie te meten en weer te geven is de commerciële jaarwinst. Bij vrijwel alle bedrijven gaat het productieproces gepaard met de uitstoot van schadelijke broeikasgassen, zoals CO^2, SO^2 en andere gassen. Deze gassen leiden niet alleen tot de opwarming van de aarde, maar schaden ook de leefomgeving door aantasting van de luchtkwaliteit. Per bedrijf is het mogelijk de jaarlijkse uitstoot van $CO2$-equivalenten vast te stellen en daaraan een fictief prijskaartje te hangen voor de schade die daarmee wordt aangericht. Deze fictieve kostenpost kan dan in mindering worden gebracht op de jaarwinst, waardoor de winst die dan resteert als 'groen' kan worden aangeduid.

Een toenemend aantal ondernemingen in Nederland publiceert naast het financieel jaarverslag een milieujaarverslag, waarin in een aantal gevallen emissiegegevens over broeikasgassen zijn opgenomen. De milieuschade daarvan kan per broeikasgas worden uitgedrukt in verschillende eenheidskosten (€ per kilogram). Daarover zijn de afgelopen decennia verschillende internationale studies met berekeningsmethoden verschenen. Op dezelfde vereenvoudigde wijze als bij landen hun 'groene' economische groei wordt bepaald, kan dus ook de 'groene' winst van bedrijven worden bepaald. In box 61 is een voorbeeld opgenomen.

Het hoeft geen betoog dat er bij bedrijfsactiviteiten nog andere aantastingen van het milieu kunnen plaatsvinden die schade opleveren, zoals watervervuiling en schade aan de natuur, die dus eigenlijk ook door de onderneming vergoed moeten worden. Deze schade is niet alleen moeilijk te meten, maar kan ook niet eenvoudig verwerkt worden in een werkbaar, uniform model voor het meten van de groene winst. Ook de huidige milieujaarverslagen bieden geen goede basis voor zo'n model.

Box 61 Voorbeeld bepaling van de 'groene' bedrijfswinst (mln.)

Onderneming	jaarwinst *	kosten CO_2-uitstoot	groene jaarwinst**
A	40	- 5	35
B	5	-7	- 2
C	60	-10	50

* Volgens gebruikelijke (accountants)maatstaven in dollars

** De jaarwinst verminderd met de fictieve kosten die samenhangen met de uitstoot van CO_2 op basis van een fictieve kostprijs van 50 dollar per ton uitstoot.

Toelichting

Bedrijf A heeft een jaarwinst van 40 miljoen. De vastgestelde uitstoot van CO_2 bedraagt over dat jaar 100.000 ton. Het fictieve 'prijskaartje' van deze uitstoot is € 5 miljoen (100.000 x 50 dollar). Dit bedrag wordt afgetrokken van de jaarwinst, waardoor een 'groene' jaarwinst resteert van 35 miljoen. Bij bedrijf B is de jaarwinst 5 miljoen positief, maar bedragen de fictieve kosten van de uitstoot 7 miljoen en is er per saldo sprake van een negatieve groene jaarwinst van 2 miljoen. Bij bedrijf C zijn de fictieve uitstootkosten 10 miljoen, zodat de groene winst 50 miljoen bedraagt.

Zou dit model bijvoorbeeld worden toegepast op de cijfers van Shell over het jaar 2007 met een jaarwinst van rond de 27 miljard dollar en een CO_2-uitstoot van circa 90 miljoen ton met een fictieve kostprijs van 4,5 miljard, dan zou voor Shell in 2007 de 'groene' winst 22,5 miljard dollar zijn geweest: circa 16,6 % lager dan de jaarwinst volgens de gebruikelijke maatstaven.

De dreiging van het inflatiespook

Na de crisis dreigt het inflatiespook. Wereldwijd worden er honderden miljarden in de economie gepompt om de recessie te bestrijden. Door een toenemend aantal economen wordt erop gewezen dat deze stimulansen na het herstel van de economie in veel landen tot een forse stijging van de inflatie kunnen leiden. Met inflatie (letterlijk 'opblazen') wordt hier gedoeld op een stijging van het algemene prijspeil. Deze stijging wordt veroorzaakt door een relatieve toename van de hoeveelheid geld in de economie.

Ingeval tegenover deze toename geen hogere productie staat, zal door de toegenomen vraag naar goederen het gemiddelde prijspeil gaan stijgen. Inflatie kan ook worden veroorzaakt door een verhoging van de belastingtarieven (bijvoorbeeld BTW) of door een doorberekening in de prijzen van de gestegen productiekosten (bijvoorbeeld hogere loonkosten).

In het algemeen wordt een inflatie tussen 1%-2 % per jaar als 'normaal' beschouwd. Naarmate de inflatie hoger is, nemen de nadelen toe. Stijgen de lonen minder dan de inflatie, dan daalt de koopkracht: consumenten kunnen voor hetzelfde bedrag minder kopen. Ook spaarders zien de waarde van hun spaarbedrag afnemen, ingeval de inflatie (bijvoorbeeld 4%) hoger is dan de rente op hun spaarrekening (bijvoorbeeld 3%). Een toenemende inflatie leidt veelal tot een verhoging van de nominale rente en dat werkt remmend op economische groei. Landen met een te hoge inflatie zijn onaantrekkelijk voor investeerders, terwijl investeringen belangrijk zijn voor de groei van de economie. Kortom, landen hebben er (economisch) belang bij om de inflatie zo veel mogelijk te beperken tot een 'normaal' niveau.

Dit betekent dat bij een herstellende economie er maatregelen getroffen moeten worden om een stijgende inflatie tegen te gaan. Het is van belang dat landen en Centrale Banken nu al hun plannen uitgewerkt hebben om het gevaar van een oplopende inflatie na de crisis tegen te gaan. De meest toegepaste maatregelen zijn renteverhogingen door de Centrale Banken, een vermindering van financiële overheidsstimulansen, zoals subsidies en fiscale tegemoetkomingen en verhogingen van belastingen. Veel landen die nu met miljarden hun economie aanjagen, hebben al aangekondigd dat ze bij een herstellende economie maatregelen zullen nemen om een oplopende inflatie te voorkomen.

Box 62 Deflatie
Het tegengestelde van inflatie is deflatie (letterlijk 'uitblazen'). Deflatie houdt in dat er sprake is van een algemene daling van het prijsniveau. Bij een deflatie van bijvoorbeeld 1% en gelijkblijvende lonen neemt de koopkracht van consumenten toe. Op het eerste gezicht lijkt het of deflatie gunstig is voor de economie. In het algemeen is dit niet het geval. Deflatie kan ertoe leiden dat consumenten hun bestedingen gaan uitstellen in de verwachting dat de prijzen op termijn nog verder zullen dalen. Dit afwachten heeft tot

gevolg dat de omzet van bedrijven vermindert, waardoor ze in de problemen kunnen komen. Ook investeerders haken daardoor af. Deze ontwikkeling werkt remmend op de economische groei. Onverwachte deflatie heeft ook tot effect dat de waarde van lopende schulden toeneemt (bij inflatie neemt de waarde af). Door de deflatie is de schuld reëel meer waard geworden dan op het moment dat de schuld is ontstaan. Bij aflossing betaal je met een geldbedrag dat door deflatie meer waard is geworden. Deflatie leidt tot een stijging van de reële rente. Vanwege de nadelen van deflatie streven regeringen en Centrale Banken naar het handhaven van een lage inflatie (maximaal 2%). Deflatie kan worden tegengegaan met economische stimuleringsmaatregelen (bijvoorbeeld belastingverlaging en renteverlaging).

Het creëren van een nieuwe groeigolf, de zesde Kondratieff!
Blijft de vraag hoe we in de wereld weer aan mooie groeicijfers komen. Denkbaar zou zijn dat de wereld genoegen zou nemen met relatief lage groeicijfers. De voor- en nadelen daarvan zijn eerder besproken in hoofdstuk 3. Ik ben voorstander van een andere benadering. Wereldwijd zou de nadruk gelegd moet worden op het creëren van een nieuwe groeigolf in de wereldeconomie die niet alleen de groei van de wereldeconomie bevordert, maar ook de kwaliteit daarvan, door een bijdrage te leveren aan het tegengaan van klimaatverandering en het bieden van een oplossing voor het energievraagstuk. Die golf kan worden opgewekt door een versnelde ombouw van de bestaande wereldeconomie, die in hoofdzaak draait op fossiele brandstoffen (olie, gas en kolen) naar een economie die aangedreven wordt door duurzame energie, opgewekt met zon, wind en waterkracht en de modernste kerncentrales.

Deze ombouw moet gepaard gaan met een elektrificatie van het vervoer over de weg en over water. Elektrisch aangedreven wagens en schepen nemen de plaats in van het huidige vervoer dat draait op olie. De ombouw en het elektrificeren van de economie vergt in ieder geval omvangrijke investeringen en innovaties op het terrein van duurzame energie en kernenergie en een hervorming van belastingstelsels. Ook de auto-industrie gaat zich focussen op elektrisch vervoer en voor het vrachtvervoer vooral op waterstofauto's. Deze ontwikkeling leidt tot het ontstaan van nieuwe bedrijfstakken en bestaande die snel zullen groeien en nieuwe beroepsgroepen. Ook vinden er vernieuwingen plaats op het terrein van onderzoek en (technisch) onderwijs. Daarnaast worden de economie en werkgelegenheid gestimuleerd door investeringen in de infrastructuur die geschikt gemaakt moet worden voor de 'Elektrowereld' van morgen, zoals voldoende oplaadstations voor het wagenpark en vaartuigen.

De langs deze weg opgewekte groei heeft twee belangrijke voordelen boven de klassieke groei. De zesde Kondratieff leidt niet alleen tot een groei-impuls voor de wereldeconomie, maar ook tot een forse vermindering van de uitstoot van broeikasgassen, minder milieuvervuiling, schonere lucht en gaat de opwarming van de aarde tegen. Deze groeigolf biedt tevens een oplossing voor het energievraagstuk (het duurder worden en opraken van fossiele brandstoffen) en maakt landen bovendien minder afhankelijk van de oliesjeiks en gasbaronnen in deze wereld. In hoofdstuk 9 wordt verder ingegaan op hoe we de elektrogolf kunnen opwekken.

Na de crisis zo snel mogelijk een belastinghervorming
Belastingen hebben een sterke invloed op economische en maatschappelijke ontwikkelingen. De huidige belastingstelsels van de meeste OESO-landen zijn ouderwets, ingewikkeld en passen niet meer in de wereld van het internet en de globalisering van de 21ste eeuw. Ze remmen de economische groei. De praktijk leert dat ingrijpende herzieningen in het algemeen moeizaam gerealiseerd kunnen worden. Dat heeft alles te maken met de effecten van de herziening op de netto inkomens van burgers en de gevolgen voor de winsten en internationale concurrentiepositie van het bedrijfsleven.

Binnen regeringen en parlementen worden de gevolgen van wijzigingen in het stelsel op een gouden schaaltje gewogen. Bovendien wordt er door belangengroepen druk gelobbyd om bepaalde hervormingen achterwege te laten of andere tegemoetkomende aanpassingen gerealiseerd te krijgen. Ook de opvattingen in de publieke opinie zijn van invloed op het hervormingsproces. Op basis van mijn eigen ervaringen met de Nederlandse belastingherziening 2001 weet ik dat een ingrijpende herziening niet alleen vraagt om het juiste moment maar ook om snelheid, om te voorkomen dat het wetgevende proces verzandt in politieke belangentegenstellingen.

De afloop van de crisis is een uitgelezen moment om belastingstelsels op de schop te nemen. In de eerste plaats zullen landen veelal genoodzaakt zijn om hun overheidsbegrotingen en schulden te saneren en de uitgaven en inkomsten aan te passen aan de veranderde omstandigheden. Belastingheffing speelt daarbij een essentiële rol. Ook om een andere reden moeten landen hun belastingsysteem hervormen. Ze dienen beter geschikt te worden gemaakt voor de economische en maatschappelijke ontwikkelingen van deze eeuw. Op economisch terrein is dat de toenemende internationale concurrentie in de wereld en de opkomst van de digitale economie. Daarnaast zoeken veel landen naar oplossingen om de kosten van de vergrijzing op te vangen. De belastingstelsels moeten bovendien zodanig hervormd worden dat ze een bijdrage kunnen leveren aan het tegengaan van milieuvervuiling en klimaatverandering.

Samen met mijn universitaire collega's Rick van der Ploeg en Jan Willem Timmer heb ik in de periode 2005-2008 een internationaal onderzoek verricht, waarin theorieën over belastingheffing en resultaten van wetenschappelijk onderzoek worden gecombineerd met de praktische ervaringen met belastingpolitiek van 16 belangrijke westerse industrielanden in de periode 1970-2007. Het gaat om de volgende landen: Verenigde Staten, Japan, Canada, Australië, Duitsland, Engeland, Frankrijk, Italië, Nederland, België, Oostenrijk, Ierland, Denemarken, Noorwegen, Zweden en Finland. De belangrijkste bevindingen uit deze studie, *Taxes and the Economy: A Survey of the Impact of Taxes on Growth, Employment, Investment, Consumption and the Environment* worden hier kort samengevat.

Rem op groei en vernietiging banen
De bestaande belastingstelsels in het merendeel van de westerse industrielanden, vooral in de oude EU-15, hebben een remmende werking op de economische ontwikkeling en leiden niet tot een eerlijke verdeling van inkomens. Door de vele aftrekposten betalen topinkomens relatief weinig belasting. De stelsels zijn ook ingewikkeld met veel administratieve rompslomp voor burgers, bedrijven en de overheid en leiden tot een zware last en druk op arbeid. De hoge belastingdruk op arbeid heeft een negatief effect op de economie en de werkgelegenheid en vernietigt banen.

De belastingstelsels zijn ook ouderwets. Ze zijn ontworpen in de jaren vijftig van de vorige eeuw toen de wereld er heel anders uitzag. In de jaren daarna zijn ze wel regelmatig aangepast en opgelapt. Maar in de kern zijn de huidige belastingstelsels sterk verouderd. Ze zijn onvoldoende toegerust om goed te kunnen functioneren in de huidige wereld van globalisering. Ze passen niet bij de kenniseconomie, de wereld van het internet en de toenemende concurrentie op de wereldmarkt. Ook zijn ze niet in staat om de sterk stijgende kosten van de vergrijzing adequaat te financieren en een effectieve rol te spelen in de strijd tegen klimaatverandering. Kortom, zc moeten ingrijpend worden omgebouwd tot stelsels die passen in de ontwikkelingen en trends van de 21ste eeuw, die mede beïnvloed worden door de gevolgen van de crisis. Landen die hun belastingstelsel niet aanpassen, lopen de kans op lagere groeicijfers, verlies van banen en bedrijven en het vertrek van talentvolle werknemers naar elders.

Box 63 Belangrijke ontwikkelingen en uitdagingen 21ste eeuw in hoofdpunten

- Een nieuwe rol voor de staat
- Toenemende globalisering en het opkomende protectionisme
- Vergrijzing bevolking
- Strijd tegen klimaatverandering
- Oplossen energievraagstuk
- Bestrijding armoede en grote inkomensongelijkheid
- Human capital als belangrijkste productiefactor
- Innovatie en kennis als de motor van de economie, waarbij de wereld van het internet een steeds belangrijkere rol gaat spelen
- Een verandering in de economische machtsverhoudingen in de wereld. De opmars van China. Toenemende internationale concurrentie tussen landen op verschillende terreinen, zoals het aantrekken van bedrijven en toptalent
- Nationale en internationale hervormingen die een (krediet)crisis zo veel mogelijk kunnen voorkomen en een internationaal beleid waarbij 'arme' landen zo snel mogelijk aansluiting krijgen bij de welvaartsontwikkeling in rijkere landen
- Vormgeving van een markteconomie met een sociaal gezicht, waarbij een goede balans wordt gevonden tussen een sterke marktsector en een sterke en doelmatige overheid. Meer WIJ, minder IK
- Het creëren van economische groei waarbij de kwaliteit vooropstaat

---

Breed, laag, simpel en verschuiven

Hoge marginale belastingtarieven hebben veel nadelen. Ze zijn onderdeel van ingewikkelde belastingstelsels met veel aftrekposten en vrijstellingen. Voor overheid, burgers en bedrijven is er sprake van een zware administratieve lastendruk. Naarmate de tarieven hoger zijn, neemt de geneigdheid bij burgers en bedrijven toe om de belasting met behulp van legale constructies te ontgaan dan wel fraude te plegen. Ook leiden ze tot extra conflicten met de fiscus en belastingprocedures. Hoge tarieven hebben, mede door globalisering en belastingcompetitie tussen landen, een negatief effect op de economische ontwikkeling en kunnen voor de schatkist tot tegenvallers leiden. Een zware administratieve lastendruk is ook op zichzelf slecht voor de economie: economische activiteiten worden afgeremd.

Lage belastingtarieven over een brede belastinggrondslag (weinig aftrekposten en fiscale vrijstellingen) hebben veel voordelen boven hoge tarieven over een smalle belastinggrondslag (veel aftrekposten en fiscale vrijstellingen). Een laag tarief over een brede belastinggrondslag biedt een solide basis voor de schatkist. Ze worden geassocieerd met minder administratieve lasten, minder ontgaan, minder fraude, minder conflicten, minder verstoring van de economische ontwikkeling. Hierdoor zijn hoge marginale tarieven door de bank genomen niet effectiever gebleken in het creëren van een eerlijkere verdeling in de samenleving dan lagere tarieven met bijvoorbeeld een flinke heffingskorting. Lage tarieven bevorderen ook het ondernemingsklimaat van een land.

Box 64 Hoge tarieven leiden niet tot lagere netto inkomens voor topverdieners

In verschillende landen worden van de kant van regeringen en parlementen pogingen gedaan om excessieve beloningen van topmanagers aan te pakken door middel van een speciaal belastingtarief. Maar dit middel werkt niet. Een extra hoog tarief voor topinkomens leidt niet tot een lagere netto beloning voor topmanagers. De praktijk laat zien dat de extra belastingdruk wordt gecompenseerd door een zodanige verhoging van het brutosalaris dat de manager ook na de extra belasting netto hetzelfde overhoudt. Landen met relatief hoge belastingen voor topinkomens laten hoge bruto salarissen zien voor topmanagers.

Belastinghervormingen moeten leiden tot een belastingstelsel dat gekenmerkt wordt door: *breed*, een brede belastinggrondslag met weinig aftrekposten; *laag*, lage belastingtarieven; *simpel*, geen administratieve rompslomp voor burgers, bedrijven en de overheid; en een *verschuiving* van de belastingdruk op inkomen (verlaging) naar consumptie en milieuvervuiling en klimaataantasting (verhoging belastingdruk).

Bij *breed*, *laag* en *simpel* gaat het dus om een inkomstenbelasting en vennootschapsbelasting, waarin de meeste bestaande aftrekposten en vrijstellingen zijn geschrapt. Over deze brede belastinggrondslag worden vervolgens lage tarieven geheven, waarvan de hoogte mede afhankelijk is van de mate waarin de belastingdruk van arbeid naar consumptie wordt verschoven. Door het schrappen van ingewikkelde aftrekposten en bijzondere regelingen wordt het belastingstelsel eenvoudiger en de uitvoering is simpel. Voor burgers, bedrijven en overheid zijn de administratieve lasten daardoor gering.

De belastingdruk op inkomen gaat daarmee omlaag. Dat bevordert de economische groei en werkgelegenheid, mede omdat sparen en investeren daarmee lager belast wordt. Consumptie, milieuvervuiling en de aantasting van het klimaat worden zwaarder belast. Met deze extra opbrengst en de opbrengst van het schrappen van aftrekposten kunnen de lagere tarieven en de lagere belastingdruk op arbeid worden gefinancierd. Breed, laag en simpel leidt ook tot een eerlijker verdeling van de belastingdruk over de verschillende inkomensgroepen. Voor de schatkist heeft de hogere belasting over consumptie en milieuvervuiling als voordeel dat het daarbij in het algemeen gaat om stabiele inkomsten. De kans op tegenvallers bij belastingen over consumptie is kleiner dan bij belastingen over inkomens.

Met het concept breed, laag, simpel en verschuiven van belastingdruk kunnen landen hun economische groei stimuleren, de werkgelegenheid bevorderen, beter concurreren op de wereldmarkt, de belastingdruk eerlijker over de inkomens verdelen en een bijdrage leveren aan de strijd tegen klimaatverandering. Een breed, laag, eenvoudig belastingstelsel waarbij er meer belasting over consumptie wordt geheven, levert ook voldoende middelen op om de kosten te financieren van de toenemende vergrijzing. Iedereen die consumeert (winkelen, autorijden, energieverbruik enzovoort) gaat meer betalen. Aan de andere kant wordt de belastingdruk op arbeid verlaagd waardoor het netto loon/inkomen van werkenden omhoog gaat.

Maatregelen tegen klimaatverandering
Veel landen gebruiken hun belastingstelsel om de milieuvervuiling aan te pakken en klimaataantasting tegen te gaan. Meestal gaat het om extra belastingen op energieverbruik (gas- en elektriciteitsverbruik) in woningen en

kantoren en heffingen op benzine en diesel waardoor automobilisten duurder uit zijn. Deze extra belastingen en heffingen die bij burgers en bedrijven in de regel veel ergernis opwekken, hebben tot doel dat er minder energie wordt verbruikt. In de meeste landen moet energiebesparing een belangrijke bijdrage leveren aan de reductie van de uitstoot van broeikasgassen. De reductie wordt berekend met theoretische, wiskundige computermodellen waarin de praktijk wordt nagebootst. De modellen geven als uitkomst dat deze belastingen en heffingen burgers en bedrijven zodanig prikkelen dat ze fors minder energie gaan gebruiken; de belastingheffing werkt als een zogenoemde negatieve prikkel, een 'straf' op energieverbruik.

Regeringen en parlementen die over de invoering van extra heffingen en belastingen besluiten gaan veelal kritiekloos af op deze door de computermodellen voorgespiegelde fictieve energiebesparingen. De echte praktijk laat veelal zien dat de gerealiseerde energiebesparingen veel lager liggen dan het model had voorspeld. Daardoor wordt de beoogde reductiedoelstelling van de uitstoot van broeikasgassen met de bestaande negatieve prikkels niet gehaald. In veel landen zien we niet alleen dat de geplande jaarlijkse energiebesparing niet wordt gerealiseerd, maar ook een toenemende maatschappelijke weerstand tegen lastenverzwaringen.

De reductiedoelstellingen van landen moeten vooral langs een andere weg worden gerealiseerd, door meer nadruk te leggen op positieve prikkels. Burgers en bedrijven moeten worden beloond voor hun bijdrage aan energiebesparing: meer belonen in plaats van straffen. Belonen kan door middel van bijvoorbeeld subsidies en fiscale tegemoetkomingen voor energiezuinige technologieën, zuinige auto's en energiezuinige woningen en kantoren en voor het gebruik van duurzame energie, vooral zonne- en windenergie.

Bij de invoering van specifieke belastingverhogingen om energiebesparingen te realiseren wordt door de beleidsmakers vooral gekeken naar de veronderstelde vermindering van het energieverbruik. Ze gaan daarbij ten onrechte voorbij aan het feit dat deze verhoging economisch gezien tot een zwaardere lastendruk op arbeid leidt, wanneer de opgehaalde belasting niet wordt gebruikt om de belasting op arbeid tegelijkertijd te verlagen; en dat is slecht voor de economie en werkgelegenheid. Deze zwaardere lasten leveren ook een ander nadeel op. Landen die op eigen houtje milieu- en klimaatheffingen invoeren, terwijl andere (buur)landen dat niet doen, lopen het risico dat ze hun concurrentiepositie op de wereldmarkt verliezen en hun bedrijven naar elders zien vertrekken.

De afgelopen jaren hebben we al gezien dat een groot aantal EU-landen uit concurrentie-overwegingen hun tarieven van de vennootschapsbelasting fors hebben verlaagd. Uit praktijkervaringen blijkt dat landen met deze belastingverlagingen en andere fiscale tegemoetkomingen voor bedrijven hun nationale vestigings- en ondernemingsklimaat kunnen verbeteren. Zo blijven bestaande bedrijven behouden en kunnen gemakkelijker nieuwe bedrijven worden aangetrokken. Na de crisis zal de concurrentie tussen landen eerder toe- dan afnemen.

Een voorbeeld van een belastinghervorming voor een groene economie
Na de crisis is voor veel westerse industrielanden de beste oplossing een ombouw van het belastingstelsel waarbij in het stelsel zelf zo optimaal mogelijk rekening wordt gehouden met de doelstellingen op het terrein van de overheidsfinanciën, het inkomens-, milieu- en klimaatbeleid en de internationale concurrentiepositie. Bij een dergelijke aanpak kan tegelijk de warwinkel aan specifieke fiscale regelingen worden opgeruimd en de bureaucratie worden verminderd.

Hieronder heb ik een indicatief voorbeeld uitgewerkt. Deze ombouw moet leiden tot een belastingstelsel dat kenmerkt wordt door:

a. Eenvoud: simpele, begrijpelijke regelingen met zo weinig mogelijk administratieve lasten voor burgers, bedrijven en de overheid.

b. Zo weinig mogelijk fiscale aftrekposten en andere fiscale faciliteiten; deze regelingen maken een belastingstelsel ingewikkeld en leiden tot een smalle belastinggrondslag. Bovendien leert de praktijk dat veel van deze fiscale subsidies niet adequaat werken. Door het afschaffen van deze tegemoetkomingen krijgt het stelsel een brede belastinggrondslag.

c. Lage belastingtarieven op arbeid. Werk moet laag worden belast: mensen gaan over hun inkomen minder belasting betalen, waardoor hun netto-inkomen toeneemt. Een lage belastingdruk op arbeid stimuleert werkgelegenheid en de groei van de economie.

d. Belastingen over consumptie. De schatkist moet vooral worden gevuld met (groene) belastingen op consumptie en activiteiten die het klimaat aantasten en het milieu vervuilen.

Door de belastingdruk van arbeid te verschuiven naar consumptie, milieuvervuiling en klimaataantasting kan een belastingstelsel worden gerealiseerd dat niet alleen de ontwikkeling van een groene economie stimuleert, maar ook adequaat kan inspelen op de ontwikkelingen en uitdagingen van de 21ste eeuw. Voor de ombouw en hervorming van het belastingstelsel geldt als uitgangspunt dat de totale macrobelastingdruk door het afschaffen van aftrekposten en de verschuiving van de belastingdruk van arbeid naar consumptie, klimaataantasting en milieuvervuiling niet stijgt, maar globaal gelijk blijf.

In box 65 is aangegeven hoe een verandering van de verdeling van de belastingdruk kan leiden tot een 'groen' belastingstelsel. Uitgangspunt voor dit stelsel is het stelsel van een denkbeeldig land getiteld 'Niemandsland'. In dit land bedragen de totale belastingopbrengsten 40% van het Bruto Nationaal Product (BNP); dit is het gemiddelde van de EU-15. De verdeling van deze 40% is als volgt. De helft (20%) wordt opgebracht door belastingen op consumptie (inclusief milieuvervuiling en de aantasting van het klimaat). Het aandeel van de belastingen inclusief sociale premies op arbeid is 14%. De resterende 6% van de totale belastingopbrengst die in de schatkist komt, is afkomstig van belastingen over kapitaal.

Uit box 65 blijkt dat Nederland een totale belastingdruk heeft van 40%, gelijk aan die van Niemandsland. Maar in Nederland is deze 40% opgebouwd uit 20% belastingdruk op arbeid, 11% druk op consumptie en 9% op kapitaal. Om het groene stelsel van Niemandsland te realiseren zal in Nederland de macrobelastingdruk op arbeid van 20% verlaagd moeten worden tot 14%, de macrodruk op kapitaal moet van 9% naar 6%, terwijl tegelijkertijd de macrodruk van de belastingen en heffingen op consumptie (inclusief milieuvervuiling en de aantasting van het klimaat) wordt verhoogd van 11% tot 20%. Om 'schokeffecten' zo veel mogelijk te voorkomen zou deze verschuiving bijvoorbeeld over een periode van 5-10 jaar stapsgewijs gerealiseerd kunnen worden.

Box 65 Het groene belastingstelsel van Niemandsland

Verdeling belastingopbrengst (% BNP) op basis economische grondslag

	Consumptie*	Arbeid	Kapitaal	Totale belastingdruk **
Niemandsland	*20,0*	*14,0*	*6,0*	*40,0*
EU-15	11,5	20,0	8,5	40,0
Oostenrijk	12,0	24,0	7,0	43,0
België	11,0	25,0	10,0	46,0
Denemarken	16,0	27,0	6,0	49,0
Finland	14,0	24,0	7,0	45,0
Frankrijk	12,0	23,0	9,0	44,0
Duitsland	10,0	25,0	5,5	40,5
Ierland	11,0	11,0	8,0	30,0
Italië	10,5	20,5	12,0	43,0
Nederland	11,0	20,0	9,0	40,0
Zweden	13,0	32,0	6,0	51,0
Engeland	13,5	14,0	8,5	36,0

* Inclusief heffingen en belastingen op milieuvervuiling en aantasting klimaat

** Totale belastingopbrengst als percentage van het Bruto Nationaal Product (BNP)

Bron: Taxes and the Economy, cijfers van de Europese Commissie (2007).

9

Op weg naar een groene (WIJ) economie

Het wordt anders

Na de economische crisis zal de wereld nog sterker dan voorheen geconfronteerd worden met twee andere, fundamentele crisissen: de opwarming van de aarde en het energievraagstuk. Wereldwijd laat de praktijk zien dat de huidige aanpak van deze problemen niet werkt. De uitstoot van broeikasgassen die de aarde opwarmen zal bij economische groei blijven toenemen en aan het energievraagstuk (het duurder worden van olie, gas, steenkool en het opraken hiervan) wordt nog niet echt gewerkt. Het huidige klimaatbeleid is voor een belangrijk deel gebaseerd op de gedachte dat met maatregelen die de werking van de vrije markt bevorderen de uitstoot kan worden verminderd. Marktwerking speelt bij de huidige klimaataanpak een belangrijke rol. Ruw gezegd wordt ervan uitgegaan dat door overheidsmaatregelen, bijvoorbeeld extra belastingen, de prijs van olie, gas en steenkool zodanig kan worden verhoogd dat burgers en bedrijven geprikkeld worden om minder energie te verbruiken.

In de eerste plaats blijkt dat deze prikkels minder goed werken dan ze volgens de theoretische (wiskundige) computermodellen zouden moet doen. Regeringen die deze modellen voor hun klimaatbeleid gebruiken, krijgen in het algemeen mooie prognoses voorgespiegeld over de vermindering van de uitstoot van broeikasgassen. Maar in de praktijk worden de voorspelde broeikasreducties niet gehaald. De belangrijkste reden is dat burgers en bedrijven zich in de echte wereld anders gedragen dan in de modellen fictief wordt nagebootst. Hetzelfde hebben we gezien bij de huidige economische crisis. Volgens de economische modellen en macro-economische theorieën – die gebaseerd zijn op de gedachte dat de vrije markt altijd rationeel zijn werk doet – zou de marktwerking deze crisis voorkomen moeten hebben. We weten nu dat er veel mis is met deze modellen en theorieën.

Veel klimaatmaatregelen komen neer op extra heffingen en extra belastingen voor burgers en bedrijven. Ze wekken veel weerstand en ergernis op en leiden niet tot de gewenste energiebesparing. De extra heffingen kunnen bovendien negatieve gevolgen hebben voor de economie en werkgelegenheid. Met het huidige beleid gaan we onze aardbol niet redden. De opwarming zal niet voldoende worden afgeremd.

Het wereldklimaatbeleid moet daarom drastisch gewijzigd worden. Hoe? Het moet gaan om een klimaatbeleid dat mensen aanspreekt en daardoor kan rekenen op een breed draagvlak in de samenleving en dat is nu niet het geval. Uitdagingen en kansen dienen daarbij voorop te staan en ook het besef dat de wereld niet een, maar twee grote structurele problemen heeft. Naast klimaatverandering is er het energievraagstuk: hoe komen we in de toekomst aan voldoende energie? Beide problemen zijn onlosmakelijk met elkaar verbonden en moeten dan ook tegelijk worden aangepakt. Daarnaast werd de wereld in de loop van 2008 geconfronteerd met de start van de zwaarste economische recessie ooit. De verwachting bestaat dat in het komende decennium veel landen, ook nadat de economie zich heeft hersteld, nog steeds last zullen hebben van de negatieve gevolgen, zoals een lagere economische groei, en minder werkgelegenheid. Bovendien zitten veel landen met de vraag hoe ze de economie in de toekomst kunnen laten groeien en dan het liefst met een groei waarbij niet de kwantiteit, maar de kwaliteit voorop staat.

Voor de wereld ligt hier de ultieme uitdaging om met behulp van een samenhangend pakket aan maatregelen zowel het klimaat- als energieprobleem tegelijk aan te pakken. Deze maatregelen moeten bovendien zodanig worden vormgegeven dat de wereldeconomie daardoor extra gaat groeien. Maar daarbij is wel vereist dat deze groei groen van karakter is; een groei die leidt tot minder uitstoot van broeikasgassen en minder milieuvervuiling. Eerder heb ik dit aangeduid als de groene golf, de zesde Kondratieff. Deze golf kan niet door de markt worden opgewekt. Daar zijn slimme, actieve regeringen voor nodig die met doelmatige en doeltreffende overheidsmaatregelen een economische groeigolf gaan creëren die door de markt verder wordt opgestuwd. De wereldklimaatconferentie van de VN in Denemarken, december 2009, zou daartoe een aanzet kunnen geven. In dit hoofdstuk geef ik aan hoe naar mijn mening overheden aan de slag zouden moeten gaan.

Opwarming van de aarde
Volgens de klimaatcommissie van de Verenigde Naties, het International Panel for Climate Change, het IPCC, is het zeer waarschijnlijk dat deze

eeuw de gemiddelde temperatuur in de wereld met meer dan twee graden Celsius zal stijgen (www.ipcc.ch). De opwarming van de aarde wordt volgens de klimaatwetenschappers van het IPCC veroorzaakt door menselijke activiteiten. In bedrijfsgebouwen en woningen wordt jaarlijks wereldwijd steeds meer energie gebruikt voor verwarming, licht en apparaten. Olie, gas en steenkool spelen daarbij een hoofdrol. Ook het toenemende verkeer en transport in de wereld – auto's, vrachtwagens, schepen, vliegtuigen – leidt tot een hoger verbruik van olie

De verbranding van olie, gas en steenkool, zogenoemde fossiele brandstoffen, voor het opwekken van energie leidt tot een uitstoot van broeikasgassen. Deze gassen vervuilen niet alleen de lucht, maar stijgen op en komen zo in onze dampkring terecht. Het kappen van bossen (ontbossing), vooral in de tropen, verergert het probleem. Door energiegebruik en houtkap is de hoeveelheid broeikasgassen in de atmosfeer rond de aardbol sinds de industriële revolutie sterk toegenomen. Volgens de theorie van het IPCC leidt deze toenemende concentratie tot een stijging van de gemiddelde temperatuur in de wereld. Daarnaast leidt het gebruik van fossiele brandstoffen ook tot luchtverontreiniging die vooral merkbaar is in stedelijke gebieden. Deze verontreiniging heeft negatieve gevolgen voor de gezondheid van mensen en voor het milieu.

De stijging van de mondiale behoefte aan energie is de belangrijkste oorzaak voor de toename van de uitstoot van broeikasgassen. Verwacht wordt dat het wereldwijde energieverbruik tot 2030 met circa 45% zal toenemen, vooral door de toename van het verbruik van elektriciteit en de sterke toename van verkeer en vervoer. Omdat deze energie volgens voorspellingen voor circa 80% zal worden opgewekt met fossiele brandstoffen neemt ook de uitstoot van broeikasgassen toe. Er moeten dan ook snel maatregelen worden getroffen om deze uitstoot fors terug te brengen. De opwarming van de aarde leidt namelijk tot ernstige gevolgen, zoals het smelten van ijsgebieden waardoor de zeespiegel gaat stijgen. In een aantal landen kan dat tot overstromingen leiden. Hogere temperaturen hebben tot gevolg dat in bepaalde gebieden niet alleen planten en dieren verdwijnen, maar ook landbouwgronden waarop voedsel wordt verbouwd. Minder landbouwgrond kan leiden tot een tekort aan voedsel in de wereld. Door de stijgende temperatuur kunnen er problemen ontstaan op het terrein van gezondheid: ziekten zullen zich sneller naar andere gebieden verplaatsen.

Klimaatverandering brengt wereldwijd extra kosten met zich mee die de groei van de wereldeconomie kunnen afremmen. De klimaatcrisis kan alleen op wereldschaal worden opgelost. Alle landen in de wereld moeten meedoen om klimaatverandering tegen te gaan. Dat is een moeilijke opgave want wereldwijd wordt er steeds meer fossiele energie verbruikt waardoor de opwarming van de aarde wordt versterkt. Tijdens de economische crisis zien we een lichte daling, maar bij een herstellende economie neemt het verbruik weer toe. Het vinden van oplossingen om iedereen in de wereld van voldoende energie te voorzien en tegelijk klimaatverandering tegen gaan, is de grootste uitdaging van deze eeuw. Daarbij weten we ook dat de fossiele brandstoffen geleidelijk opraken en duurder worden. Bovendien worden de meeste landen in de wereld voor hun energie steeds afhankelijker van een klein groepje landen dat beschikt over olie en gas. Die afhankelijkheid brengt risico's met zich mee. Deze olie- en gasmachthebbers zouden om welke reden dan ook kunnen besluiten om de prijzen fors te verhogen of aan bepaalde landen niet meer of minder olie en gas te gaan leveren. Landen die daardoor getroffen worden, komen in de problemen.

Box 66 CO_2-equivalenten (CO_2-eq)

CO_2 is het belangrijkste broeikasgas. Ongeveer driekwart van de uitstoot van broeikasgassen bestaat uit CO_2. Door stijgend energiegebruik – steeds meer verbranding van de fossiele brandstoffen, olie, gas en kolen – en ontbossing is de concentratie van CO_2 in de atmosfeer sterk toegenomen. Omstreeks 1750 zaten er in de dampkring *per miljoen delen lucht* 280 moleculen CO_2. Op dit moment is deze concentratie opgelopen tot 383 ppm (ppm = parts per million). De laatste tien jaar is sprake geweest van een gemiddelde stijging met 1,9 ppm per jaar. Ook de concentraties van andere gassen, zoals methaan (CH_4) en lachgas (N_2O) zijn gestegen.

Gassen die in de atmosfeer terechtkomen, hebben niet allemaal een even sterk broeikasgaseffect. Om de bijdrage van de verschillende gassen aan het broeikaseffect te kunnen optellen of te vergelijken is een rekeneenheid *CO_2-equivalenten* (CO_2-eq.) ingevoerd. Het effect van de andere gassen wordt daarbij omgerekend naar dezelfde hoeveelheid CO_2. De rekeneenheid CO_2-equivalenten, afgekort CO_2-eq. is gebaseerd op het *Global Warming Potential (GWP)*. Dit is de mate waarin een broeikasgas bijdraagt aan het broeikasgaseffect. Bij deze berekening wordt de GWP van CO_2 op 1 gesteld. CO_2 is weliswaar het belangrijkste broeikasgas in onze dampkring, maar de andere gassen die in veel lagere concentraties in de atmosfeer voorkomen, hebben een (veel) hoger opwarmingseffect. Zo heeft methaan een GWP van 21. Dat houdt in dat 1 kilo methaan over een periode van 100 jaar 21 maal zoveel aan het broeikaseffect bijdraagt als 1 kilo CO2. De GWP-methode is door het IPCC ontwikkeld om alle andere gassen om te rekenen naar CO2, zodat ze kunnen worden opgeteld en vergeleken. CO2 draagt voor ongeveer 62% bij aan het versterkte broeikaseffect. Methaan levert een bijdrage van 19%, fluorhoudende gassen samen 12%, lachgas 6% en de resterende gassen 1% (zie www.ipcc./ch).

De wereld staat voor een gigantische opgave

Opwarming van de aarde leidt tot ernstige gevolgen. Om deze zo veel mogelijk te voorkomen, mag de gemiddelde temperatuur in de wereld deze eeuw met maximaal 2 graden Celsius stijgen. Omdat te realiseren moet de werelduitstoot van broeikasgassen drastisch omlaag worden gebracht. Volgens het IPCC houdt dit in dat in 2020 de totale uitstoot 25 tot 40% lager moet liggen dan het niveau in 1990 en in 2050 50 tot 85% lager. In 1990 was de totale mondiale uitstoot van broeikasgassen circa 35 miljard ton CO2-eq. Voor de periode 2020 en 2050 zijn er verschillende internationale ramingen over de uitstoot van broeikasgassen gepubliceerd die qua uitkomsten verschillen. Volgens de 'hogere' voorspellingen zal bij ongewijzigd beleid (dat wil zeggen zonder reductiemaatregelen) in 2020 de jaarlijkse mondiale uitstoot ongeveer 50 miljard ton CO2-eq zijn. In 2050 zou de uitstoot dan opgelopen zijn tot rond de 70 miljard ton. Sinds 2000 neemt de CO2-uitstoot viermaal zo snel toe als in het vorige decennium (www.globalcarbonproject.org). Op basis van de raming van een mondiale uitstoot van 70 miljard ton in 2050 zal er de komende veertig jaar een gigantische reductie van de uitstoot van broeikasgassen gerealiseerd moeten worden. Volgens het IPCC mag de uitstoot van broeikasgassen bij deze raming in 2050 niet hoger zijn dan 17,5 miljard tot 5,2 miljard ton (dit is 50% tot 85% lager dan de 35 miljard ton uitstoot in 1990). Deze cijfers maken duidelijk dat de wereld voor een schier onmogelijke opgave staat.

Box 67 Rijkere landen moeten armere landen helpen

Maatregelen om klimaatverandering tegen te gaan zijn alleen maar effectief als ze wereldwijd worden toegepast. Alle landen in de wereld moeten meedoen. Naast de OESO-landen moeten ook de opkomende economieën als China en India de uitstoot van broeikasgassen snel gaan beperken. Zonder voldoende reducties in deze economieën die de komende jaren sterk groeien en veel energie verbruiken die vooral wordt opgewekt met kolen, kan de opwarming van de aarde niet in voldoende mate worden tegengegaan. Mede daarom is het noodzakelijk dat de 'rijkere' OESO-landen 'armere' landen zowel financieel als met innovatieve technologie ondersteunen om de uitstoot aan te pakken. Deze steun ligt ook voor de hand. Het zijn vooral de rijkere landen die de afgelopen honderd jaar de grootste bijdrage hebben geleverd aan de uitstoot van broeikasgassen. Volgens het IPCC is de gemiddelde temperatuur op aarde in die periode tussen 0,56 en 0,92 graad Celsius gestegen en hij neemt nog steeds toe. Dit kan ertoe leiden dat de gemiddelde wereldtemperatuur ten opzichte van het jaar 1990 aan het eind van deze eeuw is gestegen tussen de 1,1 en 6,4 graden.

Het wereldklimaatsysteem is zeer complex en dat maakt het moeilijk om uitspraken te doen die voor honderd procent vaststaan. Daarom hanteren wetenschappers bij voorspellingen over temperatuurstijgingen een ruime bandbreedte. Tot voor kort werd uitgegaan van de meest waarschijnlijke uitkomst, een mondiale stijging ten opzichte van 1990, tussen 1,8 graden en 4 graden Celsius. Verschillende wetenschappers menen dat de recente (uitstoot)ontwikkelingen zodanig zijn dat de wereld afkoerst op een toename met 6 graden Celsius.

Kritiek op het IPCC

De afgelopen jaren zijn er verschillende studies verschenen waarin gesteld wordt dat de broeikasgastheorie van het IPCC niet klopt. De opwarming van de aarde zou niet veroorzaakt worden door de uitstoot van broeikasgassen, maar door andere ontwikkelingen waarop mensen geen invloed hebben. In deze studies wordt erop gewezen dat het klimaat op onze aarde door veranderingen in de natuur en de wisselende intensiteit van de zon de afgelopen duizenden jaren veel vaker is veranderd. Zo is er sprake geweest van een periode met extreme kou (ijstijd) en waren er tijden waarin de gemiddelde temperatuur in verschillende landen hoger lag dan nu.

Het is dus niet uitgesloten dat de huidige opwarming veroorzaakt wordt door natuurlijke klimaatschommelingen. Er zijn ook studies die beweren dat de IPCC-berekeningen over een stijging van de temperatuur niet kloppen en dat er wereldwijd geen sprake is van een voortdurende opwarming van de aarde. Het IPCC is van mening dat het deze kritiek voldoende heeft weerlegd en blijft erbij dat broeikasgassen zeer waarschijnlijk de oorzaak zijn van de opwarming.

Voor de redenering van het IPCC is geen 100% bewijs aanwezig. Daarom is het van belang serieus aandacht te schenken aan gefundeerde kritiek en goed doortimmerde andere opvattingen. Maar afwachten tot er meer duidelijkheid bestaat over de hardheid van de broeikastheorie zou niet verstandig zijn. Mocht achteraf toch blijken dat broeikasgassen de oorzaak zijn, dan kan het te laat zijn om maatregelen te nemen.

De uitstoot van broeikasgassen (CO2-equivalenten) blijft toenemen
Sinds 1970 is de mondiale uitstoot van broeikasgassen gestegen van 24 miljard ton tot circa 41 miljard ton equivalenten in 2005. We zien in de periode 1990-2000 een scherpere stijging in de toename van de emissies; die was gemiddeld 3% in de periode 1990-1995 en 6% tussen 1995-2000. Volgens de nieuwste gegevens, die van voor de crisis dateren, is de uitstoot tussen 2000 en 2005 met 15% toegenomen (www.pbl.nl). Uit deze cijfers blijkt ook dat sinds 2004 de totale uitstoot van ontwikkelingslanden groter is dan van de westerse industrielanden. Gemiddeld per inwoner (= hoofd van de bevolking) is deze uitstoot in de ontwikkelingslanden veel lager dan in de industrielanden: gemiddeld vier ton per persoon tegenover gemiddeld 15 per persoon. In box 68 zijn twee top 20 ranglijsten opgenomen die betrekking hebben op landen met de hoogste uitstoot en de hoogste uitstoot per inwoner.

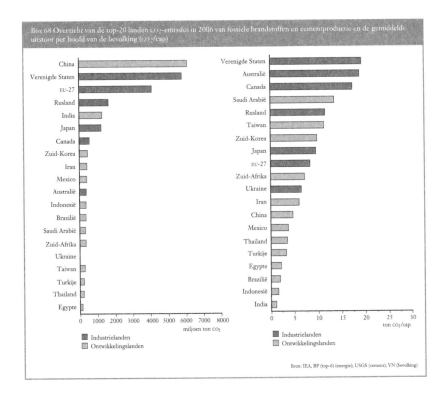

Box 68 Overzicht van de top-20 landen CO₂-emissies in 2006 van fossiele brandstoffen en cementproductie en de gemiddelde uitstoot per hoofd van de bevolking (CO₂/cap)

Hoge kosten als we niets doen

Doen we niets aan de uitstoot van broeikasgassen en treffen landen geen reductiemaatregelen dan gaat de opwarming versneld door. Het gevolg is dat de meeste landen geconfronteerd zullen worden met gigantische kosten om de schade te herstellen die het gevolg is van een stijging van de gemiddelde temperatuur. Daarbij gaat het onder meer om schade als gevolg van overstromingen, een tekort aan zoet water en landbouwgronden en gebrek aan voedsel, gezondheidsschade, planten en dieren die uitsterven en schade door periodes van droogte en extreme neerslag. Berekend is dat deze kosten wereldwijd veel hoger liggen dan de kosten van maatregelen die getroffen moeten worden om te voorkomen dat de gemiddelde temperatuur deze eeuw met maximaal 2 graden Celsius stijgt. Bij een dergelijke stijging zal de schade voor de wereld relatief klein zijn.

Volgens het IPCC kan in deze eeuw de stijging tot maximaal 2 graden worden beperkt als in de periode tot 2030 de uistoot van broeikasgassen wereldwijd fors wordt verminderd. Maar dan is het wel noodzakelijk dat de groei van de uitstoot die jaarlijks nog steeds oploopt na 2015 wordt omgebogen naar een daling. Wordt deze daling niet gerealiseerd dan neemt de kans sterk toe dat de gemiddelde temperatuur deze eeuw met meer dan 2 graden zal stijgen en dit vergroot de kans op permanente schade voor onze aardbol. Volgens sommige berekeningen, waarbij ervan wordt uitgegaan dat de broeikasreducties in onvoldoende mate worden gerealiseerd, is de kans aanwezig dat de temperatuur aan het eind van deze eeuw 6 graden hoger ligt. De gevolgen daarvan zijn vooral voor de armere landen in de wereld desastreus.

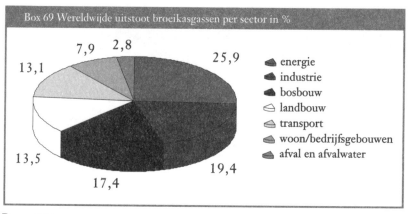

Box 69 Wereldwijde uitstoot broeikasgassen per sector in %

- energie
- industrie
- bosbouw
- landbouw
- transport
- woon/bedrijfsgebouwen
- afval en afvalwater

Bron: IPCC

De komende veertig jaar zal het beeld in box 69 ingrijpend veranderen. Door de wereldwijde toename van elektriciteitscentrales, in hoofdzaak gestookt met steenkool en aardgas, en het sterk groeiende verkeer en vervoer in de wereld zullen in 2050 de sectoren energie en transport naar verwachting meer dan 60% van de uitstoot veroorzaken. De sector transport bestaat uit personenwagens, vrachtauto's, bussen, motoren, schepen, treinen en vliegtuigen. Deze sector draait vooral op olie en zal door de toenemende mobiliteit in de wereld de sterkste groei vertonen.

Door wereldwijd de komende decennia maatregelen te nemen die vooral gericht zijn op de vervanging van fossiele brandstoffen (olie, gas en steenkool), door energievoorzieningen die geen broeikasuitstoot veroorzaken, duurzame energie en kerncentrales en het bevorderen van verkeer en vervoer dat wordt aangedreven door elektriciteit en waterstof is het mogelijk in 2050 uit te komen op een wereld met sectoren die veel minder broeikasgassen uitstoten en dus klimaatvriendelijker zijn.

Hoofdlijnen van het huidige klimaatbeleid

Het huidige klimaatbeleid van de meeste landen bestaat in hoofdzaak uit maatregelen gericht op het verminderen van de uitstoot van broeikasgassen, vooral CO_2. De belangrijkste maatregelen zijn gericht op het realiseren van energiebesparingen door burgers en bedrijven. Door in kantoren en huizen minder elektriciteit te gebruiken en minder en zuiniger te gaan rijden, neemt de uitstoot van broeikasgassen af. Deze uitstoot kan ook worden verminderd door energie op te wekken met zon, wind en waterkracht en zogenoemde biomassa (aangeduid als duurzame energie of hernieuwbare energie). Wordt elektriciteit opgewekt met duurzame energie dan is er per saldo geen sprake van de uitstoot van broeikasgassen. Ook bij de productie van elektriciteit door kerncentrales vind er geen uitstoot plaats.

Volgens prognoses die dateren van voordat de crisis uitbrak, zouden in 2010 de energiebronnen olie, aardgas en kolen voorzien in circa 86% van de totale energieconsumptie in de wereld. Duurzame energie levert bijna 8% en kernenergie rond de 6%. De 8% duurzame energie is als volgt opgebouwd: waterkracht 6 % en wind, zon, geothermische energie en biomassa gezamenlijk 2%. Zie box 70. Internationale deskundigen op het terrein van energievoorzieningen verwachten dat ook in de periode tot 2050 fossiele brandstoffen de belangrijkste energiebron zullen blijven. Door de crisis zal het energieverbruik in 2009 voor het eerst sinds de Tweede Wereldoorlog afnemen, het daalt met circa 3,5%. De verwachting is dat het gaat om een tijdelijke terugval en dat bij een aantrekkende economie er weer sprake zal zijn van een toenemend verbruik.

Wel is het nodig dat eerdere prognoses over toekomstig verbruik en de klimaateffecten die dateren van voor de economische crisis worden aangepast. Zo zien we al dat in 2009 de investeringen in duurzame energie (wind, zon, waterkracht en biomassa) teruglopen. De recessie leidt ertoe dat het klimaat wereldwijd minder prioriteit krijgt. Klimaatmaatregelen die tot een lastenverzwaring voor bedrijven en burgers leiden, worden door veel landen in de ijskast gezet of afgezwakt. Regeringen gaan ervan uit dat deze verzwaringen de economie verder zullen verzwakken.

Dit heeft wel tot gevolg dat kans op het halen van de klimaatdoelstellingen nog kleiner is geworden. De opwarming van de aarde wordt daardoor onvoldoende teruggedrongen en dat kan wereldwijd tot aanzienlijke schade leiden. Wel is het zo dat door een lagere economische groei het verbruik van energie zal dalen, waardoor ook de uitstoot minder snel zal groeien of zelfs tijdelijk zal kunnen afnemen. Maar dit biedt geen echte oplossing, want we moeten wereldwijd terug naar een uitstoot die in 2050 tussen 50-85% lager ligt dan het niveau van 1990.

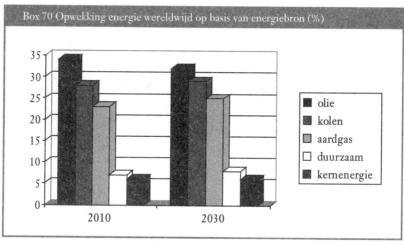

Bron: Cijfers IEA, IPCC. Als gevolg van de crisis is het waarschijnlijk dat deze cijfers bijgesteld moeten worden.

De komende decennia zal vooral de wereldwijd groeiende commerciële sector meer elektriciteit gaan gebruiken, voornamelijk in opkomende economieën als India, China. De belangrijkste energiebron voor elektriciteit is steenkool, dat sterk vervuilend is en relatief veel broeikasgassen uitstoot. Het aandeel van de energiebronnen bij de opwekking van elektriciteit was voor de crisis globaal als volgt: kolen 41%, aardgas 20%, kernenergie 16% en olie 4%. Duurzame energie heeft een aandeel van circa 19%. De onderverdeling is: waterkracht 17% en biomassa, wind, geothermische energie en zonne-energie samen 2%.

De meeste OESO-landen proberen energiebesparing bij burgers en bedrijven vooral 'af te dwingen' met behulp van belastingverzwaringen op energieverbruik (duurdere elektriciteit, benzine en diesel). Daarnaast wordt in de EU gepoogd de uitstoot van het bedrijfsleven te beperken door middel van CO_2-emissiehandel. Deze handel in CO_2-rechten leidt bij bedrijven die 'te veel' CO_2 uitstoten tot een lastenverzwaring. De bedoeling is dat bedrijven door deze verzwaring maatregelen (bijvoorbeeld met zuinigere machines, isolatie enzovoort) gaan treffen waardoor hun energieverbruik vermindert en daardoor ook de CO_2-uitstoot.

In het klimaatbeleid van de meeste landen speelt ook het gebruik van biomassa (het verbranden van dood plantenmateriaal en hout) en bio-brandstoffen in het verkeer een rol. Oorspronkelijk werd gedacht dat dit gebruik 'goed' voor het klimaat zou zijn. Inmiddels is gebleken dat er veel nadelen kleven aan het gebruik van sommige biobrandstoffen. Daarbij wordt gedoeld op de zogenoemde eerste generatie die ten koste gaat van de wereldwijde productie van voedsel. Inmiddels zijn er ook andere bio-brandstoffen op de markt die niet tot een vermindering van voedsel lei-den. In het totale wereldenergieverbruik is hun aandeel zeer gering.

In de internationale plannen om de uitstoot van broeikasgassen te ver-minderen wordt naast energiebesparing ook veel verwacht van de tech-niek van Carbon Capture en Storage (CCS). Deze techniek voorkomt dat CO_2 in de dampkring terechtkomt. Met toepassing van een 'CCS-installa-tie' wordt de CO_2-uitstoot van bijvoorbeeld kolencentrales afgevangen voordat deze via de schoorsteen in de lucht wordt geblazen. Vervolgens wordt de afgevangen CO_2 onder de grond opgeslagen. Deze vermindering van de uitstoot moet vooral gerealiseerd worden in landen waar kolen-centrales de belangrijkste leveranciers van elektriciteit zijn.

In China, maar ook in de Verenigde Staten leveren kolengestookte cen-trales een belangrijke bijdrage aan de uitstoot van CO_2. Kolencentrales sto-ten 815 tot 1.153 gram CO_2 per kilowattuur uit. Een aardgascentrale stoot minder uit: 362 tot 622 gram per kilowattuur. Ter vergelijking: een huis-houden in Nederland gebruikt per jaar gemiddeld ongeveer 3.500 kilowatt-uur. CCS heeft als belangrijkste nadeel dat het verbruik van fossiele brand-stoffen niet wordt verminderd, de techniek leidt zelfs tot een hoger verbruik.

Alle internationale cijfers en berekeningen van voor de crisis wijzen uit dat met het bestaande beleid de beoogde klimaatdoelstellingen niet wor-den gehaald en de opwarming van de aarde niet wordt afgeremd. In hoofdzaak is dit te wijten aan onvoldoende energiebesparingen, veel te weinig investeringen in energievoorzieningen die geen broeikasgassen uit-stoten, zoals duurzame energie en kerncentrales, en het wereldwijd snel stijgende energieverbruik in de opkomende landen als China en India. Bovendien bieden maatregelen als energiebesparing en CO_2-opslag onder de grond geen adequate oplossing voor het energievraagstuk van de we-reld. De fossiele brandstoffen, olie, gas en steenkool, worden duurder, ra-ken geleidelijk aan op en de wereld zal snel zal moeten overschakelen op andere energiebronnen.

De klimaatmaatregelingen van de meeste landen zijn primair gericht op de reductie van de uitstoot van broeikasgassen en minder op de introductie van niet-fossiele energiebronnen zonder uitstoot, zoals waterkracht, wind- en zonne-energie en kernenergie. Daardoor worden er wereldwijd jaarlijks vele tientallen miljarden aan overheidsgeld uitgegeven voor maatregelen die met het oog op een toekomst waarin fossiel opraakt beter besteed kunnen worden aan investeringen in alternatieve energiebronnen.

Maatregelen als energiebesparing en de afvang van CO_2 voordat het via de schoorsteen van energiecentrales in de lucht verdwijnt, leiden weliswaar tot een vermindering van de uitstoot, maar leveren geen bijdrage aan het energieprobleem van de wereld. Dit probleem houdt in dat fossiele brandstoffen deze eeuw geleidelijk aan opraken en duurder worden. De wereld zal daarom snel alternatieve energiebronnen moeten ontwikkelen. Anders zitten we straks zonder energie. Met energiebesparing kunnen we wat langer gebruik maken van olie, gas en steenkool, maar het biedt geen oplossing voor het probleem dat de wereldeconomie in de toekomst op andere energiebronnen zal moeten draaien.

Ook de uitstoot van broeikasgassen wordt niet opgelost met energiebesparing. De besparing leidt er namelijk niet toe dat er op de langere termijn totaal gezien minder broeikasgassen in onze dampkring terechtkomen. Energiebesparing bewerkstelligt alleen dat de uitstoot over een langere periode wordt gespreid. De gemiddelde uitstoot per jaar komt door de besparing lager te liggen, maar door de besparing neemt ook het aantal jaren toe dat de wereld door het gebruik van fossiele brandstoffen broeikasgassen blijft uitstoten. Aan de hand van een vereenvoudigd voorbeeld kan dat worden toegelicht. Zie box 71.

Box 71 De werking van energiebesparing
Wereld A in 2010
In wereld A bestaat de energievoorziening uitsluitend uit elektriciteit die wordt opgewekt met wind, zon en waterkracht. Alles draait op elektriciteit, ook het verkeer en vervoer. Door alleen maar met duurzame energiecentrales te werken, heeft wereld A geen uitstoot van broeikasgassen en geen luchtverontreiniging. Deze energie is bovendien onbeperkt beschikbaar en raakt niet op. In wereld A is er geen noodzaak voor energiebesparing om de uitstoot van broeikasgassen tegen te gaan. Wel kan het verstandig zijn zuinig met energie te zijn vanuit het oogpunt van het besparen op de kosten van het energieverbruik, maar dat is vooral een zaak van burgers en bedrijven.

Wereld B in 2010

In wereld B bestaat de energievoorziening volledig uit energiecentrales die met kolen gestookt worden. Wereld B draait volledig op kolenelektriciteit, ook het verkeer en vervoer is elektrisch. Wereld B heeft twee grote problemen. In de eerste plaats een jaarlijkse uitstoot van 20 Gton aan broeikasgassen waardoor de aarde opwarmt. Op de tweede plaats het probleem dat over ruim veertig jaar, in 2050, de kolen op zijn en er dus gezocht moet worden naar andere energiebronnen. De komende veertig jaar wordt er in wereld B door de kolencentrales in totaal 800 Gton (40 x 20 Gton) de lucht in geblazen. De regering van wereld B neemt energiebesparingsmaatregelen die leiden tot een vermindering van het gebruik van kolen. Door deze besparingen kan er in plaats van veertig jaar nog vijftig jaar gebruik worden gemaakt van kolen. Zowel bij veertig jaar als vijftig jaar is de totale uitstoot van de kolencentrales 800 Gton. Energiebesparing leidt ertoe dat de gemiddelde uitstoot per jaar lager komt te liggen: geen 20 Gton per jaar (800 Gton: 40 jaar), maar 16 Gton per jaar (800 Gton: 50 jaar). Energiebesparing leidt dus niet tot een vermindering van de totale uitstoot, maar tot een verschuiving in de tijd. Voordat er met de energiebesparing werd begonnen, had wereld B veertig jaar lang een (gemiddelde) uitstoot van 20 Gton per jaar. Met energiebesparing heeft wereld B vijftig jaar lang een (gemiddelde) uitstoot van 16 Gton per jaar.

Stel dat de regering van wereld B in totaal €150 miljard besteedt aan energiebesparingsmaatregelen, dan rijst de vraag of de regering dit bedrag niet veel beter kan uitgeven aan investeringen in niet-fossiele energiecentrales (zon, wind, water, kernenergie) waarmee schone elektriciteit wordt opgewekt. Deze investeringen hebben ten minste twee voordelen. Ze leiden niet tot een verschuiving van de uitstoot in de tijd, maar tot een echte vermindering van broeikasgassen. Bovendien heeft wereld B door deze investeringen er ook voor gezorgd dat als in de toekomst de kolen op zijn er vervangende energievoorzieningen zijn.

Box 71 maakt nog eens duidelijk dat in het wereldwijde klimaat- en energiebeleid de nadruk moet liggen op de vervanging van fossiele energiebronnen door niet-fossiele energiebronnen die geen broeikasgassen uitstoten. Deze vervanging heeft niet alleen tot gevolg dat de totale uitstoot wordt verminderd, maar ook dat de wereld in de toekomst als de fossiele brandstoffen op zijn de beschikking heeft over nieuwe energiebronnen. Bovendien is het uit het oogpunt van de toekomstige economische ontwikkeling vooral voor energie importerende landen effectiever om te investeren in niet-fossiele energiebronnen. Daardoor worden ze ook minder afhankelijk van olie- en gasmachthebbers, zoals de sjeiks in het Midden-Oosten en bijvoorbeeld gasland Rusland.

Energiebesparing verloopt moeizaam

Energiebesparing is om een aantal redenen een moeizaam proces. In de eerste plaats zal het wereldwijde energieverbruik in de komende twintig jaar, zelfs als we erin slagen fors te bezuinigen op het verbruik, in 2030 ongeveer 45% hoger liggen dan in 2008. Het overgrote deel van het stijgende energieverbruik vindt plaats in opkomende economieën waar de economie snel groeit en energiebesparing op een laag pitje staat. Omdat de sterke toename van het energiegebruik voor circa 85% wordt gerealiseerd met de inzet van extra olie, gas en steenkool zal ook de uitstoot van broeikasgassen fors gaan toenemen. Het grootste deel van het groeiende energieverbruik wordt veroorzaakt doordat burgers en bedrijven meer elektriciteit gaan gebruiken.

Op dit moment verbruiken de landen van de OESO 60% van de wereldwijd opgewekte elektriciteit, terwijl zij maar 20% van de wereldbevolking uitmaken. De niet-OESO-landen met 80% van de wereldbevolking verbruiken samen in totaal 40%. Volgens voorspellingen gaat deze verhouding de komende twintig jaar drastisch veranderen. In 2030 zullen in dat jaar de niet-OESO-landen (vooral China, India, Rusland, Brazilië en Mexico) bijna 60% van de wereldwijde elektriciteit verbruiken en de OESO circa 40%. Ook de sterke groei van het verkeer en vervoer in de wereld vraagt extra brandstof, vooral olie. Ook hier gaat het vooral om groei in de opkomende economieën.

Het realiseren van energiebesparing blijkt overal in de wereld een moeizaam proces te zijn. De ervaring leert dat burgers en bedrijven op basis van vrijwilligheid nauwelijks tot energiebesparing komen. Bestaand energiegedrag is hardnekkig. Belastingheffingen die erop gericht zijn energiebesparing bij burgers en bedrijven af te dwingen hebben slechts een beperkt effect. Energiebesparing in de bebouwde omgeving kan het beste worden gerealiseerd met behulp van bouwvoorschriften met betrekking tot nieuwe woningen en gebouwen. Door deze voorschriften steeds verder aan te scherpen kunnen op termijn energieneutrale woningen en gebouwen worden gerealiseerd of zelf woningen en gebouwen die zodanig zijn gebouwd en ingericht dat ze door een overschot aan energie deze aan de omgeving kunnen leveren. Ook isolatieprogramma's voor bestaande woningen en gebouwen zijn effectief. Door deze aanpak wordt ook de werkgelegenheid bevorderd.

In het kader van het klimaatbeleid bepalen landen zelf hoe en op welke wijze in de verschillende sectoren CO2-reducties gerealiseerd kunnen worden. Box 72 geeft een indicatief wereldwijd beeld van het 'technisch' potentieel aan reducties in de verschillende sectoren in de periode tot 2030. Daaruit blijkt dat in de gebouwde omgeving (bedrijfsgebouwen, kantoren, woningen) in potentie de hoogste reducties gerealiseerd kunnen worden, in het bijzonder door energiebesparing; bouwvoorschriften bieden hier het beste resultaat. Het beeld van box 72 wil niet zeggen dat dit ook daadwerkelijk de uitkomst zal zijn. Het 'eindbeeld' is afhankelijk van een groot aantal factoren, zoals internationale klimaatafspraken, het klimaatbeleid van de verschillende landen en de prijsontwikkeling van CO2. Zo is bijvoorbeeld bij energievoorziening aangenomen dat er in de periode tot 2030 slechts een beperkte groei plaatsvindt van duurzame energie. Verwacht wordt dat de opwekking van elektriciteit vooral blijft plaatsvinden door middel van fossiele brandstoffen als steenkool en gas.

Ingeval veel landen extra gaan inzetten op hernieuwbare energie, dan kunnen bij energievoorziening hogere reducties worden gerealiseerd dan in box 72 is weergegeven.

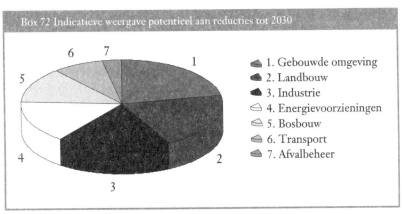

Box 72 Indicatieve weergave potentieel aan reducties tot 2030

1. Gebouwde omgeving
2. Landbouw
3. Industrie
4. Energievoorzieningen
5. Bosbouw
6. Transport
7. Afvalbeheer

Bron: Globale ramingen op basis van (technische) aannames in rapporten van het IPCC.

Belastingheffing

De meest toegepaste overheidsmaatregel in OESO-landen om energiebesparing te bevorderen is het heffen van belasting over het energieverbruik. Door deze belasting worden elektriciteit en autobrandstoffen (benzine, diesel) duurder. Burgers en bedrijven gaan meer betalen. Volgens de economische theorie moet deze prijsstijging burgers en bedrijven prikkelen tot minder energieverbruik: minder gas, minder elektriciteit, minder autobrandstoffen. De praktijk laat een wisselend beeld zien. Kleine prijsverhogingen worden door consumenten en bedrijven voor lief genomen. Ze gaan niet minder energie verbruiken. Een hoge belasting die tot een forse prijsstijging van elektriciteit en autobrandstoffen leidt, scoort vooral op de korte termijn. Na de verhoging zien we dat het energieverbruik inderdaad gaat dalen; er wordt minder elektriciteit gebruikt en er wordt minder gereden.

Op de langere termijn ebt dat effect voor een deel weer weg naarmate er gewenning optreedt. Deze ontwikkeling zien we met name bij de verhogingen van de prijzen voor autobrandstoffen. Automobilisten koesteren hun auto en gaan in veel gevallen niet of nauwelijks minder rijden; dat geldt vooral voor het zogenoemde zakelijke verkeer. Veel autorijders bezuinigen elders in hun huishoudbudget om de duurdere benzine of diesel te kunnen opvangen. Vaak hebben ze de auto ook nodig voor het woon-werkverkeer en is de auto het enige adequate vervoer dat beschikbaar is.

Specifieke fiscale maatregelen kunnen effect hebben

Wat wel werkt zijn specifieke fiscale maatregelen om het rijden in zuinige auto's te bevorderen. In verschillende OESO-landen, waaronder Nederland, geldt voor auto's die relatief veel benzine of diesel verbruiken een extra belastingheffing (zogenoemde slurptaks). Zuinige auto's worden gestimuleerd met belastingverlichtingen. De praktijk laat zien dat door deze specifieke belastingprikkels het gebruik van zuinige auto's sterk kan worden gestimuleerd. Dit effect wordt minder bij een daling van de brandstofprijzen. Door ontwikkelingen op de oliemarkten, laten de prijzen aan de pomp grote schommelingen zien. Op het totaal van het energieverbruik in de wereld zijn de effecten van deze maatregelen een druppel op een gloeiende plaat.

Hoge brandstofprijzen kunnen de economische groei remmen

Aan belastingheffing kleven nadelen. In de praktijk zien we dat langdurige hoge brandstofprijzen, vooral veroorzaakt door marktontwikkelingen, ertoe bijdragen dat autorijders eerder gaan kiezen voor de aanschaf van zuinigere auto's en minder gaan rijden. Maar daarnaast roepen dure benzine en diesel ook wereldwijd massale protesten op van automobilisten. Veel regeringen zwichten daarvoor en komen autorijders tegemoet. Onderzoek in de Verenigde Staten wijst ook uit dat hoge benzine en dieselprijzen schadelijk zijn voor de groei van de Amerikaanse economie. Hoe meer de Amerikanen direct of indirect aan autobrandstoffen en ander energieverbruik kwijt zijn, hoe minder ze besteden aan andere consumptiegoederen, zoals eten, kleren, huishoudelijke artikelen. Deze bestedingsvermindering remt de economische groei.

Bij verkeer en vervoer is de enige oplossing elektriciteit en waterstof
De komende twintig jaar zal het wereldwijde wagenpark meer dan verdubbelen. De toename vindt vooral plaats in China en India, waar het aantal auto's sterk zal toenemen. Meer auto's leiden tot een hogere uitstoot van broeikasgassen, die onvoldoende kunnen worden gecompenseerd door de stijging van het aantal zuinigere auto's. Biobrandstoffen zijn geen goed alternatief. Ze leveren niet alleen weinig reducties op, maar er kleven ook bezwaren aan het gebruik. Ook belastingheffing om verkeer en vervoer af te remmen is onvoldoende effectief. Bovendien brengen (te) hoge belastingen schade toe aan de economische ontwikkeling.

De enige echte oplossing bij verkeer en transport is een snelle vervanging van 'fossiele' auto's door auto's die rijden op schone elektriciteit en schone waterstof, zodat ze geen uitstoot en luchtverontreiniging veroorzaken. Regeringen moeten de nadruk gaan leggen op meerjarenprogramma's ter bevordering van elektrische en waterstofauto's. Elektrisch vooral voor het stadsvervoer en waterstof voor de langere afstanden en het vrachtvervoer. Dit kan door nu al aan de slag te gaan met de noodzakelijke infrastructuur voor dit type auto's en door ze fiscaal te bevorderen (bijvoorbeeld geen wegenbelasting, vrij parkeren enz.).

Box 73 Stoppen met het stimuleren van verkeerde biobrandstoffen
In de verschillende internationale scenario's waarin maatregelen worden gepresenteerd om de opwarming van de aarde tegen te gaan, wordt veel verwacht van de inzet van biobrandstoffen. Landen zouden het gebruik daarvan

moeten bevorderen. De klimaatwinst die geboekt kan worden met biobrandstoffen voor auto's is gering. Volgens sommige studies leidt het gebruik
van deze brandstoffen zelfs tot meer CO_2-uitstoot, omdat er bij de productie
en het vervoer veel CO_2 vrijkomt. Bovendien kan de teelt van biogewassen
ten koste kan gaan van landbouwgrond. Deze teelt levert daardoor ook een
bijdrage aan de stijging van de voedselprijzen. Door de groei van de wereldbevolking neemt de behoefte aan landbouwgrond in de toekomst nog toe.
Landen moeten dan ook zo snel mogelijk stoppen met het bevorderen van
het gebruik van biobrandstoffen die ten koste gaan van landbouwgronden.
Bovendien zijn deze brandstoffen niet nodig voor het weg- en waterverkeer.
De beste oplossing is rijden en varen op elektriciteit en waterstof. Voor het
vliegverkeer zou 'kerosine' gemaakt van algen op de langere termijn de oplossing kunnen zijn.

Bezwaren tegen belastingen en heffingen
Naast het feit dat energiebesparing een moeizaam proces is en uiteindelijk niet leidt tot een vermindering van de totale uitstoot van broeikasgassen kleven er ook ernstige nadelen aan de inzet van extra belastingen en
heffingen om energiebesparingen te bevorderen. Veel landen proberen
door extra belastingen en heffingen burgers en bedrijven te prikkelen tot
energiebesparing. Het valt daarbij op dat klimaat- en milieueffecten daarvan veelal worden overschat en dat weinig oog bestaat voor de mogelijke
nadelige economische gevolgen.

Heffingen en belastingen kunnen negatieve effecten hebben. Landen die
in vergelijking met buurlanden hun burgers en bedrijven een hoge belasting opleggen over bijvoorbeeld het verbruik van energie (elektriciteit,
benzine en diesel) lopen de kans dat bedrijven vertrekken en in een 'vrien-
delijker' land zonder heffing gaan investeren. Om deze ontwikkeling te
voorkomen, moet een energieheffing eigenlijk in alle landen in de wereld
worden ingevoerd. Voor ieder land geldt dan dezelfde heffing, waardoor
burgers en bedrijven overal hetzelfde betalen. Omdat veel landen daaraan
niet mee willen doen, is de kans zeer klein dat zo'n wereldheffing er ooit
zal komen. Wel zou het mogelijk zijn tussen een groot aantal landen een
afspraak te maken. Denkbaar is dat bijvoorbeeld alle Europese of OESO-
landen een vaste heffing over energieverbruik gaan invoeren. Tot op heden
zijn pogingen daartoe gestrand en na de crisis acht ik de kans daarop nul.

Belastingheffing als instrument om de uitstoot van broeikasgassen te beperken, heeft ook nog een andere vervelende eigenschap. Bij mensen met lage inkomens komt de belasting harder aan dan bij de hogere inkomens. Wie met weinig geld een vast bedrag aan belasting moet betalen heeft daar meer last van dan iemand met een hoog inkomen die daar minder van merkt. Een ander nadeel van belastingen en heffingen die burgers raken is dat ze na een aantal jaren vaak tot een stijging van loonkosten leiden. Het loon van werknemers gaat omhoog om de lastenverzwaring van de heffing te compenseren. Deze stijgende lastendruk op arbeid is slecht voor de economische ontwikkeling van een land. De economische groei wordt erdoor afgeremd en er gaan banen verloren. Het valt op dat in veel landen, waaronder Nederland, daarmee te weinig rekening wordt gehouden.

Box 74 Belastingverzwaring remt de economische groei

Ruw gezegd zal in OESO-landen een belastingverzwaring ter grootte van 1% van het BNP, die in hoofdzaak de belastingdruk op arbeid verhoogt, de (gemiddelde) jaarlijkse groei van de economie afremmen met 0,2-0,6% punten. Bedacht moet worden dat een lagere economische groei er veelal ook toe leidt dat na een aantal jaren de schatkist minder belastingopbrengsten krijgt. Landen moeten dus oppassen met belastingverzwaringen. Ook het Europese emissiehandelssysteem ETS, opgezet om energiebesparing bij bedrijven te bevorderen, leidt tot een lastenverzwaring voor belangrijke delen van het Europese bedrijfsleven. Deze verzwaring schaadt de Europese economie, terwijl de 'klimaatwinst' van ETS minimaal is.

Regeringen van landen hebben in het algemeen te weinig oog voor de 'slechte kanten' van belastingen en heffingen. Bovendien laat de praktijk ook zien dat verschillende landen, waaronder Nederland, veel kleine, specifieke (milieu)heffingen invoeren met relatief geringe opbrengsten, veel administratieve rompslomp en geen of nauwelijks klimaateffecten. Voorbeelden in Nederland zijn de verpakkingenbelasting en de alweer afgeschafte belasting op vliegtickets. Door het publiek worden deze belastingen niet gezien als heffingen in het belang van het klimaat of het milieu, maar als irritante belastingen voor het vullen van de schatkist. Met dit soort belastingen wordt het draagvlak in de samenleving voor het klimaat- en milieubeleid ondermijnd. Landen moeten stoppen met dit soort onzinnige belastingen en heffingen, die niet werken en bovendien leiden tot ingewikkelde belastingstelsels met veel administratieve rompslomp. Ze moeten hun gecompliceerde stelsels ombouwen tot eenvoudige 'groene' stelsels waarbij met algemene brede belastingen consumptie en milieuvervuiling relatief zwaar worden belast en de belastingdruk op inkomen wordt verminderd.

CCS een kortetermijnbenadering

Op dit moment is de CCS-technologie die nodig is voor een grootschalige afvang en opslag van CO_2 nog niet gereed. Wel zijn er kleinschalige (proef)projecten waarbij de techniek wordt toegepast. Op basis van de huidige kennis en ervaringen met CCS is het nog niet mogelijk om verantwoorde uitspraken te doen over de (commerciële) toepassingsmogelijkheden van CCS en de CO_2-reducties die daarmee gerealiseerd kunnen worden. Bovendien spelen ook de kosten van CCS een rol. De toepassing van CCS leidt tot een hogere kostprijs voor elektriciteit. Volgens verschillende onderzoeken zou CCS-technologie pas na 2020 commercieel toepasbaar zijn.

Een groot nadeel van CCS is dat deze techniek niet leidt tot een vermindering van het gebruik van fossiele brandstoffen, maar zelfs tot een hoger verbruik. Voor het gebruik van een CCS-installatie in bijvoorbeeld een kolencentrale is extra brandstof nodig; het rendement van zo'n centrale neemt daardoor met circa 10% af. De opslag van grote hoeveelheden CO_2 onder de grond brengt bovendien risico's met zich mee. Daarover wordt verschillend gedacht. Volgens de voorstanders is het mogelijk CO_2 op een verantwoorde wijze ondergronds op te slaan. Tegenstanders zijn het daarmee niet eens en wijzen onder meer op het gevaar van het weglekken van CO_2, waardoor het alsnog in de lucht komt. Wie de voor- en nadelen van CCS op een rij zet, komt al snel tot de conclusie dat de nadelen van CCS groter zijn dan de voordelen. Bovendien biedt het geen oplossing voor het wereldenergieprobleem.

Niettemin heeft de wereld CCS tijdelijk, als overgangsmaatregel, nodig om bij bestaande fossiele centrales zo snel mogelijk te voorkomen dat er nog meer broeikasgassen de lucht in worden geblazen. Als de techniek zich voldoende heeft bewezen en de CCS-installaties commercieel renderend zijn, dan kunnen daarmee bestaande fossiel gestookte energiecentrales die voorlopig nog blijven draaien 'schoon' worden gemaakt. Bovendien zien we dat bijvoorbeeld in China in hoog tempo jaarlijks meer dan 50 kolencentrales worden bijgebouwd. Hoe we het ook wenden of keren, kolen zullen de komende decennia wereldwijd een belangrijke rol blijven spelen. Daarom moet bij de bouw van alle nieuwe gas- en kolencentrales die nu gepland of in aanbouw zijn al rekening worden gehouden met de mogelijkheid dat er over een aantal jaren CCS ingebouwd kan worden. Ze dienen geschikt te zijn voor toekomstige CO_2-afvang, zodat een dure ombouw achteraf niet nodig is.

Westerse industrielanden zoals Nederland, die bezig zijn met de verdere ontwikkeling van de CCS-technologie, moeten deze wereldwijd beschikbaar stellen. Door afspraken te maken over toepassing van CCS in opkomende economieën als bijvoorbeeld China en India met veel kolencentrales kunnen snel grote CO_2-reducties worden gerealiseerd. De verwachting is dat, indien een grootschalige toepassing na 2020 commercieel mogelijk is, er tussen 15-25% van de werelduitstoot van energiegerelateerde CO_2 met CCS kan worden afgevangen en opgeslagen onder de grond.

Stoppen met emissiehandel
Internationale emissiehandel in CO_2-rechten is een methode om bij bedrijven energiebesparing te bevorderen en langs die weg de CO_2-uitstoot te verminderen. Deze methode, die tot een lastenverzwaring bij bedrijven leidt die CO_2 uitstoten, is vooral gebaseerd op marktwerking. Bedrijven zouden door deze lastenverzwaring geprikkeld worden zelf de meest effectieve maatregelen te treffen om energie te besparen en daardoor minder CO_2 uit te stoten. Eerder gaf ik al aan dat wereldwijd de effecten van energiebesparingen zwaar worden overschat en dat in het internationale klimaat- en energiebeleid de nadruk moet liggen op investeringen in niet-fossiele energiebronnen, zoals zon, wind, waterkracht en in landen die geografisch daarvoor minder geschikt zijn op kernenergie. Deze investeringen zijn effectief en toekomstgericht. Ook heb ik erop gewezen dat verschillende energiebesparingsmaatregelen tot lastenverzwaringen voor burgers en bedrijven leiden, die schadelijk kunnen zijn voor de economie.

Bij een systeem van wettelijk verplichte emissiehandel moeten bedrijven die onder dit systeem vallen voor de uitstoot van hun CO_2 gaan betalen. De uitstoot is niet gratis meer. Voor elke ton die een bedrijf aan CO_2 de lucht in blaast, moet betaald worden. Bedrijven betalen voor hun uitstoot door zogenoemde emissierechten te kopen. Op basis van deze rechten mogen ze jaarlijks een bepaald maximum aan CO_2 uitstoten. Emissiehandel leidt tot een verzwaring van lasten voor delen van het bedrijfsleven. Deze verzwaring beoogt bedrijven te prikkelen zuiniger om te gaan met fossiele energie en zo bij te dragen aan een vermindering van de uitstoot van broeikasgassen.

De werking is globaal als volgt. In het zogenoemde Kyotoprotocol van de VN (1997) is voor elk deelnemend land vastgesteld hoeveel CO_2 er uitgestoten mag worden. Dit worden 'emissierechten' genoemd. Landen die erin slagen om met hun uitstoot binnen hun Kyotogrens te blijven, mogen de resterende emissierechten aan andere landen verkopen. Voor bedrijven heeft de Europese Unie (EU) – vanwege het uitblijven van een mondiaal emissiehandelssysteem – vanaf 2005 gekozen voor een eigen Europese emissiehandel (Emissions Trading System, ETS). Deze handel loopt via banken. ETS is bedoeld om op een marktconforme wijze klimaatverandering tegen te gaan.

Voorstanders van ETS, veelal aanhangers van het marktmechanisme en vooral met een financiële (bancaire) achtergrond, overschatten de voordelen en onderschatten de nadelen van ETS. Zij beschouwen ETS ten onrechte als het paradepaardje van de EU. Mijn bezwaren komen kort weergegeven op het volgende neer. De veronderstelde theoretische marktwerking van ETS werkt in de praktijk niet. Een belangrijk bezwaar is dat slechts een beperkt aantal bedrijven die broeikasgassen uitstoten onder de regeling vallen. Daarbij gaat het om de grotere CO_2-uitstoters: onder andere elektriciteitsproducenten, raffinaderijen, cementfabrieken, de ijzer- en staalindustrie.

Bedrijven die verplicht onder het ETS vallen, krijgen van de overheid van het land waarin ze gevestigd zijn een jaarlijkse hoeveelheid emissierechten toegewezen. Daarin is vastgelegd hoeveel CO_2 het betreffende bedrijf maximaal mag uitstoten (emissieplafond). Om ervoor te zorgen dat deze uitstoot omlaag gaat, wordt deze hoeveelheid in de jaren daarna telkens verminderd. Bedrijven moeten dus steeds beter hun best doen om minder te gaan uitstoten. Wie meer uitstoot dan de maximale hoeveelheid die is bepaald in de toegekende emissierechten, kan rechten bijkopen van bedrijven die emissierechten over hebben. Dat zijn bedrijven die minder uitstoten dan ze mogen volgens de emissierechten die ze hebben. De prijs die ze daarvoor krijgen is afhankelijk van vraag en aanbod. Bij veel vraag naar emissierechten zal de verkoopprijs hoger liggen.

De werking van het ETS wordt negatief beïnvloed doordat het geen wereldwijd systeem is en er te weinig bedrijven onder vallen. Bedrijven die onder het ETS vallen, krijgen te maken met een verzwaring van lasten en kunnen daardoor minder goed concurreren met andere bedrijven die niet onder het ETS vallen. Het ETS levert ook problemen op vanwege de administratieve lasten die het teweegbrengt. Daarnaast werkt het ETS ook niet goed doordat de regeringen van veel landen emissierechten gratis weggeven aan bedrijfssectoren met de grootste CO_2-uitstoot in hun land. Bovendien kent het stelsel vrijstellingen voor bepaalde bedrijfssectoren. Voor een goed werkend ETS is het nodig dat het een wereldwijd systeem wordt; alle landen en alle belangrijke bedrijfssectoren die broeikasgassen uitstoten moeten onder de regeling vallen met adequate emissieplafonds. Daarnaast mogen emissierechten niet meer gratis worden uitgedeeld. Bedrijven moeten voor deze rechten een marktconforme prijs gaan betalen.

Het is een illusie dat er een dergelijk wereldsysteem tot stand gaat komen. Dit geldt ook voor de gedachte dat er bij ETS een marktconforme prijs voor emissierechten tot stand zou komen, waardoor bedrijven sneller maatregelen gaan treffen om hun uitstoot te verminderen. Deze theoretische veronderstelling van een marktconforme prijs, gebaseerd op de werking van de traditionele beurzen, klopt in de praktijk niet. De ETS-prijzen worden mede beïnvloed door de handel en wandel van de financiële instellingen die zich met deze handel bezighouden, met het irrationele gedrag van kopers en verkopers en speculatie.

Het huidige ETS leidt ertoe dat het Europese bedrijfsleven door deze kostenstijging minder goed kan concurreren met bedrijven buiten de EU die geen zwaardere lasten ondervinden. Op termijn zal dit nadelige gevolgen hebben voor de Europese economie. ETS kan er ook toe leiden dat bedrijven hun activiteiten naar landen buiten de EU verplaatsen waar de lastendruk lager ligt. Nu al zien we in Europa bedrijven die aangekondigd hebben te zullen vertrekken als hun internationale concurrentiepositie wordt aangetast. Op 23 januari presenteerde de Europese Commissie voorstellen om het ETS vanaf 2013 meer competitief te maken en te harmoniseren (www.ec.europa.commission). Deze voorstellen zullen het ETS niet of nauwelijks effectiever maken; de fundamenten van ETS deugen niet.

Eerder heb ik aangegeven dat ETS een methode is om bedrijven te prikkelen tot energiebesparingen. Daarnaast heb ik ook duidelijk gemaakt dat energiebesparingen geen structurele oplossing bieden voor het wereldwijde klimaat- en energieprobleem. Alleen al om die reden moeten er een vraagteken worden gezet bij de toepassing van ETS. Bovendien leidt ETS voor het Europese bedrijfsleven tot een verzwaring van de lastendruk, vooral energie-intensieve bedrijven worden extra getroffen. Door deze verzwaring kunnen veel Europese ondernemingen minder goed concurreren op de wereldmarkt. Vooral energie-intensieve bedrijven verkennen daarom de mogelijkheden om hun productie buiten de Europese Unie voort te zetten, waar geen ETS van toepassing is. Om die reden heeft de EU besloten dat deze bedrijven (voorlopig) gebruik kunnen maken van gratis CO_2-rechten, waardoor hun bedrijfslasten door ETS minder toenemen.

Bovendien zien we ook dat als gevolg van de economische crisis bedrijven massaal hun emissierechten verkopen. De beurskoers van CO_2-rechten was daardoor begin 2009 fors gedaald tot onder de €10 per ton. Dit leidde er ook toe dat sommige bedrijven vanwege deze prijsdaling goedkope emissierechten gaan inkopen om deze in de toekomst te gebruiken voor hun CO_2-uitstoot. Daardoor wordt een deel van de uitstoot in de toekomst relatief laag belast. Ook deze gang van zaken doet afbreuk aan de effectiviteit van de emissiehandel. Door de (krediet)crisis hebben financiële markten en beurzen het imago gekregen van casino's. Voor ETS dreigt ditzelfde imago; het wordt een financieel speeltje en komt steeds verder weg te staan van klimaatdoelstellingen.

De Britse milieuorganisatie Sandbag (www.sandbag.org.uk) publiceerde eind juli 2009 een kritisch rapport over ETS, waarin werd gesteld dat het huidige systeem onvoldoende prikkels bevat voor bedrijven om in energiebesparingen te investeren. We zien ook dat in de EU de feitelijke energiebesparing ver achterblijft bij de 20%-doelstelling in 2020.

In het verleden is de mogelijkheid geopperd van een algemene uniforme Europese CO_2-belasting die jaarlijks wordt aangescherpt om energiebesparing te bevorderen en daarmee de uitstoot steeds verder te beperken. Een dergelijke heffing is in alle opzichten eenvoudiger dan ETS, kent minder uitvoeringsproblemen en geringere administratieve lasten en is mede daardoor effectiever. Het belastingtarief van deze voorgestelde CO_2-heffing zou niet worden toegepast op de uitstoot, maar op het jaarlijkse verbruik van aardgas, olie en steenkool. Daarbij kunnen drie verschillende tarieven worden ingevoerd: het hoogste tarief voor steenkool (veroorzaakt de hoogste uitstoot), een middentarief voor olie en het laagste tarief voor gas (veroorzaakt de laagste uitstoot).

Het grote probleem van een Europese CO_2-belasting is de lastenverzwaring voor Europese bedrijven, die daardoor minder goed kunnen concurreren met bedrijven buiten de EU. Dit concurrentienadeel kan worden voorkomen ingeval deze heffing in voldoende mate wordt gecompenseerd door een lastenverlichting, bijvoorbeeld in de vennootschapsbelasting of door een verlaging van de sociale premies die bedrijven voor hun werknemers moeten betalen. Door die verlaging daalt de lastendruk op arbeid. In het klimaatplan 2008 van de OESO is ook een CO_2-belasting opgenomen (www.oecd.int). De meerderheid van de lidstaten is tegen een Europese CO_2-heffing. Ze willen geen inbreuk op hun belastingsoevereiniteit en wensen bovendien geen lastenverzwaringen voor hun bedrijfsleven. Daarom hebben ze uiteindelijk ingestemd met het minder bedreigende ETS.

Zolang ETS beperkt blijft tot de EU en allerlei uitzonderingen kent en een speelbal is van (irrationele) koersbewegingen, kan het ETS slechts een minimale bijdrage leveren aan de klimaatdoelstellingen en dat weegt bij lange na niet op tegen de schade voor de Europese economie. Er zijn voor Europa bovendien effectievere oplossingen. De EU moet in de eerste plaats de nadruk leggen op een meerjareninvesteringsprogramma in duurzame energie (zon, wind, water, biomassa). Maar zo'n programma is ontoereikend en moet daarom ruimer worden opgezet. Alle berekeningen wijzen uit dat met hernieuwbare energie Europa in ieder geval de komende vijftig jaar onvoldoende in staat zal zijn om de energiebehoefte af te dekken. Dit betekent dat ook andere energiebronnen moeten worden ingezet. Buiten de fossiele brandstoffen, olie, gas en steenkool, is er maar één ander alternatief en dat is kernenergie.

Zonder een extra inzet van de nieuwste kerncentrales zal de EU de komende decennia nog sterker afhankelijk worden van de oliesjeiks uit het Midden-Oosten en gasland Rusland. Op basis van technische, economische en energiepolitieke (veiligheids)overwegingen heeft de EU de komende decennia feitelijk geen andere mogelijkheid dan naast duurzame energie ook meer kerncentrales in te zetten. In een EU-investeringsplan op het terrein van energievoorzieningen moeten kerncentrales dan ook een duidelijke plaats krijgen. Verschillende EU-lidstaten, waaronder bijvoorbeeld Engeland en Italië, hebben al kenbaar gemaakt van plan te zijn kerncentrales te gaan bouwen

Hernieuwde belangstelling voor kernenergie
In de jaren vijftig van de vorige eeuw leidde de ontdekking van kernenergie tot de gedachte dat er een stabiele en betrouwbare energiebron was

aangeboord, die eeuwenlang goedkope stroom zou kunnen leveren. In de kernreactor van een kerncentrale worden kernen van uranium gesplitst. De warmte van het splijtingsproces wordt gebruikt om water te verhitten tot stoom. Met deze stoom wordt een turbine aangedreven die via een generator elektriciteit opwekt.

Tegen het gebruik van kernenergie worden door tegenstanders drie hoofdbezwaren ingebracht. In de eerste plaats de veiligheidsrisico's. Bij een bedrijfsongeval of bij een aanslag op een kerncentrale zou de omgeving radioactief besmet kunnen worden met desastreuze gevolgen voor de bevolking en het milieu. Daarnaast is er geen voldoende veilige opbergplaats beschikbaar voor het radioactieve kernafval van kerncentrales. In de derde plaats kunnen kerncentrales ook gebruikt worden voor het maken van kernbommen.

Tot het begin jaren tachtig van de vorige eeuw hadden deze bezwaren geen substantieel effect op de inzet van kernenergie. Vooral na het ongeval met de Russische kerncentrale in Tsjernobyl in 1986 ontstond in veel landen echter een meerderheid in de publieke opinie tegen kernenergie. Veel landen besloten vervolgens de bouwplannen voor nieuwe kerncentrales in te trekken en de internationale markt voor kernreactoren stortte goeddeels in. Toch zijn er landen die ook na de Tsjernobyl-ramp door zijn gegaan met kernenergie. Een voorbeeld is Frankrijk, waar ongeveer 80% van de elektriciteit wordt opgewekt met kerncentrales. Andere Europese landen waar kernenergie een belangrijk aandeel in de opwekking van elektriciteit heeft, zijn België (55%), Duitsland (27%) en Engeland 21%.

In 2008 heeft kernenergie bij de opwekking van elektriciteit wereldwijd een aandeel van ongeveer 16%. In Europa ligt dat percentage rond de 31%. Wereldwijd staan er in totaal 439 kerncentrales met een gezamenlijk vermogen van 372 GW en een jaarlijkse stroomproductie van 2.608 miljard kWh. Deze centrales veroorzaken bij de opwekking van elektriciteit geen uitstoot van broeikasgassen. Begin 2009 waren er 36 centrales in aanbouw, terwijl er 97 zijn besteld. Landen met de meeste kerncentrales zijn: De Verenigde Staten (103), Frankrijk (59), Japan (55), Rusland (31), Zuid-Korea (20), Canada (18), Duitsland (17) en India (17).

Vooral vanaf 2006 is er wereldwijd weer extra belangstelling ontstaan voor de mogelijke bouw van kerncentrales waarmee elektriciteit wordt opgewekt. Een aantal redenen passeren hier de revue. Door hun geografische ligging zijn er landen waarvoor duurzame energie in de vorm van zon, wind, water en biomassa een onvoldoende oplossing biedt; duurzame energievoorzieningen zijn voor deze landen (economisch en/of technisch) onvoldoende geschikt of leveren te weinig stabiele stroom. Deze landen kiezen dan mede in het licht van de klimaatverandering voor kernenergie. Bij de productie van kernstroom worden geen broeikasgassen uitgestoten en dat is gunstig met het oog op de noodzakelijke vermindering van de uitstoot. Ook is er geen sprake van luchtverontreiniging. Een derde reden voor de inzet van kernenergie is dat veel landen minder afhankelijk willen worden van de buitenlandse olie- en gaslanden die op de wereldenergiemarkt een sterke positie hebben. Mede om minder afhankelijk te zijn van Russisch gas is bijvoorbeeld Finland bezig met de bouw van een kerncentrale. In Polen en de Baltische staten, die ook gas uit Rusland nodig hebben, zijn er ook plannen om kerncentrales te bouwen. De vierde reden heeft betrekking op de kostprijs van kernenergie. Veel landen verwachten dat de kostprijs van fossiele stroom, ook wel aangeduid als grijze stroom, uit gas- en kolencentrales de komende decennia zal stijgen. Daardoor wordt het goedkoper om kernstroom te gaan gebruiken. De vijfde reden is dat er nieuwe generaties kerncentrales op de markt zijn met veel lagere veiligheidsrisico's, zogenoemde generatie III en generatie III+ centrales, ook wel aangeduid als EPR-centrales. Bovendien bestaat de verwachting dat er in de periode 2020-2030 zogenoemde inherent veilige centrales (vierde generatie) gebouwd kunnen worden. Tot slot komen er naar verwachting binnen vijftien jaar (kern)centrales (type HTR) op de markt die relatief goedkoop waterstof kunnen produceren, waardoor een schone waterstofeconomie dichterbij komt.

Box 75 Overzicht van de verschillende generaties kerncentrales.

Generaties II, III, en III+

Onder de eerste generatie reactoren worden de prototypen verstaan die in de jaren '50 en '60 zijn gebouwd en die niet meer in bedrijf zijn. Vrijwel alle kerncentrales in het westen zijn van de tweede generatie die zijn ontworpen en gebouwd in de jaren '70 en '80 van de vorige eeuw. De derde generatie kerncentrales is ontworpen in de jaren '90 als evolutionaire opvolger van de tweede generatie. Hiervan zijn er reeds enkele in bedrijf, zoals de Advanced Boiling Water Reactor (ABWR) in Japan (sinds 1996), of in aanbouw, zoals de ABWR in Japan en Taiwan en de European Pressurized Water Reactor (EPR) in Finland. Momenteel wordt door diverse fabrikanten gewerkt aan het ontwerp en de certificering van generatie III+ reactoren, die in grote mate gebruik zullen maken van passieve veiligheidssystemen.

Momenteel kunnen alleen de HTR's tot de categorie 'inherent veilig' worden gerekend. Hiertoe behoort ook de kogelbedreactor die momenteel erg in de belangstelling staat. Deze zal pas rond 2015 op de markt komen. Het type HTR met extra hoge bedrijfstemperatuur, de zogenaamde Very High Temperature Reactor (VHTR), valt in de categorie van de vierde generatie reactoren (zie hierna) en zal via een geleidelijke ontwikkeling later op de markt komen.

Generatie-IV is een verzamelnaam voor reactoren die in samenhang op veilige en economische wijze met een gesloten splijtstofcyclus de energievoorziening van de toekomst zouden kunnen verzorgen. De meest veelbelovende reactortypen, de gasgekoelde VHTR en de natriumgekoelde snelle reactor SFR zouden vanaf 2020 op de markt kunnen komen.

Bron : j.l.kloosterman@tudelft.nl.; www.test.iri.tudelft

Kernenergie op Europese agenda

In de Europese Unie heeft de Europese Raad voorgesteld om een discussie zonder vooroordelen te voeren over de kansen en risico's van kernenergie. Op 8 en 9 maart 2007 heeft de Raad vastgesteld dat kernenergie een belangrijke bijdrage levert aan de voorzieningenzekerheid en bijdraagt aan een vermindering van de $CO2$-uitstoot. Voordat de wereldwijde economische crisis uitbrak, berustte de jaarlijkse bruto stroomproductie van de EU voor circa 31% op kernenergie, voor 29% op kolen, voor 19% op gas, voor 14% op duurzame energiebronnen en voor 7% op olie. Het aandeel van de fossiele energiebronnen in het bruto binnenlandse verbruik van de EU lag ongeveer op 79% (olie 37%, gas 24% en kolen 18%). De EU is voor energie sterk afhankelijk van de olie- en gasmachthebbers in de wereld. Verwacht wordt dat de EU in 2030 voor meer dan 80% afhankelijk zal zijn van de import van gas en olie. De vraag naar energie zou volgens voorspellingen die van voor de crisis dateren in de periode tot 2030 met circa 1% per jaar stijgen en de vraag naar elektriciteit groeit tweemaal zo snel als die naar de andere energievormen.

Binnen de EU is er sprake van een toenemend aantal landen, vooral onder aanvoering van Frankrijk, Engeland en Italië, dat de afhankelijkheid van de olie- en gasmachthebbers mede wil verminderen met behulp van de inzet van kernenergie. Bovendien wijzen deze landen er ook op dat de huidige kerncentrales in de EU bijdragen aan de voorzieningenzekerheid, concurrerend zijn met fossiele centrales en bovendien de uitstoot van broeikasgassen verminderen. Daarbij speelt ook een rol dat binnen de EU ervan wordt uitgegaan dat in ieder geval de komende vijftig jaar, zelfs met een stevig stimulerend beleid en met hoge energiebesparingen en een toename van duurzame energiebronnen er onvoldoende stroomproductie zal zijn om de behoefte te dekken. Kernenergie is thans de grootste CO_2-arme energiebron van de EU. Zonder deze bron zijn de klimaatdoelstellingen van de EU niet haalbaar.

Box 76 Kosten en voordelen kerncentrales

De nieuwste kerncentrales (type EPR) vragen een bouwtijd van vijf tot zeven jaar. Inclusief de kosten van zogeheten bouwrente bedragen de totale bouwkosten voor een kerncentrale met 1600 megawatt elektrisch vermogen (goed voor circa 400.000 huishoudens) circa € 4,2 tot € 4,7 miljard. Afhankelijk van de vraag welke kosten worden meegerekend, zoals kosten voor de opslag van kernafval en reservering van middelen voor de ontmanteling, kan kernenergie met een kostprijs tussen 3 en 8 eurocent per kilowattuur concurreren met andere energiebronnen. De gemiddelde kostprijs voor elektriciteit op de groothandelsmarkt lag in Europa in 2008 tussen 5 en 7 eurocent per kilowattuur. Voor elektriciteit uit kolencentrales lag de kostprijs tussen 3 en 6 cent per kilowattuur en voor gascentrales tussen 4 en 7 cent. Bij deze prijzen moet wel bedacht worden dat ze feitelijk hoger liggen. Ze zijn mede laag omdat veel landen subsidies en fiscale tegemoetkomingen geven aan de kolenindustrie en geen kosten in rekening brengen voor de schade aan het leefklimaat die de centrales veroorzaken door vervuilende uitstoot en CO_2-emissies.

Inmiddels werkt de internationale nucleaire industrie aan de ontwikkeling van de zogenoemde vierdegeneratiecentrales die veiliger en zuiniger moeten zijn. Gaat dat in voldoende mate lukken, dan gaan kerncentrales een grotere rol spelen bij de opwekking van elektriciteit. We zien nu al dat een toenemend aantal landen zogenoemde EPR-kerncentrales gaat bestellen. Belangrijke redenen zijn de (nog) hoge kostprijs van zonnestroom en windenergie (vooral bij windparken in zee) en de bezwaren die wind en zon met zich meebrengen. Ze leveren geen stabiele elektriciteit en in verschillende landen maken burgers bezwaren tegen windmolens op land. Ook het grote ruimtebeslag van wind- en zonneparken kan problemen opleveren. Bovendien zijn niet alle landen optimaal geschikt voor zonne- of windenergie. Als bezwaar wordt ook gezien dat wind- en zonneparken een beperkte levensduur hebben. In het algemeen is een windpark na 20 jaar 'afgeschreven' en moet dan vervangen worden. Voor zonnepanelen is de levensduur 20-25 jaar. Bij een grootschalige inzet van wind worden landen telkens om de 20-25 jaar geconfronteerd met een omvangrijke vervangingsoperatie. Kerncentrales hebben een veel langere levensduur. Voor bestaande centrales is dat ongeveer veertig jaar. De nieuwste centrales leveren ten minste zestig jaar stabiele en relatief prijsvaste elektriciteit, terwijl het ruimtebeslag van deze kerncentrales minder dan drie vierkante kilometer bedraagt.

Op dit moment zien we dat in verschillende landen regeringen de voordelen van kernenergie zwaarder laten wegen dan de risico's. Daar komt nog bij dat deze landen energievoorzieningen die gebaseerd zijn op zon en wind vanwege de bezwaren die daaraan kleven slechts een kleine rol willen geven in hun energiehuishouding.

Bezwaren, voordelen en afwegingen bij kernenergie

Fervente tegenstanders van kernenergie wijzen kernenergie onvoorwaardelijk af. Ze zijn en blijven van oordeel dat de bezwaren tegen kernenergie zodanig ernstig zijn dat daarvoor elke oplossing tekortschiet. Het gaat daarbij om de volgende hoofdbezwaren: veiligheidsrisico's, de opslag en verwerking van het radioactieve kernafval en het gevaar van misbruik van kernmateriaal door bepaalde risicovolle landen en terroristen. Daarnaast zijn de tegenstanders van oordeel dat de voorraden uranium, grondstof voor kerncentrales, zodanig klein zijn dat binnen vijftig jaar de centrales niet meer kunnen draaien. Ook zijn ze van mening dat kernenergie een extreem dure energiebron is. Bovendien achten ze de winningsmethoden van uranium (ondergrondse en bovengrondse mijnbouw) niet acceptabel. Deze methoden brengen gezondheidsrisico's mee voor de werknemers en leiden tot een onherstelbare aantasting van het milieu ter plaatse. Tegen dit standpunt kan worden ingebracht dat grote leveranciers van uranium, zoals Canada, Australië en de Verenigde Staten moderne wetgeving kennen die deze risico's en milieuvervuiling tegengaan.

Tegenstanders van kernenergie zijn tevens van opvatting dat kernenergie geen bijdrage kan leveren aan het beperken van de uitstoot van broeikasgassen. Weliswaar erkennen ze dat kerncentrales bij de opwekking van elektriciteit geen broeikasgassen uitstoten, maar dat is naar hun oordeel een verkeerde benadering. Er moet volgens de tegenstanders rekening worden gehouden met de gehele productiecyclus van kernenergie, zoals het delven van uranium, de bouw- en ontmanteling van centrales, de opslag van radioactief afval en het verrijken van uranium. Als dat allemaal meegenomen wordt, dan is kernenergie wel degelijk een energiebron die broeikasgassen uitstoot en volgens de tegenstanders zelfs veel meer dan bijvoorbeeld zonne- en windenergie en gasgestookte centrales. Stel dat al deze bezwaren op basis van feiten gerelativeerd of weggenomen zouden kunnen worden dan wordt door de tegenstanders als laatste tegenargument naar voren gebracht dat de wereld geen behoefte heeft aan kernenergie omdat met energiebesparingen en duurzame energie (zon, wind, waterkracht, biomassa en biobrandstoffen) er voldoende energie kan worden opgewekt om wereldwijd aan de vraag naar energie te voldoen.

Voor een rationele afweging over de mogelijke inzet van kernenergie in het wereldwijde energiebeleid is het van belang deze bezwaren serieus te nemen en te bezien of ze juist zijn dan wel of er oplossingen voorhanden zijn. Het resultaat van die afwegingen kan zijn dat een of meer bezwaren niet weggenomen kunnen worden en dat die voldoende zwaarwegend zijn om kernenergie af te wijzen. Het is ook denkbaar dat deze zwaarwegende bezwaren moeten worden afgewogen tegen andere ingrijpende maatschappelijke en economische gevolgen die optreden als kernenergie wordt afgewezen. Hierna ga ik nader in op de eerder genoemde bezwaren en stellingnamen. Ik begin met de stellingname van de tegenstanders van kernenergie dat de combinatie energiebesparing en duurzame energie een voldoende oplossing biedt voor zowel het klimaat- als energieprobleem van de wereld.

Biedt de combinatie energiebesparing, zon, wind, water, biomassa en biobrandstoffen de wereld voldoende energie?
Theoretisch bezien is dit mogelijk. Ook technisch en economisch is het denkbaar dat na het einde van deze eeuw, vooral met de inzet van zonne-energie dit mooi wenkende perspectief gerealiseerd kan worden. Maar in deze eeuw is dit zowel om technische als economische redenen volstrekt uitgesloten. Eerder heb ik al aangegeven dat de mogelijkheden voor ener-

giebesparingen zwaar worden overschat en dat ze in de praktijk bij lange na niet zullen worden gerealiseerd. Dit geldt ook voor de inzet van de eerste generatie biobrandstoffen. De bezwaren daartegen zijn zodanig dat de wereld er verstandig aan doet daarmee onmiddellijk te stoppen.

Waterkracht is op dit moment de belangrijkste leverancier van duurzame energie, maar de mogelijkheden voor uitbreiding zijn beperkt. Met zon en wind is het technisch mogelijk een wereldwijde duurzame energievoorziening op te bouwen. Maar er moeten dan wel extra energievoorzieningen, zoals energie-opslag en reservecentrales, beschikbaar zijn die invallen als het niet voldoende waait en of als er geen licht is. Deze reservevoorzieningen brengen extra kosten met zich mee. Ook de opwekkingskosten van duurzame energie liggen relatief (nog) hoog en die hoge kosten spelen een rol bij de snelheid waarmee zon en wind worden ingezet. De meeste landen kiezen nog steeds voor de goedkopere fossiele brandstoffen. Bovendien worden er jaarlijks wereldwijd nog steeds honderden kolencentrales bijgebouwd, die ten minste veertig jaar in bedrijf blijven.

De komende decennia moet een proces op gang komen waarbij olie, gas en steenkool geleidelijk worden vervangen door duurzame energiebronnen. Maar zowel om economische als technische redenen vraagt deze omschakeling veel tijd. Als voorstander van een maximale inzet op duurzaam moet ik spijtig genoeg tot de conclusie komen dat de komende vijftig jaar met de combinatie energiebesparing en duurzame energie op geen enkele wijze in voldoende mate kan worden voorzien in de wereldwijd stijgende vraag naar energie. Zelfs met de beste wil van de wereld is dat uitgesloten.

Volgens het IPCC moeten er juist de komende veertig jaar aanzienlijke reducties van broeikasgasreducties worden gerealiseerd om de opwarming van de aarde tegen te gaan. Het staat onbetwistbaar vast dat binnen dit tijdsbestek energiebesparingen en duurzame energie deze reducties bij lange na niet kunnen leveren. Tegenstanders van kernenergie krijgen van mij dus gelijk als ze zeggen dat de wereld het klimaat- en energieprobleem primair moet oplossen door maximaal in te zetten op duurzame energie, vooral zon. Maar ze moeten wel zo realistisch en eerlijk zijn daarbij ook aan te geven dat in ieder geval de komende vijftig jaar duurzaam en energiebesparingen samen geen voldoende oplossingen kunnen bieden.

De wereld is dus genoodzaakt daarnaast als voorlopige tussenoplossing andere maatregelen te treffen. In beginsel komen daarvoor twee opties in aanmerking: afvang van CO_2 bij kolen- en gascentrales voordat het via de schoorsteen in de lucht verdwijnt en vervolgens opslag onder de grond (zogenoemde CSS-technologie) en daarnaast kernenergie. Hoewel CSS veel zwaarwegende bezwaren kent, is mijn conclusie dat de wereld deze technologie toch als tussenoplossing zal moeten inzetten om op tijd voldoende reducties te kunnen realiseren. CSS biedt evenwel geen enkele oplossing voor het energieprobleem van de wereld. Doordat de inzet van CSS–technologie tot een extra verbruik van gas en steenkool leidt, wordt dit probleem zelfs versterkt. Bovendien staat ook vast dat met de inzet van CSS onvoldoende reducties van broeikasgassen kunnen worden gerealiseerd.

Extra maatregelen om de uitstoot van broeikasgassen te verminderen zijn dus noodzakelijk. Behalve kerncentrales, die geen broeikasgassen uitstoten, zijn die niet beschikbaar. Bovendien wordt het met kernenergie mogelijk om op grote schaal schone, relatief goedkope waterstof te produceren. Wereldwijd rijden en varen op schone waterstof kan de uitstoot van broeikasgassen en de luchtverontreiniging zeer sterk verminderen. Ook fervente tegenstanders van kernenergie zullen de bezwaren en risico's maar ook de voordelen van kernenergie dus moeten afwegen tegen de risico's en gevolgen van een verdere opwarming van de aarde. Aan die afweging kunnen ze alleen ontkomen door in strijd met de feiten te blijven volhouden dat de combinatie energiebesparing en duurzame energie een voldoende oplossing biedt of te volstaan met het uitspreken van een geloofsbelijdenis tegen kernenergie.

Box 77 Kan kernenergie door wind worden vervangen?

Tegenstanders van kernenergie pleiten er soms voor de bestaande kerncentrales te vervangen door windenergie. Zouden we wereldwijd alle kerncentrales sluiten en de elektriciteitsproductie laten overnemen door windparken met het huidige type windturbines (3MW) dan hebben we daarvoor ongeveer 360.000 windmolens nodig. Deze molens vragen in totaal een ruimtebeslag van ongeveer 80.000 – 90.000 km2. Daarbij dient ook te worden bedacht dat deze turbines na 15 tot 20 jaar zijn 'afgeschreven' en vervolgens vervangen moeten worden. Ik kan mij dan ook niet voorstellen dat over dit idee goed is nagedacht. Vanwege de beperkte levensduur, het dure onderhoud, het relatief beperkte rendement, het ruimtebeslag en de horizonvervuiling, bestaat de verwachting dat wind het op de langere termijn zal afleggen tegen moderne zontechnologie.

Voorstanders van kernenergie wijzen er ook op dat kerncentrales naast stabiele en relatief goedkope elektriciteit ook andere voordelen ten opzichte van PV-zonnestroom en windstroom hebben. Het ruimtebeslag van een kerncentrale is gering, ongeveer drie vierkante kilometer. Wind- en zonneparken vragen veel meer ruimte (tenzij de zonnepanelen op bestaande gebouwen worden geplaatst) en hebben als groot nadeel dat de productie van elektriciteit wisselvallig is, afhankelijk van wind en licht. Daarnaast is het ook een groot nadeel dat deze parken na 15 tot 25 jaar zijn 'afgeschreven'. Ze moeten daarna worden vervangen door nieuwe molens en panelen. Het blijft bouwen en afbreken, weer opnieuw bouwen en weer afbreken, waarbij bij windmolenparken de funderingen veelal gehandhaafd kunnen blijven. Kerncentrales gaan veel langer mee. Bestaande kerncentrales hebben een levensduur van ten minste veertig jaar. De nieuwste kerncentrales kunnen zelfs tussen 60 en 90 jaar stabiele elektriciteit leveren.

Veiligheid van kerncentrales

Na de ontploffingsramp met de Russische kerncentrale in Tsjernobyl in 1986 keerde de publieke opinie zich tegen kernenergie. Veel regeringen besloten daarna dat er geen nieuwe kerncentrales meer gebouwd zouden worden. Kerncentrales werden als onveilig en gevaarlijk beschouwd. Wereldwijd ontstond er een brede 'linkse' actiebeweging tegen kernenergie. Deze beweging voert ook acties om bestaande kerncentrales te sluiten.

Voorstanders van kernenergie hebben er na de ramp op gewezen dat de kerncentrale in Tsjernobyl, een type dat alleen in Rusland voorkwam, geen goed veiligheidssysteem kende. Alle kerncentrales in de OESO-landen zijn wel voorzien van adequate systemen die de veiligheid moeten waarborgen. Na Tsjernobyl heeft de kernindustrie niet stilgezeten en in kerncentrales extra veiligheidssystemen ingebouwd die automatisch in werking treden en voorkomen dat er bij bedrijfsongevallen radioactiviteit naar buiten kan komen. Daarnaast zijn er nieuwe type centrales (zogenoemde generatie III, EPR) ontwikkeld waarbij de veiligheidsrisico's nog verder zijn teruggebracht. Een voorbeeld daarvan is de kerncentrale die momenteel in Finland wordt gebouwd en die naar verwachting in 2011 gereed is. Bovendien zal er omstreeks 2030 een nieuw type kerncentrales op de markt komen, aangeduid als generatie IV. Deze centrales worden gekenmerkt door inherente veiligheid, terrorismebestendigheid, minder kernafval en een hoger economisch rendement. Met dit type kerncentrale kan ook op grootschalige wijze waterstof worden geproduceerd zonder dat er sprake is van de uitstoot van broeikasgassen en luchtverontreiniging.

Veel tegenstanders van kernenergie negeren de technologische vernieuwingen en blijven bij hun oude Tsjernobylstandpunt dat kerncentrales niet veilig zijn. Als extra argument voeren ze ook aan dat kerncentrales niet bestendig zijn tegen terroristische aanslagen. Momenteel behoort de kernindustrie tot de veiligste takken van industrie in de wereld. Moderne centrales zijn bovendien zodanig gebouwd dat het zeer onwaarschijnlijk is dat een aanslag tot een radioactieve ramp zal leiden. Bovendien ligt de beveiliging op een hoger niveau dan bij andere potentiële objecten voor aanslagen, zoals chemische fabrieken of olieraffinaderijen. Wereldwijd zijn er momenteel rond de dertig kerncentrales in aanbouw en zijn er meer dan honderd in de fase van voorbereiding. Daarbij wordt meer dan ooit met alle veiligheidsaspecten rekening gehouden.

Box 78 Het gevaar van kernafval

Kerncentrales stoten geen broeikasgassen uit en veroorzaken ook geen luchtverontreiniging. Wel veroorzaken ze radioactief afval dat varieert van laag-radioactief tot hoog-radioactief. Het kernsplijtingsafval dat vele duizenden jaren blijft stralen, levert het grootste probleem op. Inmiddels is het mogelijk om door middel van bestraling de radioactieve levensduur te verminderen tot enkele honderden jaren. Dit brengt weliswaar kosten met zich mee, maar het veiligheids- en afvalprobleem wordt kleiner. In veel gevallen wordt het kernafval opgeslagen in speciaal gebouwde bunkers. Dat kan omdat het volume klein is. Landen met kerncentrales zoeken naar technische oplossingen waarbij kernafval ondergronds in zoutkoepels of granietlagen word opgeborgen. Bij de Finse EPR-kerncentrale, die in Europa als voorbeeld van een moderne, veilige centrale wordt gezien, wordt het kernafval direct opgeborgen in een opslagplaats diep onder de grond. Tegenstanders van kernenergie blijven van oordeel dat vanwege de lange stralingsduur er geen adequate oplossingen voor het afval mogelijk zijn. Voorstanders wijzen op de nieuwe bestralingsmethode waarmee de tijdsduur van de straling beperkt kan worden en geven tevens aan dat er acceptabele en stabiele opbergmethoden zijn.

In dit verband wijs ik erop dat de opslagproblematiek bij kerncentrales, vanwege de kleine volumes kernafval, minder groot is dan het opslagvraagstuk bij de toepassing van CSS-technologie. Bij deze technologie wordt de uitstoot van CO_2 in de schoorsteen van kolen- en gascentrales afgevangen voordat de CO_2 in de lucht verdwijnt. Na deze afvang wordt de CO_2 onder de grond opgeslagen. Het gaat daarbij jaarlijks om een opslag van gigantische hoeveelheden CO_2 met allerlei risico's voor mensen en het milieu. Dat roept de vraag op wat veiliger is: de ondergrondse opslag van jaarlijkse gigantische hoeveelheden CO_2 of de jaarlijkse opslag van paar kubieke meters kernafval bij een kerncentrale.

Bij kerncentrales zien sommige nucleaire deskundigen als beste technologische optie hergebruik van kernafval. Een groot deel van het afval kan via recycling weer in de kerncentrale worden gebruikt. Door kernafval te recyclen is er bovendien nog vele eeuwen voldoende kernbrandstof voor kerncentrales beschikbaar. Daarnaast komen er nieuwe typen kerncentrales op de markt die minder afval veroorzaken. Ook wordt gedacht aan kernreactoren die geen uranium meer gebruiken maar thorium. Dit element is ruim beschikbaar, goedkoper en de radioactiviteit neemt sneller af. Bovendien is de kweekstof niet geschikt als grondstof voor kernwapens. Kerncentrales worden gebruikt voor het opwekken van elektriciteit, maar kunnen in beginsel ook worden gebruikt voor de productie van plutonium, waarmee kernwapens (atoombommen) kunnen worden gemaakt. Daarnaast kan met radioactief materiaal een zogenoemde 'vuile' bom worden geproduceerd, een 'gewone bom' die radioactief materiaal uitstoot.

Tegenstanders van kernenergie achten deze risico's zo groot dat zij vinden dat kerncentrales niet meer gebouwd mogen worden en dat bestaande centrales gesloten moeten worden. Landen met kerncentrales wijzen op de zeer stringente veiligheidssystemen die misbruik moeten voorkomen en achten de kans op de risico's die de tegenstanders naar voren brengen minimaal. Daar komt nog bij dat de nieuwste generatie kerncentrales niet meer zullen 'draaien' op uranium, maar op andere brandstoffen, zoals thorium, waardoor het zogenoemde proliferatiegevaar niet meer aan de orde is.

Zijn kerncentrales een dure energiebron?

De bouwkosten van de nieuwste kerncentrales liggen hoog, maar als ze gereed zijn, leveren ze meer dan zestig jaar elektriciteit die relatief goedkoop is. De kosten van kernenergie zitten voor 70 tot 80% in de bouw van de centrale. Wordt rekening gehouden met alle kosten dan ligt op basis van verschillende internationale berekeningen de kostprijs per kWh van kernenergie tussen 3 en 8 eurocent per kWh. Voor andere energiebronnen is de kostprijs per kWh als volgt. Wind op land tussen 4 en 8 eurocent, wind op zee tussen 12 en 20 eurocent. Biomassa in centrales heeft een kostprijs die ligt tussen 4 en 12 eurocent. Zonnestroom afkomstig van zonnepanelen heeft de hoogste kostprijs per kWh, tussen 25 en 45 eurocent. De kostprijs van elektriciteit die wordt opgewekt met steenkool of gas ligt tussen 3 en 7 eurocent.

Door prijsstijgingen en heffingen over de uitstoot van CO_2 zal de kostprijs van deze fossiele elektriciteit op termijn hoger liggen dan de kostprijs van kernstroom. Mede om die reden zijn de laatste jaren een toenemend aantal landen gestart met de voorbereiding van de bouw van nieuwe kerncentrales. Volgens TVO, het consortium dat de nieuwe kerncentrale in Finland bouwt, is de kostprijs van elektriciteit van deze centrale 2,5 eurocent per kWh. Deze centrale, die in 2011 in gebruik wordt genomen, is van het type EPR (een zogenoemde derdegeneratiereactor). Dit type heeft de hoogste veiligheidsgraad, verlaagt de gebruikskosten, veroorzaakt minder kernafval en vergroot de mogelijkheid kernafval te recyclen.

Tegenstanders van kernenergie blijven van mening dat bovenstaande berekeningen met betrekking tot de kostprijs van kernstroom veel te laag uitkomen, omdat daarin niet alle kosten verwerkt zouden zijn; ze menen dat wind- en zonnestroom daarom goedkoper zijn. De praktijk laat overigens zien dat landen en commerciële investeerders die de bouw van een kerncentrale overwegen bovenstaande internationale berekeningen als leidraad nemen. Bovendien wijzen commerciële investeerders erop dat in de meeste landen investeringen in zon- en windenergie commercieel niet tot stand zullen komen. Alleen met hoge en langjarige gegarandeerde overheidssubsidies zal de marktsector in zon en wind gaan investeren. In verschillende landen worden door de marktsector kerncentrales gebouwd zonder overheidssubsidies.

Box 79 Duurzame energiebronnen bieden voorlopig geen afdoende oplossing

De vervanging van fossiel door energie opgewekt met zon, wind en water levert een aantal problemen. Fossiele brandstoffen als olie, gas en kolen leveren in beginsel stabiele opbrengsten aan energie en zijn breed inzetbaar, zoals voor de opwekking van elektriciteit, maar ook voor verkeer en vervoer. Duurzame energie, vooral wind en zon, is minder stabiel en kan minder breed worden toegepast. De toepassing zal vooral betrekking hebben op de opwekking van elektriciteit. Een groot probleem is dat energiecentrales die zon en wind voor de opwekking van elektriciteit gebruiken in veel gevallen niet altijd 24 uur per dag voldoende energie kunnen leveren. De productie fluctueert en de kostprijs van groene stroom is (nog) duurder dan de stroom die afkomstig is van gas- en kolencentrales en kerncentrales. Bij zon en wind wisselen te weinig en te veel elkaar af, terwijl op de wereldenergiemarkt het juist steeds belangrijker wordt dat een energiebron productie kan leveren op basis van de vraag naar energie. Opgemerkt moet worden dat bij zonne-energie opgewekt met zonnekrachtcentrales (zogenoemde CSP-centrales) het mogelijk is deze fluctuaties te beperken. Technisch is het ook mogelijk bij een overschot aan elektriciteit opgewekt met bijvoorbeeld wind of zonnepanelen deze op te slaan, bijvoorbeeld in de accu's van elektrische auto's of andere opslagsystemen. Deze opslagsystemen kunnen worden gerealiseerd bijvoorbeeld met behulp van batterijen, met behulp van waterstof of door het oppompen van water.

De verwachting is dat de komende decennia er onvoldoende grootschalige energieopslag beschikbaar zal zijn. Bovendien brengt de opslag van duurzame energie extra kosten met zich mee waardoor de kostprijs van zonnestroom en windstroom zullen stijgen. Zonder voldoende energieopslag is het noodzakelijk om extra stroomvermogen van andere energiecentrales achter de hand te hebben die op elk moment de levering van elektriciteit kunnen overnemen en garanderen op het moment dat er onvoldoende elektriciteit wordt opgewekt. Deze reservecapaciteit aan stroomopwekking leidt tot extra kosten die de kostprijs van duurzame energie verhogen. Er moeten voortdurend stabiele energiecentrales stand-by staan en dat kost geld. Met het oog op het verminderen van de uitstoot van broeikasgassen is het gewenst dat deze centrales geen broeikasgassen uitstoten. Technisch gezien kunnen gascentrales het snelst zorg dragen voor het opvangen van het wegvallen van voldoende groene stroom. Maar deze centrales stoten CO_2 uit en gas wordt duurder en raakt geleidelijk op. Weliswaar kan met CCS-technologie de CO_2-uitstoot bij gascentrales worden verminderd, maar dit biedt geen oplossing voor het duurder worden van gas en de geleidelijke uitputting van de gasvoorraden in de wereld. Voor deze eeuw is de beste oplossing een wereldenergiehuishouding die bestaat uit een combinatie van zonne-energie, waterkracht, windenergie, 'goede' biomassa en kernenergie. Bij deze combinatie is het wel noodzakelijk te werken met energieopslagsystemen en slimme regeltechnieken.

Kerncentrales stoten geen broeikasgassen uit en veroorzaken geen luchtverontreiniging

Tijdens de levensduur van de modernste kerncentrale, zestig jaar en langer, worden er bij de opwekking van elektriciteit al die jaren geen broeikasgassen uitgestoten. Ook vindt er geen luchtverontreiniging plaats. Niettemin zijn tegenstanders van kernenergie van mening dat een kerncentrale wel degelijk bijdraagt aan de uitstoot. Dit standpunt is gebaseerd op de redenering dat niet alleen moet worden gekeken naar de 'nul'-uitstoot bij de opwekking van kernstroom, maar naar de gehele productieketen. Ook de uitstoot tijdens de bouw en de ontmanteling van de centrale in de toekomst moeten worden meegerekend. Daarnaast moeten eveneens de uitstoot die plaatsvindt bij de winning van uranium en bij het vervoer van uranium worden meegeteld.

Wie deze redenering volgt en deze emissies optelt komt tot een relatief laag aantal tonnen aan broeikasgas. In relatie tot de hoeveelheid opgewekte schone elektriciteit tijdens de gehele levensduur van de kerncentrale gaat het om een relatief geringe uistoot. Bij de nieuwste centrales en de centrales die over twintig jaar op de markt komen, wordt dit nog minder. Tegenstanders van kernenergie hebben overigens al moeten erkennen dat zelfs ingeval hun redenering wordt gevolgd kerncentrales per kWh tien tot dertig keer 'schoner' zijn dan fossiel gestookte energiecentrales. Internationale studies wijzen uit dat de inzet van kernenergie voor het opwekken van elektriciteit gedurende de gehele productieketen tot een veel geringere uitstoot van CO_2 leidt dan gas- en kolengestookte energiecentrales. Ruw gezegd is de 'uitstoot' van een kerncentrale vergelijkbaar met het niveau van duurzame energie.

Box 80 Uranium raakt voorlopig niet op

Tegenstanders van kernenergie voeren aan dat uranium, de brandstof van kerncentrales, omstreeks 2060 op is en dat het dus geen zin heeft om in kerncentrales te investeren. Op zich is het waar dat de gemakkelijk winbare uraniumvoorraden in de wereld op basis van het huidige verbruik van kerncentrales over ongeveer vijftig jaar op zijn. Maar daarnaast is ook vastgesteld dat er nog omvangrijke voorraden uranium in de grond zitten die moeilijker en daardoor tegen hogere kosten winbaar zijn. Volgens experts kunnen kerncentrales daarmee nog maximaal tweehonderd jaar draaien. Door hergebruik van kernafval, betaalbare winning van uranium uit zeewater en de inzet van de nieuwste typen kerncentrales kunnen er nog eeuwen bijkomen.

Wel zullen de winningskosten van uranium gaan toenemen. Bij de gemakkelijk winbare voorraden waar op dit moment gebruik van wordt gemaakt, liggen de kosten relatief laag. Als deze voorraden op zijn, moet gebruik worden gemaakt van voorraden die moeilijker winbaar zijn en/of van zeewatertechnologie en dat kost extra geld. Daardoor stijgen de brandstofkosten van kerncentrales en dus ook de kostprijs van kernstroom per kWh. Maar daarbij gaat het maar om een relatief geringe stijging van de prijs. Dit komt omdat de brandstofkosten (verbruik van uranium) slechts een beperkt effect hebben op de prijs van kernstroom per kWh. Het kostenaandeel van het verbruik van uranium in deze kostprijs ligt rond de 5%. Forse kostenstijgingen bij de winning van uranium zijn bij kerncentrales economisch gezien daardoor gemakkelijk op te vangen en leiden voor consumenten en bedrijven die gebruikmaken van kernstroom slechts tot een zeer geringe stijging van de prijs. Bij elektriciteitscentrales die op gas draaien, bepaalt de prijs van aardgas voor meer dan 50% de kostprijs. Prijsstijgingen van aardgas hebben dan ook een groot effect op de elektriciteitsprijs die consumenten moeten betalen.

Een andere benadering van de klimaatcrisis

In verschillende internationale studies zijn pogingen gedaan om uit te rekenen wat globaal de gemiddelde kosten zijn van (technische) maatregelen om de uitstoot van broeikasgassen te verminderen. Zo is berekend dat de kosten voor het beperken van de uitstoot per ton CO_2 (= 1000 kg) in de periode tot 2030 zal liggen tussen €25 en €60. Voor een land dat bijvoorbeeld de jaarlijkse uitstoot wil verminderen met 1000 miljard kg (= 1 Gton) betekent dat ruw gezegd een 'kostenpost' die ligt tussen €25 miljard en €60 miljard. Het valt op dat in het klimaatbeleid van de meeste landen deze kosten niet worden afgewogen tegen de kosten van investeringen in energievoorzieningen die geen CO_2-uitstoot veroorzaken, zoals duurzame energie en kernenergie.

Deze investeringen hebben ten minste drie belangrijke voordelen: de uitstoot van broeikasgassen wordt permanent verminderd, ze bieden een oplossing voor het opraken en duurder worden van fossiele brandstoffen en maken energie importerende landen minder afhankelijk van onberekenbare olie- en gasleveranciers. Op basis van deze voordelen zouden de meeste landen er verstandig aan doen hun klimaatbeleid primair te richten op de bouw van energiecentrales die draaien op zon, wind, waterkracht en 'goede' biomassa en de modernste kerncentrales. Daarnaast moeten ze versneld investeren in verkeer en vervoer dat wordt aangedreven door elektriciteit en waterstof. De investeringen in duurzame energie, kerncentrales en 'groen' verkeer en vervoer leiden niet alleen tot een permanente vermindering van de uitstoot, maar ook tot het ontstaan van nieuwe werkgelegenheid en een extra 'groene' economische groei.

Waarom maken ze deze keuze nog niet of niet in voldoende mate? Dit heeft alles te maken met onjuiste kostenberekeningen en het heilige geloof in marktwerking dat door de crisis inmiddels aan het afnemen is. Deze berekeningen vinden veelal plaats op basis van een vergelijking tussen actuele commerciële marktprijzen van de verschillende energiebronnen. Bij die benadering is het klimaatbeleid gedoemd te mislukken en dat geldt ook voor het oplossen van het energievraagstuk. De werking van de vrije markt kan deze gigantische wereldproblemen niet oplossen. Net als bij de aanpak van de economische crisis zullen regeringen (= de staat) het voortouw moeten nemen. Dit kan snel. Voor het overgrote deel van de landen in de wereld is energievoorziening een taak van de staat.

Vanuit die optiek zouden energievoorzieningen in een land, net als wegen en bruggen, beschouwd moeten worden als noodzakelijke infrastructuur. Deze voorzieningen kunnen zoals dat bij infrastructuur veelal gebruikelijk is, volledig op kosten van de staat worden ontwikkeld. Ook een andere financiering is denkbaar. Energievoorzieningen zouden ook gefinancierd en geëxploiteerd kunnen worden in de vorm van publieke en private samenwerking (PPS). Overheid en bedrijfsleven maken daarover in de vorm van een PPS afspraken over onder meer de financiering, de exploitatie, de verdelingen van de (aandelen)belangen enzovoort. Alleen met deze aanpak zijn de klimaatcrisis en het energieprobleem oplosbaar. Hierna licht ik dat nader toe.

Box 81 Onjuiste berekeningen

In 2008 wordt ongeveer 66% van de elektriciteit in de wereld opgewekt met kolen en gas. Deze keuze wordt vooral ingegeven door het feit dat de kostprijs van fossiel (nog) lager ligt dan die van duurzame energie. Het valt op dat landen en energiebedrijven bij de besluitvorming over investeringen in nieuwe energiecentrales veelal de huidige kostprijzen van de verschillende energiebronnen als uitgangspunt nemen. Deze benadering is niet juist en leidt tot verkeerde vergelijkingen. In veel landen worden bijvoorbeeld kolen door de staat gesubsidieerd, waardoor de kostprijs kunstmatig laag komt te liggen. Bovendien zit in de kostprijs van de kolenstroom ook niet de schade verwerkt die wordt veroorzaakt door de vervuilende uitstoot van kolencentrales. De echte kostprijs van kolenstroom ligt daardoor veel hoger dan de kunstmatig lage kostprijs die gehanteerd wordt voor de vergelijking met de kostprijs van andere energie, zoals wind- en zonnestroom. Bij de besluitvorming over fossiel of duurzaam wordt ten onrechte ook onvoldoende rekening gehouden met toekomstige (prijs)ontwikkelingen. Voor een adequate besluitvorming is het noodzakelijk de juiste rekensommen en vergelijkingen te maken.

Bij de keuze tussen een investering in een fossiel gestookte energiecentrale of duurzame energiecentrale gaat het om een beslissing die een lange toekomstige periode omvat. Fossiele energiecentrales hebben een levensduur die kan oplopen tot meer dan veertig jaar. Bij de beslissing om al dan niet voor zo'n centrale te kiezen, moet dus niet alleen rekening worden gehouden met de huidige situatie, maar ook zo veel mogelijk met toekomstige (prijs)ontwikkelingen en het opraken van fossiel. Zo wordt internationaal verwacht dat fossiel de komende decennia duurder wordt. Deze prijsstijging vloeit niet alleen voort uit een sterke toename van de vraag en een onvoldoende aanbod, maar ook doordat de uitstoot van CO_2 niet meer gratis is, maar kosten met zich mee gaat brengen. Daarentegen zal de kostprijs voor duurzame energie gaan dalen door innovatie. In de berekeningen die gemaakt worden voor de besluitvorming over de keuze moet dit verwerkt worden. Vaak gebeurt dat niet en wordt mede daardoor – op basis van onjuiste berekeningen – ten onrechte gekozen voor een fossiele centrale. Kiezen voor fossiel betekent voor veel landen ook dat ze nog meer afhankelijk worden van olie- en gasmachthebbers die de kraan kunnen dichtdraaien.

Naast financiële berekeningen moet ook deze risicovolle afhankelijkheid meegewogen worden bij de besluitvorming over fossiel of duurzaam. Een verantwoorde besluitvorming over de keuze van de inzet van energiebronnen moet mede gebaseerd zijn op alle relevante ontwikkelingen op de langere termijn. Daarnaast moeten de afwegingen daarbij breder zijn dan louter financieel. Zekerheid over betrouwbare en stabiele nationale energievoorzieningen en een zo klein mogelijke afhankelijkheid van andere landen zijn daarbij van essentieel belang. Tot op heden baseren landen en energiebedrijven hun besluitvorming veelal op de uitkomsten van het korte termijn financiële plaatje, waarin fossiel door 'verkeerde' berekeningen vaak als 'goedkoop' uit de bus komt en duurzame energie als 'duur'. Daardoor wordt meestal nog gekozen voor fossiele centrales. Landen die, zoals ik in dit boek bepleit, energievoorzieningen als infrastructuur gaan beschouwen, hebben geen last van deze problematiek.

Op weg naar een waterstofeconomie?

Een vergroening van de economie en een extra impuls voor een toekomstige 'groene' groei van de wereldeconomie zou ook gerealiseerd kunnen worden met het creëren van een waterstofeconomie. In deze economie neemt waterstof de rol van olie over. Waterstof is in beginsel een prima brandstof voor verkeer en vervoer en voor de energievoorzieningen van huishoudens en bedrijven. Waterstof heeft als voordeel boven olie dat er bij de verbranding geen uitstoot van broeikasgassen plaatsvindt. Ook is er geen sprake van luchtverontreiniging. De verbranding van waterstof levert water op. Bij waterstofauto's komt er slechts een wolkje waterdamp uit de uitlaat. Waterstof wordt vooral door milieubewegingen en tegenstanders van kernenergie beschouwd als een wenkend perspectief voor een duurzame energiehuishouding die schoon is en de opwarming van de aarde kan tegengaan.

Op papier ziet het er inderdaad mooi uit. Maar of een waterstofeconomie op termijn gerealiseerd kan worden, hangt af van de vraag of de praktische en economische problemen die dit in de weg staan in voldoende mate kunnen worden opgelost. Daarbij gaat het in hoofdzaak om de volgende knelpunten. Waterstof is geen energiebron, zoals olie, steenkool, gas en uranium die we uit de grond halen. Waterstof moet eerst gemaakt worden. Momenteel wordt waterstof voor meer dan 90% uit aardgas gemaakt, zodat waterstof feitelijk, net als olie en gas, een fossiele brandstof is. Bij de productie van waterstof wordt CO_2 uitgestoten. Een probleem is ook dat de kostprijs van waterstof automatisch stijgt als de olieprijs stijgt: de aardgasprijs is gekoppeld aan die van olie.

Er zijn ook methoden om op een schone manier waterstof te maken, zonder uitstoot van broeikasgassen. Zo wijst de milieubeweging op de methode waarbij met behulp van elektriciteit water wordt gesplitst in waterstof en zuurstof. Dit proces wordt aangeduid als elektrolyse. Volgens de milieubewegingen moet de elektriciteit die voor de elektrolyse wordt gebruikt afkomstig zijn van duurzame energiebronnen, zoals wind en zon. Op die manier wordt waterstof een schone (niet-fossiele) brandstof.

Op papier klopt deze benadering van de milieubeweging en het zal, in ieder geval deze eeuw, bij het papier blijven. De belangrijkste redenen zijn: de hoge kosten van het elektrolyseproces, de beperkte hoeveelheid waterstof die daarmee gemaakt kan worden en het probleem dat met zon en wind niet 24 uur per dag voldoende elektriciteit kan worden opgewekt. Met reserve-energiecentrales die invallen als er niet voldoende wind of zonlicht is kun je daar wel wat aan doen, maar dat kost weer extra geld. Op dit moment is het elektrolyseproces vier tot zes keer zo duur als de productie van waterstof uit aardgas.

Inzet kernenergie nodig voor waterstofeconomie

Op basis van de huidige technologische en economische inzichten is er in de nabije toekomst maar een efficiënte methode om op wereldwijde schaal tegen een relatief lage prijs grote hoeveelheden niet-fossiele waterstof te produceren en dat is kernenergie. Dit kan met behulp van een nieuw type, uiterst veilige, kerncentrales (het zogenaamde HTR-type). Nucleaire deskundigen verwachten dat deze het komende decennium op de markt komen. Daarmee is niet gezegd dat de waterstofeconomie er echt komt. Wel neemt de kans daarop toe, maar dan moeten tegelijkertijd nog een aantal andere, zware problemen worden opgelost, die vooral te maken hebben met de 'vluchtigheid' van waterstof.

Dit gas is moeilijk op te slaan, moeilijk te transporteren en bij een verkeerde behandeling is er explosiegevaar. Daardoor is de distributie zeer duur. Ook is het nodig een kostbaar waterstofnetwerk aan te leggen voor grootschalig gebruik voor de consumentenmarkt, onder andere voor automobilisten. Daarnaast moeten er betaalbare en solide brandstofcellen worden ontwikkeld. De huidige brandstofcellen voor auto's zijn nog zeer duur en niet betrouwbaar genoeg. Wel zijn er al veelbelovende ontwikkelingen. Alleen met een gezamenlijke, optimale inzet van regeringen en bedrijfsleven kan de kans toenemen op de komst van een waterstofeconomie. Bij verkeer en vervoer is de meest waarschijnlijke uitkomst een combinatie van waterstof en accutechnologie, waarbij waterstof vooral bij het (zware) vrachtvervoer en de zeescheepvaart wordt gebruik en elektriciteit bij personenwagens.

Box 82 Zonder kerncentrales geen economie die draait op elektriciteit en waterstof

Er is nog een andere ontwikkeling die de bouw van extra kerncentrales zou kunnen bevorderen en dat is de opmars van elektrische voertuigen 'aangedreven' door batterijen en brandstofcellen. Elektrische auto's hebben veel voordelen. Een elektromotor is efficiënter dan een benzine- of dieselmotor. Elektrische auto's stoten geen broeikasgassen en andere schadelijke stoffen uit. Ze zijn schoon, vrijwel geluidloos en de kostprijs per km is, belastingen buiten beschouwing gelaten, minder dan 3 eurocent. Deze voordelen treden vooral op ingeval deze auto's worden opgeladen met stroom die afkomstig is van duurzame energie of kernenergie. De opwekking van groene stroom en kernstroom leidt niet tot de uitstoot van broeikasgassen. Worden elektrische auto's opgeladen met stroom uit fossiel gestookte centrales dan zijn de voordelen kleiner. De opwekking van 'fossiele' elektriciteit die gebruikt wordt om de batterijen op te laden of waterstof te produceren voor brandstofcellen veroorzaakt een uitstoot van broeikasgassen en luchtverontreiniging.

De beste oplossing zou zijn de vervanging van het fossiele wagenpark door een elektrisch (en waterstof-) wagenpark volledig te realiseren met behulp van groene stroom. Gezien de bezwaren die kleven aan wind- en zonnestroom en de extra elektriciteit die de productie van waterstof en elektrische auto's vragen, is dat deze eeuw volstrekt uitgesloten. Alleen in combinatie met de inzet van (speciale) kerncentrales die zorg moeten dragen voor het leeuwendeel van de productie van waterstof en elektriciteit is er de komende veertig jaar perspectief op een geleidelijke, 'schone' vervanging van het vervuilende wagenpark door personenwagens en vrachtwagens die door een elektromotor worden aangedreven. Een aanzet tot deze ontwikkeling zien we in Frankrijk. In dat land wordt ongeveer 80% van de elektriciteit opgewekt met kerncentrales. De Franse regering streeft ernaar om mede met kernstroom het 'schoonste' wagenpark van Europa te realiseren. Dit streven vindt plaats met behulp van investeringen in oplaadstations, regelgeving en subsidies die de bouw en het gebruik van elektrische auto's bevorderen. De Franse auto-industrie behoort tot de koplopers op het terrein van de ontwikkeling van elektrisch aangedreven auto's.

Hoe kan de VN-Klimaatconferentie te Kopenhagen een succes worden?
De wereldwijde economische crisis leidt ertoe dat het klimaat wereldwijd minder prioriteit krijgt. In de loop van 2009 zien we daarvan duidelijke signalen. Klimaatmaatregelen die tot een lastenverzwaring voor bedrijven en burgers leiden, worden door veel landen in de ijskast gezet of afgezwakt; regeringen gaan ervan uit dat door deze verzwaringen de economie verder zal verzwakken. Dit leidt niet alleen tot lagere energiebesparingen, maar ook tot een terugval van investeringen in vooral wind- en zonne-energie. De verwachting bestaat dat door de crisis en de gevolgen daarvan bij deze investeringen een groeivertraging zal optreden die zou kunnen oplopen tot wel een jaar of tien.

De crisis heeft mede tot gevolg dat de kans op het halen van de klimaatdoelstellingen nog kleiner is geworden. De opwarming van de aarde wordt daardoor onvoldoende teruggedrongen en dat kan wereldwijd tot aanzienlijke schade leiden. Wel is het zo dat door een lagere economische groei het verbruik van energie zal dalen, waardoor ook de uitstoot minder snel zal groeien of zelfs tijdelijk zal kunnen afnemen. Maar dit biedt geen echte oplossing, want we moeten wereldwijd terug naar een uitstoot die in 2050 tussen 50-85% lager ligt dan het niveau van 1990. De meeste landen lijken daar niet wakker van te liggen, ze zijn in 2009 vooral bezig hun economie te redden. Toch zullen er dit jaar spijkers met koppen geslagen moeten worden.

December 2009 vindt in Kopenhagen in Denemarken een cruciale VN-klimaatconferentie plaats. Het is de bedoeling dat de VN-lidstaten tijdens deze conferentie concrete afspraken maken over het beperken van de uitstoot van broeikasgassen. Mede door de economische crisis is de kans klein dat er in Kopenhagen een mondiaal akkoord wordt gesloten waarin alle landen zich vastleggen om in de periode tot 2020 een bepaald percentage aan reducties te realiseren. De EU heeft zich ten doel gesteld de emissies van broeikasgassen in 2020 met 20% te verminderen ten opzichte van 1990. De EU is bereid zelfs tot 30% te gaan als er een wereldwijd klimaatakkoord tot stand komt en ook de opkomende economieën, zoals China en India, bereid zijn om in voldoende mate hun uitstoot terug te dringen. Daarbij wordt voor deze landen gedacht aan een reductie van 15-20%.

Het ziet er niet naar uit dat ze daarmee zullen instemmen. Ze zijn van oordeel dat de westerse industrielanden de klimaatcrisis hebben veroorzaakt. De gigantische uitstoot in de afgelopen honderd jaar, die tot de opwarming van de aarde heeft geleid, komt bijna volledig voor rekening van de OESO-landen. De reducties die door de westerse landen aan China en India worden gevraagd, zouden volgens deze landen leiden tot een vermindering van de economische groei in hun land en tot minder werkgelegenheid. Daarom vinden zij dat de OESO-landen verplicht zijn om veel hogere reducties te realiseren, waardoor zij meer ruimte krijgen om minder te doen.

Box 83 Klimaatbeleid EU

De lidstaten van de Europese Unie (EU) hadden voor de economische crisis jaarlijks een gezamenlijke CO_2-uitstoot van ruim 4 Gton, ongeveer 12% van de werelduitstoot. December 2008 hebben de Europese Raad en het Parlement een klimaat- en energiepakket goedgekeurd met maatregelen om het klimaatprobleem aan te pakken (www.europa.nu.nl). In dit pakket zijn voor de EU de volgende doelstellingen opgenomen. In 2020 moet een vermindering van de uitstoot van broeikasgassen zijn gerealiseerd van 20% ten opzichte van de uitstoot in 1990. Deze vermindering kan oplopen tot 30% ingeval er wereldwijd een internationaal klimaatakkoord wordt gesloten, waarbij alle landen in de wereld concrete afspraken maken over het verminderen van hun CO_2-uitstoot. Daarnaast moet er binnen de EU zuiniger met energie om worden gegaan. De doelstelling is dat in 2020 de energie-efficiëntie met 20% is verbeterd. Bovendien moet het aandeel duurzame energie (onder andere zonnestroom, windstroom en elektriciteit afkomstig van waterkrachtcentrales), nu goed voor bijna 7% van het energieverbruik, in 2020 zijn gestegen tot 20%. Bij het verkeer en vervoer moet 10% van het brandstofverbruik (in hoofdzaak benzine en diesel) in deze sector afkomstig zijn van biobrandstof. De kosten van dit klimaatpakket worden geraamd op

0,5% van het Europese Bruto Nationaal Product (BNP). Per EU-burger komt dit neer op circa 3 euro per week.

Mede door de internationale (krediet)crisis en de gevolgen voor de Europese economie zijn de oorspronkelijk strengere klimaatregelingen afgezwakt of uitgesteld. Veel EU-lidstaten zijn mening dat de hoge kosten van het klimaatbeleid slecht uitpakken voor hun nationale economie, die toch al zwaar getroffen is door de crisis: de economieën krimpen en de werkloosheid loopt op. Volgens het Internationaal Energie Agentschap (www.iea.org) zal de EU met het huidige beleid niet in staat zijn de beoogde reducties te realiseren. In hoofdzaak heeft dat te maken met de gebrekkige werking van het Europese emissiehandelssysteem dat tot energiebesparing bij bedrijven moet leiden en de toenemende uitstoot van de sector verkeer en vervoer moet aanpakken waar onvoldoende reducties worden gerealiseerd. Veel EU-lidstaten blijven (ver) achter bij hun doelstellingen op het terrein van energiebesparing. Daarnaast verloopt de overgang naar een duurzame energiehuishouding veel te traag.

Bovendien wijzen ze ook op de beperkte reducties die de VS van plan is te realiseren. Het Amerikaanse Huis van Afgevaardigden heeft op 26 juni 2009 een klimaatwet goedgekeurd die de uitstoot van broeikasgassen in de VS moet beperken. De wet werd met 219 stemmen voor en 212 tegen aangenomen. Het overgrote deel van de republikeinse afgevaardigden stemde tegen: ze vrezen dat de wet in de VS veel banen zal vernietigen. De wet moet nog in de Senaat worden behandeld waar de tegenstand nog groter is. De kern van de klimaatwet is de geplande vermindering van de uitstoot van broeikasgassen; in 2020 moet de uitstoot met 17% verminderd zijn ten opzichte van 2005.

Centraal in de wet staat een emissiehandelssysteem dat de uitstoot van broeikasgassen bij bedrijven moet verminderen. Op zich gaat het hier om een historische wet: voor het eerst in de geschiedenis worden er in de VS op nationaal niveau wettelijke maatregelen genomen om de opwarming van de aarde tegen te gaan. Critici merken op dat het handelssysteem niet zal werken en wijzen onder meer op de slechte ervaringen in de EU. Daarnaast wordt in de VS de 17% reductie afgezet ten opzichte van het uitstootniveau van 2005, terwijl internationaal het niveau van 1990 uitgangspunt is. Zou dit internationaal vastgelegde niveau ook voor de VS worden gehanteerd, dan leidt de Amerikaanse klimaatwet tot een afbouw van de uitstoot van broeikasgassen met 'slechts' 8%. In Kopenhagen zullen vooral de opkomende economieën erop hameren dat deze beperking veel te klein is. Ook daardoor is de kans op mondiale, harde reductie-afspraken klein.

In het voorgaande heb ik betoogd dat bij het klimaatbeleid om een aantal redenen de nadruk niet moet liggen op energiebesparingen en de daarmee te realiseren reducties, maar op de investeringen in duurzame energievoorzieningen en kerncentrales. Deze investeringen leiden tot een permanente vermindering van de uitstoot, tot een oplossing van het energievraagstuk en stimuleren tevens de ontwikkeling van de economie en werkgelegenheid. Ik denk dat het veel gemakkelijker is om een mondiaal klimaatakkoord te realiseren op basis van een mondiaal meerjaren-investeringsprogramma voor duurzame energie en kerncentrales.

Zo'n plan past ook veel beter in het economische crisisklimaat dat boven Kopenhagen hangt. Voor de opkomende landen staan reductie-afspraken gelijk aan het afremmen van hun economische groei. Gebleken is dat ze niet echt openstaan voor een meer genuanceerde benadering. Dit is een extra reden voor een andere aanpak waarbij 'afremming' niet meer aan de orde is, maar er juist sprake is van het stimuleren van economische groei. Een wereldwijd akkoord over een meerjaren-investeringsprogramma voor miljardeninvesteringen in duurzame energie en kerncentrales leidt op termijn tot minder uitstoot van broeikasgassen en geeft de wereldeconomie een stevige oppepper. Het is waarschijnlijk dat de rijkere OESO-lidstaten landen als China en India over de streep kunnen trekken als er in Kopenhagen afgesproken wordt dat een deel van de wind-zonneparken en kerncentrales in hun land gebouwd worden voor rekening van OESO-landen. Gezien de vereiste technologische kennis en vaardigheden zou deze bouw voor een belangrijk deel gerealiseerd moeten worden door westerse bedrijven.

Box 84 De enige echte oplossing

De enige echte oplossing voor het klimaat- en energievraagstuk is een zo snel mogelijke omschakeling van de 'fossiele' economie naar een 'groene' economie. Daarbij gaat het om een economie die draait op schone elektriciteit en schone waterstof. De benodigde elektriciteit en waterstof worden geproduceerd met behulp van zonne-energie, windenergie en (speciale) kerncentrales. Wereldwijd moeten landen hun beleid gaan richten op een 'ver-groening' van hun economie. Alle landen in de wereld zouden dan ook hun uitgaven en investeringen voor het klimaatbeleid primair moeten richten op de vervanging van fossiele brandstoffen door alternatieve energiebronnen als wind, zon, water en kerncentrales. De wereldeconomie moet gaan draaien op schone elektriciteit en schone waterstof. Deze aanpak leidt tot de opwek-king van een innovatieve lange groeigolf in de economie, de zesde Kondra-tieff.

De vergroening van de economie kan mede bevorderd worden doordat lan-den hun bestaande, ingewikkelde belastingstelsels ombouwen tot eenvoudige stelsels waarbij het zwaartepunt komt te liggen op heffingen op consumptie, milieuvervuiling en de aantasting van het klimaat. De meeste OESO-landen hebben nu belastingstelsels waarbij vooral de belastingdruk op arbeid hoog is. De hoge druk remt de economische groei. Niet alleen voor de ontwikke-ling van de economie, maar ook voor het klimaat en het milieu is het beter de belastingdruk op arbeid te verlagen en die op consumptie en milieuver-vuiling te verhogen.

Een groene economie met een groen belastingstelsel leidt tot minder uitstoot van broeikasgassen, schonere lucht en een duurzamer groei. Burgers en be-drijven worden ook geprikkeld om minder te 'vervuilen' en het milieu te spa-ren. Landen met een groene economie hebben daarnaast als voordeel dat ze voor een groot deel over eigen energievoorzieningen beschikken en daardoor minder afhankelijk zijn van de olie- en gaslanden. Bovendien lopen ze voorop als het gaat om innovaties op het terrein van duurzaamheid. Landen kunnen op dat vlak extra werkgelegenheid scheppen, bijvoorbeeld in de bedrijfssecto-ren wind- en zonne-energie en zo hun internationale concurrentiepositie ver-sterken. Ook een overheidsbeleid gericht op een versnelde introductie van een elektrisch wagenpark (auto's met batterijen en brandstofcellen) en waterstof-vervoer bieden landen de mogelijkheid nieuwe innovatieve bedrijfssectoren te ontwikkelen.

Oprichting Nationale Groenfondsen voor energievoorzieningen die geen uitstoot van broeikasgassen veroorzaken
Met het oog op een zo effectief mogelijk klimaatbeleid en het oplossen van het energievraagstuk zou tijdens de klimaattop in Kopenhagen niet meer onderhandeld moeten worden over concrete reductiedoelstellingen,

maar over een mondiaal meerjaren-investeringplan voor duurzame energievoorzieningen en kerncentrales. Daarbij zou wereldwijd de nadruk gelegd moeten worden op investeringen in duurzame energie, primair op investeringen in zonne- en windenergie en water(kracht)energie. Investeringen in zon zijn de echte toekomst. Verwacht wordt dat in 2100 meer dan 60% van de benodigde energie opgewekt kan worden met behulp van de zon. Maar deze verwachting is wel gebaseerd op veronderstelde hogere rendementen door technische innovaties en daling van kostprijzen die nog niet in voldoende mate gerealiseerd zijn. Veel landen wachten daardoor nog af. Uiteindelijk bepalen landen zelf hun eigen energievoorzieningenmix. Vooral landen die door hun geografische ligging minder geschikt zijn voor 'wind, zon en water' zullen voor de inzet van (extra) kerncentrales kiezen.

De snelste en beste methode om wereldwijd investeringen in energievoorzieningen te realiseren die geen uitstoot veroorzaken, is de invoering van wereldwijde nationale groenfondsen onder de vlag van de Verenigde Naties. Uit de fondsen worden deze investeringen (mede) gefinancierd. Tijdens de klimaattop in Kopenhagen zou moeten worden afgesproken dat alle VN-landen met ingang van 2012 een nationaal groenfonds instellen voor het bevorderen van energievoorzieningen die bij de opwekking van energie geen broeikassen uitstoten. Jaarlijks moet ieder land in zijn eigen nationale fonds een bedrag storten dat gebaseerd is op de jaarlijkse nationale CO_2-uitstoot die veroorzaakt wordt door het gebruik van fossiele brandstoffen. Deze uitstoot wordt vermenigvuldigd met een vaste prijs per ton CO_2-uitstoot. Om de begrotingen van landen niet te zwaar te belasten en binnen de VN een breed draagvlak te creëren, wordt een relatief laag bedrag van 10 dollar per ton CO_2 als prijs gehanteerd.

De uitstoot wordt per land door de VN vastgesteld en officieel aan het desbetreffende land medegedeeld. Omdat met de vaststelling tijd gemoeid is en het betreffende land akkoord moet gaan met de jaarlijkse CO_2-uitstootvaststelling wordt steeds als grondslag voor de jaarlijkse CO_2-uitstoot de vastgestelde uitstoot van vier jaar terug genomen. Dit betekent dat voor het jaar 2012 het bedrag dat in een nationaal groenfonds moet worden gestort is gebaseerd op de uitstoot in 2008 van het betreffende land. Stel dat de officieel vastgestelde CO_2-uitstoot in 2008 van land A 500 miljoen ton was, dan zal land A in 2012 een bedrag van 5 miljard euro in het eigen nationale groenfonds moeten storten. De gezamenlijke VN-landen spreken in Kopenhagen af dat alle landen deze opbrengst uitsluitend en volledig moeten aanwenden voor investeringen in energievoorzieningen die geen uitstoot veroorzaken. Het gaat om het volledige bedrag: er mogen geen beheers- of administratieve kosten of andere kosten van het bedrag afgetrokken worden.

De VN-landen bepalen zelf op welke wijze ze de vastgestelde jaarlijkse opbrengst die ze in hun groenfonds moeten storten gaan financieren. Dit kan bijvoorbeeld door een of meer bestaande (milieu)belastingen te verhogen, door invoering van een speciale nationale CO_2-heffing of door structurele bezuinigingen op de staatsbegroting, zodat jaarlijks het bezuinigingsbedrag in het groenfonds wordt gestort. Gegeven het bedrag dat ze in hun nationale groenfonds moeten storten, zijn landen volledig vrij in de wijze waarop zij de opbrengst voor hun nationale fonds realiseren. Dit geldt ook voor de keuze die ze zelf maken voor investeringen in duurzame energie of kerncentrales of een combinatie daarvan.

Het hier voorgestelde nationalegroenfondsen-model om snel en doeltreffend wereldwijd energievoorzieningen te realiseren die geen broeikasuitstoot veroorzaken, heeft de charme van eenvoud, is inzichtelijk, kent geen bureaucratische opzet en laat landen een maximale vrijheid. Gezien deze vrijheid en ook de doelstelling van de nationale groenfondsen die veel landen zal aanspreken acht ik een VN-afspraak in Kopenhagen of daarna over de invoering daarvan niet kansloos. Bovendien bieden deze groenfondsen veel landen de mogelijkheid om minder afhankelijk te worden van de olie- en gasmachthebbers in deze wereld. Daarnaast leiden deze investeringen tot een (groene) impuls voor hun nationale economie en die is in crisistijd en daarna meer dan welkom.

Zou een VN-afspraak in Kopenhagen over nationale groenfondsen (nog) niet lukken, dan kan een poging worden gewaagd in OESO-verband of binnen de EU. Omdat met de inzet van nationale groenfondsen op termijn wereldwijd aanzienlijke broeikasgasreducties gerealiseerd worden, kunnen omstreden voorstellen, zoals een uitbreiding van de ineffectieve emissiehandel of (internationale) belastingheffing, achterwege blijven. Ook dat helpt om het groenfondsenmodel ingevoerd te krijgen.

Zou de nationale groenfondsenregeling in 2012 voor het eerst wereldwijd worden ingevoerd, dan geldt als grondslag voor het fondsbedrag dat door de regering van het betreffende land in het eigen nationale fonds moet worden gestort de fossiele CO_2-uitstoot in het jaar 2008. Per ton uitstoot

CO2 geldt een vast bedrag van 10 dollar; dit leidt ertoe dat de nationale fondsen in 2012 in totaal over ongeveer 250 miljard dollar (circa 0,5% van het wereld-BBP) de beschikking hebben. Dit bedrag moet volledig worden aangewend voor investeringen in energievoorzieningen die geen broeikassen uitstoten.

Ik verwacht dat het grootste deel van dit bedrag aangewend zal worden om duurzame energie te stimuleren. Investeringen in bijvoorbeeld zonne- en windenergie zijn in veel landen voor commerciële marktpartijen (nog) niet voldoende renderend. Met de inzet van een deel van dit bedrag in de vorm van bijvoorbeeld subsidieregelingen, fiscale tegemoetkomingen en overheidsdeelnemingen, kunnen deze partijen over de streep worden getrokken, waardoor ook de marktsector financieel gaat bijdragen in deze voorzieningen. In landen die door hun geografische ligging minder geschikt zijn voor investeringen in duurzame energie en landen waarvan de energievoorzieningen, waaronder kerncentrales, volledig of voor een deel in handen zijn van de staat zal de stimulans leiden tot de bouw van extra kerncentrales. In verschillende landen is de marktsector nu al bereid deze centrales te financieren zonder overheidssteun. Denkbaar is ook dat de investeringen in energievoorzieningen die geen uitstoot veroorzaken op nationaal niveau worden uitgevoerd in de vorm van een Publiek Private Samenwerking (zogenoemd PPS-model, waarbij bedrijfsleven en overheid samenwerken).

Met de inzet van het hier voorgestelde groenfondsenmodel acht ik het mogelijk dat rond 2030 wereldwijd meer dan 60% van de in 2030 benodigde elektriciteit wordt opgewekt uit energievoorzieningen die geen broeikasgassen uitstoten. Bij deze indicatieve becijfering ga ik ervan uit dat 2012 haalbaar is als jaar van invoering. Ook heb ik aangenomen dat er in de periode 2012-2030 sprake is van prijsdalingen bij investeringen in met name zon en wind en dat er sprake zal zijn van een extra stijging van het toenemende elektriciteitsverbruik door verkeer en vervoer dat wordt aangedreven door elektriciteit.

Naar een andere aanpak in de EU
Europa heeft een groot aantal problemen, die met het huidige beleid niet worden opgelost. Door een vergrijzende bevolking, een krimpende beroepsbevolking en lage arbeidsproductiviteit wordt voor de toekomst een relatief lage groei verwacht. De groei wordt nog eens extra aangetast door de gevolgen van de economische crisis. Daarnaast wordt Europa voor zijn

energievoorzieningen steeds afhankelijker van buitenlandse leveranciers. Het gaat daarbij om een kleine groep landen, onder andere de oliesjeiks in het Midden-Oosten en gasland Rusland. Deze groep heeft zowel de macht om de prijs van olie en gas te verhogen als om politieke redenen de leveranties te verminderen of te stoppen. Landen die daardoor getroffen worden, komen economisch zwaar in de problemen. Ook dat risico vraagt om een oplossing.

Er is maar een manier om de problemen van Europa in een klap tegelijk op te lossen en tevens dit risico te verminderen. Dat kan met wat ik aanduid als vergroening van de economie. Deze aanpak gaat uit van een zo snel mogelijke afbouw van de fossiele economie. Alle mogelijke maatregelen die Europese landen nemen, moeten primair gericht zijn op de vervanging van het gebruik van olie, gas en steenkool door andere energiebronnen die geen uitstoot en luchtverontreiniging veroorzaken: investeringen in duurzame energie en kerncentrales. In de meeste landen staat deze vervanging te laag op de politieke agenda, terwijl deze met stip bovenaan moet staan. Bovendien laten veel landen dit vervangingsproces aan de markt over. De markt is daarvoor niet geschikt en zal dan ook falen. Dit proces is bovendien veel te belangrijk om aan de markt over te laten. Regeringen van landen (de staat) moeten deze vervanging vormgeven en uitvoeren. Dit houdt in dat de lidstaten de komende decennia jaarlijks miljarden moeten gaan investeren in energie die wordt opgewekt met duurzame energie en kerncentrales.

Met de investeringen in duurzame energie en kernenergie levert Europa een bijdrage aan de aanpak van het klimaatprobleem, pakt het energievraagstuk effectief aan, maar realiseert ook een kleinere afhankelijkheid van de olie- en gaslanden. Bovendien kunnen dergelijke investeringen een belangrijke bijdrage leveren aan het oppeppen van de Europese economie. Gezien de gevolgen van de economische crisis is zo'n impuls in Europa de komende jaren hard nodig. Investeringen in de nieuwste typen kerncentrales maken het bovendien mogelijk de economie van EU te laten draaien op waterstof en elektriciteit. Dit is ook de beste oplossing voor 'schoon' verkeer en vervoer in de Europa. Een Europees verkeers- en vervoerssysteem dat rijdt op elektriciteit en waterstof vraagt ten opzichte van de huidige situatie een extra elektriciteitsproductie met ongeveer 30-40%. Deze extra productie mag niet gepaard gaan met CO_2-uitstoot en luchtverontreiniging en kan daarom technisch alleen worden gerealiseerd met de inzet van kernenergie.

Hoe realiseren we een groene economie in Europa

Om de komende decennia een snelle invoering van een 'groene' economie in de EU te realiseren verplichten alle lidstaten zich tot de instelling van een nationaal groenfonds dat jaarlijks in samenwerking met de marktsector een bepaald bedrag besteedt aan investeringen in energievoorzieningen die geen broeikasgassen uitstoten: investeringen in duurzame energie en kerncentrales. De opzet van een dergelijk fonds heb ik eerder al besproken. De kern van het nationalegroenfondsen-model is dat de EU langs deze weg snel en doeltreffend de CO2-uitstoot kan beperken, minder afhankelijk wordt van de olie- en gasbaronnen van deze wereld, terwijl tegelijk door de miljardeninvesteringen in duurzame energie en kernenergie de Europese economie wordt aangejaagd. Daarmee wordt de EU internationaal versterkt met innovatieve bedrijfssectoren.

Voor de EU bekent dit voorstel dat de gezamenlijke nationale groenfondsen van de lidstaten jaarlijks ongeveer €40 miljard euro te besteden hebben. Met dit bedrag kan de marktsector worden overgehaald mee te investeren. Naar verwachting leidt het groenfondsenmodel ertoe dat vanuit het bedrijfsleven ten minste ook een bedrag van €40 miljard beschikbaar komt. Jaarlijks kan zo voor een bedrag van €80 miljard euro in de EU worden geïnvesteerd in een vergroening van de economie.

In de EU 200 extra kerncentrales

Indien in de periode 2010-2050 binnen de EU naast investeringen in duurzame energie ongeveer 200 extra kerncentrales worden gebouwd van de derde en vooral de vierde generatie, dan is het niet alleen mogelijk alle klimaatdoelstellingen te realiseren, maar ook min of meer onafhankelijk te worden van de olie- en gasmachthebbers in de wereld. Landen die nu geen zorg dragen voor meer eigen energievoorzieningen om zo minder afhankelijk te worden, lopen op de langere termijn de kans een speelbal te worden van de olie- en gaslanden. Door de investeringen in wind, zon, water en 'goede' biomassa en kernenergie wordt het ook mogelijk dat het vervoer binnen de EU in de toekomst in hoofdzaak gaat draaien op elektriciteit en waterstof. Daardoor zal de internationale concurrentiepositie van de EU-economie versterkt worden. Bovendien wordt ook de verwachte relatief lage groei opgepept. Het Europese emissiehandelssysteem (ETS) en andere lapmiddelen zoals biobrandstoffen, ineffectieve energiebesparingsmaatregelen voor verkeer en vervoer en nadelige milieu- en klimaatheffingen kunnen dan de prullenbak in.

Box 85 Op weg naar een groene wereldeconomie

De doelstelling is een 'groene' wereldeconomie die zo veel mogelijk draait op elektriciteit en waterstof. De opwekking van elektriciteit vindt plaats met duurzame energiecentrales (zon, wind, water en 'goede' biomassa) en kerncentrales. Deze wereldwijd opgestelde centrales leveren schone elektriciteit zonder uitstoot van broeikasgassen en luchtverontreiniging. Alle noodzakelijke dagelijkse energie voor burgers en bedrijven wordt zo veel mogelijk geleverd via het stopcontact. Gegeven deze doelstelling moet bij het klimaat- en energiebeleid de nadruk liggen op maatregelen die zo snel mogelijk fossiele brandstoffen vervangen door niet-fossiele energiebronnen die geen broeikasgassen uitstoten. Dit houdt in dat de beschikbare private en publieke financiële middelen voor het klimaat- en energiebeleid zo veel mogelijk worden aangewend voor investeringen in duurzame energie en kernstroom. Ten opzichte van het huidige beleid heeft dit tot gevolg dat er minder overheidsmiddelen beschikbaar zijn om te investeren in andere, minder toekomstgerichte maatregelen die de uitstoot kunnen beperken.

Het realiseren van een groene economie wordt mede bereikt met behulp van een vergroening van de huidige belastingstelsels van landen.

Energiebesparing in gebouwen, kantoren en huizen kan het snelst worden gerealiseerd bij nieuwbouw met behulp van wettelijke bouwvoorschriften, energienormen en isolatieprogramma's bij bestaande gebouwen en woningen.

De noodzakelijke vermindering van de uitstoot bij het wegverkeer (personenauto's, vrachtwagens, bussen, motoren) wordt gerealiseerd door een vervanging van het huidige fossiele voertuigenpark door een wereld op wielen die elektrisch of op waterstof wordt aangedreven. De elektrificering met behulp van niet-fossiele energiecentrales (= geen uitstoot en geen luchtverontreiniging) vindt ook plaats bij de scheepvaart en het openbaar vervoer. Deze vervanging leidt ertoe dat in de toekomst personenauto's, motoren, vrachtwagens, bussen en treinen rijden op schone elektriciteit uit het stopcontact en/of op schone waterstof. Gezien ook de opmars van de elektrische auto's bij autofabrikanten is het mogelijk met een slim pakket aan overheidsmaatregelen het elektrisch rijden snel te realiseren. Doelstelling voor 2050: wereldwijd wordt meer dan de helft van de voer- en vaartuigen elektrisch of op schone waterstof aangedreven. Landen kunnen deze omschakeling versnellen door te bevorderen dat in steden en langs snelwegen de noodzakelijke oplaadpunten en tankvoorzieningen voor waterstof worden aangelegd. Daarnaast door de elektrisch auto's en waterstofauto's vrij te stellen van belastingheffing. Door de traditionele vervuilende auto's wel te belasten zal de omschakeling nog sneller verlopen. Ook in de scheepvaart moet het gebruik van fossiele brandstoffen worden teruggedrongen: dat kan door het gebruik van elektriciteit, zonnepanelen en waterstof.

De uitstoot van het vliegverkeer, in totaal 2-3% van de wereldwijde uitstoot van broeikasgassen, kan worden verminderd door wettelijke voorschriften aan fabrikanten op te leggen die leiden tot het ontwikkelen van zuinigere vliegtuigmotoren. Daarnaast kan in de toekomst het gebruik van bijvoorbeeld algen-kerosine tot een beperking van de uitstoot leiden.

Toepassing van CCS-technologie voor de afvang en opslag van CO_2 is niet toekomstgericht en leidt ook niet tot een vermindering van het gebruik van fossiele brandstoffen. Toch moet de wereld deze technologie (tijdelijk) inzetten om snel de huidige uitstoot bij bestaande en geplande fossiele energiecentrales te beperken.

De uitstoot van CO_2 kan ook worden verminderd door het tegengaan van boskap en het aanplanten van nieuwe bossen en gewassen die CO_2 opnemen. Met een wereldwijd programma, bijvoorbeeld onder leiding van de Wereldbank, kan de uitstoot van CO_2 met ten minste 10% worden verminderd.

Landen stoppen onmiddellijk met de inzet van inefficiënte maatregelen en niet werkende lapmiddelen, zoals emissiehandel, biobrandstoffen in het verkeer, kleine specifieke heffingen om energiebesparingen af te dwingen, bureaucratische subsidieregelingen en schadelijke belastingverhogingen.

Een wereldwijde opmars naar een 'groene' economie zal een lange groeigolf in de economie veroorzaken: de zesde Kondratieff.

10

Wat gaan we doen in Nederland na de crisis?

Een lagere groei

Volgens verschillende voorspellingen loopt Nederland na de crisis de kans op een periode van relatief lage groei. Het IMF voorspelt voor ons land voor de periode 2010-2014 een groei van gemiddeld 1,6% BBP per jaar; in de periode 1990-2008 had Nederland een gemiddelde groei van circa 2,6%. Ook de OESO gaat uit van een relatief lage groei: voor de periode 2011-2017 wordt een gemiddelde potentiële groei voorspeld van 'slechts' 1,3%. Volgens de raming van het Centraal Planbureau (CPB) van augustus 2009 zal de Nederlandse economie dit jaar krimpen met 4,75% en in 2010 een nulgroei vertonen. De werkloosheid komt in 2009 uit op gemiddeld 410.000 werklozen (5,25%) en zal naar verwachting volgend jaar stijgen tot 8% (615.000).

In de raming van augustus 2009 is het CPB iets optimistischer dan in de raming die in juni is opgesteld. Daarin werd er nog van uitgegaan dat de Nederlandse economie in 2010 met -0,5% zou krimpen en de werkloosheid zou oplopen tot 715.000. De oorzaak van de augustusbijstelling houdt verband met de voor Nederland zeer belangrijke wereldhandel. Het CPB verwacht dat deze volgend jaar iets meer gaat groeien. Nederland profiteert daarvan.

Daarnaast wordt als gevolg van de crisis de overheid geconfronteerd met een oplopend begrotingstekort: 4 % in 2009 en 6,3% BBP in 2010. De staatsschuld, die in 2007 45,7% BBP was, loopt door de crisisuitgaven van het kabinet en lagere belastinginkomsten scherp op, van 58,1% in 2008 en 59,8% in 2009 naar ruim 66% in 2010. Volgens deze raming bedraagt de staatsschuld in 2010 circa 381 miljard euro. Per Nederlander een schuld van circa 23.000 euro. Eerder heb ik in dit boek gewezen op de grote onzekerheden van voorspellingen. In augustus 2009 werden er cijfers gepubliceerd waaruit blijkt dat niet alleen in de VS, maar ook in een aantal Europese landen de vrije val van de economie is gestuit en dat er in verschillende landen zelfs al sprake is van een licht herstel van de economie. Wereldwijd zagen we juichende media berichten over het einde van de recessie en de opleving van de economie. Voorbarig?

Ik heb mijn twijfels, ook gezien de overal nog steeds sterk oplopende werkloosheid. Wie goed achter de cijfers kijkt, ziet dat het herstel nagenoeg volledig wordt gedragen door de vele honderden miljarden die regeringen wereldwijd in hun economie hebben gepompt; de economische groei wordt 'gekocht' met staatssteun. Dit geldt vooral in de VS, waar de staatssteun voor 2009 op 5,5% van het BBP wordt geraamd. In Europa zijn Spanje met 6,7% van het BBP, Duitsland met 1,6% van het BBP en Frankrijk met 1,3% van het BBP koplopers. Nederland is met circa 1% van het BBP een middenmoter. Zou bij deze berekening ook rekening worden gehouden met de economische stimulansen die uitgaan van het oplopende begrotingstekort in ons land, dan behoort Nederland ook tot de koplopers.

Op termijn raken de economische stimulansen van de overheidspakketten uitgewerkt en dan moeten consumenten met meer bestedingen en bedrijven met meer investeringen het stokje overnemen. Gebeurt dat niet of in onvoldoende mate, dan zullen we te maken kunnen krijgen met een terugval van de economie. Ondanks het wereldwijde aanstekelijke optimisme zou het goed zijn ook daar rekening mee te houden. Het 2009-zomerfestival van cijfers bevat helaas een vervelende boodschap voor de Nederlandse economie: vergeleken met de rest van Europa doet ons land het opvallend slecht. Binnen de Eurozone zit Nederland in de achterhoede; de economieën van andere landen presteren beter. Onze positie in de achterhoede heeft voor een belangrijk deel te maken met de grote afhankelijkheid van ontwikkelingen in de wereldhandel, die nog niet is hersteld. Aan de andere kant noodzaakt de achterhoede tot nadenken over een toekomstig Nederlands beleid van de overheid en het bedrijfsleven dat ons een plaats in de voorhoede kan opleveren.

Box 86 Centraal Planbureau (CPB) is niet goed in voorspellen

In december 2008 voorspelde het CPB voor de Nederlandse economie een krimp van 0,75% (BBP). Februari 2009 moest het CPB deze voorspelling al weer bijstellen naar een krimp van 3,5%. In juni werd vervolgens een krimp van 4,75 voorspeld. Augustus 2009 volgde weer een bijgestelde prognose voor 2010. Het gebeurt overigens regelmatig dat de CPB-voorspellingen over de economische groei niet kloppen. Over de afgelopen dertig jaar waren er meer foute dan correcte voorspellingen. Dit komt ook naar voren in het eigen CPB-onderzoek (www.cpb.nl).

Hoewel het CPB bij dit soort voorspellingen zelf de onzekerheid steeds sterk benadrukt, lijken beleidsmakers en media veelal uit te gaan van vaststaande uitkomsten. Dat heeft mede te maken met het ontzag voor de wiskundige computermodellen waarmee met cijfers achter de komma de economische groei wordt voorspeld. Vooral beleidsmakers zouden wat minder bewondering voor dit soort modellen moeten hebben; meer inzet van gezond economisch verstand zou geen kwaad kunnen. In veel landen heeft de praktijk uitgewezen dat dit type modellen (te) veel tekortkomingen vertoont: de economische crisis heeft dit nog eens bevestigd. Daarom is het gewenst geen 'exacte' voorspellingen meer te presenteren, maar prognoses met een zekere bandbreedte, bijvoorbeeld een krimp tussen 2%-4% of drie scenario's: pessimistisch, midden, optimistisch. Het sterk tanende gezag van economische voorspellingen kan daarmee iets worden hersteld.

Fundamentele herbezinning

Voor de politieke partijen in ons land betekent de economische crisis ook dat er alle aanleiding is om grondig en fundamenteel na te denken over toekomstige maatschappelijke en economische ontwikkelingen en het overheidsbeleid op dit terrein. We moeten daarbij niet alleen rekening houden met de gevolgen van de wereldwijde economische crisis op de langere termijn, maar vooral met klimaatverandering en het geleidelijk aan opraken van de fossiele brandstoffen. Er zijn nog geen diepgravende wetenschappelijke analyses verschenen over de gevolgen van de crisis op de toekomstige ontwikkeling van de wereldeconomie en op die van de economieën van de verschillende landen.

De onzekerheid over de toekomst is nog te groot om nu al goed onderbouwd een 'nieuw' (economisch) beleid te ontwikkelen. Niettemin staat naar mijn oordeel wel al vast dat het met lapmiddelen herstellen en overeind houden van de 'oude' economie het slechtst denkbare toekomstscenario zou zijn. Verder gaan op de oude voet betekent in ieder geval dat de opwarming van de aarde versneld door zal gaan, met rampzalige maatschappelijke en economische gevolgen voor de wereld. Ook biedt het oude beleid geen oplossing voor het steeds nijpender energievraagstuk: fossiele brandstoffen raken op en worden door een toenemende vraag en een afnemend aanbod de komende decennia fors duurder.

Daarnaast is het zeer waarschijnlijk dat veel landen, waaronder ons land, in ieder geval de komende tien jaar rekening moeten houden met een gemiddelde economische groei die lager zal liggen dan in het verleden. Deze verwachting is onder andere gebaseerd op het feit dat de mooie economische groeicijfers van de afgelopen decennia in veel landen, vooral in de Verenigde Staten, voor een deel gerealiseerd zijn met behulp van geleend geld, anders gezegd: gefinancierd met schulden. Zonder de uitbundige kredietverlening, het op de pof leven van consumenten, overheden en bedrijven, zouden de groeicijfers in veel landen lager hebben gelegen. Een belangrijke les van de economische crisis zal zijn dat wereldwijd de schulden gesaneerd moeten worden en dat in de toekomst overheden, consumenten en bedrijven minder moeten lenen. Banken zullen hogere eigen vermogens moeten aanhouden en ook bedrijven zullen hun eigen vermogens moeten versterken.

Daarnaast hebben regeringen wereldwijd gigantische schulden gemaakt om met stimuleringspakketten hun economie aan te jagen. Na de crisis moeten die vele miljarden weer worden terugbetaald. Al deze ontwikkelingen leiden waarschijnlijk tot een lagere economische groei en daarmee tot minder belastinginkomsten voor de schatkist. Ook in Nederland kunnen de langetermijngevolgen van de crisis voor het welvaartsniveau substantieel zijn. De gevolgen dwingen niet alleen tot ingrijpende nieuwe beleidsafwegingen zowel aan de uitgavenkant van de schatkist (overheidsuitgaven) als aan de inkomstenkant (in hoofdzaak belastingen), maar ook tot een heroverweging tussen de positie van de markt en de publieke sector. In ieder geval is duidelijk dat de markt niet zonder een sterke en doelmatige overheid kan.

Bovendien worden we ook nog eens geconfronteerd met 'echte' crises. De opwarming van de aarde en de verwachte energiecrisis vragen wereldwijd om een snel en adequaat beleid. Landen zijn nu vooral bezig met reddingsoperaties voor hun nationale economie. Het valt te vrezen dat in het komende decennium de noodzakelijke maatregelen om de opwarming van de aarde tegen te gaan en een energiecrisis te voorkomen onvoldoende prioriteit zullen krijgen. Regeringen zullen zich na de crisis beroepen op lege schatkisten, hoge schuldaflossingen, forse rentebetalingen, uitgaven voor de hoog opgelopen werkloosheid en andere beleidsprioriteiten.

De (internationale) klimaat- en energiescenario's die zijn opgesteld voordat de wereld door de economische crisis werd getroffen moeten hoe dan ook worden aangepast. Eerder heb ik in dit boek gesteld dat de crisis wereldwijd moet worden aangegrepen om er versterkt uit te komen. Dat kan als zo veel mogelijk landen hun koers gaan richten op het realiseren van wat ik heb aangeduid als een 'groene economie', een economie die draait op schone elektriciteit en schone waterstof. Dit vraagt om een breed pakket van maatregelen waarbij fossiele energie (olie, gas, kolen) zo snel mogelijk wordt vervangen door duurzame energie (zon, wind, water) en kernenergie. Nederland zou bij deze omschakeling tot de koplopers moeten gaan behoren.

Politieke partijen zouden nu al moeten werken aan een programma waarin oplossingen worden aangedragen voor de ontwikkelingen, uitdagingen en vraagstukken die na de crisis hoger op de politieke agenda zullen komen, zoals een sterke 'groene' economie met voldoende werkgelegenheid, integratie, immigratie en het energie- en klimaatbeleid. Daarnaast worden ze geconfronteerd met zeer sterk oplopende collectieve uitgaven, in het bijzonder de uitgaven voor zorg. In de periode 1980-2010 is het aandeel van de zorgkosten in de collectieve uitgaven scherp gestegen, van 8% tot 19%. Zonder ingrijpende maatregelen blijven ze stijgen en verdringen daarmee andere collectieve uitgaven. Ook een andere ontwikkeling baart zorgen: de afkalving van de werkgelegenheid in de marktsector. In 2009 gaat het volgens CPB-cijfers om een daling met 120.000 arbeidsjaren, en in 2010 kan dit cijfer oplopen tot 300.000. In de zorgsector zien we in 2009 een toename met 22.000 arbeidsjaren en in 2010 met 15.000. Ondanks de voorgenomen ombuigingen laat de overheidssector in 2009 een stijging zien van 2000 arbeidsjaren en in 2010 van 4000.

De crisistijd is hét moment om creatief aan de slag te gaan met de wereld na de crisis. In het voorgaande heb ik pogingen gedaan om op internationaal niveau een aantal hoofdlijnen daarvan te schetsen. In dit hoofdstuk doe ik een poging voor Nederland. Daarbij hanteer ik als uitgangspunt dat Nederland van oudsher een internationaal land is dat zijn welvaart vooral moet verdienen op een wereldmarkt die kenmerkt wordt door globalisering en digitalisering. Dat vraagt in ieder geval om een beleid waarin onze concurrentiekracht wordt versterkt. Daarbij spelen veel factoren een rol, zoals meer en beter ondernemerschap, het realiseren van een koppositie bij innovaties, een versnelling van de ombuiging van verzorgingsstaat naar participatiemaatschappij, en het strak vasthouden aan houdbare overheidsfinanciën.

Daarnaast heeft de crisis duidelijk gemaakt dat we de IK economie snel achter ons moeten laten en meer met WIJ aan de slag moeten gaan. Dit kan door met zijn allen – overheid, werkgevers, werknemers – niet alleen een internationaal sterke economie te creëren, maar tegelijk ook een economie die 'groen' is en een sociaal gezicht laat zien. Een veerkrachtige sociale markteconomie waarbij maatschappelijk verantwoord ondernemerschap op de voorgrond staat en normen en waarden weer terug zijn van weggeweest.

De sociale markteconomie vraagt om een slimme actieve overheid, bescheiden van omvang, die gekenmerkt wordt door een doelmatig en doeltreffend bestuur ten dienste van burgers en bedrijven. Een slimme overheid gaat sterk de nadruk leggen op onderwijs en (fundamenteel) onderzoek; excellent onderwijs en onderzoek zijn essentieel voor de groei van onze economie en welvaart. De overheidsuitgaven en investeringen voor onderwijs en onderzoek in Nederland liggen in vergelijking met verschillende landen te laag. We moeten ons spiegelen aan de beste landen op dit terrein en dat betekent dat de uitgaven rond de 7-8% van het BBP moeten liggen. Nu is dat rond de 5-6%. In de WIJ economie is er een duidelijk besef dat veiligheids-, milieu-, energie- en welvaartsvraagstukken vooral langs Europese en internationale lijnen tot duurzame oplossingen gebracht moeten worden.

Nederland Elektroland

Voor het toekomstige beleid is het van groot belang dat we voor ons land een aansprekende doelstelling, een mooi enthousiasmerend vergezicht formuleren. Mijn idee is: 'Nederland Elektroland'. We gaan Nederland de komende veertig jaar ombouwen tot een land waar de economie zo veel mogelijk wordt aangedreven door schone elektriciteit ('stopcontact-economie') en schone waterstof. Alvorens de hoofdlijnen daarvan te schetsen ga ik kort in op een aantal vraagstukken in ons land waarvan de urgentie als gevolg van de crisis is toegenomen. Ook de noodzakelijke beleidswijzigingen bij de overheid en het bedrijfsleven komen daarbij aan de orde.

Box 87 Waarover maken de Nederlanders zich zorgen?
De medio 2009 gehouden massa-enquête onder 80.000 deelnemers van www.21minuten.nl geeft een indicatief beeld. Van een lijst van zeven voorgelegde wereldproblemen maakt de Nederlandse bevolking zich het meest zorgen over de normen-en-waardencrisis. Op de tweede plaats staat de hui-

dige economische crisis. Als belangrijkste kenmerken van de crisis op het vlak van normen en waarden noemen de meeste mensen: de afname van tolerantie en respect voor anderen. Daarnaast worden relatief vaak genoemd de toename van verbaal geweld, zoals schelden en vloeken, de toename van de invloed van andere culturen, de toename van hebzucht en de toename van de vervuiling van de leefomgeving. Nederlanders zien de normen-en-waardencrisis vooral terug in de publieke ruimte, zoals op straat en in het openbaar vervoer en daarnaast in de media. Verder worden genoemd de 'bemoeizuchten betutteling' van de overheid en 'de ikke ikke ikke-cultuur'. Een derde van de mensen vindt dat de normen-en-waardencrisis zich ook voordoet in de politiek. De gemiddelde Nederlander wil vooral meer solidariteit, meer kwaliteit van leven en meer respect voor gezag. Ten opzichte van eerder onderzoek (2005) valt op dat volgens het Nederlandse publiek de samenleving individualistischer en brutaler is geworden.

In de enquête is ook een lijst voorgelegd met 18 maatschappelijke thema's. Daaruit blijkt dat de meeste mensen zich zorgen maken over de criminaliteit op straat. Daarbij is bedreiging de meest genoemde vorm van criminaliteit. Ook vernieling en opzettelijke beschadiging van eigendom (bijvoorbeeld de auto) scoort hoog. Op de tweede plaats van de maatschappelijke thema's die zorgen baren, staat de zorg over de integratie van allochtonen, en op de derde plaats het functioneren van de overheid.

Over klimaatverandering en het milieu maken de mensen zich relatief weinig zorgen. Zorg over het milieu staat op plaats 12 en klimaatverandering nog lager, op plaats 14. Een ruime meerderheid is van mening dat burgers de belangrijkste rol spelen bij het oplossen van het klimaatprobleem, gevolgd door de overheid. De meeste mensen vinden dat ze al genoeg doen voor het milieu en klimaat, zoals spaarlampen kopen en de verwarming lager zetten. Meer dan de helft vindt het niet nodig dat hun werkgever meer milieumaatregelen neemt. Uit het onderzoek blijkt ook dat simpele maatregelen die voor burgers direct een financieel voordeel opleveren, zoals besparingen op de energierekening, populair zijn. Deze uitslag onderstreept nog eens de noodzaak om bij de keuze van overheidsmaatregelen op het terrein van het milieu en klimaat meer rekening te houden met de opvattingen en het gedrag van burgers. Een historisch slechte overheidsmaatregel was bijvoorbeeld de vliegtaks die tot een 'volkswoede' heeft geleid (ingevoerd per 1 juli 2008 en afgeschaft per 1 juli 2009).

In het onderzoek is ook gevraagd hoe de crisis bekostigd zou moeten worden. Meer dan de helft wil bezuinigen op het aantal buitenlandse militaire missies. Daarnaast scoren bezuinigen op ontwikkelingssamenwerking en het overheidsbestuur hoog. Een meerderheid (56%) is tegen het verhogen van de AOW-leeftijd naar 67 jaar.

Minder beleidsruimte voor kabinetten; -15% tot -20%

Het is zeer waarschijnlijk dat Nederlandse kabinetten in ieder geval de komende tien jaar te maken zullen krijgen met een aanzienlijke inperking van hun 'vrije' financiële beleidsruimte. Bij deze veronderstelling ga ik uit van een gelijkblijvende belastingdruk, anders gezegd: kabinetten gaan hun ruimte niet vergroten door extra belastingen te heffen. Belastingverhogingen kunnen een schadelijk effect hebben op de ontwikkeling van de economie en de werkgelegenheid.

Om een aantal redenen is het aannemelijk dat de schatkist na deze kabinetsperiode minder belastingopbrengsten zal krijgen, terwijl tegelijkertijd voor de schatkist de kosten door extra uitgaven fors toenemen als gevolg van onder meer extra rentebetalingen op de staatsschuld, het begrotingstekort en kosten die samenhangen met de hoog opgelopen werkloosheid. Daarnaast lopen ook de vergrijzingslasten, vooral de zorgkosten, sterk op. De daling van de belastingopbrengsten houdt verband met een aantal factoren. In de eerste plaats zal de verslechterde vermogens- en inkomenspositie van huishoudens en bedrijven tot belastingderving leiden. Daarnaast is het aannemelijk dat in veel landen, waaronder ons land, de economische groei het komende decennium gemiddeld minder hoog zal liggen dan in het verleden, met als mogelijk gevolg minder geld voor de schatkist.

De mooie groeicijfers in het verleden zijn in veel landen voor een deel gerealiseerd met behulp van een uitbundige kredietverlening en hoge schulden. Dit geldt ook voor de groeicijfers van de wereldhandel en wereldeconomie. Als uitvloeisel van de crisis zullen banken verplicht zijn hogere buffers aan te houden, en is er dus minder ruimte voor kredietverlening. Ook veel bedrijven zullen hun eigen vermogen versterken en minder gaan lenen. Daarnaast mag verwacht worden dat burgers meer gaan sparen. Bovendien kunnen vormen van protectionisme die in sommige landen de kop opsteken de groei van de wereldhandel afremmen. Al deze aannemelijke ontwikkelingen leiden tot minder middelen voor de schatkist, terwijl de schatkist tegelijk wordt geconfronteerd met hogere kosten als gevolg van de economische crisis.

De onzekerheden zijn nu nog te groot om bij de verschillende ontwikkelingen exacte bedragen te zetten. Maar wel is overduidelijk dat na de crisis de komende kabinetten ten opzichte van daarvoor minder financiële ruimte hebben voor overheidsuitgaven ten behoeve van openbaar bestuur, veiligheid, onderwijs, gezondheidszorg, infrastructuur, ontwikkelingshulp, defensie enzovoort. Indicatief acht ik het waarschijnlijk dat deze kabinetten te maken zullen krijgen met een inperking van hun 'vrije' beleidsruimte met een percentage tussen 15-20%. Daarbij komen saneringspakketten aan de orde haar politiek Den Haag op de grondvesten zullen laten schudden: het gaat om bedragen die ruwweg tussen de 30 en 40 miljard euro per jaar zullen liggen, afhankelijk van de groei van de economie.

Indien niet wordt gekozen voor belastingverhogingen, maar voor een gelijkblijvende belastingdruk, dan zullen aanzienlijke ombuigingen en bezuinigingen noodzakelijk zijn. Welke dat zullen zijn wordt in ons land bepaald door de partijen die een meerderheidskabinet weten te formeren. Ik zou deze partijen nu al de suggestie willen doen daarbij ook over de grenzen te kijken en wellicht te leren van andere landen. Zo laten internationale cijfers zien dat ons land in vergelijking met veel andere landen een duur overheidsbestuur (rijksoverheid, gemeenten en provincies) heeft. Zouden we bijvoorbeeld op het EU-gemiddelde gaan zitten dan kan dat een kostenbesparing opleveren van meer dan 1% van ons BBP.

Leren van het verleden
Voor een goed doordacht beleid is het van groot belang nog eens te kijken naar de historische ontwikkelingen van de Nederlandse collectieve uitgaven. Dit voorkomt dat al te gemakkelijk wordt gesteld dat bepaalde bezuinigingen of ombuigingen niet zouden kunnen omdat ze asociaal zouden zijn of over Nederland een rampspoed zouden afroepen. Box 88 geeft een overzicht en ik teken daarbij aan dat ons land in de periode 1970-2000 een welvarend land was.

Box 88 Overheidsuitgaven, rentelasten en staatsschuld voor Nederland, 1970-2010 (%BBP)

	1970-74	1975-79	1980-84	1985-89	1990-94	1995-99	2000-04	2005-07	2008	2009	2010	Uitdaging 2011-19
Totaal collectieve uitgaven	45,2	52,2	58,4	58,5	56,1	49,8	45,8	45,4	45,4	48,6	50,7	45,4
Openbaar bestuur	9,4	10,2	10,7	10,7	11,0	10,6	10,7	10,3	9,8	10,5	10,7	9,0
Veiligheid	1,1	1,3	1,3	1,2	1,2	1,4	1,6	1,8	1,8	1,9	2,0	1,8
Defensie	2,5	2,6	2,8	2,6	2,2	1,6	1,3	1,2	1,1	1,2	1,2	1,0
Infrastructuur	2,3	1,8	1,6	1,5	1,4	1,5	1,7	1,6	1,6	1,8	1,9	1,4
Onderwijs	6,4	7,0	6,5	5,9	5,5	5,0	5,0	5,1	5,1	5,4	5,5	7,0
Collectieve zorg	3,3	4,2	4,7	5,0	5,8	5,9	6,7	8,1	8,7	9,4	9,8	8,0
Sociale zekerheid	12,6	16,2	18,9	17,8	16,9	13,1	11,4	11,0	11,1	12,0	12,7	11,0
Overige	4,6	5,7	7,0	7,9	6,2	5,8	4,5	4,0	4,0	3,8	4,2	3,5
Rente	2,8	3,1	4,9	6,0	5,9	5,0	3,0	2,3	2,3	2,7	2,7	**
Staatsschuld	43,9	39,6	53,9	72,7	77,0	69,0	51,9	48,3	58,1	59,8	66,3	49,0

Bron: Samengesteld op basis van cijfers van het Centraal Plan Bureau (CPB)

* De categorie 'overige' bestaat uit uitgaven voor 'overdrachten aan bedrijven' en 'internationale samenwerking'. In 2008 waren deze uitgaven respectievelijk 1,7 en 2,3% van het BBP.

** De toekomstige rente op de staatsschuld is afhankelijk van ontwikkelingen in de wereldeconomie en op de financiële markten. Om de totale uitgaven te kunnen berekenen is uitgegaan van een gemiddelde van 2,7%.

Uit box 88 blijkt dat in de periode 1970-1984 de zogenoemde collectieve-uitgavenquote is gestegen van 45% tot 58%. Deze toename had negatieve effecten op de ontwikkeling van de economie, werkgelegenheid en de overheidsfinanciën. Om die reden is het kabinet Lubbers-1 (1982-1986) begonnen met het beperken van de collectieve uitgaven, zoals een bevriezing en zelfs verlaging van de ambtenarensalarissen en sociale uitkeringen. Afhankelijk van de ontwikkelingen na de crisis zijn dergelijke ingrijpende maatregelen niet bij voorbaat uit te sluiten. Want één ding is zeker: naast de huidige en toekomstige internationale economische ontwikkelingen die Nederland raken, zal de overheidsagenda van de toekomst te maken krijgen met zware vraagstukken op het terrein van de overheidsfinanciën en de toenemende kosten van de vergrijzing en de gezondheidszorg. Als gevolg van de crisis zullen het begrotingstekort, de staatsschuld en de kosten voor de werkloosheid fors oplopen, en dat betekent extra lasten voor de schatkist.

Uitdaging 2011-2019

In box 88 heb ik onder het kopje 'Uitdaging' voor de periode 2011-2019 een cijferbeeld geschetst van mogelijke ingrijpende beleidswijzigingen op het terrein van de overheidsuitgaven. Ten opzichte van 2010 gaat het om een gemiddelde uitgavenvermindering van -5,3% van het BBP. Globaal is daarmee een jaarlijks bedrag gemoeid van gemiddeld circa 32 miljard euro. Hiermee worden de gemiddelde totale collectieve uitgaven in de periode 2011-2019 weer teruggebracht tot het niveau 2005-2008.

Deze uitdaging laat zien dat ik van mening ben dat onze onderwijsuitgaven (5,5% van het BBP in 2010) fors moeten stijgen tot 7% van het BBP; onderwijs en onderzoek bevorderen de economische groei zoals in dit boek is aangegeven. Kennis is, zeker voor de toekomst, de motor van onze economie en essentieel voor de internationale concurrentiekracht van Nederland. Anno 2009 zitten we met onze kenniseconomie in de middenmoot van de EU, terwijl we voorop zouden moeten lopen. Zo wordt de kabinetsafspraak om ten minste 3% van het BBP aan R&D (research en ontwikkeling) te besteden niet gerealiseerd: in het bedrijfsleven zitten we op circa 1% en bij de publieke investeringen op 0,7%. Zonder extra beleid zal Nederland de noodzakelijke voorhoedepositie in Europa niet kunnen realiseren.

Met verwijzing naar de uitgavenniveaus in de periode 1970-2008 acht ik de voorgestelde bezuinigingen onder het kopje 'Uitdaging' goed inpasbaar in het uitgavenbeleid voor 2011-2019. Zo stel ik voor de uitgaven voor sociale zekerheid en de collectieve zorg terug te brengen naar de niveaus van 2005-2007. Kijkend naar de omvang in andere landen acht ik een doelmatig en doeltreffend openbaar bestuur in de periode 2011-2019 heel goed mogelijk op basis van een gemiddeld uitgavenniveau van 9% van het BBP (in 2010 is dit geraamd op 10,7% van het BBP). Bij de raming voor infrastructuur is rekening gehouden met inzet van Publiek Private Samenwerking (PPS), waardoor aanzienlijke kostenbesparingen worden gerealiseerd en projecten bovendien efficiënter en sneller uitgevoerd kunnen worden. Mede met het oog op een sterke internationale financiële positie van Nederland is het ook belangrijk de staatsschuld zo snel mogelijk weer omlaag te brengen tot onder de 50%.

Naast het streven naar solide, gezonde overheidsfinanciën is het dringend noodzakelijk met een afdoende aanpak te komen van de integratieproblematiek en het immigratievraagstuk. Er is een integrale oplossing nodig voor de vastgelopen koop- en huurwoningmarkt en ook dient er een fundamentele afweging plaats te vinden tussen taken die tot de publieke sector 'behoren' en die 'het best' door de markt kunnen worden verricht. Daarnaast moeten de voors en tegens van marktwerking terug op de politieke agenda. Bovendien zijn er maatregelen nodig om meer dynamiek en flexibiliteit in onze arbeidsmarkt te brengen (www.cpb.nl). In vergelijking met veel andere landen ligt de deelname aan betaalde arbeid in Nederland te laag.

Box 89 Een 'wilde' gedachte

Bij integratie gaat het naast de culturele aspecten vooral om onderwijs- en arbeidsmarktbeleid. Het valt op dat op deze twee beleidsterreinen nog te weinig resultaten worden geboekt. Met een aanpassing van de regelgeving, een mix van bestaand beleid, een betere publieke herkenbaarheid van beleid en een goed zichtbare aanpak van lastpakken kan de effectiviteit van dit beleid worden vergroot. Daarbij wordt gebruikgemaakt van de inzet van internet en het mobieltje. Scholen worden verplicht dagelijks via een speciale internetsite aan hun gemeente te melden welke leerlingen ongeoorloofd afwezig zijn. De betreffende leerling en de ouders krijgen tegelijk automatisch een sms'je waarin gemeld wordt dat er sprake is van ongeoorloofde afwezigheid en welke sancties daarop staan. Deze melding kan ertoe leiden dat de betreffende gemeentelijke onderwijsdienst onmiddellijk een dienstwagen met een goed herkenbaar logo, 'Leren moet', op pad stuurt om de leerling op te halen en naar school te brengen. Deze herkenbaarheid zal door de betreffende ouders en leerlingen niet als plezierig worden ervaren en werkt daardoor ook preventief. Deze aanpak wordt mogelijk gemaakt door nieuwe wetgeving, waarin ook boetes en sancties zijn opgenomen, zowel voor de leerling als de ouders. Voor wie hardleers is kan een vergaande sanctie zijn plaatsing in een gesloten 'werkkamp', waar werk en scholing opgelegd worden. Ook voor lastpakken die zich bij herhaling schuldig maken aan straatterreur zou dit een adequate sanctie kunnen zijn. Gemeenten of samenwerkende gemeenten dragen zorg voor de werkprojecten en scholing waaraan verplicht moet worden deelgenomen. Deze aanpak zal leiden tot minder schoolverzuim, terwijl tegelijk irritante lastpakken uit ons straatbeeld zullen verdwijnen.

Hoe gaan we ons brood verdienen?

Cruciaal voor onze toekomstige welvaart is de vraag: hoe gaan we na de crisis ons brood verdienen in een (economische) wereld die ingrijpende veranderingen te zien zal geven. Daarbij is het wenselijk een helder standpunt te formuleren met betrekking tot onze relatie met de EU. De crisis heeft nog eens duidelijk gemaakt dat we in ieder geval zorg moeten dragen voor een sterke en doelmatige overheid met een goed gevulde schatkist en een (internationaal) bedrijfsleven dat wereldwijd goed kan concurreren. Vanuit dit vertrekpunt moet het toekomstige Nederlandse financieel, economische en sociale beleid vooral een enthousiasmerend en wenkend perspectief bieden. Daarbij moeten we ons goed realiseren dat de fysieke economie in toenemende mate vervangen wordt door de digitale economie. Nederland heeft op dat terrein een relatief sterke basis en zou op deze ontwikkeling proactief moeten inspelen, maar ik zie daar nog te weinig van. Ditzelfde geldt voor de opmars van duurzame energie. Daarnaast is er wereldwijd sprake van een opleving van nucleaire energie. Ook die kunnen we niet negeren.

Geschiedenis van de aanpak van de crisis

In politiek Den Haag leefde september 2008 nog de verwachting dat de neergang van de Nederlandse economie wel zou meevallen. Bij de presentatie van de Miljoenennota 2009 op Prinsjesdag 16 september 2008 gaf het kabinet aan dat Nederland er ondanks de internationale economische verslechteringen nog goed voor stond. Deze optimistische opstelling heeft toen van verschillende kanten kritiek geoogst, waarbij werd verwezen naar de neergang van de economieën in andere landen en de maatregelen die daar werden getroffen. Het is wenselijk dat tijdens het parlementaire onderzoek van de Tweede Kamer naar de kredietcrisis die dit jaar is gestart (www.tweedekamer.nl), de achtergrond van deze opstelling en ook de optimistische ramingen van het Centraal Planbureau die daaraan ten grondslag liggen nader worden onderzocht.

Omdat het economisch beeld na Prinsjesdag snel verslechterde, kwam het kabinet op vrijdag 21 november 2008 met een stimuleringspakket. Minister-president Jan Peter Balkenende maakte bekend dat het kabinet de economie ging aanjagen met fiscale stimulansen voor bedrijfsinvesteringen, een regeling voor werktijdverkorting, de inzet van mobiliteitscentra, versnelling van procedures voor de bouw en infrastructurele projecten. De algemene kritiek op deze aanpak was dat het daadwerkelijke effect van dit pakket op de economie gering zou zijn. In veel commentaren werd verwezen naar andere landen die (veel) meer overheidsgaven inzetten om hun economie aan te jagen. Ook het tweede stimuleringspakket van het kabinet dat op vrijdag 16 januari 2009 werd gepresenteerd oogstte deze kritiek. Dit pakket omvat verruimingen van de exportkredietverzekering, de staatsgarantie voor bedrijfsleningen en de garantieregeling voor sociale-woningbouwprojecten. Ziekenhuizen krijgen financiële steun bij nieuwbouwprojecten. Bij de presentatie van het tweede steunpakket kondigde Jan Peter Balkenende aan dat het kabinet in het voorjaar van 2009 met een extra pakket zou komen om de oplopende werkloosheid aan te pakken. In het licht van de slechte gang van zaken in het bedrijfsleven waren de werkgeversorganisaties van mening dat het kabinetspakket onvoldoende was: ze duidden het aan als 'stimuleren met de handrem'. De vakcentrale FNV vond dat het kabinet slechts 'pleisters plakte'. Was deze kritiek terecht?

Op zich viel er veel te zeggen voor de voorzichtige aanpak van het kabinet. In de eerste plaats was het verstandig de schatkist voorlopig zo veel mogelijk te sparen en geld achter de hand te houden voor als het echt noodzakelijk was. Veel andere landen gaven miljarden uit aan belastingverlagingen voor burgers om zo door middel van bestedingen van consumenten de economie aan te jagen. In ons land was dit nog niet nodig. Volgens ramingen voor 2009 beschikken de Nederlandse huishoudens door het kabinetsbeleid, de lage inflatie en lage brandstofprijzen over een koopkracht die gemiddeld bijna 2% stijgt. Het was dus terecht dat het kabinetsbeleid zich vooral richtte op het bedrijfsleven.

Wel valt op dat het kabinet vervolgens traag reageerde op de snelle verslechtering van de Nederlandse economie. Werkgevers en werknemers gaven gezamenlijk aan dat er snelheid gemaakt moest worden. Ze boden aan in goed overleg met het kabinet tot 'een polderakkoord' te komen waarmee de economie kan worden aangejaagd. Aangespoord door de 'schokkende' voorspelling van het CPB dat de Nederlandse economie in 2009 met 3,5% zal krimpen, begonnen het kabinet en de coalitiepartijen eind februari 2009 met besprekingen over een pakket maatregelen om de economie aan te jagen.

Bij een dergelijke krimp bestaat er geen twijfel meer over de noodzaak de economische neergang met overheidsmaatregelen aan te pakken. De politieke schermutselingen over het pakket spitsten zich vooral toe op de maatregelen die getroffen moeten worden om het sterk oplopende begrotingstekort te verminderen. Dat is nodig om te voorkomen dat een herstellende economie straks wordt geschaad door de extra lasten die samenhangen met een hoog tekort en een grote staatsschuld: daarbij gaat het om rentebetalingen en aflossingen. Na overleg met werkgevers en werknemers presenteerde het kabinet op 25 maart het Crisispakket 2009-2011, waarover een (polder)akkoord was bereikt (www.minaz.nl en www.regering.nl).

De uitgaven van dit pakket om de economie te stimuleren zijn tijdelijk en beogen niet alleen de groei aan te jagen, maar ook een bijdrage te leveren aan innovatie, duurzaamheid en werkgelegenheid. De ruim 6 miljard euro aan stimuleringsmaatregelen zijn onderverdeeld in vier categorieën. Voor maatregelen voor het bestrijden van de werkloosheid en het bevorderen van scholing en kennis wordt 2,3 miljard uitgetrokken. De ontwikkeling van een duurzame economie (onder meer wind- en zonneenergie) wordt gestimuleerd met de inzet van 1,3 miljard. Een bedrag van 1,8 miljard is bestemd voor de versnelde aanleg en renovatie van weg- en waterbouwprojecten, woningbouw en onderhoud en bouw van scholen. Het bedrijfsleven wordt gestimuleerd met 1,2 miljard in de vorm van fiscale tegemoetkomingen voor onderzoek en ontwikkeling, de aanschaf van milieuvriendelijke apparatuur en het afschaffen van de vliegtaks.

Box 90 Omvang Nederlands stimuleringspakket

Garanties/steunmaatregelen financiële sector	280,0 miljard
Automatische stabilisatoren*	50,0 miljard
Polderakkoord	6,0 miljard
Investeringen door gemeenten en provincies	1,5 miljard

* Ruim 50 miljard wordt automatisch in de economie gepompt doordat het begrotingsoverschot (+ 1%) omslaat in een begrotingstekort (-5,6% in 2010). Wordt dit bedrag mede in aanmerking genomen, dan behoort Nederland tot de landen met de hoogste economische stimuleringspakketten.

Het grote belang van gezonde overheidsfinanciën
Omdat gezonde overheidsfinanciën essentieel zijn voor onze toekomstige economische ontwikkeling presenteerde het kabinet tegelijk met de stimulansen ook een pakket bezuinigingsvoorstellen om geleidelijk aan

het begrotingstekort terug te dringen. Het is de bedoeling dat het tekort vanaf 2011, mede afhankelijk van een voldoende herstel van de economie, van 5,7% afneemt tot 3,2% in 2015. Belangrijke maatregelen zijn loonmatiging, bezuinigingen op de uitgaven van de departementen, een beperking van de zorgtoeslag, een hogere fiscale bijtelling voor de eigen woning en een geleidelijke verhoging van de AOW-leeftijd van 65 naar 67 jaar.

Met betrekking tot de AOW is, als tegemoetkoming aan de FNV, afgesproken dat de SER uiterlijk oktober 2009 mag adviseren over een alternatief dat voor de schatkist hetzelfde bedrag opbrengt van 0,7% van het BBP). Op zich is het mogelijk een mix van maatregelen op te stellen waarmee dit bedrag gerealiseerd kan worden. Maar de vraag is wel of dit pakket ook dezelfde uitwerking heeft als het AOW-voorstel van het kabinet en de daarmee boogde doelstelling. Naar mijn oordeel heeft het kabinet terecht op goede gronden gekozen voor een geleidelijke verhoging van de AOW-leeftijd. Veel landen zijn ons land al voorgegaan en ook voor Nederland is deze verhoging uiteindelijk onontkoombaar. Maar gezien de grote maatschappelijke weerstand tegen deze verhoging zou, ook los van wat de SER adviseert, het kabinet de mogelijkheden moeten verkennen voor een andere optie: invoering van een variabele AOW-leeftijd. Daarmee gaat wel het voordeel verloren van een uniforme leeftijd en de daaraan verbonden eenvoud, maar de uniformiteit van 65 jaar heeft als nadeel dat iedereen ongeacht persoonlijke voorkeuren, arbeidsverleden en gezondheid wordt 'gedwongen' met AOW te gaan. Met het oog op een zo breed mogelijk maatschappelijk draagvlak zou het daarom goed zijn geen overhaaste beslissingen te nemen en varianten te verkennen, waarbij verschillende AOW-leeftijden mogelijk worden: een hogere AOW-leeftijd leidt tot een hogere uitkering en een lagere leeftijd tot een lagere uitkering.

Denkbaar is daarbij de huidige AOW bij 65 jaar op een lager niveau vast te stellen waarbij de lagere inkomens worden gecompenseerd. In het verleden is ook wel een AOW voorgesteld die mede is gekoppeld aan het inkomen. Daarbij was de vraag aan de orde waarom een gepensioneerde met een hoog inkomen daarnaast ook nog eens een AOW-uitkering zou moeten ontvangen. Deze gedachte werd afgewezen met een verwijzing naar het basisprincipe van de AOW: voor iedereen ongeacht het inkomen. Maar de komende decennia zullen door de vergrijzing in ons land de collectieve sociale uitgaven sterk stijgen. Daarbij ontkomen we er niet aan onszelf de vraag te stellen of dit principe niet losgelaten moet worden.

Zonder ingrijpende bezuinigingsmaatregelen zal de uitgaventrend van box 91 (versneld) door blijven gaan.

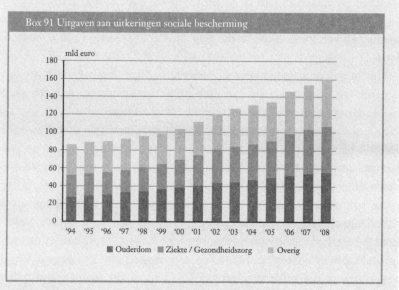

Box 91 Uitgaven aan uitkeringen sociale bescherming

mld euro

□ Ouderdom ■ Ziekte / Gezondheidszorg ▨ Overig

Bron: CBS

Ruim een kwart van het Nederlandse BBP gaat op aan sociale bescherming. Onder sociale bescherming vallen alle sociale uitkeringen, zoals de AOW, de kinderbijslag, de bijstand, werkloosheidsuitkeringen enz. In 2008 ontvingen Nederlanders gemiddeld per persoon bijna 10.000 euro aan sociale bescherming. Binnen de EU staat Nederland met deze uitgaven in de Europese top. De meeste EU-lidstaten hebben een (veel) kleiner sociaal vangnet. Het is onwaarschijnlijk dat de toekomstige Nederlandse economie voldoende sterk is om deze koppositie qua lasten te kunnen volhouden. Bezuinigingen zijn hier onvermijdelijk.

Van lof naar kritiek

Bij het begin van de kredietcrisis kreeg het kabinet, met name Wouter Bos en Jan Peter Balkenende, van vriend en vijand veel lof toegezwaaid voor de adequate reddingsoperaties in de financiële sector. Door de trage besluitvorming en de weinig aansprekende stimuleringspakketten is de kritiek op het beleid gaan overheersen. Het wachten is nu op het (eind)oordeel van de Tweede Kamer, die bezig is met een parlementair onderzoek naar het gevoerde crisisbeleid.

Het is mij opgevallen dat de inhoud van het crisispakket niet alleen van veel kanten kritiek heeft gekregen, maar ook dat de bezwaren nogal verschillen. Er zijn critici die van mening zijn dat het pakket te mager is, dat er meer gestimuleerd moet worden. Het kabinet zou miljarden meer moeten uitgeven om de economie aan te jagen. Anderen vinden dat er te weinig en te laat bezuinigd wordt. Met name van de kant van milieuorganisaties is erop gewezen dat het kabinet een kans heeft gemist om de omslag te maken naar een groene economie.

Weliswaar had ik graag wat meer ambitie gezien, maar tegelijk weet ik dat de inhoud van het pakket niet alleen het resultaat is van een politiek compromis binnen de coalitie, maar ook de uitkomst van onderhandelingen met werkgevers en werknemers. Daardoor is er wel een crisisaanpak gerealiseerd die stoelt op een breed draagvlak. Los van de maatregelen die in het pakket zijn opgenomen is alleen al dit feit economisch van groot belang. Onrust op de arbeidsmarkt is daarmee voorkomen en een brede coalitie van overheid, werkgevers en werknemers is samen aan de slag gegaan om de economie uit het slop te halen. Die samenwerking heeft ook in het verleden bewezen effectief te kunnen zijn.

Tegen de critici die hogere stimuleringsuitgaven bepleiten zou ik willen zeggen dat ons land ook met meer uitgaven zich niet uit de crisis kan stimuleren. De krimp van onze economie wordt vooral veroorzaakt door de ingezakte wereldhandel. Met hogere uitgaven doe je daaraan niets, terwijl ze wel leiden tot een hoger tekort en een oplopende staatsschuld die uiteindelijk met pijnlijke maatregelen weer weggewerkt moeten worden. Er zijn ook critici die nu al willen bezuinigen. Zomer 2009 is de economische crisis is nog steeds niet voorbij: bezuinigingen kunnen het prille herstel tenietdoen. Het kabinet is verstandig geweest met twee pakketten te komen: een stimuleringspakket voor de verwachte crisisjaren en een bezuinigingspakket dat daarna gaat werken en mede afhankelijk is van voldoende economisch herstel.

Kritiek die wel hout snijdt heeft betrekking op de ontoereikende vergroening van onze economie. Deze vergroening had een geweldige impuls kunnen krijgen als het kabinet de bestaande stimuleringsregeling voor duurzame energie, de zogenoemde SDE-regeling, zou hebben vervangen door een kopie van de zeer succesvolle Duitse regeling voor groene energie. De bestaande bureaucratische SDE wordt gekenmerkt door een ongekende administratieve rompslomp en is niet effectief. Het kabinet heeft weliswaar een meer solide financiering voorgesteld volgens het

Duitse model, maar handhaaft daarbij toch de SDE. Ik kan mij niet voorstellen dat het kabinet op dit vlak goed is geadviseerd. Adviseurs met kennis van zaken en die niet alleen maar naar de kostenkant kijken, zouden uitgelegd hebben dat het succes van de Duitse regeling vooral te maken heeft met eenvoud en langjarige zekerheid voor groene investeerders. Handhaving van de SDE zal dan ook niet leiden tot de beoogde verduurzaming van onze economie.

De toekomst van onze financiële sector
Sinds de jaren negentig zijn er veel banken, ook in ons land, niet alleen groot, met vele honderden miljarden aan activa, maar ook zeer complex geworden. Voor een belangrijk deel had dit te maken met het versterken van de internationale slagkracht. De omvang van sommige banken is zodanig dat ze te groot geworden zijn om bij een crisis door de overheid te worden gered. Te grote banken, met balansen die in omvang soms staatsbalansen overtreffen, kunnen een gevaar opleveren voor de stabiliteit van het financiële stelsel.

Eerder heb ik in dit boek een overzicht gegeven van de verschillende maatregelen en oplossingen die (internationaal) zijn aangedragen om tot een beter gereguleerde financiële sector te komen met minder risico's. In ons land zijn van verschillende kanten soortgelijke ideeën en maatregelen geopperd. Zo worden er op dit terrein in het rapport van de Adviescommissie Banken, gepresenteerd op 7 april 2009 door de zogenoemde commissie Maas, een aantal aanbevelingen gedaan. De kern is dat aandeelhouders minder invloed krijgen. Financiële instellingen hebben een nutsfunctie en moeten zich in de eerste plaats richten op spaarders en bedrijfsklanten, die staan centraal. Volgens de commissie moeten banken in goede tijden ook buffers aanleggen voor mindere tijden.

Begin juni 2009 is de 'Kabinetsvisie toekomst financiële sector' gepresenteerd (www.minfin.nl). De hervormingen die daarin worden voorgesteld zullen de komende jaren gestalte krijgen. Gelet op het mondiale karakter zal internationale samenwerking daarbij een belangrijke rol spelen. Box 92 geeft een overzicht van de concrete activiteiten die de komende tijd in de verschillende fora gerealiseerd moeten worden.

Box 92 Overzicht concrete maatregelen ter versterking financiële sector

	Fin. sector	Toezicht	Overheid	Internationale afspraken noodzakelijk?
		Wie doet wat?		
Focus op duurzame groei	✓	✓		N
Versterken risicobeheersingsproces	✓	✓		N
Herenakkoord duurzaam beloningsbeleid	✓			N
Verbeteren *corporate governance*	✓	✓		N
Bankiersverklaring	✓			N
Transarantie financiële producten en instellingen	✓	✓		N / EC
Verbeteren kwaliteit financiële dienstverlening	✓	✓		N
Bankiersexamen		✓		N
Strengere kapitaaleisen		✓		BCBS*
Dwingende beloningsprincipes		✓		N
Reguliere analyse van systeemrisico		✓		IMF, ESRB, FSB*
Toezicht op *credit rating agencies*		✓		EC, IOSCO
Toezicht op alternative beleggingsfondsen		✓		EC
Toezicht op OTC derivaten handel		✓		EC
Aanpassing boekhoudstandaarden		✓	✓	IASB
Versterking internationaal toezicht		✓	✓	EC / G20
Wettelijke vernakering aanbevelingen Commissie Maas			✓	N
Versterking crisismanagementinstrumentarium			✓	N
Afspraken over internationale verdeling kosten reddingsacties			✓	J
Hervorming Nederlands depositogarantiestelsel			✓	EC

* BCBS: Basel Committee on Banking Supervision
** ESRB: European Systemic Risk Board, FSB: Financial Stability Board

Bron: 'Kabinetsvisie toekomst financële sector' (www.minfin.nl)

De Nederlandse financiële sector bestaat uit een zeer diverse groep ondernemingen, zoals banken, verzekeraars, pensioenfondsen, pensioenuitvoerders, beurzen, vermogensbeheerders en beleggingsfondsen. Eind 2007 verschafte deze sector direct werk aan ongeveer 298.000 mensen. Indirect komt daar nog een groot aantal banen bij in sectoren zoals de telecom, ICT, facilitair beheer en zakelijke dienstverlening, waaronder advocaten en fiscale adviseurs. De totale werkgelegenheid (direct en indirect) wordt geraamd op ongeveer 600.000 mensen. Het gaat in hoofdzaak om hoogwaardige werkgelegenheid.

Volgens het kabinet is het erg belangrijk om deze hoogwaardige werkgelegenheid voor Nederland te behouden. Ik ben het daarmee eens, maar constateer tegelijkertijd dat onze financiële sector in de periode 1990-2008 slechts weinig groei heeft laten zien. Bovendien gaat het om een sector die economisch gezien, met ongeveer 6,5 % van het BBP, in ons land geen hoofdrol vervult. Daarnaast wijzen alle (internationale) signalen er op dat deze sector wereldwijd zal krimpen en dat de werkgelegenheid zal afnemen. Ook in Nederland is dit het geval. De vraag rijst dus op welke wijze we deze op zich waardevolle sector kunnen versterken. Het kabinet zegt daarover het volgende: 'Het beleid zal nog scherper gericht zijn op het waarborgen van het publieke belang van toegang tot financiële dien-

sten en kredietverlening, het behouden van de hoogwaardige werkgelegenheid en het ondersteunen van de internationale aspiraties van het Nederlandse bedrijfsleven.' Volgens het kabinet blijft de Nederlandse financiële sector op deelterreinen zeer relevant. Grote financiële centra zoals
London en New York zijn belangrijke spelers, met name omdat daar de
grote zakenbanken (*investment banks*), zijn geconcentreerd. De Nederlandse sector zou zich in de visie van het kabinet moeten richten op andere zaken.

Zo heeft Nederland op verschillende wereldranglijsten een hoge positie
op het gebied van:
- private pensioenen (nummer 3; gemeten naar totaal vermogen);
- internationaal betalingsverkeer (nummer 2; gemeten naar aantal transacties);
- *market making* in effectenderivaten (nummer 1; gemeten naar aantal
  contracten) en effectenclearing (nummer 3; gemeten naar aantal contracten);
- CO_2-emissiehandel (nummer 2; gemeten in *carbon credits*) en duurzaam
  beleggen (nummer 3; gemeten naar totaal beheerd vermogen).

Voor het uitbreken van de crisis was de strategie erop gericht Nederland
in algemene zin aantrekkelijk te maken om financiële zaken te doen, aan-
gevuld met een nichestrategie op het terrein van pensioenen en gerelateerde diensten, duurzaam beleggen en financieren, betalingsverkeer en
specifieke niches in het effectenverkeer. Volgens de kabinetsvisie zouden
deze niches gerelateerd moeten worden aan de (financiering van de) grote
vraagstukken die ons nog te wachten staan: vergrijzing, digitalisering en
de transformatie naar een economie die aangedreven wordt door niet-fossiele brandstoffen.

Eerder in dit boek heb ik aangegeven dat we in de internationale financiële sector waarschijnlijk de volgende ontwikkelingen zullen zien. De bestaande grote internationale banken zullen zich voorlopig vooral op hun
thuismarkten concentreren. De tijd van de bankgiganten is voorbij. Ze
zijn te log, te bureaucratisch, te duur en staan te ver van hun klanten af.
De klant van morgen wil 24 uur per dag een optimale service tegen een
zo laag mogelijke prijs. Ten onrechte wordt aangenomen dat deze bankgiganten nodig zouden zijn voor ingewikkelde internationale transacties.
Het ingewikkelde zit niet in de transacties zelf. Ingewikkeld is juist het

huismerk van dit soort banken, vooral van de zakenbanken. Ze tuigen transacties op als kerstbomen, zetten talloze interne parafen en sturen klanten voor deze 'window dressing' torenhoge rekeningen. Een toenemend aantal klanten heeft deze show te vaak gezien en haakt af. Internationale financiële transacties zijn gewoon kunstjes die kleinere gespecialiseerde banken met een goed internationaal netwerk in andere landen even goed kunnen doen. Ze zijn bovendien sneller en goedkoper.

The Holland Internet Bank (HIB) en The International Green Bank of Holland (GBH)

Wat gaan we in Nederland doen? In de eerste plaats is dat vooral een zaak van de financiële sector zelf. En dat betekent in ieder geval doorgaan met hetgeen waar we nu al mee op de internationale kaart staan. Als gevolg van de crisis zal het belang van degelijkheid, betrouwbaarheid en soliditeit zeker nog toenemen; dat moet in ieder geval ons internationale imago zijn. De bijdrage die politiek Den Haag kan leveren aan de versterking van onze financiële sector is beperkt en ligt, zoals ik hierna zal aangeven, vooral op het fiscale vlak.

Wil de sector zichzelf internationaal in de kijker spelen, dan moet snel worden ingespeeld op de wereld van morgen. In dit boek heb ik eerder aangegeven dat de fysieke economie in snel tempo zal worden ingehaald door de digitale wereld. Daarnaast wordt de fossiele motor van de huidige economie vervangen door twee krachtige motoren die geen broeikasgassen uitstoten en schoon zijn: duurzame energie en kernenergie.

Op die ontwikkelingen moet de sector inspelen. Hoe? Nederland moet uitgroeien tot de online internetbank van de wereld. We maken het mogelijk dat er wereldwijd 24 uur per dag internationaal zaken gedaan kunnen worden via de 'Holland Internet Bank'. We hebben de technische kennis in huis om de meest geavanceerde internetbank van de wereld te bouwen waarmee het bijvoorbeeld voor klanten mogelijk wordt om met hun mobieltje in te loggen op 'the famous' Holland Internet Bank (HIB) en transacties te verrichten. Zo zal een zekere John, Amerikaan en woonachtig in Washington, via zijn mobieltje (waarop door HIB een slim downloadprogrammaatje is geïnstalleerd) via Nederland transacties kunnen verrichten. Deze bank is bovendien gespecialiseerd in digitale internationale transacties met de opkomende economieën als China en India. De komende jaren worden dit belangrijke online internetlanden. Daar moet 'The Holland Internet Bank' op inspelen; HIB kan koploper worden.

Daarnaast richten we 'The Internationaal Green Bank of Holland' (GBH) op. Deze bank is gespecialiseerd in alle wereldwijde transacties op het terrein van groene investeringen.

De regering kan HIB en GBH een geweldige impuls geven. Daarvoor kijk ik naar de daadkrachtige staatssecretaris van Financiën, Jan Kees de Jager. De fiscale groenregeling die ik in mijn periode als staatssecretaris van Financiën heb ingevoerd behoeft een kleine aanpassing: in de regeling moet bepaald worden dat het groene fiscale regime van toepassing is op alle groene investeringen waar ook ter wereld. Nu zijn er beperkingen en voorwaarden die dit in de weg staan. De internationalisering van de groenregeling kan ertoe bijdragen dat Nederland kan uitgroeien tot het internationale centrum voor groenfinanciering. Daarnaast heeft Jan Kees begin juli 2009 van Brussel toestemming gekregen om zijn innovatieve zogenoemde fiscale 'groepsrentebox' in te voeren. Een snelle invoering kan ook een bijdrage leveren aan de financiële sector van Nederland.

Box 93 Coöperatief bankieren

In de wereld van morgen zullen kleine en middelgrote banken op nationale schaal en veelal gespecialiseerd de financiële sector domineren. Het bankconcept moet gericht zijn op een 24 uursdienstverlening aan de klant tegen zo laag mogelijke kosten. De klant is koning. Elke klantdoelgroep (zakenwereld, particulieren, enz.) vraagt een eigen benadering en daarop wordt optimaal ingespeeld. Een geavanceerde internet(communicatie)strategie is onmisbaar. De huidige webtoepassingen voldoen niet. Mobiele technologie gaat een steeds belangrijker rol spelen.

Omdat voor de meeste banken een beursnotering meer nadelen dan voordelen heeft, zal er meer belangstelling ontstaan voor andere bedrijfsvormen. Een goede optie is het coöperatieve bankieren, zoals we dat bij de succesvolle Rabobank zien. Tot voor kort werd deze bank door de snelle jongens van de 'echte' aan de beurs genoteerde banken nog als ouderwets gezien. Door de ontmaskering van de zelfverrijking en de ineenstorting van deze 'beurs'-banken kan 'ouderwets' wel eens een solide oplossing blijken te zijn. Mede als gevolg van de crisis verwacht ik dat het coöperatieve denken zal toenemen. Dit model kan niet alleen goed functioneren binnen de markteconomie, maar biedt ook alle ruimte voor het centraal stellen van de (gemeenschappelijke) belangen van de aangesloten ondernemers en klanten.

Het is de bank van de WIJ economie.

Tegen deze achtergrond ga ik er ook vanuit dat de banken van de toekomst vanzelf kleiner van omvang zullen worden en daarbij dichter op hun klanten zullen zitten: lokaal en regionaal wordt weer in! De crisis zal er in ieder gaval toe leiden dat banken weer gaan doen wat ze behoren te doen: gewoon degelijk en solide bankieren waarbij de klant centraal staat. Bankieren wordt hopelijk saaier, de eenvoud zal toenemen, de balansen worden een stuk kleiner en voor ingewikkelde (risicovolle) financiële producten is geen plaats meer.

'De huidige financieel-economische crisis heeft het failliet van het amorele, neoliberale tijdperk aangetoond. De verschillende systemen zijn aan het interne verval, aan de decadentie ten prooi gevallen. Bedrijven en banken werden met name aan de top door individuen gezien als private wingewesten – een soort interne kolonisering die regelmatig tot intern verval heeft geleid. Het moet betreurd worden dat ook de toezichthouders aan deze decadentie ten prooi zijn gevallen. Samen met de directe leidinggevende aan de top van het bedrijfsleven verloren zij dat wat essentieel is voor het zelfbehoud van de organisatie uit het oog. Hoe dat de vitaliteit van de economie en onze samenleving heeft aangetast, ervaren we nu dagelijks,' aldus Anton C. Zijderveld in het *Financieele Dagblad* van 1 augustus 2009.

De voor- en nadelen van marktwerking

De reeds lopende discussies in de politiek en daarbuiten over marktwerking heeft door de economische crisis een extra stimulans gekregen en zal de komende jaren zeker hoog op de politieke agenda staan. Het geloof in vrije markten is vooral afkomstig uit de VS. Ongeveer dertig jaar geleden begonnen de Amerikaanse hoge priesters van de marktwerking een succesvolle marketingcampagne voor vrijemarktwerking. Ze spiegelden daarbij aan overheden een groot aantal voordelen voor. Meer economische groei, besparing op overheidsuitgaven, een kleinere doelmatige overheid door privatisering van overheidsdiensten en minder bureaucratie door deregulering van markten. Consumenten werd voorgehouden dat de prijzen omlaag zouden gaan, dat de kwaliteit van de dienstverlening zou verbeteren en dat er meer keuzemogelijkheden zouden komen.

In de meeste westerse industrielanden was de 'Amerikaanse' marketingcampagne voor marktwerking zeer succesvol en leidde op veel terreinen tot grootschalige privatiseringen. In Nederland zijn vooral de Paarse kabinetten (1994-2002), waar ik als staatssecretaris en minister deel van heb uitgemaakt, enthousiast aan de slag gegaan. Achteraf gezien ben ik van oordeel dat er bij dit enthousiasme onvoldoende rekening is gehouden met de nadelen. Marktwerking paste toen goed in de tijdgeest waarbij de overheid niet populair was (log, bureaucratisch). Dat leidde er grof gezegd toe dat bij twijfel de markt het werk mocht doen en de overheid werd afgeserveerd. En tegen hardnekkige critici van de vrije markt werd soms, bij gebrek aan overtuigende argumenten, gezegd dat het van Brussel moest. In politiek Den Haag wordt als dat uitkomt zo nog wel eens een beroep op Europa gedaan. En dat is raar, want dat zijn we zelf. Het is niet Brussel die de regels stelt, maar de gezamenlijke lidstaten.

Niet alleen in Nederland, maar ook in andere landen werden er, ook al voor de economische crisis, vraagtekens gezet bij de sterk opgehemelde voordelen van marktwerking. Ze werden bovendien gevoed door ervaringen met de nadelen. Elk land kent wel zijn eigen 'opvallende' affaires; in ons land trokken in de loop van 2009 bijvoorbeeld de handel en wandel van woningbouwcorporaties en 'faillissementen' in de zorgsector veel publieke aandacht.

Vicepresident Herman Tjeenk Willink van de Raad van State heeft in 'zijn' jaarverslag en tijdens een hoorzitting in de Tweede Kamer eind vorig jaar, over marktwerking in de publieke sector, zware kritiek geuit op de doorgeslagen marktwerking. Als voorbeelden noemde hij de 'privatisering' van het notariaat en de nadelen van marktwerking in de zorg. Volgens de 'onderkoning van Nederland' heeft de politiek de nadelige gevolgen van privatisering of verzelfstandiging van de overheidsdiensten onvoldoende onderkend. Tjeenk Willink signaleert terecht dat niet meer het algemeen belang vooropstaat, maar het maken van winst. Hij heeft ook gelijk als hij stelt dat een teveel aan marktwerking in de publieke sector leidt tot een ondermijning van het vertrouwen in de overheid. Uit een onderzoek van opiniepeiler Maurice de Hond blijkt dat een ruime meerderheid van de Nederlandse kiezers het eens is met de kritiek van Herman Tjeenk Willink. Ze betreuren vooral de doorgeschoten marktwerking bij nutsbedrijven en de 'privatiseringen' van de ov-bedrijven en de energiebedrijven. Vooral de kiezers van de Christen Unie (100%!), GroenLinks (99%), de PVV en de SP (beide 86%) vinden dat de politiek bij de verzelfstandiging van de publieke taken te weinig rekening heeft gehouden met het algemeen belang. Ook bij de andere partijen hebben kiezers kritiek op de marktwerking: PvdA (84%), CDA (70%) en VVD (64%). De vraag rijst of er voldoende redenen zijn om de marktwerking dan maar terug te draaien? Nee, op dit moment zijn er onvoldoende betrouwbare gegevens beschikbaar waarmee de daadwerkelijke effecten van marktwerking in de verschillende situaties kunnen worden gemeten en vastgesteld. Bovendien is terugdraaien een ingewikkeld proces en moet vooraf wel duidelijk zijn dat in de 'teruggedraaide' situatie de samenleving beter af is.

Niettemin is er alle reden een gedegen, diepgaand onderzoek in te stellen naar de effecten van marktwerking waarbij in ieder geval naast doelmatigheid en doeltreffendheid ook een prominente plaats moet worden ingeruimd voor kwaliteit en de belevingswereld van werknemers en klanten in de geprivatiseerde sectoren die aan marktwerking zijn onderworpen. Uit periodieke peilingen van Newcom Research&Consultancy (www.newcomresearch.nl) over de gezondheidszorg in ons land blijkt dat sinds 2005 de klantgerichtheid is gedaald. Bijna twee derde van de werkers in de zorg, 'de handen aan het bed', geeft aan dat hun werkomgeving er sinds de introductie van marktwerking niet efficiënter op is geworden. 72% geeft ook aan dat de kwaliteit van de zorg hieronder lijdt. Deze verontrustende ontwikkeling is meer dan genoeg reden voor een goed doortimmerd onafhankelijk onderzoek.

Zo'n onderzoek is ook nodig om marktwerking uit de ideologische hoek te halen. Ruw gezegd: rechtse partijen zijn voorstanders en links is tegen. Deze ideologische tegenstellingen staan een zinvol en gedegen publiek debat over de voors en tegens over marktwerking in de weg. Bovendien is het onzinnig om te stellen dat de markt het altijd fout doet. Wel leert de praktijk dat in de ene sector de markt wel 'zegenrijk' werk doet, maar in de andere er zo snel mogelijk uit gegooid moet worden.

Daarom is de beste oplossing de instelling van een zware staatscommissie van onafhankelijke deskundigen die marktwerking en de effecten in al zijn breedte zo objectief mogelijk onderzoekt en de feiten laat spreken. Indien de commissie voor het eind van 2009 wordt ingesteld, dan kunnen alle politieke partijen de resultaten gebruiken voor hun verkiezingsprogramma voor de Tweede Kamerverkiezingen in 2011. Het ligt voor de hand dat in afwachting van het advies van de staatscommissie het huidige kabinet op het terrein van marktwerking geen onomkeerbare stappen meer zal zetten. Dit geldt in het bijzonder voor onze belangrijke zorgsector.

Box 94 Nadelen van vrije markten die niet voldoende onderkend zijn

Aanhangers van de theorie over de werking van vrije markten hebben deze te veel verheerlijkt en ten onrechte aangenomen dat de markt altijd de juiste beslissingen neemt:

- Vrije markten zijn minder transparant en minder rationeel als de theorie veronderstelt.
- Vrije markten kunnen ten koste gaan van de kwaliteit van dienstverlening.
- Vrije markten bieden veel mogelijkheden voor snelle winstjagers, speculatie en hogere beloningspakketten voor de geprivatiseerde ambtenaren.
- Vrije markten laten vaak een kleine groep van winnaars zien.
- Vrije markten bieden veel ruimte om kosten op anderen af te schuiven.
- De kosten van het falen van vrije markten komen regelmatig voor rekening van de belastingbetaler.

Nederland kan niet zonder Europa

De EU bestaat uit 27 landen, die elk hun eigen geschiedenis hebben, hun eigen cultuur, hun eigen taal, hun eigen marktordening en hun eigen politieke model. De EU telt ongeveer een half miljard mensen die zich meestal niet als Europese burger beschouwen, maar zich primair verbonden voelen met hun eigen land: ze zijn Frans, Duits, Italiaans, Nederlands enz. Ze kiezen hun eigen parlementen, zijn vooral geïnteresseerd in de gang van zaken in het eigen land en tonen maar weinig interesse in Europese zaken en Europese politiek (www.ec.europa.eu/public). Zo ligt de opkomst bij de verkiezingen voor het Europese parlement in de meeste lidstaten beneden de 40%. Bij de verkiezingen van juni 2009 lag het gemiddelde op 43%. Uit de verkiezingscampagnes in de lidstaten is gebleken dat het in hoofdzaak om nationale binnenlandse kwesties in het eigen land ging.

De EU begon als een economisch samenwerkingsverband tussen zes Europese landen (Duitsland, Frankrijk, Italië, Nederland, België en Luxemburg) en is geleidelijk aan ook een politiek machtsblok geworden. Er zijn politici die de EU zo snel mogelijk verder willen uitbouwen tot een Europese federatie, met een Europese regering die de leiding moet nemen in de wereld. Deze 'droom' beschrijft de Belgische oud-premier Guy Verhofstadt in zijn boek *De weg uit de crisis. Hoe Europa de wereld kan redden.* Het gebrek aan Europese samenwerking bij het bestrijden van de economische crisis maakt volgens Verhofstadt nog eens duidelijk dat er op economisch en politiek terrein een versnelde integratie nodig is. 'Zolang de natiestaten het kader blijven van ons politieke denken, zal dit haaks staan op de economische werkelijkheid,' aldus Verhofstadt.

In zijn op zich boeiende boek gaat de oud-premier voorbij aan de politieke werkelijkheid van vandaag en ook morgen. Een grote meerderheid van de kiezers in de lidstaten voelt niets voor een Europese superstaat met vergaande bevoegdheden. Politieke partijen die in hun eigen land een rol van betekenis willen spelen houden daarmee rekening. We zien ook dat de afzonderlijke lidstaten de afgelopen jaren juist steeds machtiger zijn geworden: de 27 regeringsleiders bepalen de Europese politieke rol en de besluitvorming. Vooral de grote landen, Duitsland en Frankrijk en in mindere mate Engeland, hebben veel invloed op het Europese beleid.

Er zijn geen ontwikkelingen die wijzen op de koers die Verhofstadt wil inzetten. Integendeel, er is binnen de EU eerder sprake van meer nadruk op een versterking van de positie van de nationale lidstaten. Dit is nog eens duidelijk geworden bij de aanpak van de economische crisis. Elke lidstaat kwam met een eigen crisispakket. Pogingen van de Europese Commissie om met een gezamenlijke aanpak te komen, kwamen dan ook niet van de grond. De crisis maakt nog eens duidelijk dat veel lidstaten vooral nationaal denken en de voorkeur geven aan eigen nationale maatregelen. De grote meerderheid van de lidstaten vindt ook dat de Brusselse regelgeving fors moet verminderen. Het valt te verwachten dat na de crisis de nationale aanpak nog meer op de voorgrond zal treden. Lidstaten worden geconfronteerd met hoge begrotingstekorten, torenhoge staatsschulden en een hoog opgelopen werkloosheid. Het komende decennium zal bij lidstaten de nadruk liggen op een versterking van de eigen economische concurrentiepositie.

Nederland heeft een open economie en behoort tot de lidstaten die relatief veel economisch profijt hebben van de EU, onder meer door positieve effecten op de economische groei en werkgelegenheid (www.cpb.nl). Binnen de EU geldt Nederland als een voorstander van een versterking van de rol van de EU. Critici van deze gedachte wijzen erop dat ons land te vaak 'het braafste jongetje van de klas is' en daardoor zijn eigen economische belangen op de tocht zet. Voorbeelden hebben we gezien op het terrein van het energiebeleid, de postmarkt en de (fiscale) staatssteunregelingen, waarop de EU meer greep wil krijgen ten koste van de bevoegdheden van de lidstaten. Waar veel andere lidstaten, mede op grond van de eigen economische belangen, deze bemoeienis afwijzen of tegenwerken, loopt ons land voorop. Daar valt wat voor te zeggen; met onze open economie en ons economische beleid dat internationaal gericht is, hebben wij als exportland belang bij een goed functionerende open Europese markt.

Maar vanwege dat belang is het niet noodzakelijk steeds met de Europese vlag op kop te lopen of de 'braafste' te zijn. Dit kan ook vanuit een sterke middenpositie. Daardoor kan bovendien een beter evenwicht worden gerealiseerd tussen een gezond nationaal eigen belang en het Europese belang. Dit maakt het ook mogelijk bij de Nederlandse kiezers meer draagvlak voor Europa te creëren. Bovendien maken opiniepeilingen en de uitslag van de Europese verkiezingen van 7 juni 2009 duidelijk dat het Europese (economische) beleid de komende vijf jaar gedomineerd zal worden door Angela Merkel (Duitsland) en Nicolas Sarkozy (Frankrijk), en in mindere mate door Italië (Berlusconi) en Engeland, waar de huidige regeringspartij Labour zeer waarschijnlijk in 2010 vervangen wordt door een regering onder leiding van de Conservatieven. Voor de EU betekent dit in ieder geval meer nadruk op eigen nationaal beleid en minder Europese oplossingen.

Aan het begin van de crisis werd er door velen van uitgegaan dat vooral de sociaaldemocratische partijen (aanhangers van meer overheidsbemoeienis) zouden profiteren van de zware recessie, die vooral zou zijn veroorzaakt door een te liberaal economisch beleid. Deze verwachting is niet uitgekomen. De Europese verkiezingsuitslag 2009 laat een fors verlies zien voor de sociaaldemocraten. Deze uitslag is vooral beïnvloed door binnenlandse kwesties in de lidstaten en de lage opkomst, maar een belangrijke rol heeft ook gespeeld de snelle politieke draai van met name de christendemocratische partijen. Deze partijen namen openlijk afstand van het neoliberale economische stelsel en gaan nu voor meer overheidstoezicht op de financiële sector en meer bemoeienis van de overheid met de marktsector. Daarnaast willen deze partijen 'eerherstel' voor normen en waarden, moraliteit en ethiek; uit opiniepeilingen in Europa blijkt dat deze opstelling bij veel kiezers aanslaat.

Het valt op dat in de Europese campagnes van de sociaaldemocraten in de verschillende landen niet duidelijk met verve het 'eigen handelsmerk', de eigen boodschap, is uitgedragen, zoals pal staan voor werk en inkomen, handhaving van goede sociale voorzieningen, een eerlijke verdeling van inkomens en de aanpak van exorbitante beloningen van topmanagers.

Juist in de huidige zware economische crisis waarin het neoliberale economische beleid heeft gefaald, de werkloosheid oploopt, sociale zekerheid gevaar loopt en mensen meer zekerheid en oplossingen van de overheid willen, had een dergelijke campagne kansrijk kunnen zijn. Aan de andere kant hebben Europese regeringen met sociaaldemocraten blindelings achter het vrijemarktfundamentalisme aan gelopen. Met betrekking tot het eigenbelang toont de crisis aan hoe kwetsbaar de Nederlandse economie is. Duidelijk is ook dat we in ons land het komende decennium hard aan de slag moeten gaan om de fundamenten van onze economie en werkgelegenheid te versterken.

Box 95 Bijdrage aan de economische groei in ons land in %

Bestedingen van consumenten	33%
Uitvoer (export)	33%
Overheidsbestedingen	25%
Bouw van woningen	5%
Bedrijfsinvesteringen	4%
Totaal	100%

Bron: CPB

Onze financiële sector zal naar verwachting structureel met ten minste 15% krimpen en daarnaast krijgt ons bedrijfsleven te maken met een toenemende concurrentie op de wereldmarkt. Bovendien moeten we er ook rekening mee houden dat ons land minder (fiscaal) aantrekkelijk wordt voor Amerikaanse bedrijven. Begin mei werd politiek Den Haag opgeschrikt door een publicatie van de Amerikaanse overheid, waarin maatregelen werden aangekondigd tegen belastingparadijzen. In deze publicatie werd Nederland als een belastingparadijs aangemerkt. Via een snelle diplomatieke actie is ons ministerie van Financiën erin geslaagd Nederland te laten schrappen op de door Amerika gehanteerde lijst van belastingparadijzen. Niettemin ziet het ernaar uit dat de maatregelen die president Obama gaat treffen tegen belastingparadijzen ook gevolgen zullen hebben voor ons (fiscaal) vestigingsklimaat. De (fiscale) maatregelen van Obama zijn er onder meer op gericht de buitenlandse winst van Amerikaanse bedrijven (sneller) te belasten. Voor Amerikaanse houdstermaatschappijen die nu in Nederland gevestigd zijn wordt ons land daardoor fiscaal minder voordelig. Nederland heeft dan ook dringend behoefte aan nieuwe innovatieve bedrijfssectoren, waarmee we in de toekomst onze economie en welvaart kunnen veiligstellen. Toekomstige kabinetten zullen daaraan prioriteit moeten geven.

Box 96 Rol van Nederland in Europa

De verkiezingsuitslag van de Europese verkiezingen in Nederland, (opkomst rond de 36%), maakt duidelijk dat de EU bij de kiezers niet echt leeft en dat er sterk wordt gedacht in termen van 'voor Europa' en 'tegen Europa'. De zogenoemde permanente Eurobarometer laat overigens zien dat de overgrote meerderheid van de Nederlandse kiezers in de EU wil blijven. Ze zien de belangen en voordelen die het EU-lidmaatschap met zich meebrengt. 'Nederland kan niet meer zonder Europa' wordt, volgens peilingen, dan ook massaal onderschreven. Ook uit de CPB-studie 'Strategie voor EU in 2030: open grenzen en eerlijke concurrentie' die op 19 mei 2009 is gepresenteerd blijkt dat de steun voor het lidmaatschap van de EU in Nederland groot is (in 2008 circa 80%).

De toegenomen anti-stemming heeft voor een deel te maken met beeldvorming in de media waar vooral de 'slechte kanten' van het lidmaatschap worden overbelicht, zoals de bureaucratie, de bemoeizucht, de geldverspilling tijdens het vergadercircuit tussen Brussel en Straatsburg, de trage besluitvorming en de macht van de grotere EU-landen. Ook in politiek Den Haag, met name in de Tweede Kamer, worden deze zaken uitvergroot. Dat versterkt het negatieve beeld van Europa. De dagelijkse voordelen van ons EU-lidmaatschap op de verschillende beleidsterreinen als economie, werkgelegenheid, veiligheid en sociale zekerheid worden inmiddels als gewoon ervaren en halen zelden de voorpagina's.

Vanuit de politiek wordt onvoldoende duidelijk gemaakt dat juist Nederland tot de landen behoort die niet zonder Europa kunnen. Daarmee heeft politiek Den Haag er zelf toe bijgedragen dat vooral de laagopgeleide kiezers nog verder van Europa af komen te staan en in nationale oplossingen gaan denken die er op veel beleidsterreinen gewoon niet meer zijn. Voor ons land is er geen keuze vóór of tegen Europa; zonder Europa kunnen we populair gezegd 'de tent wel sluiten'. Daar ligt ook de opgave voor politiek Den Haag. Geef een onafhankelijk gezaghebbend internationaal instituut de opdracht om de positie van ons land als EU-lidstaat in kaart te brengen. Daarbij moeten alle voordelen en nadelen van het lidmaatschap op alle relevante beleidsterreinen helder beschreven worden. Laat de feiten zo veel mogelijk spreken. Zorg ervoor dat binnen ons onderwijs aan deze studie aandacht wordt besteed.

Het Nederlandse kabinet neemt daarnaast het initiatief om binnen de EU een 'stand still' te bepleiten, waarbij Brussel tegelijk aan het werk wordt gezet om alle bezwaren, nadelen en knelpunten die voortdurend in veel lidstaten in de schijnwerpers worden gezet, goed in beeld te brengen. Op EU-niveau moet worden afgesproken dat daar binnen afzienbare tijd oplossingen voor komen. Onze politici maken in Brussel tevens duidelijk dat ze voorstander zijn van een EU waarbij de 'echte' welvaart centraal komt te staan. Dit moet leiden tot een nieuwe strategische agenda van de toekomst voor de EU. Langs deze weg kan het noodzakelijke draagvlak voor de EU niet alleen in ons land, maar ook in andere lidstaten worden versterkt.

Het immigratiebeleid moet op de helling

In de jaren vijftig toen Nederland ongeveer 10 miljoen inwoners telde, meende de toenmalige minister-president Drees dat Nederland vol was en dat het gewenst was dat er Nederlanders zouden emigreren. Maar de wederopbouw van Nederland verliep veel sneller dan verwacht en aan het einde van de jaren vijftig nam de vraag naar werknemers vanuit het industriële bedrijfsleven sterk toe. In het begin werden arbeidskrachten vooral geworven in Spanje en Italië, halverwege de jaren zestig volgden wervingsacties in Marokko en Turkije. Over het algemeen ging het om laaggeschoolde werknemers. In de jaren zestig was er geen sprake van een gereguleerd toelatingsbeleid of immigratiebeleid.

In 1973 brak de zogenoemde oliecrisis uit. Nederland kwam terecht in een economische crisis met een relatief hoge werkloosheid, die tot in de jaren tachtig zou aanhouden. Daarom wilde de overheid de immigratie beperken. Vanaf 1973 en werd de arbeidsmigratie stopgezet en startte een restrictief immigratiebeleid, vooral gericht op migranten uit niet-westerse landen. Toch nam de omvang van de groep voormalige 'gastarbeiders' in Nederland sterk toe, doordat ze hun gezin naar Nederland lieten overkomen. Deze gezinshereniging kon de overheid niet beperken omdat het recht op een familieleven was vastgelegd in verschillende internationale verdragen. In de jaren tachtig werd Nederland ook geconfronteerd met een grote toestroom van asielzoekende vluchtelingen uit vele delen van de wereld; economische motieven speelden daarbij een grote rol.

Inmiddels werd geconstateerd dat het niet goed ging met vooral de niet-westerse allochtonen in Nederland; ze waren veelal laagopgeleid, vaker werkloos, deden een relatief groter beroep op sociale uitkeringen en scoorden hoog in de criminaliteitscijfers. Binnen deze groep zijn de problemen vooral geconcentreerd bij de Marokkaanse gemeenschap. Sinds de jaren tachtig zijn er tot op heden een groot aantal speciale programma's opgesteld en uitgevoerd om achterstanden op te heffen en de integratie te verbeteren.

In 2009 telt Nederland 16,5 miljoen inwoners, waarvan ongeveer 3,2 miljoen allochtonen. De grootste groep bestaat uit zogenoemde niet-Westerse allochtonen (Marokko, de Antillen, Suriname, Turkije): ruim 1,7 miljoen mensen. Ze zijn veelal woonachtig in de grote steden Rotterdam, Amsterdam, Den Haag, maar daarnaast bijvoorbeeld ook in Almere, Utrecht, Schiedam, Diermen. In 2004 concludeerde de Tijdelijke Commissie Onderzoek Integratiebeleid (de zogenoemde commissie Blok) dat weliswaar het integratiebeleid niet op alle terreinen was mislukt, maar dat het wel beter kon.

In de periode 2003-2006 werd onder VVD-minister voor Vreemdelingenzaken Rita Verdonk het toelatingsbeleid voor gewone migranten en het terugkeerbeleid voor asielzoekers aangescherpt. In die jaren zagen we een daling van het aantal migranten naar Nederland en was er sprake van een vertrekoverschot, de emigratie was hoger dan de immigratie.

In de loop van 2007 zien we een kentering in de cijfers en komt er een einde aan het vertrekoverschot. Volgens CBS-cijfers steeg het aantal migranten in 2007 naar 118.000 (dit was 100.000 in 2006) en in 2008 naar 141.000. Vooral het aantal zogenoemde importbruiden nam in deze jaren sterk toe. Begin juni 2009 concludeerde Minister Eberhard van der Laan (Wonen, Wijken en Integratie) in een interview met *De Telegraaf* dat de instroom van laagopgeleide 'importbruiden' moet stoppen. 'Mijn insteek is: verliezen we die investering van inburgering – wat een heidens karwei is – niet als er zoveel laagopgeleide nieuwkomers bij komen?' Volgens Van der Laan gaat deze voortdurende immigratie onze spankracht te boven. Eberhard heeft niet alleen gelijk, maar door de economische crisis en de toekomstige negatieve gevolgen daarvan op de Nederlandse economie, de werkgelegenheid en de overheidsfinanciën is de urgentie voor een ander, zeer restrictief beleid, alleen maar toegenomen.

Ook om andere redenen moet het Nederlandse beleid ingrijpend gewijzigd worden. Op 17 juli 2009 stelde het lid Fritsma van de Tweede Kamerfractie van de PVV vragen (vraagnr. 2009Z14075) aan de minister voor Jeugd en Gezin over de kwantificering van zorgkosten. Het kamerlid vraagt om een nadere precisering van de aan Jeugd en Gezin (JG) gerelateerde kosten op (niet-westerse) allochtonen, gelet op het aandeel van deze groep in de bevolking, de leeftijdsopbouw van deze groep, en de specifieke problemen die deze groep kent. En hoe verhouden deze kosten zich tot de opbrengsten van deze groep op het ministerie van JG. De kamervragen komen neer op een kosten-batenanalyse voor de Nederlandse samenleving met betrekking tot de groep niet-westerse allochtonen. Vooral bij politiek links Den Haag leidden de vragen tot afwijzende reacties.

Los van de bedoeling van de vragen is er geen reden voor deze ophef. Het merendeel van de gegevens waarnaar wordt gevraagd gewoon beschikbaar en ook al eerder gepubliceerd. Zo heeft het Centraal Planbureau al in 2003 berekeningen gemaakt van de kosten en baten van immigratie. Ook het Sociaal Cultureel Planbureau (SCP) heeft rapporten gepubliceerd over het profijt dat verschillende groepen burgers van de overheid hebben.

Deze cijfers en berekeningen laten aan duidelijkheid niets te wensen over. In zijn goed doortimmerde column in het NRC van 8 augustus wijst Flip de Kam erop dat de CPB-becijferingen bijvoorbeeld leren dat een niet-westers gezin – man en vrouw van 25 jaar oud, met twee kinderen van 0 en vijf jaar – voor de overheid per saldo een kostenpost van 230.000 euro betekent. Dit bedrag is berekend over het gehele leven van dit gezin. 'Mensen die naar Nederland komen in het kader van gezinshereniging of als asielzoekers, ontvangen dus bij aankomst gemiddeld genomen een bruidsschat die kan oplopen tot een kwart miljoen euro of meer. Zij profiteren meteen volop van het pakket voorzieningen van onze verzorgingsstaat, zonder dat zij veel belasting en sociale premies zullen betalen,' aldus De Kam. Uit het onderzoek van het weekblad *Elsevier* (30 september 2009) naar aanleiding van de kamervragen van Fritsma komen soortgelijke cijfers naar voren. Ik verwacht niet dat het kabinet met sterk afwijkende uitkomsten zal komen. De berekeningen zullen nog eens duidelijk maken dat het huidige immigratie- en integratiebeleid op de helling moet.

Het kabinet zou naar mijn oordeel niet moeten volstaan met het aanleveren van cijfers, maar zal tegelijk voorstellen moeten presenteren voor een veel effectiever beleid. Bij integratie liggen die vooral op het vlak van onderwijs (voortijdige schoolverlaters), de aanpak van criminaliteit en op het vlak van de arbeidsmarkt, gezien de te hoge werkloosheidcijfers voor de groep niet-westerse allochtonen. Bij het huidige immigratiebeleid moeten we stoppen met pappen en nathouden. In ieder geval stoppen met de import van laagopgeleide importbruiden, zoals Van der Laan bepleit, en daarnaast de kern overnemen van het (strenge) immigratiebeleid van succesvolle immigratielanden als Canada en de vs. Dit betekent een selectief migratiebeleid gericht op gekwalificeerde mensen die een wezenlijke bijdrage kunnen leveren aan onze welvaart.

Na de crisis zal Nederland nog minder als daarvoor de lasten kunnen dragen van het huidige immigratiebeleid; het draagvermogen van onze economie schiet tekort en dat geldt ook voor het maatschappelijk draagvlak. Voorstanders van een ruim toelatingsbeleid zullen het met deze conclusie waarschijnlijk niet eens zijn en bijvoorbeeld wijzen op de voordelen van de culturele verrijking en onze open economie. Dat mag, maar ze moeten daarbij dan wel eerlijk aangeven wie de rekening van hun beleid moet betalen en wie voor de problemen opdraait die vooral geconcentreerd zijn in de 'slechtere' wijken van de grote steden. En wat de Nederlandse open economie betreft: die heeft vooral belang bij goedopgeleide, ondernemende mensen met een toegevoegde waarde voor onze economie.

Vernieuwingen op de Nederlandse arbeidsmarkt
Volgens verschillende studies, onder andere van het CPB heeft de Nederlandse arbeidsmarkt als belangrijkste knelpunt een gebrek aan dynamiek. Dit gebrek zou een optimale werking in de weg staan. De vrij algemene klacht is, ook van veel werkgevers, dat de huidige arbeidsmarkt niet flexibel genoeg is. Dit zou vooral veroorzaakt worden door de bestaande regelgeving voor ontslagbescherming. Deze regels maken het voor werkgevers moeilijk om werknemers te ontslaan. De keerzijde is dat mensen zonder baan minder kansen op werk hebben. De beschermingsregels leiden er ook toe dat werkgevers, vooral in het midden- en kleinbedrijf terughoudend zijn om mensen aan te nemen. Zouden ze iemand aannemen en die blijkt daarna niet in voldoende mate te functioneren, dan kost een ontslag niet alleen (procedure)tijd, maar kan ook nog eens hoge kosten met zich meebrengen.

Volgens de voorstanders van een versoepeling van het ontslagrecht zal de dynamiek op de arbeidsmarkt toenemen, waardoor er uiteindelijk ook meer banen zullen ontstaan. Ze baseren zich daarbij onder meer op vergelijkingen met arbeidsmarkten in het buitenland die veelal geen of een lagere graad van ontslagbescherming kennen en daardoor beter zouden functioneren. Tegenstanders van een versoepeling van het ontslagrecht vinden we vooral bij de vakbeweging. De vakbonden wijzen erop dat ons land een voldoende flexibele arbeidsmarkt heeft en dat werkgevers voldoende mogelijkheden hebben om personeel dat niet functioneert te ontslaan. Ook ingeval het slecht gaat met een onderneming biedt volgens de bonden de bestaande regelgeving voldoende ruimte voor ontslagen. Daarnaast meent de vakbeweging ook dat de regels op het terrein van het uitzendwerk werkgevers ruime mogelijkheden bieden voor een flexibel personeelsbestand. Zolang de vakbeweging dit standpunt handhaaft, is een ingrijpende versoepeling van het ontslagrecht onwaarschijnlijk. Volgens opinie-onderzoek is een ruime meerderheid van de Nederlandse kiezers het met dit standpunt eens.

In het kader van het crisisakkoord 2009 zijn werknemers en werkgevers het wel eens geworden over het beperken van de ontslagkosten voor werkgevers. In het zogenoemde poldermodel dat Nederland kent is de arbeidsmarkt en alles wat daarmee samenhangt het domein van werkgevers en werknemers. Verschillende kabinetten hebben ervaren dat regelgeving op dit terrein eigenlijk alleen maar goed mogelijk is als ze het eens kunnen worden met werkgevers en werknemers die vaak elkaars hand vasthouden. Is dit erg? Ik meen op basis van eigen ervaringen, zowel in de politiek als in het bedrijfsleven, van niet. Vriend en vijand erkennen inmiddels dat ons zestigjarige poldermodel – de gezamenlijke hechte samenwerking van de regering met werkgevers en werknemers, vooral op het sociaaleconomische vlak – Nederland veel voordelen heeft opgeleverd. En het is waar dat het wel eens wat traag gaat of dat niet altijd direct de (theoretische) uitkomsten van economische studies worden gevolgd. Maar de crisis heeft nog eens kraakhelder laten zien dat de praktijk zich anders gedraagt dan de modellen van economen en hun theorieën ons voorspiegelen. De economische voordelen van een goede verstandhouding en constructieve samenwerking in de polder voor onze economie en werkgelegenheid zijn groot, ook al kun je ze niet (wiskundig) vertalen in economische voorspelmodellen.

De economische crisis heeft duidelijk gemaakt hoe kwetsbaar onze economie is. Alle maatregelen die deze kwetsbaarheid kunnen verminderen moeten, ook in het belang van het herstel van onze economie, zo snel genomen worden. Voor een belangrijk deel liggen die op het vlak van de arbeidsmarkt. Voor werkgevers en werknemers liggen hier in samenwerking met het kabinet voor de korte termijn ten minste drie uitdagingen: een evenwichtig ontslagrecht dat zowel recht doet aan de belangen van werknemers als een dynamische arbeidsmarkt, een oplossing van de pensioenproblematiek, en een beter functionerende arbeidsmarkt voor ouderen.

Als gevolg van de crisis is het vermogen van de Nederlandse pensioenfondsen fors gekrompen ten opzichte van de toekomstige pensioenverplichtingen. In veel gevallen ligt de zogenoemde dekkingsgraad (de verhouding tussen de aanwezige middelen en de verplichtingen) van de fondsen onder de minimale wettelijke norm van 105%. De pensioenfondsen hebben een termijn van vijf jaar om dit dekkingstekort te herstellen. Deze herstelplannen komen veelal neer op het verhogen van de pensioenpremies voor werkgevers en werknemers. Daarnaast zijn er fondsen die een beroep op werkgevers doen, voor aanvullende stortingen in het pensioenfonds. Ook laten vrijwel alle pensioenfondsen indexatie achterwege, waardoor de uitkeringen aan gepensioneerden achterblijven bij de loon- en prijsontwikkeling. Daardoor neemt hun koopkracht af. Volgens berekeningen van De Nederlandsche Bank (DNB) hebben de effecten van deze maatregen negatieve gevolgen voor de Nederlandse economie: over de periode 2009-2013 wordt een verlies aan groei (BBP-volume) berekend van 0,75 procentpunt (www.dnb.nl). Daarom is het van belang dat werkgevers en werknemers in gezamenlijk overleg met een goed doortimmerd meerjarenplan komen voor toekomstige houdbare pensioenen.

Dit geldt ook voor het beter laten functioneren van de arbeidsmarkt voor ouderen. Uit de CPB-studie 'Rethinking Retirement' komt naar voren dat de markt voor oudere werknemers (55- tot 65-jarigen) wordt gekenmerkt door een lage mobiliteit en weinig kansen voor oudere werklozen. Volgens deze studie is het kernprobleem dat loon naar leeftijd in plaats van naar werk wordt betaald. Dit probleem zal vooral door werkgevers en werknemers opgelost moeten worden in het kader van het arbeidsvoorwaardenbeleid, onder meer door leeftijdbeloningsprofielen. Daarnaast stelt een dergelijke aanpassing nieuwe eisen aan de vormgeving van de WW, het ontslagrecht en investeringen in de inzetbaarheid van werknemers.

Box 97 Ons bedrijfsleven moet aan de slag

Volgens een KPMG-onderzoek (2009) onder 850 bedrijven in 29 landen wereldwijd naar maatregelen die bedrijven nemen om de crisis het hoofd te bieden, reageren Europese bedrijven relatief traag op de crisis. Het Nederlandse bedrijfsleven is hekkensluiter. De overgrote meerderheid van de Nederlandse ondernemingen is niet van plan het komende jaar hun bedrijfsstrategie aan te passen. Deze afwachtende houding zien we bijvoorbeeld niet of minder in de VS en Azië. Wereldwijd geeft de helft van de bedrijven aan de recessie te gebruiken om de strategie te wijzigen.

Of afwachten de juiste manier is om 'gezond' de crisis door te komen en de economie weer aan te jagen is de vraag. Actieve ondernemers gebruiken de economische malaise om niet alleen kritisch te kijken naar de kosten, maar ook naar de sterke kanten en zwakke kanten van de bedrijfsactiviteiten. Daarnaast worden nieuwe producten en diensten ontwikkeld en nieuwe markten verkend en aangeboord. Ook wordt pro-actief ingespeeld op de (economische) wereld na de crisis. Nu staat bijvoorbeeld al vast dat de zogenoemde duurzaamheidsector het komende decennium sterk zal groeien. Daarbij gaat het onder meer om de opwekking van groene stroom (zon, wind, water, nieuwste generatie biomassa), zuinige energietechnologie, energiezuinige woningen en gebouwen, watermanagement en dienstverlening op deze terreinen. Extra groei wordt ook verwacht in de wereld van het internet en mobiele communicatie. De fysieke economie wordt wereldwijd geleidelijk aan voor een belangrijk deel vervangen door de digitale economie. Voor het bedrijfsleven betekent dit een ingrijpende aanpassing van het bedrijfsbeleid, waarbij het potentiële nieuwe klantenbestand vooral buiten Europa zal zitten, vooral in China en India.

Toekomstgerichte bedrijven spelen in op deze ontwikkelingen en pakken kansen. Het ontwikkelen van een internetstrategie die geïntegreerd wordt in het bedrijfsmodel kan de (internationale) slagkracht van veel bedrijven vergroten. Bij marketing, reclame, verkoop, communicatie enz. kan deze strategie een belangrijke rol spelen. Van belang is eveneens dat bedrijven rekening gaan houden met de verdere opkomst van maatschappelijk verantwoord ondernemerschap (mvo). Nu meer werk maken van mvo kan bijdragen aan een maatschappelijke en economische versterking van de positie van de onderneming. Het wordt hoog tijd dat binnen onze ondernemingen onder het motto 'we gaan aan de slag' snel de nadruk wordt gelegd op ondernemerschap, creativiteit en handelsgeest.

> Voor veel bedrijven roept de economische crisis en de wereld daarna de vraag op of het bestaande businessmodel niet verouderd is en wellicht moet veranderen. Bedrijven die in het verleden aandeelhouderswaarde centraal hebben gesteld, zien nu dat het maatschappelijke draagvlak voor deze eenzijdige benadering sterk aan het afkalven is. Zonder voldoende aandacht voor de waarde van klanten en werknemers zullen deze bedrijven tot de verliezers van de toekomst behoren.

Meer vaklieden, meer bèta

In Nederland wordt veel geklaagd over een gebrek aan ambachtelijke functies als loodgieters, timmerlieden, schilders, elektriciens. Daarnaast over een gebrek aan mensen die seizoenswerk willen verrichten: aspergestekers, tomaten- en andere pluk. Dit (vermeende) gebrek leidt al snel tot de roep om immigratie vanuit het buitenland. Hetzelfde zien we bij de vraag naar afgestudeerden met een zogenoemde bètaopleiding (natuurkunde, wiskunde, scheikunde enz.). Nederlandse universiteiten zouden niet kunnen voldoen aan de vraag naar dit soort werknemers.

Kijken we veertig jaar terug, dan waren er nauwelijks problemen op dit terrein van de arbeidsmarkt. In het algemeen waren er toen voldoende vaklieden en bètawerknemers. Wat ging er verkeerd? Bij de afkalving van het aantal vaklieden spelen vooral drie oorzaken een rol. In ons onderwijs is te veel de nadruk gelegd op zogenoemde 'witteboordenfuncties'. Ouders en hun kinderen speelden daarop in. Daarnaast is er nog steeds een imagoprobleem van 'vuile handen', terwijl dat bij veel technische functies allang tot de verleden behoort. In Nederland speelt tevens een rol de opkomst en voorliefde voor managementachtige functies, die veelal beter worden betaald dan de technische. De personeelsadvertenties staan er vol mee.

Tijdens de crisis zien we dat bedrijven juist in dit soort functies gaan snijden en daarmee tegelijk zelf de twijfels voeden over de toegevoegde waarde van dit soort management. Nederland na de crisis heeft meer behoefte aan vaklieden dan aan vage managementfuncties waarvan de toegevoegde waarde op zijn minst twijfels oproept. Het prijsmechanisme leert dat overheid en bedrijfsleven vrij snel het tij kunnen keren. Voor technische functies en vaklieden komen er hogere beloningsschalen, ze gaan beter betaald worden. De beloningen voor managementachtige werkkringen kunnen omlaag, ook al omdat er nog voldoende aanbod en animo voor dit soort functies is.

Daarnaast vindt er binnen het onderwijs een opwaardering plaats van vakman- en vakvrouwschap en technische functies. Overheid en bedrijfsleven starten daarnaast mediacampagnes gericht op een verbetering van het imago van deze werkkringen. Dezelfde aanpak passen we toe bij hogere technische vakmensen en beta-achtige functies. Wie straks afstudeert in deze richtingen weet dat hij of zij niet alleen een mooie baan vindt, maar ook dat het salaris hoger ligt als dat van de vrienden en vriendinnen die bijvoorbeeld rechten, economie, sociologie of een managementopleiding hebben gevolgd.

De hier voorgestelde aanpak voorkomt dat arbeidsmarktproblemen opgelost moeten worden via immigratie. Die benadering moeten we snel verlaten. We moeten ons beperken tot alleen een selectieve migratie gericht op goed gekwalificeerde nieuwkomers met een hoge toegevoegde waarde voor onze welvaart. En wat doen we met het tekort aan seizoenswerkers? Nederland heeft nog steeds een omvangrijke arbeidsreserve, onder andere van mensen die in de bijstand zitten. Het moet mogelijk zijn om dit tekort op te heffen; sociale diensten van gemeenten moeten in een vroeg stadium bindende afspraken maken met uitkeringsgerechtigden die erop neerkomen dat ze, als ze daarvoor in aanmerking komen, bij gebrek aan ander werk, dit seizoenswerk aan moeten pakken.

Box 98 Innovatie en ondernemerschap

Wereldwijd wordt innovatie beschouwd als de motor van de economie. Omdat de Nederlandse innovatiemotor niet goed draait, moeten we ons zorgen maken. Op verschillende Europese en wereldranglijsten van beste innovatieve landen is ons land gezakt. Als Nederland innovatiever wil worden, en dat is voor onze toekomstige welvaart hard nodig, dan moeten er ten minste vijf problemen worden opgelost: meer en beter ondernemerschap, betere samenwerking tussen onderwijs- en onderzoeksinstellingen en het bedrijfsleven, het inzetten van innovatieve ICT, een sterkere nadruk op het succesvol wegzetten van innovaties in de markt en vooral het ontwikkelen van inspirerende toekomstvisies.

Voor onze welvaart zijn we sterk afhankelijk van de prestaties van de export. Daarvoor is in ieder geval nodig ondernemerschap en voortdurende innovaties. Om geld te blijven verdienen op de wereldmarkt moeten bedrijven regelmatig met nieuwe producten en diensten komen. Dat doen we niet goed genoeg. Uit de zogenoemde 'EU Innovation Scoreboard' blijkt dat ons bedrijfsleven achter blijft andere landen, als Zweden, Finland, de VS en Zwitserland.

De praktijk leert dat innovatie teamwerk vereist. Daarbij gaat het om een adequate samenwerking tussen middelbaar onderwijs, universiteiten, onderzoeksinstituten en bedrijfsleven. In Nederland komt deze samenwerking onvoldoende van de grond. Daarnaast is er dringend behoefte aan meer ondernemerschap. Op dit vlak kunnen we leren van Denemarken. Om ondernemerschap te stimuleren wordt in het onderwijs aandacht besteed aan ondernemerschap. Al op de lagere school wordt kinderen op een speelse manier uitgelegd wat ondernemen is. Door een EU-werkgroep zijn voorstellen ontwikkeld om het 'vak' ondernemerschap in het onderwijs op te nemen (www.europa.int/comm/enterprise). Een eigen tijdrovend Nederlands onderzoek is niet nodig; het zijn praktische voorstellen die we zo kunnen overnemen om ons onderwijs 'ondernemender' te maken.

Bronnen: Rapport WRR, mei 2008, 'Innovatie vernieuwd: opening in viervoud' en 'Innovatie uit de polder: hoe Nederland kan vernieuwen 2009' (www.business-contact.nl).

De uitverkoop van Nederland

De afgelopen tien jaar is een groot aantal gezichtsbepalende Nederlandse bedrijven verkocht aan buitenlandse kopers. De verkoop van ABN Amro en de energiebedrijven Essent en Nuon hebben de meeste aandacht getrokken. Minder bekend is dat een groot deel van het Nederlandse stads- en streekvervoer met bussen in handen is van de Franse Staat. Het voerbedrijf Connexxion, de belangrijkste busvervoerder in steden en regio's en volledig eigendom van de Nederlandse Staat, werd door minister van Financiën Wouter Bos in oktober 2007 voor twee derde deel verkocht aan het Franse Transdev. De meerderheid van de aandelen van dit bedrijf zijn in handen van de Franse staat.

Het valt op dat de 'uitverkoop' van het Nederlandse bedrijfsleven tot voor kort bij de verschillende coalitiekabinetten en de top van het bedrijfsleven weinig weerstand heeft opgeroepen. Waarschuwingen kwamen er wel van de kant van de vakbeweging, die wees op de gevaren voor de (toekomstige) werkgelegenheid. De zorgeloze houding over de verkoop is vooral ingegeven door de in ons land dominante opvatting dat vrijhandel goed is voor Nederland en dat we daarom vooral internationaal moeten denken en handelen. Het is als het ware een natuurverschijnsel dat bij Nederland hoort. De markt beslist.

Bij veel verkopen kan vastgesteld worden dat deze niet in het belang waren van de continuïteit van de onderneming en de werknemers, maar dat er sprake was van mismanagement en de verkoop vooral werd ingegeven door de belangen van aandeelhouders, topmanagers, adviseurs en banken, die gigantische bedragen verdienden met de verkoop. Ook bij kopers ging het vaak om snel geld verdienen door het overgenomen bedrijf kaal te plukken of op te splitsen. Een voorbeeld daarvan hebben we gezien bij uitgever PCM (*NRC, Volkskrant*) die gekocht werd door de Britse investeringsmaatschappij Apax. Daarnaast werd door opkopers, veelal private equity-fondsen, gebruikgemaakt van financieringsconstructies die ten laste kwamen van de Nederlandse schatkist. Jan Kees de Jager, staatssecretaris van Financiën, heeft medio juni 2009 voorstellen gepresenteerd die deze praktijken moeten voorkomen. In het FD van 15 juni zegt hij daarover: 'Bij bedrijfsovernames door private equity-fondsen ziet de fiscusafdrachten van tientallen en soms honderden miljoenen euro's van de ene op de andere dag als sneeuw voor de zon verdwijnen. Wij subsidiëren zulke overnames met een fiscale bonus.'

Wie vraagtekens zette bij dit soort verkopen en op de schaduwkanten wees werd weggezet als naïef, nostalgisch, chauvinistisch, provinciaal of nationalistisch genoemd of werd een gebrek aan kennis van zaken verweten. Dit gold zelfs voor oud-minister Joop Wijn van Economische Zaken (CDA) die het in 2006 had aangedurfd om de aanduiding 'aasgieren' te gebruiken voor bepaalde internationale opkoopfondsen die bedrijven kochten om snel op de korte termijn hoge winsten te realiseren. Deze fondsen hadden lak aan de belangen van werknemers, klanten en een gezonde continuïteit van het bedrijf. Joop Wijn opperde toen, volkomen terecht, de geachte van overheidsmaatregelen tegen dit soort praktijken. Zowel door zijn collega bewindslieden in het kabinet als de top van het bedrijfsleven werd hij weggehoond.

Door de economische crisis en de gevolgen zien we gelukkig een kentering in het denken. Maar deze heeft nog niet geleid tot een adequate politieke reactie. Sterker nog, het Nederlandse kabinet keek, met verwijzing naar de vrije markt, hulpeloos toe hoe de Nederlandse energiebedrijven

Essent en Nuon in handen kwamen van buitenlandse overheden, Duitsland en Zweden. De afgelopen jaren geven opiniepeilingen aan dat een grote meerderheid van de Nederlandse bevolking zich zorgen maakt over de toegenomen verkoop van 'bekende' bedrijven aan het buitenland. Meer dan 80% was tegen de verkoop van Essent en Nuon. De praktijk heeft uitgewezen dat deze bezorgdheid terecht is.

Menno Tamminga, redacteur van NRC Handelsblad, heeft begin 2009 het boek gepubliceerd: *De uitverkoop van Nederland, hoe een ondernemend land geveild werd*. In deze goed gedocumenteerde publicatie met een lijst van verkochte bedrijven tussen 1999 en 2009 wordt op een overtuigende wijze duidelijk gemaakt dat de politieke machtshebbers in Den Haag, maar ook de spraakmakende ondernemerstop in ons land de afgelopen tien jaar kritiekloos de uitverkoop van het Nederlandse bedrijfsleven hebben gadegeslagen. Gefundeerde kritiek op deze verkopen werd daarbij weggewuifd en gesmoord met begeleidende teksten als 'Wij zijn een internationaal land, het past bij onze open economie'; 'Het is een onstuitbaar proces'; 'Maatregelen tegen overnames schaden ons economie- en beursklimaat'; 'Nederlandse ondernemingen kopen ook buitenlandse bedrijven' en 'Per saldo is er geen uitverkoop, want de waarde van onze bedrijfsaankopen in het buitenland ligt hoger dan de waarde van buitenlandse overnames in ons land'. Tamminga doet een geslaagde poging deze redeneringen te ontkrachten en aan de hand van verschillende statistieken helder aan te geven dat er wel degelijk sprake is geweest van een uitverkoop.

Bovendien vergelijken de verdedigers van de verkoop van belangrijke Nederlandse bedrijven aan het buitenland appels met peren als ze wijzen op de Nederlandse overnames in andere landen. Ingeval een Nederlands bedrijf bijvoorbeeld een Amerikaans of Engels bedrijf overneemt, dan zijn de economische en maatschappelijke gevolgen daarvan in die grote landen minimaal. In ons relatief kleine land kunnen grote buitenlandse overnames in strategische sectoren grote gevolgen hebben. Zo heeft de Nederlandse overheid als gevolg van de verkoop van Essent en Nuon nauwelijks tot geen invloed meer op energieleveranties.

Welke statistiek ook wordt gehanteerd, in ieder geval staat wel vast dat het aantal werknemers dat in ons land werkt voor buitenlandse eigenaren de afgelopen tien jaar sterk is toegenomen. Op zich past deze ontwikkeling bij het open Nederlandse vestigingsklimaat en de wereldwijd toenemende internationalisering. Maar het zou verstandig zijn daarbij ook oog te hebben voor de schaduwkanten van deze ontwikkeling voor de toekomstige ontwikkeling van onze economie en werkgelegenheid. Zoals we ook lessen moeten trekken uit het marktfundamentalisme dat een belangrijke bijdrage heeft geleverd aan de zwaarste economische recessie in de wereld sinds de jaren dertig van de vorige eeuw. Het heilige geloof in de zegeningen van de markt is ook van invloed geweest op de kritiekloze houding van de meerderheid van de Nederlandse politiek en de top van het vaderlandse bedrijfsleven tegenover de golf van buitenlandse overnames in ons land. Ik hoop dat in deze kringen het besef gaat doordringen dat het voor een klein land als Nederland van groot economisch en maatschappelijk belang is waar de eigenaren van een onderneming gevestigd zijn. Door de crisis wordt dit nog eens extra onderstreept. De praktijk laat zien dat buitenlandse eigenaren, zeker in economisch zware tijden, eerder kijken naar het financiële eigenbelang dan naar de belangen van de onderneming, werknemers en de maatschappij.

Daarnaast moeten we ook nog eens goed kijken waar en hoe de Nederlandse spaarmiddelen worden belegd. Jarenlang is er gemiddeld 15 miljard euro belegd in het buitenland, vooral in de VS. Veel van deze beleggingen zijn volledig verloren gegaan. Een kritische analyse kan geen kwaad. Bij de Nederlandse werkgevers zagen we in de loop van 2009 een eerste signaal waarin een kanttekening wordt geplaatst bij verkopen aan het buitenland. Zo schreef werkgeversvoorzitter VNO-NCW, Bernard Wientjes, op 13 mei 2009 een brief aan minister-president Balkenende, waarin het kabinet werd opgeroepen om de verkoop van de twee grootste Nederlandse energiebedrijven (Essent en Nuon) aan buitenlandse ondernemingen tegen te houden. Deze energiebedrijven waren in handen van lagere overheden. Wientjes zegt in zijn brief dat VNO-NCW zeker niet tegen privatisering is, maar dat we door de verkoop de zeggenschap kwijtraken over bedrijven die van vitaal en strategisch belang zijn voor een duurzame Nederlandse economie (www.vno-ncw.nl). Ook wordt erop gewezen dat energievoorziening van nationaal belang is.

De reactie van de Kamerfracties van CDA en PvdA op deze brief zijn, gezien de nationale belangen die in het geding zijn van een onthutsend niveau. De fracties stellen dat VNO-NCW te laat komt met haar standpunt en dat ze bij het verkeerde adres is. VNO-NCW zou zich maar moeten melden bij de aandeelhouders, provincies en gemeenten. De houding van deze fracties is in alle opzichten onbegrijpelijk. Op basis van mijn eigen politieke ervaring weet ik dat beide fracties met voldoende politieke druk op de juiste plaats Essent en Nuon voor Nederland hadden kunnen behouden. Deze opstelling is dan ook een gigantische politieke blunder die zeker in de politieke geschiedenisboekjes terecht zal komen. Vooral de fractie van de PvdA heeft hier een kans laten liggen om haar blazoen op te poetsen. Ze had in goed overleg met haar voorman in het kabinet, Wouter Bos, niet alleen Nederland een grote dienst bewezen, maar ook zelf geschiedenis kunnen schrijven.

Leren van het buitenland
In de *Harvard Business Review* (HBR) van juni 2009 is een ranglijst over de periode 2000-2008 gepubliceerd van landen die per saldo een 'waardeverlies' of 'waardevoordeel' hebben gerealiseerd bij het aantrekken van grotere bedrijven uit het buitenland en het verkopen van bedrijven aan het buitenland. Ook deze lijst bevestigt dat er sprake is geweest van een Nederlandse uitverkoop. Van de landen die een waardeverlies hebben geboekt staat Nederland wereldwijd op de vierde plaats en Europees gezien op nummer 1; wel aangeduid als de 'Gekke Henkie'. In Europa zijn de grote winaars met waardevoordelen Frankrijk, Spanje, België, Zwitserland en Duitsland. In HBR wordt benadrukt dat verliezers als Nederland economische en maatschappelijke nadelen ondervinden van de grotere afhankelijkheid van de bazen in het buitenland.

Binnen de EU zijn er verschillende lidstaten, zoals Duitsland en Frankrijk waar al decennia terug wetgeving is ingevoerd met het oog op het beschermen van strategische bedrijfssectoren tegen (vijandelijke) buitenlandse overnames. Ook in de VS, het schoolvoorbeeld van de vrije markt, gelden beschermingsregels. Bij de sectoren die min of meer onder overheidstoezicht vallen gaat het veelal om de financiële sector, staatsveiligheid, defensie, energie, luchtvaart, havens, media. Een buitenlandse overname in die sectoren wordt vooraf getoetst op publieke belangen. Tegen de achtergrond van de bezwaren die kunnen kleven aan bepaalde bedrijfsovernames door buitenlandse bedrijven, opkoopfondsen en buitenlandse staatsbedrijven is het gewenst dat in Nederland een vergelijkbare wetgeving wordt ingevoerd. Nu de crisis keihard heeft toegeslagen is er nog een extra reden. Verschillende bedrijven die voor ons land van strategisch belang zijn, kunnen vanwege hun lage beurskoersen gemakkelijk worden overgenomen door buitenlandse opkopers die net als voorheen snel geld willen verdienen.

Medio 2009 zien we dat dit type kopers op jacht is naar 'koopjes in de markt'. Verwacht mag worden dat in het vrije jacht gebied van Nederland naar mooie prooien zal worden gezocht. Het kan wel eens zo zijn dat beschermende wetgeving te laat komt. Zomer 2009 heeft Nederland een zeer waardevol technologisch verlies geleden op het terrein van windenergie. Het Chinese bedrijf XEMC heeft 'geruisloos' het innovatieve bedrijf Darwind, gevestigd te Utrecht, gekocht van de curatoren van Econcern dat in juni failliet ging. Darwind ontwikkelt geavanceerde windturbines die zeer geschikt zijn voor windparken op zee. Voor naar verluidt het geringe bedrag van minder dan 12 miljoen euro is ons land technologie kwijtgeraakt die de komende decennia wereldwijd een rol kan gaan spelen bij zeewindparken, waarmee vele miljarden zijn gemoeid. Het is onbegrijpelijk dat het Nederlandse bedrijfsleven en belanghebbende overheden dit hebben laten gebeuren. Terwijl dit land zich suf vergadert over innovaties en daarover stapels rapporten schrijft, slaagt China erin om op een zomersdag in augustus 2009 voor een appel en een ei eigenaar te worden van een veel belovende Nederlandse innovatie. Het is om moedeloos van te worden.

Box 99 Opvattingen over de uitverkoop en de positie van aandeelhouders

Minister Wouter Bos, begin september 2007 tijdens een bijeenkomst van het Holland Finance Center: 'Er is geen sprake van een uitverkoop van Nederland… Globalisering betekent dat de evolutie van ons bedrijfsleven internationaler wordt. Nederland staat daarbij in een rijke traditie en doet daar volop mee…Een discussie over oranje gevoel zet ons daarbij al snel op het verkeerde been, omdat het oud en groot beschermt, terwijl het geen ruimte biedt aan jong en dynamisch'.
Volgens Hans Crooijmans in *Management Scope* (07-09-2007) duiden de cijfers wel degelijk op een uitverkoop: 'En waarom is een Oranjegevoel misplaatst?… Het dedain van de zakelijke en politieke elite over wat zij vaak noemt "bekrompen nationaal denken" is misplaatst. Te meer omdat andere landen zich – vaak wel met succes – sterk maken voor hun eigen bedrijven en belangen. Frankrijk, Duitsland, Italië, Spanje, zelfs de Verenigde Staten; ze houden er allemaal protectionistische trekjes op na. Bijvoorbeeld als het om hun energiebedrijven, luchtvaartmaatschappijen of boeren gaat…Succesvol kapitalisme, betoogt econoom en Nobelprijswinnaar Joseph Stiglitz, vereist een combinatie van sterke ondernemingen en een sterke, ondersteu-

nende staat. Fransen en Duitsers hebben dit allang begrepen. De belangen van Nederland – met een economie die toch tot de 15 grootste van de wereld behoort – zijn volgens lieden als Wouter Bos het verdedigen kennelijk niet waard. Een slechte zaak'.

CDA-fractievoorzitter Pieter van Geel schreef naar aanleiding van buitenlandse overnames in zijn internet dagboek op maandag 15 oktober 2007: 'Een open economie prima, maar het moet geen grabbelton worden'.

In *de Volkskrant* van 11 april 2009 zegt Hans Wijers dat de invloed van korte termijnbeleggers op ondernemingen moet worden teruggedrongen. 'Het probleem is dat kortademige beleggers het aandeelhouderschap bepalen; niet trouwe aandeelhouders. Als je het onaardig zegt: speculanten bepalen de agenda. Met die partijen kun je niet op een redelijke manier om tafel zitten... Als je op het niveau van Nederland kijkt, zou je ons spaar- en pensioengeld toch anders kunnen inzetten. Pensioenfondsen als ABP en PGGM zouden grote belangen moeten nemen in geselecteerde Nederlandse bedrijven'.

Onder sterke invloed van de Amerikaanse en Britse visie op de vrije markt is de Nederlandse regelgeving zodanig aangepast dat aandeelhouders meer macht kregen; het gaat hier om wetgeving uit 2004 en de code van de zogenoemde commissie Tabaksblat in 2003 voor goed ondernemingsbestuur. Deze ontwikkeling heeft verschillende bedrijven er ook toe bewogen om hun juridische beschermingsregels tegen vijandelijke overnames in te trekken.

In *de Volkskrant* van 5 juni 2009 bepleit topadvocaat Jan Louis Burggraaf van Allen Overy, die de afgelopen jaren bij verschillende bedrijfsovernames en fusies was betrokken, voor een inperking van de macht van aandeelhouders. Daarnaast moeten er volgens hem meer mogelijkheden voor bedrijven komen om zich tegen vijandige overnames te beschermen. Volgens Burggraaf is de macht van de aandeelhouder is te ver doorgeschoten, 'waardoor het Nederlandse bedrijfsleven disproportioneel kwetsbaar is geworden'. 'Alle aandeelhouders, zelfs pensioenfondsen, kijken primair naar het financiele belang en niet naar het belang van het bedrijf. Volgens mij hebben wij in Nederland een naïeve kijk op de werkelijkheid. We dachten dat aandeelhouders naar het belang op de langere termijn van zich zelf en het bedrijf zouden kijken, maar vergaten dat er ook andere typen aandeelhouders waren. Anders gezegd: we hielden rekening met de good guys, maar zagen de bad guys over het hoofd. De old boys moesten het veld ruimen, maar daarvoor kwamen de new boys uit de Londense City werkzaam bij hedgefondsen voor in de plaats. Zij hadden geen enkele binding met de Nederlandse bedrijven en de Nederlandse samenleving. De belangen van andere betrokkenen, zoals klanten, werknemers en burgers sneeuwden volledig onder' [...] 'De beschermingsconstructies zijn ooit afgebroken omdat de aandelenkoers van Nederlandse bedrijven daardoor te laag zou zijn – de Dutch discount in jargon. Er is echter geen enkel doorslaggevend bewijs voor deze stelling. Sterker nog, dankzij de beschermingsconstructies hadden bedrijven een betere onderhandelingspositie ten opzichte van de bieder, waardoor ze een hogere prijs konden bedingen. Dankzij bescherming konden bedrijven tijd kopen en voor alle partijen een meer acceptabele uitkomst nastreven.'

Hoofdlijnen klimaat- en energiebeleid
Volgens het beleid van het kabinet moet de uitstoot van broeikasgassen (hierna CO_2) in 2020 30% lager liggen dan het niveau van 1990. Naast de vermindering van de uitstoot moet het aandeel hernieuwbare energie, zoals windturbines, zonne-energie, biomassa voor elektriciteit en biobrandstoffen in 2020 gegroeid zijn tot 20%. Nu ligt dit aandeel nog onder de 4%. Ook moeten we in ons land 2% per jaar op energie besparen. Deze besparing is hard nodig omdat het verbruik van fossiele brandstoffen (olie, gas, kolen) de komende decennia blijft stijgen. De groei is vooral hoog bij de industrie, verkeer en de energiebedrijven.

De CO_2-reductie moet in belangrijke mate plaatsvinden door middel van besparingen op energieverbruik in bestaande woningen en nieuwbouw (woningen, kantoren en bedrijfsgebouwen). De uitstoot van CO_2 door het verkeer wordt onder meer aangepakt door de aanschafbelasting (BPM) op zuinige personenauto's te verlagen en op 'slurpers' te verhogen. Daarnaast ook door biobrandstoffen te verwerken in de autobrandstoffen en het bio-aandeel geleidelijk te verhogen. De CO_2-emissies moeten ook worden verminderd door de invoering van CO_2-opvang en opslag onder de grond (CCS), met name bij kolen- en gascentrales.

Met het bedrijfsleven, gemeenten en provincies heeft politiek Den Haag vrijwillige klimaatakkoorden afgesloten met het oog op een zo breed en effectief mogelijk draagvlak voor het realiseren van de doelstellingen. Volgens het Werkprogramma van het kabinet 'Schoon en Zuinig' zullen in de periode tot 2020 in de verschillende sectoren aanzienlijke CO_2-reducties moet plaatsvinden om de klimaatdoelstellingen te kunnen realiseren. Gaat Nederland de klimaatdoelstellingen halen? Met het huidige beleid is de kans zeer klein. Maar het is niet uitgesloten dat door de crisis de kans toch toeneemt; door de recessie dalen de broeikasgasemissies tussen 2007 en 2010 naar verwachting met 5-10%. De gevolgen op langere termijn zijn mede afhankelijk van de toekomstige economische groei.

De hoeksteen van het beleid is energiebesparing. Voor het realiseren van de besparingsdoelstellingen is ons land sterk afhankelijk van het EU-beleid. Daarbij gaat het vooral om het bureaucratische en inefficiënte Europees emissiehandelssysteem (ETS) en EU-regelgeving voor het verminderen van de CO_2-uitstoot van verkeer en vervoer. Beide 'dossiers' laten een vertraging en afzwakking zien van eerdere, meer ambitieuze doelstellingen om de uitstoot van broeikasgassen in de EU te verminderen. Veel EU-lidstaten zijn van mening dat het EU-klimaatmaatregelenpakket tot te zware lasten voor hun bedrijfsleven leidt. Zij wijzen erop dat de bedrijven in hun land door deze extra lasten in de problemen kunnen komen doordat concurrerende ondernemingen in andere landen buiten de EU deze lasten niet hebben. De internationale economische crisis heeft er extra toe bijgedragen dat het EU-klimaatpakket door lidstaten is afgezwakt of vertraagd.

Het Nederlandse klimaatbeleid dat naar mijn oordeel te sterk stoelt op zeer optimistische energiebesparingen zal daarvan de negatieve gevolgen ondervinden. Bovendien is het beleid 'te vrijblijvend'. Er ontbreekt een strak wettelijk kader waaraan periodiek de resultaten worden getoetst en waarbij een verplichte bijstelling moet volgen als de doelstellingen niet worden gerealiseerd. Invoering van een zogenoemde Klimaatwet, waarin dit wordt vastgelegd, kan bijdragen aan een vergroting van de effectiviteit van het beleid (zie www.klimaatwet.nu.nl).

Daarnaast zijn er onzekerheden over de snelheid waarmee CCS-technologie (opvang van CO_2 en de opslag onder de grond) kan worden ingezet. Ook de inzet van biobrandstoffen is vanwege allerlei bezwaren omstreden. Bovendien is de kans aanzienlijk dat het beoogde aandeel duurzame energie van 20% in 2020 niet op tijd wordt gehaald. De belangrijkste stimuleringsregeling van het kabinet, de SDE, is bureaucratisch en inefficiënt en moet zo snel mogelijk vervangen worden door de succesvolle Duitse regeling op dit vlak (www.insnet.org/feedin). Voor een overzicht van de realisatie van de beoogde klimaatdoelstellingen verwijs ik naar de voortgangsrapportage 2009 van het Planbureau voor de Leefomgeving (www.pbl.nl)

**Box 100 Het Nederlandse milieu- en klimaatbeleid scoort internatio-
naal bar slecht**

Volgens de 2008 Environmental Performance Index (www.epi.yale.edu), die
is samengesteld door de Amerikaanse universiteiten Yale en Columbia, staat
Nederland op de wereldranglijst van best presterende landen op het terrein
van milieu- en klimaatbeleid op een zeer lage plaats: nummer 55. De top vijf
bestaat uit: Zwitserland. Zweden, Noorwegen, Finland en Costa Rica.

Beperkte slagkracht rijksoverheid

De Nederlandse rijksoverheid heeft maar een zeer beperkte invloed op het
energie- en klimaatbeleid in ons land. Het Haagse beleid bestaat vooral uit
krachteloze nota's. De daadwerkelijke beslissingen worden in hoofdzaak genomen door de besturen en (buitenlandse) aandeelhouders van de energiebedrijven die bepalen welke investeringen er plaatsvinden en of er een gas-
of kolencentrale zal worden gebouwd, een windmolenpark of een kerncentrale. In de loop van 2009 werden bovendien onze grootste energieleveran-
ciers Nuon en Essent aan het buitenland verkocht. Deze verkoop heeft tot
een verdere afkalving van de invloed van de Nederlandse overheid geleid.

Omdat bij de meeste investeringsbeslissingen (voorlopig) al is gekozen
voor kolen- en gascentrales ligt de energiemix van ons land voor 2020 al
grotendeels vast. In veel andere Europese landen bepaalt de overheid in
hoge mate zelf het nationale energiebeleid. In deze landen wordt energievoorziening terecht als een belangrijke strategische nationale basisvoor-
ziening gezien die direct of indirect door de staat wordt beheerd. Het belang van (duurzame) energievoorzieningen neemt wereldwijd toe en het
zou verstandig zijn als ons land zo snel mogelijk de dwaalweg van de vermeende voordelen van commerciële energiemarktpartijen verlaat en onze
energievoorzieningen weer direct of indirect bij de overheid onderbrengt.

Box 101 Adviezen over energiebeleid

De Sociaal Economische Raad (SER) heeft over het energiebeleid twee adviezen uitgebracht: het SER-advies 'Naar een kansrijk en duurzaam energiebeleid' van 15 december 2006 en het vervolgadvies 'Kernenergie en een duurzame energievoorziening' van 14 maart 2008 (www.ser.nl). Belangrijke

oordelen van de Raad zijn de volgende. Uitgangspunt van de SER is het streven naar een duurzame energievoorziening die tegelijkertijd betrouwbaar, schoon, veilig, toegankelijk en betrouwbaar is. Dit proces zal vele decennia duren en een volledige duurzame energievoorziening zal vooralsnog een utopie blijken. Op de korte en middellange termijn blijven energie-efficiency verbeteringen en energiebesparingen het belangrijkste middel om dit proces te verkorten. Volgens de SER zal het bijzonder veel inspanning vragen om de 20% duurzame energie in 2020 te realiseren. Ook meent de Raad dat de inzet van 'schoon fossiel' (vooral kolencentrales met CCS-technologie) nodig is om de beoogde vermindering van de CO_2-uitstoot in 2020 te realiseren.

Een belangrijke opdracht aan het kabinet is om zich in de EU actief in te zetten voor een effectief ETS (emissiehandel) en om in mondiaal verband mee te werken aan de totstandkoming van een wereldwijd CO_2-emissiehandelssysteem. De SER heeft er kennis van genomen dat het kabinet in 2010 een evaluatie van het klimaat- en energiebeleid zal uitvoeren. De Raad beveelt aan daarbij ook alle energie-opties serieus en op een zakelijke en gelijkwaardige manier te onderzoeken. Ook de mogelijke rol van kernenergie, waarbij de SER mede gebruik heeft gemaakt van het ECN-rapport 'Fact Finding Kernenergie', zou daarbij aan de orde moeten komen.

De Algemene Energieraad presenteert een aantal ongemakkelijke boodschappen (www.algemene-energieraad.nl). Het bestaande beleid met betrekking tot energiebesparing werkt onvoldoende. Het kabinet zou 'hardere' instrumenten moeten inzetten, zoals normen en verplichtingen en zelfs energieverspillende producten moeten verbieden. De Raad sluit niet uit dat er binnen vijf tot tien jaar een nieuwe oliecrisis komt. Het kabinet moet daarop voorbereid zijn. De Raad wil ook een nader gasbeleid. Het hele beleid op dit vlak – gasimport, gasexport en gasproductie – moet zodanig worden gewijzigd dat het Groninger gasveld langer als strategische reserve benut kan blijven. De CO_2-verminderingen die het kabinet wil realiseren zijn volgens de Raad niet haalbaar zonder de inzet van schone kolen en/of kernenergie. De raad adviseert het kabinet volwaardig te werken aan de optie kernenergie om zo een volgend kabinet in staat te stellen de knoop door te hakken. In het zogenoemde briefadvies van 2 september 2008 adviseerde de Raad de bouw van een demonstratie-kolenvergasser om de bedrijfszekerheid van deze methode voor 'schone' kolen te testen. Door een grotere inzet van steenkool, door middel van kolenvergassing, wordt ons land minder afhankelijk van gas en olie, zo stelt de Raad.

Afhankelijkheid van marktwerking

Voor het klimaat- en energiebeleid is het kabinet bijna volledig afhankelijk van marktwerking. Dit geldt bijvoorbeeld ook voor de uitvoering van het Energierapport 2008. In dit rapport stelt het kabinet dat er een fundamentele verandering in de Nederlandse energievoorziening nodig is om het hoofd te bieden aan de stijgende vraag naar energie en de toenemende uitstoot van CO_2. Onze energievoorziening moet schoner, slimmer en gevarieerder worden. Het kabinet investeert in de jaren 2008 tot en met 2011 bijna 7,5 miljard in de energievoorzieningen. Ruim 4 miljard in duurzame energie via de 'Stimuleringsregeling Duurzame Energie' en andere regelingen. Voor energiebesparing wordt 1,2 miljard uitgetrokken. Bijna 1 miljard wordt besteed aan CO_2-reductie. Ruim 900 miljoen wordt ingezet voor energie-innovaties. Bijna 400 miljoen wordt aangewend voor energievoorzieningszekerheid: deze centrales stoten grote hoeveelheden CO_2 uit.

In vergelijking met veel andere Europese landen heeft ons land een hoge CO_2-uitstoot bij de opwekking van elektriciteit en bovendien een slechtere luchtkwaliteit De verklaring daarvoor is dat Nederland veel gas en kolen gebruikt die ook onze luchtkwaliteit verpesten, terwijl andere landen meer duurzame energiebronnen en kernenergie gebruiken. Zo is de Nederlandse uitstoot meer dan zes keer zo hoog als de uitstoot van Frankrijk, dat de elektriciteit vooral opwekt met kernenergie.

Om geen enkele energie-optie uit te sluiten en kolencentrales schoner te maken wordt door het kabinet ook de CO_2-afvang en opslag gestimuleerd (CCS). Aan deze afvang en opvang kleven nadelen, zoals extra kosten en milieurisico's, terwijl de CO_2-uitstoot en luchtvervuiling niet volledig worden opgelost. Bovendien blijven we met kolencentrales een beroep op fossiele energie doen, waarvan we weten dat die opraakt en duurder wordt. Zou ik een keuze moeten maken tussen de inzet van kolencentrales of de nieuwste generatie kerncentrales, dan kom ik bij afweging tussen alle voor- en nadelen tot de keuze voor kerncentrales.

De huidige brandstofmix is door het grote aandeel van duur aardgas ongunstig voor de internationale concurrentiepositie van de energie-intensieve industrie in ons land. Deze sector is van essentieel belang voor onze internationale export en de werkgelegenheid. Ook dit gegeven is een belangrijk argument om de Nederlandse brandstofmix te verbreden. Het te hoge aandeel van gas en kolen (samen circa 85%) leidt ertoe dat Nederland internationaal gezien zeer duur wordt voor energie-intensieve bedrijven. In vergelijking met de buurlanden is Nederland in sterke mate ook afhankelijk van de import van stroom. Bovendien zal de bestaande energiemix ook om een andere reden niet in stand kunnen blijven. De komende dertig jaar zal onze eigen aardgasvoorraad en de aardgasproductie een dalend verloop laten zien en zal Nederland meer energie, onder andere duur aardgas, uit het buitenland moeten importeren.

Box 102 Berekeningen en beschouwingen over ons gas

Volgens berekeningen van het CPB heeft Nederland tussen 1959 toen de gasbel werd aangeboord en 2008 in totaal circa 211 miljard euro verdiend aan de verkoop van aardgas. In sommige jaren waren de gasopbrengsten meer dan 3% van het BBP (1980-1987). In de periode 2000-2010 is dat tussen 1% en 2%. Ongeveer 85% van de aardgasbaten is de afgelopen vijftig jaar gebruikt voor sociale uitkeringen (bijna 25%), openbaar bestuur en veiligheid (20%), en daarbinnen vooral uitgaven voor nieuwe ambtenaren, uitgaven voor zorg en onderwijs (bijna 20%) en rentebetalingen voor de staatsschuld. Slechts 15% van de baten is besteed aan verbeteringen aan de Nederlandse infrastructuur (www.nrc.nl, www.cpb.nl).

Deze cijfers maken duidelijk dat ons land lange tijd boven zijn stand heeft geleefd en geld heeft opgemaakt dat beter besteed had kunnen worden aan investeringen die onze economie hadden versterkt. Volgens de 'regels van goed bestuur' moeten inkomsten uit natuurlijke bronnen die op termijn opraken zoveel mogelijk worden gebruikt voor het opbouwen van staatsvermogen in de vorm van bijvoorbeeld het aanleggen van wegen en railverbindingen, het bouwen van nieuwe havens en vliegvelden. Het zou verstandig zijn geweest als we het merendeel van de aardgasbaten besteed zouden hebben aan een verbetering van onze infrastructuur. Een goede infrastructuur bevordert de groei van de economie.

Volgens de miljoenennota 2009 zal de rijksschatkist in 2009 in totaal bijna €152 miljard aan belastinginkomsten ontvangen. Dit bedrag bestaat in hoofdzaak uit de loon- en inkomstenbelasting (€48 miljard), de omzetbelasting (BTW) (€46 miljard), de vennootschapsbelasting (€18 miljard) en de accijnzen (€11 miljard). Naast deze €152 miljard verdient de schatkist ook geld aan ons aardgas. Dit bedrag ligt naar verwachting in 2009 rond de €14 miljard. Naarmate onze gasvoorraden uitgeput raken, krijgt de schatkist steeds minder aardgasgelden binnen. Over 30-35 jaar zijn onze aardgasvoorraden uitgeput. Op dit moment heeft de resterende voorraad aardgas (nog circa een derde van de oorspronkelijke voorraad) een waarde tussen €100 en €180 miljard. In de toekomst zal de schatkist door de uitputting van onze gasvoorraad een steeds kleiner bedrag aan aardgasgelden ontvangen. Deskundigen van De Nederlandsche Bank (DNB) hebben in hun studie 'De Nederlandse gasbaten en het begrotingsbeleid: theorie versus praktijk' daarom voorgesteld om een aardgasspaarfonds op te richten waarin deze aardgasgelden jaarlijks worden gestort (www.dnb.nl).

Dit fonds gaat het gespaarde bedrag vervolgens wereldwijd beleggen. De beleggingsinkomsten worden door het aardgasfonds jaarlijks in de schatkist gestort. Daardoor kan de Nederlandse samenleving, ook in de toekomst nog voordelen van 'aardgasgelden' hebben, ook al is het gas zelf al op: voordelen in de vorm van het opgebouwde spaarvermogen en de toekomstige rendementen die daarmee gerealiseerd worden. Op dit moment worden de aardgasinkomsten gebruikt voor een drietal uitgavencategorieën: extra overheidsuitgaven of belastingverlagingen, verlaging staatsschuld en investeringen van het zogenoemde FES-fonds (voor onder meer uitgaven voor infrastructuur). De deskundigen van de Bank wijzen erop dat ons land, vooral in de periode tot 1994, veel aardgasgelden heeft besteed aan allerlei overheidsuitgaven die geen of slechts weinig rendement voor de langere termijn hebben opgeleverd. Met de oprichting van een aardgasfonds kan worden bewerkstelligd dat het resterende aardgasvermogen wel volledig wordt aangewend voor voorzieningen in de toekomst.

In politiek Den Haag is het voorstel van de DNB onmiddellijk naar de prullenbak verwezen. Een fonds zou niet nodig zijn, omdat er nu al genoeg goed renderende uitgaven voor de toekomst worden gedaan. Alleen al omdat deze bewering niet is onderbouwd, valt het te betreuren dat zonder een gedegen analyse van de voors en tegens het voorstel van een aardgasfonds van tafel is geveegd.

Verkeer en vervoer

De Nederlandse overheid hanteert in hoofdzaak vier maatregelen om de uitstoot van het verkeer en vervoer te verminderen. (1) verhoging brandstofaccijnzen, wat wil zeggen: duurdere benzine en diesel aan de pomp; (2) hogere aanschafbelasting (BPM) op auto's die relatief veel brandstof verbruiken en lagere belasting op zuinige auto's; (3) invoering landelijke kilometerprijs; en (4) bevordering thuiswerken.

Als gevolg van de crisis zien we wereldwijd verkeersstromen afnemen. Voor een belangrijk deel zal dit tijdelijk zijn, maar toch zal de verkeersstroom ook bij het herstel van de economie vertragen. Bedrijven ontdekken steeds vaker de voordelen van de digitale economie. We zien daardoor een sterke toename van thuiswerken en wereldwijd digitaal vergaderen. Dit laatste leidt tot minder vliegen, minder rijden, meer efficiëntie en kostenbesparingen. Eerder in dit boek heb ik aangegeven dat hogere brandstofaccijnzen slechts een beperkt effect hebben op het rijgedrag van automobilisten. Daarnaast heb ik op de nadelen gewezen van hoge prijzen voor benzine en diesel. Beperking van de uitstoot van het wegverkeer kan het 'best' gerealiseerd worden door een versnelde invoering van elektrisch vervoer en rijden op schone waterstof. Zogenoemde stopcontactauto's en waterstofauto's gaan de komende decennia het verkeersbeeld domineren.

Het kabinet heeft in het beleidsprogramma 'Anders betalen voor mobiliteit' gekozen voor de invoering van een landelijke kilometerprijs voor autogebruik. De gereden kilometers worden per kentekenhouder geregistreerd door een satellietsysteem. Naast een basistarief per kilometer dat lager ligt naarmate de auto 'schoner' is gaan automobilisten extra betalen op drukke wegen en drukke tijdstippen. Volgens het nieuwe systeem betalen autobezitters in beginsel alleen nog maar voor het rijden; wie weinig rijdt betaalt minder, wie veel rijdt betaalt meer. Nu betaalt de automobilist zowel voor het rijden als voor het bezit van de auto. Via de pomp bij tankstations gaat het om brandstofaccijnzen en BTW. Daarnaast wordt er betaald voor het bezit van een auto: de aanschafbelasting BPM, de motorrijtuigenbelasting en provinciale opcenten.

Het is de bedoeling dat de motorrijtuigenbelasting en BPM volledig worden afgeschaft en omgezet in de landelijke kilometerprijs. Voor de uitvoering van de kilometerbeprijzing moet een complex inningapparaat worden opgetuigd. In alle auto's moet apparatuur worden geïnstalleerd die de geografische positie en tijd kan vaststellen. Op basis daarvan kan de afgelegde afstand en het kilometertarief dat van toepassing is (o.a. basistarief, variabel tarief voor bepaalde plaats en tijd) worden bepaald. De bedoeling is hiervoor gebruik te maken van satellietnavigatie. Periodiek worden de relevante gegevens over het weggebruik van de kentekenhouder naar een landelijke rekencentrum verstuurd. Dit centrum zet de gegevens om in een rekening die bijvoorbeeld maandelijks naar de kentekenhouder wordt verstuurd. Vanaf 2012 moet dit systeem in werking treden. De investeringskosten worden geraamd tussen 2 en 4 miljard euro en de jaarlijkse kosten voor de exploitatie tussen 0,5 en 1 miljard euro. Wat wil het kabinet met deze mega-operatie bereiken? Naast de oorspronkelijke hoofddoelstelling een betere bereikbaarheid, minder files, worden in de stukken genoemd minder autokilometers, minder vuile auto's, eerlijker betalen voor weggebruik. Deze uitkomst moet gerealiseerd worden met een operatie waaraan zoveel bestuurlijke, technische en financiële risico's kleven dat ik mij niet kan voorstellen dat het voorstel de eindstreep haalt. Zeker niet nu Verkeersminister Camiel Eurlings zo verstandig is geweest risico toetsen in te bouwen die ertoe kunnen leiden dat het plan uiteindelijk toch de ijskast in gaat. Met een lege schakist na de economische crisis en noodzakelijke omvangrijke bezuinigingen acht ik de kans daarop 100%. Bovendien liggen er grote risico's op het vlak van de uitvoeringstechniek. Nog nergens in de wereld wordt op landelijke schaal met satelliettechniek het rijgedrag van automobilisten geregistreerd. Het voordeel van ervaringen elders is er niet.

Daarnaast zijn er vraagtekens over een voldoende maatschappelijk draagvlak voor het auto-volgsysteem en wordt de minister van Financiën met een probleem opgezadeld. Voor de schatkist zijn BPM en motorrijtuigenbelasting solide opbrengsten. Die kan je niet zo maar 'weggeven' en de vraag rijst dan ook hoe dit 'verlies' voor de schatkist wordt gecompenseerd. Dit is zeker gezien de positie van de lege schatkist na de economische crisis vrijwel onmogelijk.

Het zou denkbaar zijn al deze risico's en bezwaren voor lief te nemen, als daartegenover een doelmatig en 'schoon' verkeerssysteem komt te staan met internationale uitstraling en als gevolg daarvan mooie opdrachten voor ons bedrijfsleven. Dit wenkende perspectief is er niet, want ook over de nuttigheid en effectiviteit van het systeem overheersen de twijfels. Bovendien is veel kritiek mogelijk op de fundering van de kilometerbeprijzing: het fundament berust op omstreden theoretische berekeningen met (wiskundige) modellen die een sterke afname van de automobiliteit voorspiegelen. De praktijk houdt zich veelal niet aan deze modellen.

Zijn er effectievere alternatieven?

Laten we beginnen met de hoofddoelstelling van het kabinet; de bereikbaarheid van Nederland vergroten en files verminderen. Zonder kilometerbeprijzing is dat mogelijk via vier maatregelen. Aanpassing van werktijden en invoering van een landelijk verkeersmanagement systeem (VMS). Daarnaast door op erkende knelpunten het wegennet en de wegcapaciteit zodanig slim aan te passen dat het niet leidt tot het opschuiven van files. Ten slotte kunnen in slaapsteden en rondom de geheide congestiegebieden met weinig doorstroming zogenaamde Smart Office Centres, voorzien van High Definition (HD) videoverbindingen worden ingericht die via internet zijn verbonden met de fysieke kantoren van werkgevers.

Door de invoering van VMS worden automobilisten via hun mobiele telefoons of navigatiekastje op de snelste manier naar hun bestemming begeleid. VMS-computers verzamelen alle relevante gegevens en berekenen het optimale traject en geven permanent de actuele verkeersinformatie door via digitale borden, mobieltje, navigatie-apparatuur, verbonden boardcomputer en radio. VMS beoogt een optimale doorstroming te realiseren en geeft tevens aan de automobilist een persoonlijk reisadvies: hoe laat vertrekken gezien de gewenste tijd van aankomst. Met VMS realiseert ons land de 'Connected Car'. Alle noodzakelijke componenten voor de bouw van een VMS zijn nu al voorhanden.

Technologie is volop bewezen en beschikbaar. Er worden open platformen (hard- en software) gebruikt om niet afhankelijk te zijn van één specifieke leverancier en diensten en toepassingen kunnen eenvoudig met elkaar 'praten'. Zo wordt de verkeersdrukte gemeten door middel van zogenoemde detectielussen in het wegdek, videocamera's langs de weg en door middel van het volgen van de systemen in de Connected Car. Dat laatste maakt het mogelijk om actuele gegevens vanuit auto's, zoals plaats, snelheid, afwijkingen van de geplande route te verzenden naar VMS. Dit systeem berekent prognoses over weggebruik en drukte, vult deze voortdurend aan met actuele informatie en gebruikt deze gegevens voor het zoveel mogelijk voorkomen van files en vertragingen op het betreffende wegennet. VMS maakt dus gebruik van een open ICT-platform, zodat een open markt voor apparatuur en diensten kan ontstaan. Dit levert schaalgrootte op en prijsvoordeel. Een platform waar aanbieders van verschillende diensten gebruik van kunnen maken, zoals reserveren in parkeergarages, reistijden openbaarvervoer, carpool-afspraken, hotel- en restaurantreserveringen, pech onderweg enz..

Een 'fiscaal beloningsstelsel' kan de toepassing van VMS nog eens extra bevorderen. Een voorbeeld daarvan is het proefproject Spitsmijden dat is toegepast tijdens de ochtendspits op de A12 van Zoetermeer richting Den Haag. Gekoppeld aan een verkeersmanagementsysteem konden deelnemers aan de proef in aanmerking komen voor een financiële beloning als ze de spits zouden mijden. De uitkomst was dat ongeveer de helft van de deelnemers niet meer in de spits reed. Beloning speelt daarbij een rol. Voor een succesvolle VMS is de medewerking van werkgevers noodzakelijk. Zonder de mogelijkheden van flexibele werktijden (begin en eind) en meer thuis werken is de effectiviteit geringer. De spitsen zijn alleen maar effectief te verminderen door aanpassing van de werktijden. Begin september 2008 heeft de Taskforce Mobiliteitsmangement (de zogenoemde commissie De Waal) een breed filebestrijdingspakket gepresenteerd, waarin meer thuiswerken, flexibele werktijden en fiscale 'beloningen' centraal staan. Door deze voorstellen snel tot uitvoering te brengen kunnen, in samenhang met VMS, de files op de korte termijn worden verminderd.

Belastingstelsels beïnvloeden de economie
Belastingstelsel hebben een grote invloed op de ontwikkeling van de economie en kunnen ook een bijdrage leveren aan het klimaat- en milieubeleid. De bestaande belastingstelsels in het merendeel van de westerse industrielanden hebben een remmende werking op de economische ontwikkeling. Ze zijn bovendien ook ouderwets en onvoldoende toegerust om adequaat te kunnen functioneren in de huidige wereld van globalisering. Ze passen niet in een kenniseconomie, de wereld van het internet en de toenemende internationale concurrentie tussen landen op de wereldmarkt. Ook zijn ze niet in staat om de sterk stijgende kosten van de vergrijzing goed op te vangen. Ten slotte zijn ze ongeschikt om een effectieve rol te spelen in de strijd tegen klimaatverandering en de energieproblematiek.

De stelsels worden gekenmerkt door een hoge belastingdruk op arbeid. Deze hoge tarieven hebben veel nadelen. Ze zijn onderdeel van een ingewikkeld stelsel met veel aftrekposten en fiscale tegemoetkomingen en remmen de ontwikkeling van de economie en werkgelegenheid. Voor overheid, burgers en bedrijven leiden de bestaande belastingregelingen tot een zware administratieve lastendruk en veel bureaucratie. Ook deze druk werkt negatief uit op de economie. Kortom, de bestaande belastingstelsels moeten ingrijpend worden omgebouwd tot stelsels die adequaat kunnen inspelen op ontwikkelingen, trends en uitdagingen van deze eeuw.

Eerder in dit boek heb aangegeven hoe een dergelijk stelsel eruit zou kunnen zien. Deze ombouw moet leiden tot een belastingstelsel dat kenmerkt wordt door: eenvoud, een brede belastinggrondslag, lage belastingtarieven en druk op inkomen en hogere druk op consumptie, milieuvervuiling en klimaataantasting. Het Nederlandse belastingstelsel is de afgelopen decennia verschillende keren al ingrijpend verbouwd waarbij de belastinggrondslag is verbreed en vergroend. De economische crisis, de klimaat- en energieproblematiek noodzaken wereldwijd tot nieuw beleid, waarbij naar mijn oordeel een groene economie centraal moet staan. Nederland zou als onderdeel daarvan op het terrein van de belastingen versneld verder moeten gaan met: eenvoud, breed, laag en groen.

In de praktijk betekent dat het 19% BTW-tarief geleidelijk aan hoger wordt. Ook de energiebelasting wordt hoger. Tegelijkertijd wordt de belastingdruk op arbeid verlaagd. Deze verlaging kan worden gerealiseerd door een verlaging van de loon- en inkomstenbelasting en de sociale premies. Burgers houden van hun bruto inkomen daardoor netto meer over. Daarbij is het de bedoeling dat de totale macro belastingdruk door deze verschuiving van de belastingdruk van arbeid naar consumptie, klimaataantasting en milieuvervuiling niet stijgt, maar globaal gelijk blijft. Na de crisis wordt het kabinet dat in 2011 aantreedt geconfronteerd met omvangrijke financiële bezuinigingsoperaties waarbij zonder twijfel ook belastingverhogingen aan de orde zullen komen. Dit is het juiste moment om deze operaties te combineren met een ingrijpende belastingherziening zodat voor integrale oplossing kan worden gekozen.

Box 103 Vergroening

De primaire doelstelling van een vergroening van ons belastingstelsel is dat de schatkist vooral wordt gevuld met belastingen over consumptie (bijvoorbeeld BTW) en belastingen op milieuvervuiling en de aantasting van het klimaat. Consumptieve bestedingen worden daardoor duurder. Burgers en bedrijven die het milieu vervuilen en met hun activiteiten bijdragen aan de opwarming van de aarde gaan daardoor meer belasting betalen. Tegenover deze belastingverzwaringen staat een belastingverlichting in de loon- en inkomstenbelasting. De tarieven gaan daar omlaag, waardoor de mensen over hun inkomen minder belasting gaan betalen en maandelijks netto meer overhouden. Het voordeel van deze belastingherziening is dat de lastendruk op arbeid lager komt te liggen. Ook wordt sparen minder belast en dat is goed voor de economische groei.

Voor de groei van de economie en de werkgelegenheid is het beter dat de schatkist vooral wordt gevuld met belastingen over consumptie, milieuvervuiling en de aantasting van het klimaat en minder met belastingen op werk, zoals de loonbelasting. Daarnaast kan deze belastingverschuiving van arbeid naar consumptie en vervuiling er ook toe bijdragen dat burgers en bedrijven zuiniger omgaan met het milieu en het klimaat. Bovendien heeft de vergroening nog andere voordelen. Voor de schatkist betekent de verschuiving meer zekerheid over de opbrengst en voor toekomstige kabinetten meer mogelijkheden om de financiële problematiek van de crisis en de vergrijzing op te vangen. Consumptieve bestedingen van iedereen, van jong tot oud, vullen zo de schatkist. Zonder een vergroening van het belastingstelsel zal deze problematiek vooral leiden tot een verzwaring van de belastingdruk op arbeid, een lastenverzwaring op werk. En zoals inmiddels bekend is, een dergelijke verzwaring is slecht voor de ontwikkeling van de economie en werkgelegenheid.

In box 103 is aangegeven hoe een verandering van de verdeling van de belastingdruk kan leiden tot een groen belastingstelsel. Uitgangspunt voor dit stelsel is het 'groene' stelsel van een denkbeeldig land getiteld 'Niemandsland' (het voorbeeld kwam al eerder naar voren in hoofdstuk 8). In dit land bedragen de totale belastingopbrengsten 40% van het Bruto Nationaal Product (BNP). De verdeling van deze 40% is als volgt. De helft (20%) wordt opgebracht door belastingen op consumptieve bestedingen. Het aandeel van de belastingen op arbeid is 14%. De resterende 6% van de totale belastingopbrengst die in de schatkist komt, is afkomstig van belastingen over kapitaal.

Uit box 104 blijkt dat in ons land de helft van de totale belastingopbrengst afkomstig is van heffingen over arbeid. Om een groener stelsel te realiseren zal deze belastingdruk op arbeid in ons land moeten worden verlaagd, terwijl tegelijkertijd de belastingen en heffingen op consumptie, inclusief milieuvervuiling en de aantasting van het klimaat, worden verhoogd. Deze belastingen en heffingen maken het voor Nederland ook gemakkelijker de lasten van de sociale zekerheid op te vangen. In het huidige stelsel moeten deze lasten vooral worden betaald door de werkende mensen met een heffing op arbeid. In het groene belastingstelsel worden deze kosten voor een deel door een veel grotere groep, alle consumenten (dus werkend of niet werkend), gedragen. Het stelsel van Niemandsland kan daarbij als richtsnoer gelden.

Box 104 Koers zetten naar simpel, breed, laag en groen

Belastingstelsel op basis van economische functie in % BBP

	Consumptie	Arbeid	Kapitaal	Totaal
Niemandsland	20,0	14,0	6,0	40,0
EU – 15	11,5	20,0	8,5	40,0
Nederland	11,0	20,0	9,0	40,0

Op weg naar Nederland 'Elektroland': 2011-2050

Hoe realiseert Nederland een 'groene' economie? Naast de invoering van een 'groen' belastingstelsel gaan we bouwen aan een economie die aangedreven wordt door schone elektriciteit en schone waterstof. We beginnen het bestaande klimaat en energiebeleid op de helling te zetten. Dit beleid wordt vervangen door een beleid waarbij de centrale doelstelling is Nederland, Elektroland in 2050: Nederland, het land dat draait op schone elektriciteit en schone waterstof. We starten met dit project in 2011, bij de aanvang van een nieuw kabinet. Alle beschikbare overheidsmiddelen en regelgeving worden daarvoor zoveel mogelijk ingezet. Daarnaast worden over de marsroute naar een groene economie meerjarenafspraken gemaakt met het bedrijfsleven.

Het Elektrolandproject zou moeten worden uitgevoerd in de vorm van Publiek Private Samenwerking (PPS): de rijksoverheid en lagere overheden (gemeenten, provincies) gaan in samenwerking met het bedrijfsleven Nederland Elektroland op de kaart zetten. De PPS-aanpak heeft voordelen op het terrein van financiering, snelheid van uitvoering, doelmatigheid en doeltreffendheid (www.ppsnetwerk.nl).

De uitvoering van het project Nederland Elektroland vraagt om een keuze voor elektriciteiten en waterstof als de motor van onze economie en investeringen in de noodzakelijke investeringen in de infrastructuur. De Nederlandse infrastructuur moet zowel geschikt worden gemaakt voor bedrijfsactiviteiten en voor verkeer en vervoer dat draait op waterstof of op elektriciteit uit het stopcontact. Op dit moment worden elektriciteit en waterstof in hoofdzaak geproduceerd met behulp van de fossiele brandstoffen gas en kolen. Deze productie leidt tot de uitstoot van broeikasgassen en luchtverontreiniging. De beste oplossing zou zijn fossiel te vervangen door windenergie en zonne-energie. Met deze twee duurzame energiebronnen wordt groene stroom opgewekt, waarmee ook schone waterstof kan worden gemaakt.

Dit aansprekende ideaalbeeld dat door sommige milieu-organisaties wordt geschetst, moet helaas als een utopie worden beschouwd. De opwekking is niet alleen veel te duur, maar zon en wind kunnen in ons land zeker tot het eind van deze eeuw op geen enkele wijze – zelfs niet met de beste wil van de wereld – voldoende energie leveren voor een economie die draait op elektriciteit en waterstof. Niet alleen de productie van schone waterstof vraagt een aanzienlijke hoeveelheid extra energie, maar dat geldt ook voor de elektrificering van het Nederlandse wagenpark. Wordt het huidige fossiele wagenpark volledig vervangen door oplaadbare elektrische auto's (de zogenoemde plug in of stopcontact auto) dan moet de elektriciteitsproductie in ons land met ongeveer 40% toe nemen.

De enige oplossing om voor de helft van deze eeuw Nederland zo veel mogelijk te laten draaien op niet-fossiele energie is de combinatie van zonnestroom, windstroom, moderne kernstroom (derde en vierde generatie kerncentrales) en waterstof. Zonder de inzet van voldoende kernstroom en de productie van schone goedkope waterstof met een speciale kernreactor (HTR) is Nederland Elektroland zowel technisch als economisch onmogelijk. De Franse president Sarkozy heeft aangekondigd dat in Frankrijk de eerste zogenoemde vierdegeneratiekerncentrale in 2020 in gebruik zal worden genomen.

Box 105 Verkeer en vervoer in de toekomst

Op dit moment worden vrijwel alle auto's nog aangedreven door een benzine of dieselmotor. In de auto-industrie zien we bij personenwagens in hoofdzaak drie ontwikkelingen: hybride auto's, volledig door accu aangedreven auto's (de stopcontact auto) en waterstofauto's. Afhankelijk van innovaties op het terrein van de accutechnologie geloven de fabrikanten op de langere termijn vooral in stopcontactwagens. Voor het zware vrachtverkeer wordt veel verwacht van technische doorbraken bij de waterstoftechnologie. Stopcontactauto's zijn naar verwachting de komende tien jaar nog relatief duur in aanschaf en hebben een beperkt bereik; voorlopig vooral stadsverkeer. Het bereik kan worden vergroot door een landelijk systeem van oplaadpunten waarbij bijna lege accu's binnen vijf minuten vervangen kunnen worden door volle accu's. Een acculease systeem kan daarbij helpen. Met de moderne waterstofauto kan globaal dezelfde afstand worden gereden als met een traditionele auto. Overheden kunnen de introductie van stopcontactauto's en waterstofwagens versnellen door een bijdrage te leveren aan de noodzakelijke infrastructuur. Nederland zou zowel moeten investeren in een stopcontact- als waterstofinfrastructuur. Verschillende autofabrikanten gaan al uit van een wagenpark dat bestaat uit stopcontact- en waterstofauto's. Zo heeft Toyota de massaproductie in 2015 aangekondigd van een waterstofauto. 'The price will be so low it will shock the U.S. auto industry', Aldus Justin Ward, technisch manager bij Toyota (www.autoblog.nl).

Wind en zon in Elektroland

Bij de combinatie wind, zon, kernenergie zal gewerkt moeten worden met slimme regeltechnieken en met opslagvoorzieningen voor elektriciteit. Ook de inzet van en beperkt aantal flexibele gascentrales zal daarbij voorlopig nog nodig zijn. Voorstanders van CCS-technologie (afvang en opslag van CO_2 onder de grond) menen dat ons land zou moeten kiezen voor nieuwe 'schone' kolencentrales. Deze keuze kent zodanige bezwaren dat we daaraan in Nederland niet moeten beginnen: kolen raken op en worden duurder, CCS-technologie is nog duur, niet uitontwikkeld, kent milieurisico's en kan niet alle CO_2 afvangen. Zogenoemde 'schone' kolen blijven bovendien vuil en verpesten de luchtkwaliteit. Bij bestaande kolencentrales zou CCS wel ingezet moeten worden; zolang ze nog draaien kan de CO_2 uitstoot daarmee wordt verminderd. Gaat het om de keuze voor een nieuwe energievoorziening, dan moeten we aan deze ouderwetse vorm van energie-opwekking met kolen niet meer beginnen.

Box 106 Nucleaire technologie voor de productie van waterstof

In verschillende landen wordt gewerkt aan de ontwikkeling van een nieuw type kernreactor. Een zogenoemde Hoge Temperatuur Reactor (HTR) die inherent veilig is. Deze HTR maakt het mogelijk met behulp van chemische processen water te splitsen in waterstofgas en zuurstof, zonder gebruik te hoeven maken van elektriciteit. Voor dit proces zijn hoge temperaturen nodig van ten minste 900 graden Celsius. Deze temperatuur kan in een HTR worden gerealiseerd. Door de omweg via elektriciteit te vermijden kan met de HTR relatief goedkoop waterstof worden geproduceerd. Naast warmte kan met HTR op kleinschalig niveau ook kernstroom worden opgewekt.

Ook in de EU wordt onderzoek gedaan naar de mogelijkheden om met behulp van dit nieuwe type uiterst veilige kernreactoren schone CO2-vrije waterstof te maken. Het gaat hier om het Raphael project: ReActor for Process heat, Hydrogen And ELectricity generation. In Nederland zijn de TU Delft en de Nuclear Research & Consultancy Group in Petten bij dit project betrokken. In het kader van Nederland Elektroland zou Nederland voorop moeten lopen bij de aanschaf van HTR's. Daarvoor moeten zo spoedig mogelijk de noodzakelijke stappen worden gezet. Zo kan ons land betrokken worden bij de snelle opleving van de nieuwste nucleaire technologie; er is sprake van een opeenvolging van innovaties (www.test.iri.tudelft).

Om het aandeel duurzame energie in ons land op een voldoende hoog peil te brengen moeten er de komende decennia voor aanzienlijke bedragen in wind en zon worden geïnvesteerd. Vanwege de bezwaren die betrekking hebben op wind op land en de relatief beperkte betekenis zou Nederland op land met wind moeten stoppen en uitsluitend moeten investeren in zeewindparken. Naarmate de zonne-(PV)-technologie innoveert, de kostprijs omlaag gaat en het rendement hoger komt te liggen is zon een betere optie dan wind.

Bij zeewindenergie rijst de vraag of we het traditionele windpark met vaste fundamenten op de zeebodem niet moeten overslaan en kiezen voor het ontwikkelen van drijvende windparken. De zeewindturbines worden geïnstalleerd op drijvende platforms (dobbers) die vervolgens in het diepere deel van de Noordzee met kabels aan de zeebodem worden bevestigd, niet zicht baar vanaf de kust. Aan deze oplossing zijn verschillende voordelen verbonden. In ieder geval zijn we af van de dure, moeizame installatie van palen en turbines op zee. De bouw van de dobbers kan op land plaatsvinden op een plaats bij een zeehaven, bijvoorbeeld de Eemshaven in de provincie Groningen. Vervolgens worden de 'dobbers' met windturbines naar hun locatie in de diepe zee gesleept. Voor onderhoud worden ze terugsleept naar de haven. Door de flexibele opstelling lopen de zeewindwindturbines op dobbers ook minder kans op schade op door onverwachte hevige rukwinden. Ook de (vergunningen) procedures voor drijvende windturbines in het diepere deel van de Noordzee, ver weg buiten het zicht vanaf de kust, zijn minder gecompliceerd.

De inzet van windenergie heeft veel voeten in de aarde. Door de verschillende tijdrovende procedures en kan het vele jaren duren voor er windenergie kan worden geleverd. Bij zonne-energie, PV-stroom, is dit niet het geval. Veelal zonder procedures kunnen op daken en PV-opstellingen op grond en in het water zeer snel 'zonnecentrales' worden gerealiseerd. De opstelling van 1 MW zonnestroom kan, zo leert de praktijk in Duitsland, binnen een maand worden gerealiseerd met de inzet van 10 voltijds werknemers.

In Nederland zouden we in de loop 2011 kunnen starten met het 'bouwen' van zonnecentrales in alle provincies waarbij we in dat jaar landelijk in totaal tenminste 500 MW realiseren (goed voor het stroomverbruik van ongeveer 120.000 huishoudens). Voor de periode 2011 t/m 2020 zou er een plaatsingsprogramma ontwikkeld moeten worden op daken en op stellages op de grond, bijvoorbeeld langs snelwegen en in water, waarbij er eind 2020 in totaal circa 6000 MW aan PV is gerealiseerd. Dit vermogen is goed voor het stroomverbruik van ruim 1,4 miljoen huishoudens. De totale investeringskosten in de periode 2011 t/m 2020 worden geraamd op circa 15-18 miljard euro. De werkgelegenheid die gemoeid is met de bouw en installatie van de zonnecentrales is in die periode in totaal ongeveer 5000 arbeidsjaren. De permanente directe en indirecte werkgelegenheid met betrekking tot het beheer, onderhoud en andere activiteiten met betrekking tot de zonnecentrales is eind 2020 ongeveer 9.000 voltijds werknemers.

De 6000 MW zou volgens een plaatsingsschema over alle provincies verdeeld moeten worden. Provincies en gemeenten zouden in het kader van een PPS een (aandelen)belang in de zonnecentrales kunnen nemen. Bijwijze van voorbeeld zou de verdeling eind 2020 als volgt kunnen zijn (verdeling op basis van aantal woningen). Groningen 218 MW, Friesland 240 MW, Drenthe 175 MW. Overijssel 390 MW, Flevoland122 MW, Gelderland 683 MW, Utrecht 420 MW, Noord-Holland 1030 MW, Zuid-Holland 1325 MW, Zeeland 148 MW, Noord-Brabant 860 MW en Limburg 428 MW.

Aanschaf kerncentrales

Het project Nederland Elektroland in 2050 is alleen mogelijk met behulp van de inzet van (speciale) kerncentrales. Een nieuw kabinet die dit project zou willen uitvoeren moet zo spoedig mogelijk na zijn aantreden in

2011 besluiten dat ons land voorop zal lopen bij de aanschaf van de nieuwste generatie kerncentrales. Het ligt voor de hand dit in het regeerakkoord op te nemen. Vanwege de lange leveringsduur, de procedures en de toenemende belangstelling van andere landen, is het nodig dat het nieuwe kabinet in het kader van de vergunningen procedure daarover snel afspraken maakt met de leveranciers, bouwers en toekomstige beheerders van deze centrales. Nederland moet zo snel mogelijk hoog op de nu al ontstane internationale wachtlijst voor de nieuwste kerncentrales zien te komen.

Het is de bedoeling dat met Nederlandse kerncentrales in 2050 in combinatie met duurzame energie en de nog in bedrijf zijn de fossiele centrales voldoende elektriciteit wordt opgewekt om te kunnen voldoen aan de sterk gestegen vraag naar elektriciteit. Ook moet met de speciale HTR reactoren centrales voor Elektroland voldoende waterstof worden geproduceerd. De investeringen en exploitatie van de centrales zou gerealiseerd kunnen worden met behulp van een consortium van bedrijven uit onze energie-intensieve bedrijfssector. Deze aanpak is ook gevolgd bij de bouw van de Finse kerncentrale.

Door de uitvoering van Nederland Elektroland beschikt Nederland omstreeks 2050 Nederland over een energiehuishouding die vrijwel schoon is en hoog scoort op de criteria energiezekerheid en betaalbaarheid. De verkeers- en vervoerssector is schoon met elektriciteit en waterstof en rijdt met behulp van het 'connected carsystem' waardoor files zoveel mogelijk worden voorkomen. Onze steden hebben geen last meer van luchtverontreiniging en worden minder geplaagd door verkeerslawaai.

Dankzij de inhaalslag in de sectoren wind- en zonne-energie en de snelle inzet van de modernste (speciale) kerncentrales en de nieuwe bedrijfssectoren die daaruit voortvloeien wordt de Nederlandse economie versterkt. De nieuwe sector bestaat uit ondernemingen, onderwijs- en onderzoeksinstellingen die actief zijn op het terrein van wind, zon en nucleaire energie. De sector is innovatief, bestaat voor een deel uit een maakindustrie en versterkt bovendien onze exportsector.

Zonder de inzet van stabiele relatief goedkope kernstroom en waterstof is het onmogelijk 'Nederland, Elektroland' te realiseren. Ook om een adere reden is de inzet van kernenergie nodig. De energie-intensieve industrie in ons land die belangrijk is voor de economische ontwikkeling en werkgelegenheid zal internationaal de concurrentieslag gaan verliezen van bedrijven in landen die wel gebruik kunnen maken van goedkope (kern)energie.

Box 107 Aandeel duurzaam in energiemix in 2050

Uitgangspunt is dat Nederland in 2050 zoveel mogelijk draait op elektriciteit en waterstof. Stel dat als doelstelling wordt gekozen dat de elektriciteit voor 50% wordt opgewekt met behulp van wind, zon, biomassa, en afvalverbranding. Deze 50 % zou als volgt samengesteld kunnen worden: windenergie 25%, zonne-energie (PV) 15 % en biomassa en afvalverbranding 10%. Vooral de realisatie van een 25% aandeel wind en 15% PV zonnestroom vraagt om een strakke (technische) planning en zal niet gemakkelijk in een tijdsbestek van veertig jaar te realiseren zijn. Voorstanders van wind menen dat het mogelijk is in 2050 40-50% van de dan benodigde elektriciteit met wind op te wekken (vooral op zee). Gezien de reeds opgelopen vertragingen, de gevolgen van de economische crisis en de bezwaren die kleven aan en grootschalige inzet van wind acht ik dit niet realistisch. De volgende cijfers maken dit duidelijk.

Op dit moment heeft wind een aandeel in de elektriciteitsproductie van slechts 3% tot 4%. Om in 2050 met wind te kunnen voldoen aan 25% van de in 2050 benodigde elektriciteit moeten er, gerekend met de moderne 3 MW turbines, in 2050 in totaal rond de 3000 molens in zee staan (dat aantal wordt kleiner bij turbines van 5 en 6 MW). In de periode 2010-2050 gaat het om een totaal investeringsbedrag, sterk afhankelijk van kostenontwikkelingen en nieuwe technologie, tussen €18 en €25 miljard. Bovendien zullen windturbines in het algemeen na twintig jaar afgeschreven zijn en vervangen moeten worden door nieuwe. Ook daarmee moet in de periode 2010-2050 rekening worden gehouden. Bouwen en vervangen en vervolgens weer vervangen enz. vraagt niet alleen om omvangrijk investeringsbedragen, maar ook om voldoende capaciteit bij de bouw- en installatiebedrijven. Critici van windenergie wijzen erop dat de plaatsing van 3000 windturbines in zee en de voortdurende vervanging daarvan elke 20 jaar, niet nodig is als Nederland 'economisch denkt' en kiest voor de extra bouw van vier grote moderne kerncentrales. Deze hebben een levensduur van ten minste zestig jaar en leveren al die jaren stabiele, prijsvaste elektriciteit.

Zonnestroom (PV) heeft in Nederland op dit moment een aandeel van minder dan 0,01% in de productie van elektriciteit. De 15% doelstelling voor zonne energie in 2050 betekent dat er in dat jaar in totaal PV vermogen van ongeveer 25.000 tot 30.000 MW moet zijn gerealiseerd. Het ruimtebeslag van deze zonnepanelen (voor een belangrijk deel op daken) is ongeveer 75.000 hectare. In de periode 2010-2050 gaat het om een totaal investeringsbedrag van €40 tot €50 miljard. In de meeste gevallen zullen zonnepanelen na 20-25 jaar vervangen moeten worden door nieuwe panelen. Ook hier geldt als bezwaar, net als bij wind, dat er voortdurend sprake is van een periodieke vervanging van oud door nieuw. Bovendien gaat het nu nog om een relatief dure investering. Op termijn gaan de kosten dalen; door massaproductie dalen de kosten en door innovaties neemt het rendement van PV toe. Aan de andere kant zullen ook de prijzen voor fossiele brandstoffen de komende decennia stijgen; deze ontwikkeling bevordert de inzet van PV en windenergie.

Hoe komen we aan de benodigde middelen voor deze investeringen? Door investeerders uit de marktsector te prikkelen om in wind en zon te gaan investeren. Dit is alleen mogelijk als we in Nederland de succesvolle Duitse stimuleringsregeling overnemen; de zogenoemde EEG-feed-in regeling die investeerders twintig jaar lang garanties geeft met betrekking tot een vaste afname prijs voor aan het net geleverde groene stroom en een voorrangsregeling op het net. Doordat wind- en zonne-energie door verschillende ontwikkelingen in de loop van de komende twintig jaar in toenemend mate kunnen concurreren met de kostprijs van fossiele brandstoffen zullen commerciële investeerders het grootse deel van dit bedrag voor hun rekening nemen. Het restant komt niet uit de Nederlandse schatkist, maar zou net als in Duitsland betaald moeten worden uit een kleine verhoging van de elektriciteitsprijs: een verhoging met ruim 1 eurocent per kWh. Daarnaast is het nodig dat politiek Den Haag alle procedurele knelpunten zo snel mogelijk oplost en als stimuleringsregeling de opzet overneemt van de succesvolle Duitse stimulans voor duurzame energie. Verschillende andere landen hebben de opzet van deze regeling al overgenomen. Ik blijf mij verbazen waarom in Nederland is gekozen voor een zeer bureaucratische en ineffectieve regeling van eigen makelei, de zogeheten Stimuleringsreling Duurzame Energie (SDE). Bij invoering van een regeling conform de opzet van de Duitse subsidieregeling kan de SDE vervallen.

Samenvatting programma Nederland Elektroland

➤ Hervorming belastingstelsel: eenvoud, breed, laag, en groen.

➤ Vervanging van de huidige stimulans voor duurzame energie (SDE) door een kopie van de effectievere Duitse stimulans op dit terrein.

➤ De bestaande fiscale regeling voor zogenaamde groenfondsen wordt zodanig aangepast dat wereldwijd groene investeringsprojecten die een bepaalde hoeveelheid CO_2 beperken onder de regeling vallen. Door deze verruiming zal ons land, in combinatie met de groene financiële sector die we in ons land moeten opbouwen, wereldwijd aantrekkelijk worden voor groenkapitaal.

➤ Uitvoering van het programma 'dobberende' zeewindparken.

➤ Uitvoering provinciaal programma zonne-energie (PV-stroom).

➤ Opbouw groene bedrijfssector. Daarbij gaat het onder meer om fabrieken voor speciale zeewindturbines en kleinere landwindmolens voor de export, fabrieken op het terrein van zonne-energie (ondermeer panelen), internationale kennis- en onderwijsinstellingen op het terrein van duurzame energie en duurzaamheid en financiële instellingen die zich specialiseren in internationale financieringen van (energie)projecten op het terrein van duurzaamheid. Daarnaast zal er een gespecialiseerde bouw en onderhoudssector ontstaan gericht op duurzaamheid en energiezuinig. Ook wordt er gewerkt aan de opbouw van een elektro- en waterstofsector en een kleine innovatieve nucleaire sector, bijvoorbeeld toegespitst op waterstof.

➤ Oprichting van de 'The Internationaal Green Bank of Holland' (GBH). Deze bank is gespecialiseerd in alle wereldwijde transacties op het terrein van groene investeringen.

➤ Oprichting van een internationale universiteit die zich richt op onderwijs en onderzoek dat betrekking heeft de ontwikkeling van een groene economie en alle aspecten die daarbij een rol spelen, zoals 'groene' kennis, het beleid van overheden en het bedrijfsleven, financieringsvormen, duurzame energie, energiezuinige bouw, energiezuinige productieprocessen, regelgeving, internationaal klimaatbeleid, innovaties op het terrein van klimaat en energie, groen ondernemerschap en advisering enz. Deze 'The International Green University' kan opgezet worden in de vorm van een publiek-private samenwerking en zou tevens een faculteit voor watermanagement moeten hebben. De universiteit van Wageningen zou kunnen uitgroeien tot de werelduniversiteit op het terrein van gezond voedsel en zogenoemde vleesvervangers.

➤ Het bevorderen van een bedrijfssector duurzaam bouwen, waarbij de kwaliteit zodanig is dat de levensduur van nieuwbouw langer wordt en rekening wordt gehouden met de bescherming van het milieu en het klimaatbeleid. Alle nieuwe gebouwen, woningen en bedrijfsgebouwen, die na een bepaalde tijdstip gebouwd worden, moeten in ieder geval energieneutraal zijn. Ze moeten zodanig worden gebouwd dat ze zelf in de behoefte aan energie kunnen voorzien (bijvoorbeeld met behulp van isolering, zonnepanelen en, speciale kleine (dak)windmolens). Deze vereisten zouden in de bouwregeling kunnen worden vastgelegd en in werking treden bijvoorbeeld met ingang van 2011. Betrokkenen hebben dan nog voldoende tijd om zich op deze vereisten voor te bereiden. Deze groene bouw kan worden ondersteund door onder andere speciale groene hypotheken, en verlaagde tarieven in de gemeentelijke onroerend zaak belasting (ozb) en in de overdrachtsbelasting. Voor bestaande gebouwen en woningen moet een meerjaren 'klimaatprogramma' worden ontwikkeld waarbij de energiezuinigheid sterk wordt verbeterd. Deze zuinigheid kan worden gerealiseerd met moderne vormen van isolatie en zuinige verwarmingsvoorzieningen. Daarnaast kan met zonnepanelen op de daken groene stroom worden opgewekt, waardoor het verbruik van grijze stroom kan afnemen. Dit meerjarenprogramma kan worden bevorderd met behulp van een fiscale aftrekregeling voor de kosten die gemoeid zijn met isolatie: de effectiviteit van een dergelijke aftrekregeling is het grootst, indien de regeling tijdelijk is: de regeling geldt bijvoorbeeld voor maximaal vier jaar. Door de tijdelijkheid wordt het aanjaageffect versterkt.

➤ De elektrische auto's en waterstofauto's komen eraan. Ons land moet pro-actief op deze ontwikkeling in spelen en nu reeds een pakket maatregelen treffen die ertoe leiden dat ons land de komende decennia kan uit groeien tot het wereldwijd bekende Nederland Elektroland. Daarbij gaat het onder meer om: oplaadpunten en accuwisselingssystemen in steden en langs (snel)wegen en tevens de noodzakelijke voorzieningen voor waterstofverkeer. Lente 2009 heeft de energiesector aangekondigd de komende jaren overal elektrische oplaad punten te gaan aanleggen. Een uitstekende initiatief dat Nederland Elektroland kan bevorderen. Van belang is ook dat overheden het goede voorbeeld geven en hun fossiele wagenpark zo snel mogelijk gaan vervangen door elektrisch of waterstof vervoer. Fiscale tegemoetkomingen en vrijstellingen (BPM, wegenbelasting, geen of lagere bijtelling bij auto van de zaak) blijken 'groen' rijden te kunnen stimuleren. Steden kunnen voordelen bieden, zoals vrij of goedkoop parkeren en voor 'groen en stil' vrachtverkeer de mogelijkheid om 's nachts winkels te bevoorraden. We moeten ook beginnen met technisch onderwijs dat is toegespitst op elektrisch vervoer.

➢ Haast maken met de werving van een internationale autofabrikant die in ons land elektrische auto's en of waterstofauto's wil produceren of assembleren. Onze premier Jan Peter Bakenende reist zo snel mogelijk af naar Japan, India en China en komt terug met de beste optie en we starten in 2010 met de bouw van deze fabriek in het Zuiden van ons land.

Box 108 Invoering financiële stimulans voor duurzame energie

In Nederland hebben we vooral de afgelopen vijftien jaar verschillende (fiscale) regelingen ingevoerd om duurzame energie te bevorderen. Daarbij is sprake geweest van een zwalkend beleid. De rijksoverheid heeft investeerders in duurzaam verschillende keren geconfronteerd met het plotsklaps afschaffen of wijzigen van stimulansen voor duurzame energie. Dit jojo-beleid heeft geleid tot grote onzekerheid en het afhaken van investeerders. Bovendien was veelal sprake van bureaucratische regelingen met een zware administratieve lastendruk die niet effectief waren. Mede daardoor is duurzame energie in ons land nauwelijks van de grond gekomen. Met een aandeel van minder dan 4% in het totaal van ons nationaal energieverbruik zitten we in de achterhoede in Europa.

In Nederland is sedert 2008 de regeling 'Stimulering Duurzame Energieproductie' (SDE-regeling) de belangrijkste stimulans voor duurzame energie. De praktijk wijst uit dat deze ingewikkelde regeling gekenmerkt wordt door veel administratieve rompslomp. Het is een bureaucratische regeling die niet effectief is. Bovendien is het budget volstrekt ontoereikend om substantiële investeringen te realiseren en de achterstand op veel landen goed te maken. Om vaart te maken moet deze regeling zo snel mogelijk worden afgeschaft en worden vervangen door een kopie van de succesvolle Duitse stimuleringsregeling voor groene stroom. Dankzij deze regeling behoort Duitsland tot de koplopers in de wereld op het terrein van wind- en zonne-energie: ongeveer een vijfde van alle opgewekte elektriciteit is groen. Deze stimulans heeft ook geleid tot een van de grootste bedrijfssectoren wind en zon in de wereld, een sector met meer dan 250.000 arbeidsplaatsen.

De Duitse stimuleringsregeling (EEG) kent naast eenvoud drie voordelen. Producenten van groene stroom hebben een voorrangspositie op het Duitse elektriciteitsnet: groene stroom heeft voorrang ten opzichte van fossiele stroom. Daarnaast krijgen de producenten een vast gegarandeerde vergoeding per kWh groene elektriciteit die ze aan het net leveren. Deze vergoeding geldt bovendien voor een periode van twintig jaar. Dit biedt zekerheid voor groene investeerders en is een belangrijke reden voor het succes van de regeling. De Duitse regeling wordt niet gefinancierd met overheidssubsidies die afhankelijk zijn van de grilligheid van politieke besluitvorming. De regeling wordt betaald door de consumenten die per kWh verbruikte elektriciteit 1-2 eurocent extra betalen.

De invoering in Nederland van een stimulans volgens het Duitse model kan niet alleen leiden tot een versnelde invoering van duurzame energie, in hoofdzaak windturbines in zee en zonnestroom, maar ook tot het ontwikkelen van een 'groene' bedrijfssector (duurzame energie, energie zuinig bouwen enz.). In het medio maart 2009 gepresenteerde crisispakket om de Nederlandse economie aan te jagen, kondigt het kabinet aan de SDE te gaan financieren volgens het Duitse model. Op zich is dat een stap in de goede richting, maar onvoldoende om de effectiviteit te realiseren van de Duitse regeling. De ingewikkelde SDE-opzet zelf staat een succes in de weg. Het kabinet gaat daarbij te veel af op (ambtelijke) adviseurs die de SDE willen behouden. Vanaf het begin af zijn de adviezen gericht geweest op een 'eigen' regeling in plaats van een kopie van de Duitse succesvolle regeling. Volgens de (ambtelijke) adviezen zou de Duitse regeling te duur zijn en 'hun' SDE zou niet alleen minder kosten maar ook nog eens beter zijn. Uit de parlementaire stukken die betrekking hebben op de SDE blijkt dat deze bewering niet stoelt op een gedegen analyse van de Duitse regeling. Bovendien wijzen de stukken er niet op dat de opstellers en adviseurs voldoende kennis van zaken hebben van ondernemerschap in de marktsector en de (investerings)praktijk. Het succes van het Duitse groenregeling is gebaseerd op eenvoud, een ruime vergoeding voor investeerders met 20 jaar zekerheid en snelle procedures. De SDE is een voorbeeld van het tegendeel.

Bijlage 1

Bouwstenen voor lange termijn economische groei

Vooruitgang door groei

De mensheid heeft de afgelopen kwart eeuw op een aantal punten opmerkelijke vooruitgang geboekt. Economische groei en technologische ontwikkeling gingen daarbij hand in hand. Het voor inflatie gecorrigeerde per capita wereldinkomen steeg van 5400 dollar in 1980 tot 8500 dollar in 2005. De Wereld Bank schat dat het deel van de wereldbevolking dat in extreme armoede leeft daarmee is gehalveerd sinds 1980 (d.w.z. mensen die van een dollar per dag of minder rondkomen – desondanks zijn het er nog meer dan één miljard). We leven langer, er is minder kindersterfte en meer kinderen gaan naar school. Bovendien is de wereld steeds beter geïntegreerd en worden meer landen dan ooit op een democratische wijze geregeerd. Het zijn successen die voor een groot deel volgen op de economische ontwikkeling die heeft plaatsgevonden.

Het ligt voor de hand dat landen die harder groeien welvarender zullen zijn dan landen die minder hard groeien. Desondanks onderschatten mensen vaak de kracht van groeipercentages op de lange termijn. Verschillen hiertussen hebben in het verleden voor een aantal opmerkelijke groeispurten en inhaalslagen gezorgd. Zo was nog niet zo lang geleden Ierland een van de armste landen in Europa. Voor de crisis was het op Luxemburg na het rijkste.

Maar ook de opkomende economieën vertonen opvallende verschillen. In de 25 jaar tussen 1980 en 2005 groeide het Indiase inkomen per capita met gemiddeld 3,8% per jaar. Box 1 laat zien dat in dit tempo het inkomen ongeveer elke 19 jaar verdubbelt. De Chinese economie groeide in die tijd met gemiddeld 8,6%. Dat komt neer op een verdubbeling in iets meer dan 8 jaar. Als de Indiase economie in de 19 jaar die het nu nodig had om te verdubbelen even snel gegroeid was als China, dan was het inkomen per capita niet verdubbeld, maar bijna vijf keer groter geweest dan het initiële niveau.

Box 1 Groei voorbeeld 1: verschillende groeipercentages

	BBP per capita groei, 1980-2005	Tijd nodig om te verdubbelen
India	3,8%	19,1 jaar
China	8,6%	8,4 jaar

Het voorbeeld illustreert dat niet alleen een hoge groei op zichzelf belangrijk is, maar dat ook groei op groei een significante bijdrage levert aan een hoger welvaartsniveau. Er zit een exponentieel effect in dat op termijn zeer krachtig kan zijn. Om eenzelfde reden is het startpunt belangrijk. Box 2 geeft een simpel voorbeeld. Zelfs wanneer groei tussen twee landen gemiddeld grofweg gelijk is, hoeven de uitgangspunten dat niet te zijn. Uiteindelijk zal het land met het hogere inkomen per capita een relatief hoger welvaartspeil bereiken.

Box 2 Groei voorbeeld 2: ongelijke startpunten in dollars

	BBP per capita, 2008	Groei	BBP per capita, 2043
EU-15	34.160	$1,02^{35}$ jr $\approx 2\%$	68.320
Verenigde Staten	46.859	$1,02^{35}$ jr $\approx 2\%$	93.718
Verschil	12.699		25.398

Box 2 vergelijkt het huidige BBP per capita van de EU-15 en de VS en veronderstelt dat beide economieën in de toekomst een reële groei van 2% per jaar realiseren. Met deze aanname, die niet onredelijk is, verdubbelt het verschil per capita inkomen in 35 jaar. In andere woorden, een verdubbeling van het inkomensgat tussen beide economieën in ruwweg één generatie tijd. Het is dus belangrijk om het potentiële productieniveau (inkomen per hoofd, ofwel het BBP per capita) te optimaliseren door een efficiënte allocatie van arbeid en kapitaal, alswel de langetermijngroei door de ontwikkeling van technologie en kennis te stimuleren. Hoe dit in de praktijk in zijn werk gaat, wordt in hoofdlijnen door de economische groeitheorie in kaart gebracht.

Arbeid, kapitaal en productie

In het meest simpele model worden de factoren arbeid (L) en kapitaal (K) gecombineerd in een productiefunctie om een bepaalde hoeveelheid productie (Y) te creëren (zie box 3; de letters tussen haakjes zijn de Engelse afkortingen). Dergelijke modellen werden tot halverwege de vorige eeuw gebezigd om economische ontwikkeling te verklaren. In de basis komt het erop neer dat een hoger productieniveau afhankelijk is van een proportionele toename van de hoeveelheid kapitaal (zoals fabrieksgebouwen, machines en werktuigen) en een daarop aansluitend arbeidsaanbod. Hoe groter de inzet van beide productiefactoren, des te groter de productie van goederen en diensten en dus het BBP.

Box 3 Een simpel groeimodel met Arbeid (L) en Kapitaal (K)

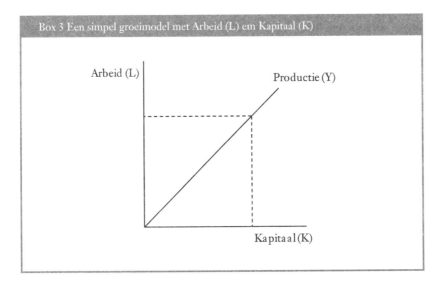

De groei van de kapitaalhoeveelheid wordt daarbij bepaald door de investeringen in nieuw kapitaal minus de jaarlijkse afschrijving van verouderd kapitaal (in een gesloten economie zijn investeringen gelijk aan het sparen – in andere woorden, spaargeld van mensen wordt via banken aangewend voor het investeren in nieuw productief kapitaal). Investeringen doen de kapitaalhoeveelheid toenemen, terwijl afschrijvingen de hoeveelheid doen verminderen. Het arbeidsaanbod wordt gedreven door demografische trends.

Het Solow-groeimodel uit 1956

Al snel werd echter duidelijk dat er significante beperkingen aan dit soort modellen zaten. Om die reden kwam de MIT-econoom Robert Solow in de jaren vijftig van de vorige eeuw met een heel nieuw groeimodel. Het type model wordt tegenwoordig ook wel geschaard onder de noemer neoklassieke groeitheorie. Dertig jaar later zou hij voor zijn baanbrekende werk in 1987 de Nobelprijs in de economie winnen. Het Solow-model is een relatief simpel model, maar bleek de beschikbare groeidata van de Amerikaanse economie destijds redelijk te volgen. Dit werd als een bemoedigend teken gezien.

Hoewel vrij technisch van aard, is het interessant om er een aantal punten uit te lichten. Nieuw in het model was dat arbeid als een variabele productiefactor ten opzichte van kapitaal werd gezien. De proportionele toename van beide factoren om het BBP te laten stijgen, zoals hierboven werd aangenomen, was daarmee niet langer nodig. Box 4 illustreert dit door de waarde van de assen in eenheden arbeid uit te drukken. In andere woorden, de verticale as meet productie per arbeider (Y/L), de horizontale as het kapitaal per arbeider (K/L). Hiermee werd het mogelijk om de hoeveelheid kapitaal per arbeider te laten variëren.

Box 4 Afnemende meeropbrengsten in het Solow-model

Box 4 Afnemende meeropbrengsten in het Solow model

Box 5 geeft een aardige indruk van de ontwikkeling van beide variabelen sinds begin van de 19e eeuw. Zowel productie als kapitaal per werknemer vertonen een sterke, continue stijging sinds 1820, waarbij er in Amerika rond de vorige eeuwwisseling een versnelling optrad en later in de jaren vijftig in Groot-Brittannië en Japan. Meer kapitaal per werknemer kwam dus beschikbaar en ook werden werknemers productiever.

In de tweede plaats ging Solow uit van afnemende meeropbrengsten van arbeid en kapitaal. Dit valt op te maken uit de afvlakkende productiecurve in box 4, die aangeeft dat de extra productie per arbeider afneemt naarmate er meer kapitaal per arbeider wordt ingezet (d.w.z. naarmate we over de horizontale as naar rechts bewegen). Het idee hierachter is simpel. Als je een werknemer één computer geeft, zal hij of zij een stuk productiever worden. Geef je diezelfde werknemer een tweede computer, dan zal die laatste computer minder toevoegen aan extra productiviteit dan de eerste computer. Geef je de werknemer een derde computer, dan zal die niet of nauwelijks aan productiviteit toevoegen. Er zijn simpelweg niet genoeg handen om de apparatuur te bedienen. In principe geldt deze eigenschap voor het gros van de conventionele kapitaalgoederen, zodat het aannemen van afnemende meeropbrengsten naar mate de kapitaalhoeveelheid toeneemt, redelijk is.

Van de productie van goederen en diensten, ofwel het inkomen, dat wordt bepaald door de productiecurve, wordt vervolgens een vast deel gespaard en geïnvesteerd en de rest wordt geconsumeerd. Dit wordt geïllustreerd in box 4 door, net als de productiecurve, een afvlakkende investeringscurve naarmate het kapitaal per werknemer (K/L) toeneemt. Om een idee te geven, spaarquota in de meeste landen liggen ergens tussen de 10 en 30% van het BBP.

Een belangrijk aspect is wat er daarna met de afschrijvingen op kapitaal gebeurt. Zoals gezegd, investeringen vergroten de kapitaalhoeveelheid in een economie, afschrijvingen verkleinen het. Terwijl de toevoeging van investeringen relatief afneemt met de productie door de wet van afnemende meeropbrengsten naarmate er meer kapitaal per arbeider wordt ingezet (K/L), groeien afschrijvingen op de bestaande hoeveelheid kapitaal proportioneel. Immers, met de toename van de kapitaalhoeveelheid zullen afschrijvingen verhoudingsgewijs oplopen. Dit wordt met een rechte lijn aangegeven.

Box 5 'Productie-arbeid' en 'kapitaal-arbeid'-verhouding in drie landen, 1820-1998

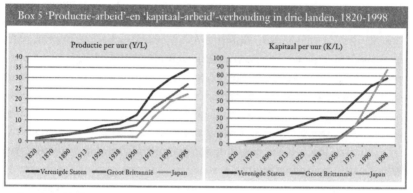

Box 5 'Productie-arbeid'-en 'kapitaal-arbeid'-verhouding in drie landen, 1820-1998

Bron: Angus Maddison op http://www.ggdc.net/maddison/

Het leidt ertoe dat de economie uiteindelijk zal eindigen op het punt waar de investeringen en afschrijvingen gelijk zijn bij de verticale stippellijn. Stel bijvoorbeeld dat de economie zich in eerste instantie aan de rechterkant van de stippellijn bevindt. Afschrijvingen zijn hier groter dan de hoeveelheid nieuwe investeringen (de lijn van de afschrijvingen ligt boven de investeringen), waardoor de totale hoeveelheid beschikbaar kapitaal per werknemer zal afnemen. Dit gaat net zo lang door totdat de twee gelijk zijn. Bevindt de economie zich aan de linkerkant, de jaarlijkse investeringen zijn groter dan de afschrijvingen, dan zal de kapitaalhoeveelheid toenemen tot het punt waarop ze weer gelijk zijn.

Dit punt wordt dan ook wel als het langetermijnevenwicht in de economie gezien. Men kan het productieniveau per werknemer (Y/L), dus het BBP per capita dat hiermee geassocieerd wordt, afleiden door de stippellijn die de hoeveelheid kapitaal per werknemer (K/L) bij dit evenwicht aangeeft door te trekken naar de productiecurve.

Technologische ontwikkeling als motor achter de groei

Eén van de allerbelangrijkste inzichten van het Solow-model was daarmee dat structurele economische groei alleen mogelijk is door technologische ontwikkeling. Natuurlijk kunnen we door permanent meer te sparen de investeringscurve in box 4 omhoog tillen en daarmee de stippellijn naar rechts verschuiven (K/L). Maar dit levert niet meer dan een eenmalige toename in productie per werknemer op (Y/L). Bovendien wordt dit groeipotentieel begrensd doordat we niet meer kunnen sparen en investeren dan het totale inkomen in een economie, waarna er niets over zou blijven om te consumeren. Dat is niet gewenst.

Het roept de vraag op wat dan wel het optimale investeringsniveau in een economie is. Edmund Phelps, de Nobelprijswinnaar van 2006, heeft laten zien dat het optimale kapitaalniveau (K/L) bestaat waar het verschil tussen productie- en afschrijvingscurve en dus investeringen het grootst is. In box 4 is dit ongeveer bij de stippellijn. Hij noemde dit de 'golden rule level of capital', oftewel de gouden regel voor de kapitaalhoeveelheid. Op dit punt is consumptie namelijk het grootst en dit is in eerste instantie waar mensen in geïnteresseerd zijn (het verschil tussen de productie- en investeringscurve is zowel aan de linker- als aan de rechterkant van de stippellijn kleiner). Landen zouden er op de lange termijn daarom goed aan doen de kapitaalhoeveelheid per werknemer in de richting van dit efficiënte punt te sturen door, afhankelijk van de huidige positie, meer of minder te investeren.

Ook een groter arbeidsaanbod, in de vorm van een hogere arbeidsparticipatiegraad, lagere werkeloosheid en/of meer gewerkte uren, kan de totale productie in een economie doen toenemen. Continue bevolkingsgroei kan in dit geval zelfs zorgen dat de BBP-groei aanhoudend is. Maar omdat het aantal mensen daarmee ook toeneemt, leidt dit doorgaands niet tot een hoger inkomen per capita. Uiteindelijk moet iedereen toch zijn eigen kostje bij elkaar sprokkelen. Het betekent geen hoger lange termijn groeipotentieel of hogere levensstandaarden per persoon.[1]

Box 6 De bijdrage van technologie aan hogere factor productiviteit
Helaas is het heel moeilijk om het effect van technologische innovatie op de economische groei exact te meten. Hoe groot is bijvoorbeeld de extra productie als gevolg van computers of het internet? Men kan hier lang over filosoferen, maar uiteindelijk weten we het niet. Om toch een idee te vormen, hebben economen een methode ontwikkeld die in eerste instantie uitgaat van gegevens die wel beschikbaar zijn zoals het BBP (Y), de kapitaalhoeveelheid (K) en het aantal gewerkte uren (L).

---

[1] Sterker nog, net als afschrijvingen, zorgt bevolkingsgroei ervoor dat de hoeveelheid kapitaal per werknemer afneemt het daarmee het inkomen. Economen hebben statistisch aangetoond dat landen met een hogere bevolkingsgroei inderdaad een lager inkomen per hoofd van de bevolking hebben.

Met behulp van statistieken over deze variabelen kan men de bijdrage berekenen die arbeid en kapitaal leveren aan het BBP. Het verschil tussen het daadwerkelijk gemeten BBP en het gedeelte dat wordt verklaard door de inzet van deze productiefactoren wordt dan toegewezen aan factoren waar het effect moeilijk direct van te bepalen is, zoals technologische innovatie. Dit resterende, onverklaarde deel wordt ook wel de Totale Factor Productiviteit (TFP) genoemd.

	1966-1970	1971-1980	1981-1990	1991-1995	1996-2002
EU-15					
BBP	5,0	3,2	2,4	1,7	2,2
Arbeid	-0,7	-0,6	0,1	-0,7	0,9
Kapitaal	1,8	1,4	0,7	1,0	0,5
TFP	3,8	2,4	1,5	1,4	0,9
Verenigde Staten					
BBP	3,4	3,2	3,1	2,4	3,2
Arbeid	1,6	1,6	1,7	1,3	1,5
Kapitaal	0,6	0,5	0,3	0,2	0,6
TFP	1,2	1,1	1,1	0,8	1,1

Bron: Europese Commissie, An analysis of EU and US productivity developments, Vol. 208, 2004

De tabel hierboven analyseert het deel van de totale BBP-groei dat kan worden toegewezen aan de aanwas van de productiefactoren (d.w.z. de toename van arbeid en kapitaal) en het deel dat kan worden toegewezen aan technologische ontwikkeling of totale factor productiviteit voor de periode 1966-2002 (ook wel het 'Solow residual' genoemd). Arbeid en kapitaal droegen in de EU-15 gemiddeld slechts een derde bij aan de economische groei. De bijdrage van arbeid is zelfs negatief in drie perioden; we zijn minder gaan werken. In de Verenigde Staten waren arbeid en kapitaal verantwoordelijk voor ongeveer tweederde van de groei. Vooral arbeid droeg sterk bij. De cijfers onderstrepen tegelijk het belang van technologische innovatie als motor achter de economische groei.

Solow formaliseerde zo de interactie tussen de voornaamste fundamenten van economische groei. Hij liet zien dat duurzame economische groei alleen mogelijk is door innovatie, waardoor het kapitaal per werknemer (K/L) meer opbrengt per werknemer (Y/L). De snelheid van technologische innovatie in een samenleving is daarmee bepalend voor de mate van de economische groei. Een hoger arbeidsaanbod en investeringen in fysiek kapitaal kunnen de economie weliswaar naar een hoger welvaartsniveau tillen, maar het leidt niet tot een structureel hogere groei per hoofd van de bevolking. Dat kan alleen door kapitaal efficiënter te maken via continue technologische vooruitgang.

Na Solow: endogene groei en investeren in kennis
Hoewel dit resultaat indrukwekkend genoeg was voor het Nobelcomité in 1987, vonden anderen het niet bevredigend genoeg. De hoofdreden was dat het Solow-model technologie als een externe ofwel 'exogene' variabele beschouwt. Dat betekent dat technologische ontwikkeling als input in het model als een vast gegeven wordt gezien en de onderliggende oorzaken ervan niet verklaard worden. Het is natuurlijk opmerkelijk dat de factor die als centraal wordt aangehaald in het groeiproces zelf niet nader wordt bezien. Kan het niet zijn dat ook technologische ontwikkeling gedreven wordt door menselijk handelen?

Om economische groei nauwkeuriger in kaart te brengen, werd in de jaren tachtig daarom een nieuwe generatie economische modellen geboren onder de noemer 'endogene' groeitheorie. Deze tak van sport richtte zich erop technologische ontwikkeling en dus economische groei van binnenuit het model te verklaren. Een van de voortrekkers was de invloedrijke macroeconoom Paul Romer van de Stanford Universiteit in Californië.

Hoewel er verschillende modellen zijn ontwikkeld, staat menselijk kapitaal en kennis centraal in dit type modellen. Maar ook de overheid speelt een rol met een goed beleid. Zo kunnen subsidies voor onderwijs en R&D het langetermijngroeipercentage beïnvloeden, maar ook bijvoorbeeld een efficiënter belastingsysteem.

In tegenstelling tot de neoklassieke groeitheorie die uitgaat van perfecte competitie, is endogene groeitheorie gebaseerd op de premisse dat markten imperfecties vertonen. Kennis wordt daarbij gezien als een kapitaalgoed dat niet voldoet aan de conventionele karakteristieken van een fysiek kapitaalgoed. Dat wil zeggen, het is moeilijk om mensen uit te sluiten van het gebruik van kennis. Het is vrijelijk beschikbaar zolang men maar in staat is de kennis goed te begrijpen. Het is ook niet rivaal, wat wil zeggen dat gebruik door de één het gebruik door de ander niet beperkt of vermindert.

Doordat kennis telkens opnieuw gebruikt kan worden en mensen bouwen op de ontdekkingen van anderen, is het waarschijnlijk niet onderhevig aan de afnemende meeropbrengsten waar investeringen in gewoon kapitaal door gekenschetst worden (de afvlakkende productiecurve in box 4). Denk eens aan de wiskundige technieken die in de oudheid werden uitgevonden, zoals elementaire algebra en euclidische geometrie, en wat dat in de tussentijd heeft opgeleverd. Mensen die hier tijd in stopten, maakten wellicht één van de meest productieve investeringen ooit.

Investeren in de kennis zou het op die manier mogelijk maken om constante (of zelfs toenemende) meeropbrengsten te realiseren. De productie- en investeringscurven vlakken in dat geval niet af, maar nemen lineair toe zoals in box 7. En dat zou, theoretisch bezien, oneindige economische groei betekenen.

Immers, als het sparen en investeren groot genoeg zijn om afschrijvingen te overstijgen, maar ook bijvoorbeeld de verwatering van kapitaal per werknemer door bevolkingsgroei, dan neemt de kapitaalhoeveelheid onbeperkt toe (K/AL – waarbij A een parameter is de productiviteit meet van de beschikbare technologie – zie box 6 over totale factor productiviteit). Bij k_1, bijvoorbeeld, meet het verschil tussen nieuwe investeringen en afschrijvingen wat er aan extra kapitaal in de economie bijkomt. Dit brengt de economie naar punt k_2, waar investeringen weer groter zijn dan afschrijvingen, enzovoort.

Het resultaat is daarmee radicaal anders dan in een model met afnemende meeropbrengsten van kapitaal. Uiteindelijk kunnen investeringen in kennis en innovatie zeer lonend zijn. Niet voor niets hameren economen en politici continu op het belang van goed onderwijs en research and development (R&D) om kennis en innovatie te bevorderen.

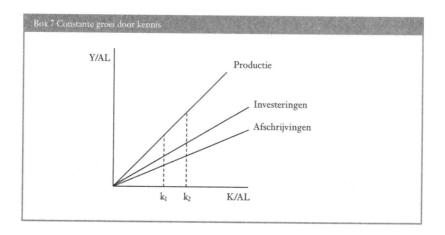

Box 7 Constante groei door kennis

Hoog rendement op onderzoek

Studies laten zien dat het rendement op onderzoek groot is. De Europese Commissie schat dat 40% van de productiviteit kan worden toegewezen aan uitgaven voor R&D. Dat is een flink rendement, veel hoger dan het gemiddeld rendement op fysiek kapitaal. In een andere studie laat de OESO zien dat een 10% hogere R&D-intensiteit, de per capita BBP-groei met 0,3-0,4% verhoogt. Nog een andere studie van 16 OESO-landen concludeert dat een extra procent R&D door bedrijven resulteert in 0,13% extra productiviteitsgroei. Op de lange termijn leiden deze kleine verschillen tot een significant hoger per capita inkomen en welvaartsniveau.

Sleutelrol voor overheid

Er ligt belangrijke taak voor de overheid om kennis en innovatie te stimuleren. Omdat kennis grotendeels vrij voorhanden is, zal er door particulieren en bedrijven doorgaans te weinig in geïnvesteerd worden. Immers, omdat anderen moeilijk van gebruik zijn uit te sluiten, zullen de mensen die het genereren de vruchten van hun investering niet volledig plukken. De eigenschappen die kennis en innovatie zo waardevol maken vanuit maatschappelijk oogpunt, zorgen er tegelijkertijd voor dat private partijen er te weinig geld insteken.

Een patentensysteem is één oplossing die hiervoor in het verleden is bedacht. Mensen behouden een prikkel om in kennis en innovatie te investeren, omdat gegarandeerd wordt dat ze in ieder geval een aantal jaren de baten exclusief kunnen genieten. Maar zo'n systeem kent ook nadelen. Zo voorkomt het dat anderen optimaal gebruik kunnen maken van de uitvindingen. En dat is nu juist waarom kennis zo waardevol is. Het geeft een basis waarop toekomstig onderzoek kan plaatsvinden. Sir Isaac Newton (1643-1727) merkte ooit op: 'If I have seen a little further, it is by standing on the shoulders of giants.' Google Scholar, de gratis zoekmachine voor wetenschappelijke publicaties, baseert hier zijn motto op: 'Staan op de schouders van reuzen.' Eén van de belangrijkste doelstellingen van het bedrijf is bestaande kennis toegankelijker maken zodat anderen erop verder kunnen bouwen.

De meeste economen zijn daarom voorstander van het stimuleren van kennis en innovatie door de overheid. Dat kan via goed hoger onderwijs om de pool van jonge, talentvolle wetenschappers en technici te vergroten, met subsidies voor R&D en bijvoorbeeld het opzetten van grootschalige onderzoeksprojecten. De focus moet liggen op die sectoren waar technologie, kennis en innovatie de grootste kans op daarmee geassocieerde hogere productiviteit en duurzame groei opleveren.

Maar met omvangrijke overheidsbudgetten alleen komen we er niet. Veel van de doorbraken op universiteiten en in onderzoekslaboratoria worden in de praktijk verbeterd en verfijnd door gewone ondernemers en bedrijven die uit zijn op winst. De markt geeft ze een prikkel om telkens een stapje vooruit te zetten om zo de concurrentie voor te blijven. In het verleden is dit een onuitputtelijke bron van kleine, simpele innovaties gebleken die de grote ideeën commerciële waarde gaven en veel vooruitgang brachten. Ook dit onderstreept het belang van dynamische, competitieve en innovatieve markten.

Voor de toekomst van een land als Nederland is het essentieel dat een slimme, actieve overheid hier het voortouw neemt. Economisch ontwikkelde landen moeten innoveren om vooruit te komen. Ze kunnen niet teren op ideeën die elders ontwikkeld zijn. Naarmate men de zogenaamde 'world efficiency frontier' benadert – landen en industrieën die de meest geavanceerde technieken ontwikkelen en gebruiken en dus de hoogste productiviteit behalen – is er maar een manier om te overleven. Namelijk door keiharde concurrentie, innovatie en hard werken. Anders blijven we simpelweg niet bij.

De landen die de leiding nemen in de 21ste eeuw zijn landen die zich flexibel opstellen en waarin de private sector het meest effectief is in het bedenken en implementeren van nieuwe ideeën.

Is Europa al gedoemd?

Met dit in het achterhoofd, is het belangrijk dat de potentiële productiecapaciteit van de economie op de lange termijn wordt gemaximaliseerd. We maken een onderscheid tussen de potentiële economische groei op basis van fundamentele factoren als arbeid, kapitaal en technologische ontwikkeling, en de daadwerkelijk gerealiseerde economische groei. De twee kunnen verschillen wanneer de economie op de korte termijn geen gebruik maakt van al haar productiemiddelen. Denk bijvoorbeeld aan een lagere bezettingsgraad van kapitaal en/of werkeloosheid.

Wat betreft de vooruitzichten voor de Europese economie hoeven we niet optimistisch te zijn. Al voor de crisis lagen er bij de Europese Commissie sombere voorspellingen waarin werd gesteld dat de potentiële economische groei met de huidige inzet afneemt van gemiddeld 2,2% voor de periode 2007-2020, tot 1,5% tussen 2021-2040 en een magere 1,3%

tussen 2041-2060 (zie box 8). Het vermogen van de economie om te innoveren en meer te produceren neemt in de toekomst dus sterk af. De crisis heeft dit perspectief verder verslechterd.

Wereldwijd bestaat er veel tumult op de financiële markten, komen bedrijven moeilijk aan leningen, zijn investeringen dramatisch teruggelopen en wordt er minder uitgegeven aan het ontwikkelen van nieuwe technieken. Het zijn stuk voor stuk factoren die de productiviteit van de economie beïnvloeden. Daarbij loopt de werkeloosheid sterk op. Hoewel dit nu nog grotendeels komt door massale vraaguitval, zorgen lange perioden van werkeloosheid voor ontmoediging van werknemers, verlies van vaardigheden en vernietiging van menselijk kapitaal. Tijdelijke werkeloosheid leidt dan tot structurele werkeloosheid of in ieder geval tot een vermindering van het arbeidsaanbod.

Box 8 Daling van de potentiële economische groei in de EU

Periode	2007-2020	2021-2040	2041-2060
Potentiële groei	2,2	1,5	1,3

Bron: Europese Commissie, Quarterly report on the Euro Area, Vol. 9, No 2, 2009

De Europese Commissie concludeert dat de economie daardoor in ieder geval op de korte termijn een lager productiepotentieel zal realiseren dan, *ceteris paribus*, het geval was geweest zonder de financiële en economische crisis. Schattingen geven aan dat de potentiële groei (dus niet de feitelijke groei) over 2009-2010 halveert van 1,5% naar 0,75% ten opzichte van 2008. Wat er op de middellange tot lange termijn gebeurt, is onzekerder. Toch is het een belangrijke vraag en men dient er dan ook nu al goed bij stil te staan.

In theorie zijn drie scenario's denkbaar. In het meest gunstige geval blijft het bij een tijdelijke terugval, waarna de economie volledig herstelt. Dit scenario wordt in box 9 geschetst. De stippellijn geeft de potentiële langetermijngroei van de economie aan voor de crisis. De doorgetrokken lijn geeft de potentiële groei aan met de crisis. Na een tijdje trekken investeringen weer aan zodat de economie op het oude groeipad omhoog terechtkomt. Er treedt dus een dip op, maar uiteindelijk is er geen verlies aan productie.

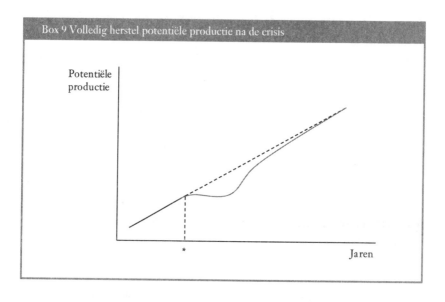

Box 9 Volledig herstel potentiële productie na de crisis

Maar zoals gezegd dit is het meest gunstige scenario, niet het meest waarschijnlijke. De Commissie waarschuwt dat de wereldwijde crisis tot een permanent productieverlies kan lijden in de EU. De voornaamste reden is dat over de hele linie staatsschulden explosief oplopen als gevolg van de crisis. De eerder in dit boek genoemde onderzoekers Rogoff en Reinhart concludeerden bijvoorbeeld op basis van de data van 10 grote financiële crisissen in het verleden dat overheidsschulden met gemiddeld 86% toenemen. In eerste instantie komt dit overigens niet zozeer door het rondstrooien van geld door overheden om banken en financiële instellingen te redden, maar simpelweg omdat de belastinginkomsten scherp dalen in tijden van sterk terugvallende economische activiteit.

Meer specifiek verwachten analisten van de EU dat de collectieve staatsschuld van de Eurozone zal toenemen tot 83,8% van het BBP in 2010, van 66% in 2007. De staatsschuld in Frankrijk en Duitsland zal toenemen tot respectievelijk 86 en 78,7% van het BBP. België, Griekenland en Italië eindigen naar verwachting boven de 100%.

In heel Europa is het onontkoombaar dat begrotingen na de crisis op orde gebracht moeten worden. In principe kan dit op drie manieren: meer economische groei, de overheidsuitgaven minder hard laten stijgen of zelfs laten dalen en/of de lasten verzwaren met belastingverhogingen. Aangezien de eerste optie nauwelijks reëel is in het licht van wat we hier bespreken, lijkt het onvermijdelijke gevolg lagere toekomstige overheidsuitgaven en hogere belastingen om de solvabiliteit van het Rijk te waarborgen.

Nagenoeg iedere belastingverhoging zal ten koste gaan van potentiële economische groei. Zelfs een lumpsumbelasting zorgt voor verstoringen omdat met name hoger opgeleide mensen steeds makkelijker naar het buitenland vertrekken. Het snijden in de overheidsuitgaven is een politieke afweging waarbij het van essentieel belang is ook de effecten op de groei mee te laten wegen. Sommige uitgaven (onderwijs, onderzoek en infrastructuur) zijn nu eenmaal productiever dan andere (sociale zekerheid).

Het is daarbij nuttig om, op basis van de hiervoor genoemde modellen, een onderscheid te maken tussen de impact van de crisis op het niveau van de potentiële productie en de impact op langetermijngroei van potentiële productie. Voor degenen die de zogenoemde neoklassieke groeitheorie representatief vinden, zal de crisis alleen het niveau van het potentiële toekomstige groeipad van de economie beïnvloeden. Hogere belastingen en lagere overheidsinvesteringen verminderen het arbeidsaanbod en de kapitaalhoeveelheid, maar dit veroorzaakt niet meer dan een eenmalige verschuiving naar een lager productieniveau. Technologische ontwikkeling drijft structurele economische groei en deze is nog altijd exogeen bepaald. We worden met z'n allen dus iets minder welvarend, maar het groeipotentieel is onverminderd. Dit is in box 10 afgebeeld.

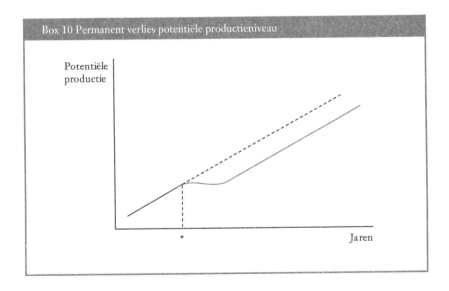

Box 10 Permanent verlies potentiële productieniveau

369

Mensen die daarentegen heil zien in de endogene groeitheorie zullen aannemen dat tevens de procentuele toename van het potentiële groeipad wordt verminderd. Dit laatste scenario wordt in box 10 afgebeeld. De hogere schuldlast van de staat oefent een negatieve invloed uit op investeringen in kennis en innovatie (via bijvoorbeeld onderwijs, R&D en ICT). Bovendien zijn investeerders behoedzamer geworden. Hun bereidheid om risicovolle investeringen in R&D te doen is daarmee sterk afgenomen. Dat verhoogt de kosten van kapitaal voor dit type investeringen. Voor zover deze effecten blijvend zijn, beïnvloedt de crisis dan wel degelijk de mate van technologische ontwikkeling. Het gevolg is een permanent verlies in zowel het niveau als het potentiële groeipercentage van productie. Dit 'worst case' scenario is in box 11 afgebeeld.

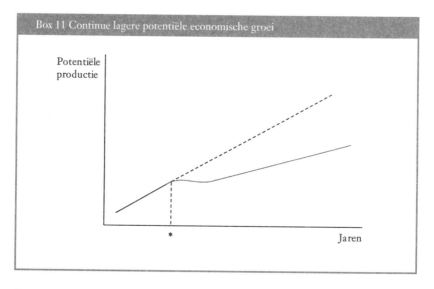

Box 11 Continue lagere potentiële economische groei

Potentiële productie

*

Jaren

De crisis vraagt om een actief hervormingsbeleid
Deze effecten zullen ook in Nederland doorwerken in de economie. De crisis had zich daarbij op geen ongelukkiger moment kunnen aandienen. We staan aan de vooravond van een vergrijzingsgolf die de overheidsfinanciën onder druk zet. Ook hebben we te maken met een klimaatcrisis waarvan de aanpak direct dan wel indirect geld gaat kosten. Willen we beter uit deze crisis komen en zorgen dat toekomstige generaties een sterke economie en gezonde overheidsfinanciën erven, dan zijn stevige maatregelen zoals in hoofdstuk 10 beschreven onafwendbaar.

Bijlage 2

Geraadpleegde websites

Algemeen Dagblad/Haagsche Courant – http://www.ad.nl
Algemene Energieraad – http://www.alhemene-energieraad.nl
Al Gore – http://www.algore04.com/index.php?option=com_
frontpage&Itemid=78
http://www.wikipedia.org/wiki/Al-Gore
American Enterprise Institute – http://www.aei.org
Americans For Fair Taxation – http://www.fairtax.org
Angus Maddison – http://www.agdc.net/maddison
Austrian Ministry of Finance – https://www.bmf.gv.at
Autoblog – http://www.autoblog.nl

Belgian Ministry of Finance – http://www.minfin.fgov.be/index.html
Belastingdienst – www.belastingdienst.nl
Bill Clinton Initiative – http://www.clintonfoundation.org
Bloomberg – http://www.bloomberg.com
Brookings Institution – http://www.brook.edu
Bundesministerium der Finanzen – http://www.
bundesfinanzministerium.de
Bundesregierung – http://bundesregierung.de
Business Contact – http://www.businesscontact.nl

Cato Institute – http://www.cato.org
CBI – www.cbi.org.uk
CDU – http://www.cdu.de
Center for American Progress – http://www.americanprogress.org
Centraal Plan Bureau – http://www.cpb.nl
Centre of Economic Policy Research – http://www.cepr.org/
default_static.htm
CESifo – http://www.cesifo.de/CESifoPortal
Climate Action Network – http://www.climnet.org

Climate Institute – http://www.climate.org/climate_main.shtml

Danish Ministry of Finance – http://www.fm.dk/1024/Default.asp?
Deloitte – http://www.deloitte.com
De Nederlandse Bank – http://www.dnb.nl
DLA Piper – http://www.dlapiper.com/Home.aspx
Doing Business, World Bank Group – http://www.doingbusiness.org
Dutch Ministry of Finance – http://www.minfin.nl/nl/home

Economist – http://www.economist.com/index.html
Environmental Performance Index – http://www.epi.yale.edu
Ernst & Young –
http://www.ey.com/global/content.nsf/International/Home
European Central Bank – http://www.ecb.int/home/html/index.en.html
European Commission, Taxation and Customs Union -
http://ec.europa.eu/taxation_customs/taxation/index_en.htm
European Union – http://europa.eu
European Environment Agency – http://www.eea.europa.eu
Europese Commissie – http://www.ec.europa.commission
Eurostat – http://epp.eurostat.ec.europa.eu

Federaal Planbureau België –
http://www.plan.be/nl/pub/pp/detail_pp.php?pub=PP094
Federal Reserve System – http://www.federalreserve.gov
Financieele Dagblad – http://www.fd.nl
Finnish Ministry of Finance –
http://www.ministryoffinance.fi/vm/en/01_main
Fitch – http://www.fitch.com
Forrester – http://www.forrester.com
Friends of the Earth – http://www.foe.org

German Tax Authority – http://www.bzst.bund.de
Germanwatch – http://www.germanwatch.org
Global Carbon Project – http://www.globalcarbonproject.org
Global Environment Outlook – www.grid.unep.ch/geo
Google Finance – http://www.google.com/finance
Graduate Record Examination – http://www.econphd.net
Greenpeace – http://www.greenpeace.org/international

Harvard Business Review – http://www.hbr.org
Heritage Foundation – http://www.heritage.org
HM Treasury – http://www.hm-treasury.gov.uk

IASB – http://www.iasb.int
IMD – http://www.imd.ch
International Panel for Climate Change- http://www.ipcc.ch
Institute for Fiscal Studies – http://www.ifs.org.uk
Institute for Management Development – http://www.imd.ch
Institute for Policy Studies – http://www.ips-dc.org
Institute for the Study of Civil Society – http://www.civitas.org.uk
International Energy Agency – http://www.iea.org

International Monetary Fund – http://www.imf.org
Internal Revenue Service – http://www.irs.gov
Irish Department of Finance –
http://www.finance.gov.ie/ViewDoc.asp?fn=/home.asp

Joint Committee on Taxation – http://www.house.gov/jct
Joint Economic Committee – http://www.house.gov/jec

Klimaatbeleid Europa – http://www.europa.nu.nl.
Klimaatwet – http://www.klimaatwet.nu.nl
Krugman, Paul – http://www.krugman.blogs.nytimes.com

L'expansion.com – http://www.lexpansion.com

Mankiw, Gregory – http://www.gregmankiw.blogspot.com
Merkel, Angela – http://www.angela-merkel.de
Ministerie van Algemene Zaken – http://www.minaz.nl
Ministerie van Economische Zaken – http://www.minez.nl
Ministère de l'Économie, des finances et de l'industrie –
    http://www.minefi.gouv.fr
Ministerie van Financiën – http://www.minfin.nl
Ministry of Finance Japan (MOF) –
http://www.mof.go.jp/english/index.htm
21 Minuten – http://www21minuten.nl
National Bureau of Economic Research – http://www.nber.org

Natuur en Milieu – www.natuurenmilieu.nl.
Newcom Research&Consultancy – http://www.newcomresearch.nl
NRC Handelsblad – http://www.nrc.nl

OESO – http://oecd.org
Organization for Economic Co-operation and Development –
  http://www.oecd.org

Planbureau voor de leefomgeving – http://pbl.nl
PPS – http://www.ppsnetwerk.nl
PriceWaterhouseCoopers – http://www.pwcglobal.com

Reader's Digest – http://www.readersdigest.com
Reforming financial Markets – http://www.hm.treasury.gov.uk
Regering- http://www.regering.nl
Rijnlandmodel – http://www.bundeskanzlerin.de

Sociaal- Economische Raad (SER) – http://www.ser.nl
Standard&Poor's – http://www.standardandpoors.com
Sandbag – http://www.sandbag.org.uk
Stop de crisis – http://www.stopdecrisis.nl
Swedish Ministry of Finance – http://www.sweden.gov.se/sb/d/2062

Taxsites – http://www.taxsites.com/international.html
Time – http://www.com/specials
Telegraaf – http://www.telegraaf.nl
Tweede Kamer – http://www.tweedekamer.nl
TU-Delft – http://www.test.iri.tudelft.nl

United Nations Environment Programma – www.unep.org
United Nations Framework Convention on Climate Change –
  www.unfccc.int
US Census Bureau – http://www.census.gov
US Department of the Treasury – http://www.ustreas.gov
US Environmental Protection Agency – http://www.epa.gov/
  climatechange
US House of Representatives – http://www.house.gov
US Senate – http://senate.com

Vaticaan – http://www.vatican.va
Verenigde Naties – http://www.un.org
Vereniging van Effectenbezitters (VEB) – http://www.veb.net
VNO-NCW- http://www.vno-ncw.nl
Volkskrant – http://www.volkskrant.nl
Vote View – http://www.voteview.com
Vox – http://www.voxeu.org

Wageningen Universiteit – www.wageningenuniversiteit.nl
Whitehouse – http://www.whitehouse.gov
World Bank – http://www.worldbank.org
World Economic Forum – http://www.weforum.org/en/index.htm
World View of Global Warming – www.worldviewofglobalwarming.org
WTO – http://www.wto.org

Yahoo Finance – http://finance.yahoo.com

Zentrum für Europäische Wirtschaftsforschung – http://www.zew.de

Verklarende woordenlijst

Debt to capital ratio
De verhouding tussen schulden en eigen vermogen bij bedrijven en banken. Hoe meer schuld, des te meer een bank kan investeren, maar ook des te meer risico de bank loopt.

Deer market
Aandelenmarkt waarin investeerders uit angst gekke dingen doen. Naar analogie van een hert dat in de koplampen van een auto kijkt en bevriest.

Crisis
Oorspronkelijk een term uit de marxistische ideologie. Volgens Marx zou het kapitalisme zichzelf in een eindeloze crisis storten waaruit geen ontsnappen meer mogelijk zou zijn. Dat zou uiteindelijk leiden tot de invoering van het marxisme. Tegenwoordig wordt de term gebruikt voor een plotselinge overgang van economische groei naar krimp.

Conjunctuur
Verandering van groei in de economie. Versnelt de groei, dan is er sprake van hoogconjunctuur. Vertraagt de groei, dan is er laagconjunctuur.

Depressie
Een economische crisis die erger is dan een recessie. Een depressie gaat meestal gepaard met hoge werkloosheid en een grote daling in de productie. Economen beschouwen twee crises als echte depressies, die van 1873 tot 1896 en die van 1929 tot 1933.

Federal Reserve
De nationale bank van de Verenigde Staten. Volgens de wet is de belangrijkste taak van de FED om toezicht te houden op banken en hen te helpen in tijd van crisis.

Garantiestelsel
Systeem van De Nederlandsche Bank om de tegoeden van spaarders bij banken te garanderen. Was tot 20.000 euro, werd na de problemen bij de IJslandse spaarbank IceSave 100.000 euro.

Gemengde economie
Economisch stelsel waarin de overheid een belangrijke rol speelt door toezicht op het bedrijfsleven en door het uitvoeren van taken die voor bedrijven niet winstgevend zijn.

Inflatie
Stijging van de prijs van goederen en diensten. Het wordt ook gebruikt om de ontwaarding van geld aan te duiden. Als prijzen stijgen, kun je voor een euro immers minder kopen.

Jingle mail
Amerikaanse uitdrukking voor mensen die de hypotheek niet meer kunnen betalen. Nadat ze hun eigen huis verlaten, leggen ze de sleutels in de brievenbus voor de deurwaarder. Genoemd naar het geluid dat sleutels maken.

Krach
Dramatische daling van beurzen gedurende één of meerdere dagen. De oorspronkelijke krach is die van 29 oktober 1929, ook wel 'zwarte donderdag' genoemd. Ook in 1987 vond er een krach plaats. In het najaar van 2008 was er een langdurige daling.

Laissez faire
Economische stroming die propageert dat de overheid nooit moet ingrijpen in de economie. De schrijfster Ayn Rand (1905-1982) wordt algemeen gezien als de grondlegster van deze ideologie. Ook bekend als marktfundamentalisme.

Leverage
Mooie manier om aan te duiden dat je leent met geleend geld. Letterlijk een hefboom die winsten (en verliezen) vergroot. Antoniem: *deleverage*, het beleggen met eigen geld.

Mortgage backed securities
Hypotheken die zijn gebundeld en door de bank worden doorverkocht aan investeerders.

Nationalisatie
Proces waardoor een private onderneming in overheidshanden komt. Vroeger vooral toegepast door socialistische regeringen, nu als manier om banken te redden van de ondergang.

Ninja-lening
Lening of hypotheek voor Amerikanen met *no income, no job, no assets* (geen inkomen, geen baan, geen bezittingen). Deze mensenkregen een subprime-hypotheek met teaser rates.

Oversluiten
Te gelde maken van de waardevermeerdering van een huis door het afsluiten van een tweede hypotheek.

Protectionisme
Economische politiek die de handel tussen staten beperkt, meestal met de opzet om de productie van binnenlandse goederen en diensten te stimuleren. Werkt meestal averechts.

Recessie
Twee kwartalen achter elkaar waarin de economie krimpt.

Recessionistas
Dames die er ondanks een crisis tiptop uitzien. Kopen Dior tegen afbraakprijzen.

(Reverse) redlining
Op een kaart afbakenen van gebieden waar mensen zo arm zijn, dat ze zich geen hypotheek kunnen veroorloven. Door *reverse redlining* werden de grenzen van die gebieden opgeschoven, waardoor meer mensen voor een hypotheek in aanmerking kwamen, meestal een subprime-variant.

Schaduwbankieren
Investeringen in derivaten die niet op de balans van een bank verschijnen en daardoor onzichtbaar zijn. Volgens sommigen een van de oorzaken van de crisis.

Stagflatie
Een periode met zowel stagnatie als inflatie. Volgens economische theorie is deze combinatie niet mogelijk, maar eind jaren zeventig kwam stagflatie toch voor.

Stagnatie
Periode met zeer weinig of geen economische groei. Meestal een voorbode van een recessie.

Subprime
Categorie schuldenaren. Iemand die een slechte kredietbeoordeling krijgt, bijvoorbeeld vanwege het niet betalen van schulden in het verleden, behoort niet tot de 'beste' categorie mensen om aan te lenen, maar tot de 'sub-beste' (subprime) categorie. Vanwege het extra risico krijgt deze categorie vaak extra beperkende voorwaarden of een hogere rente.

Tarp
Troubled Asset Relief Program, het programma van de Amerikaanse regering om de economie te redden. Als zelfstandig naamwoord te gebruiken.

Teaser rate
Bijzonder lage hypotheekaflossing in de Verenigde Staten. Geldt voor een beperkte periode, meestal drie jaar. Vaak gebruikt bij subprime-hypotheken.

Toxic asset
Letterlijk 'giftige bezittingen', gebruikt als uitdrukking voor waardepapier dat (boekhoudkundig) geen waarde meer heeft, als mortgage backed securities.

Onder water zijn
Uitdrukking die aangeeft dat iemand een huis heeft gekocht dat nu minder waard is dan bij de koop. Daardoor kan het huis niet worden verkocht zonder restschuld. De eigenaar is 'onder water' totdat eventueel de huizenmarkt weer aantrekt.

Wankelbank
Financiële instelling die in economische problemen verkeert en daardoor failliet dreigt te gaan ('omvallen'). Vaak reden tot nationalisatie.

Bekendste wankelbank: Fortis.

Woordenlijst overgenomen uit: *Crisis? Hoezo crisis?* van Henk Keilman, Lebowski Publishers 2009

Register